Thomas Schuster

Modellierung, Integration und Analyse von Ressourcen in Geschäftsprozessen

Modellierung, Integration und Analyse von Ressourcen in Geschäftsprozessen

von
Thomas Schuster

Dissertation, Karlsruher Institut für Technologie (KIT)
Fakultät für Wirtschaftswissenschaften, 2012
Tag der mündlichen Prüfung: 02.02.2012
Referenten: Prof. Dr. Andreas Oberweis, Prof. Dr. Sebastian Abeck

Impressum

Karlsruher Institut für Technologie (KIT)
KIT Scientific Publishing
Straße am Forum 2
D-76131 Karlsruhe
www.ksp.kit.edu

KIT – Universität des Landes Baden-Württemberg und
nationales Forschungszentrum in der Helmholtz-Gemeinschaft

KIT Scientific Publishing 2012
Print on Demand

ISBN 978-3-86644-889-6

Vorwort

Die ressourcenorientierte Analyse von Geschäftsprozessen ist ein Thema, das in den Wirtschaftswissenschaften und der Informatik zunehmend an Bedeutung gewinnt. Derzeit fehlt es jedoch an adäquaten Modellierungssprachen und Methoden, um Geschäftsprozesse präzise und formal unter diesem Blickwinkel zu analysieren. Begründet ist dies in der Einfachheit der Ressourcenmodellierung im Kontext von Geschäftsprozessen. Die Idee dieser Forschungsarbeit war es daher, Ressourcenmodellierung und -management besser in die Geschäftsprozessmodellierung zu integrieren und hierdurch einen gegenseitigen Mehrwert für beide Forschungsdisziplinen zu erzielen.

Durch meine Tätigkeit als wissenschaftlicher Mitarbeiter des Forschungsbereichs Software Engineering (SE) am FZI Forschungszentrum Informatik in Karlsruhe gelang es, die theoretischen Erkenntnisse der Arbeit in verschiedene Praxisprojekte einfließen zu lassen und zu evaluieren. Letztendlich konnte der konzipierte Ansatz auch hierdurch weiterentwickelt und verbessert werden. Wie in vielen wissenschaftlichen Arbeiten hat sich aber auch gezeigt, dass weiterführende Forschungsfragestellungen Raum für künftige Untersuchungen und Entwicklungen bieten, auf deren Umsetzung ich bereits jetzt neugierig bin.

Mein Umfeld hat entscheidend dazu beigetragen, dass ich diese Dissertation anfertigen konnte. Meinem akademischen Lehrer und Doktorvater Prof. Dr. Andreas Oberweis danke ich daher für die Schaffung einer inspirierenden Arbeitsatmosphäre. Durch seine Unterstützung und Diskussionsbereitschaft hat er wesentlich zur Entstehung dieser Arbeit beigetragen. Herrn Prof. Dr. Sebastian Abeck möchte dafür danken, dass er das Zweitgutachten übernommen und mich in der wichtigen, abschließenden Phase meiner Promotionszeit unterstützt hat. Herrn Prof. Dr. Wolffried Stucky danke ich dafür, dass er durch seine wertvollen Hinweise zur Finalisierung der Arbeit beigetragen hat.

Meinen Kollegen, Koautoren und Studenten, die mich fachlich oder technisch unterstützt haben, möchte ich für Unterstützung und gute Zusammenarbeit danken. Für seine Diskussions- und Hilfsbereitschaft in methodischen und technischen Fragestellungen möchte ich mich bei Jan Wiesenberger bedanken. Meinem Freund Thomas Rosenau gebührt besonderer Dank für die Diskussionsbereitschaft in fachlichen Fragestellungen. Für Korrekturvorschläge danke ich besonders Nele Schultze von Lasaulx sowie meiner Frau Natalie.

Meinen Freunden und meiner Familie möchte ich für ihre Hilfsbereitschaft, Motivation und Geduld danken. Meiner Familie danke ich auch dafür, dass sie mich immer unterstützt und nie den Glauben an mich verloren hat. Schließlich gebührt meiner Frau Natalie ganz besonderer und schwer in Worte zu fassender Dank. Durch ihre vorbehaltlose Unterstützung und ihre besondere Geduld, hat sie entscheidend dazu beigetragen, die Voraussetzungen für die Anfertigung meiner Dissertation zu schaffen.

– Thomas Schuster

Inhaltsverzeichnis

1 Einleitung

Einleitend sollen zunächst die Thematik der Arbeit motiviert und relevante Problemstellungen dargestellt werden. Nachfolgend wird die Zielsetzung dieser Arbeit erläutert und abschließend die weitere Struktur im Überblick veranschaulicht.

1.1 Motivation und Problemstellungen

Unter Berücksichtigung aktueller Marktentwicklungen steuern Unternehmen die Erreichung gesetzter Ziele auf der Basis definierter Geschäftsprozesse. Zur Realisierung der Ziele werden zunächst notwendige Arbeitsschritte identifiziert und deren Abhängigkeiten analysiert. Ergebnis dieser Untersuchungen sind Geschäftsprozessmodelle, die Abhängigkeiten und die Reihenfolge von Arbeitsschritten beschreiben. Die Überwachung und Durchführung der Geschäftsprozesse ist ebenso wie deren Modellierung Teil des Geschäftsprozessmanagements (GPM).

Ziel des Geschäftsprozessmanagements ist neben einer kontrollierten Durchführung der Geschäftsprozesse insbesondere auch deren Verbesserung und in Konsequenz die verbesserte Erfüllung der Unternehmensziele oder die Veränderung von gesetzten Zielen. In diesem Zusammenhang existieren zahlreiche Ansätze, die sich grundsätzlich in zwei Vorgehensweisen unterscheiden lassen: die radikale Neuausrichtung der Geschäftsprozesse (*Business Process Reengineering*; BPR) und die fortwährende Veränderung der Geschäftsprozesse (*Continuous Process Improvement*; CPI). Während BPR (vergleiche [Da92, HC93, HC94, HC03, JT94]) die Modellierung bestmöglicher Geschäftsprozesse unter gegebenen Rahmenbedingungen fokussiert und hierdurch auf die vollständige Überarbeitung bestehender Geschäftsprozesse und auch organisatorischer Strukturen abzielt, strebt CPI eine wiederholte Anpassung bestehender prozessualer und organisatorischer Strukturen an, um den Grad der Zielerfüllung zu verbessern. In der betrieblichen Praxis hat sich hierbei gezeigt, dass BPR, obgleich gut konzipierter Geschäftsprozesse, am Widerstand von beteiligten Akteuren scheitern kann. Dieses Problem soll durch kleinere und schrittweise Veränderungen im Rahmen von CPI umgangen werden [Da92, DB95, FD08, KK08, SM+08, Ro91].

Integration von Ressourcen- und Geschäftsprozessmodellierung: Der Einfluss der Ressourcen auf die Ausführung von Geschäftsprozessen ist unbestritten [DE+97, DS99, HS+99, Mu99b, RB+07]. Obgleich das Management von Geschäftsprozessen daher auch die Verwaltung von notwendigen Arbeitsmitteln und Aufgabenträgern (im weiteren Verlauf als Ressourcen bezeichnet) adressiert [RA+05, RH+04, Ob96a], werden im Rahmen der genannten Ansätze und der Modellierung von Geschäftsprozessen Ressourcen nur eingeschränkt modelliert und analysiert [OS10]. Letzteres schlägt sich in den Sprachen zur Modellierung von Geschäftsprozessen (wie der Business Process Modeling Notation (BPMN), den Ereignisgesteuerten Prozessketten (EPK, [KN+92]), den Petri-Netzen (vergleiche [Re85]) oder den UML-Aktivitätsdiagrammen [OM10d]) nieder. Ab der Version 2.0 der BPMN (siehe [OM11b]) werden detailliertere Konzepte zur Ressourcenzuweisung (wie die Definition von Alternativen oder Eskalationsmechanismen, vergleiche Abschnitt 10.2 in [OM11c]) aufgegriffen, deren genaue Ausgestaltung wird jedoch weiterhin offen gelassen. Die Modellierung der Ressourcen wird ferner nur rudimentär (vergleiche Abschnitt 5.1) untersucht und ermöglicht. In wissenschaftlichen Arbeiten wird oftmals nur die Modellierung von Ressourcen [Br09, Co97, HB+06, PS03, RT06] oder von Geschäftsprozessen untersucht. Sofern Ressourcen in der Geschäftsprozessmodellierung betrachtet werden, erfolgt dies zumeist nur vereinfacht (vergleiche [AO+00, CS+05, DB95, De01, GR10, HA+09, Ha05a, KS07]). Dies stellt ein Problem bei der Analyse des Ressourceneinsatzes in durchzuführenden Geschäftsprozessen dar (vergleiche [OL+09, OS10, SW10, WZ08, XL+08, XL+10]).

Analyse des geschäftsprozessorientierten Ressourcenmanagements: Ressourcen stellen einen zentralen Aspekt während der Durchführung von Geschäftsprozessen dar, weshalb deren Analyse und Modellierung nicht vernachlässigt werden sollte. Verbesserungspotentiale durch die Umstrukturierung des Ressourceneinsatzes werden andernfalls nicht oder nur unzureichend berücksichtigt [RA+05, SW10]. Dies wirkt sich in verschiedenen Phasen des Geschäftsprozessmanagements nachteilig aus. Zum Zeitpunkt der Modellierung können die entsprechenden Sachverhalte nicht präzise beschrieben werden. In nachfolgenden Analysen (auf der Basis von analytischen Verfahren oder der Simulation) können daher Potentiale, die sich aus verschiedenen Strategien des Ressourcenmanagements und des Ressourceneinsatzes ergeben, nicht angemessen bewertet werden. In der Konsequenz ergibt sich eine ungenügende Entscheidungsunterstützung bei der Verbesserung von Geschäftsprozessen und bezüglich des Ressourcenmanagements.

Präzise Modellierungskonzepte für (personelle) Ressourcen: Das Management der zur Durchführung von Geschäftsprozessen erforderlichen Ressourcen ist ein entscheidender Beitrag zur effizienten Ausführung von Geschäftsprozessen [AZ+08, DS99]. Um dies zu gewährleisten ist eine präzise Modellierung von Ressourcen und deren Eigenschaften erforderlich – hierdurch und durch die Integration dieser Modelle in die Geschäftsprozessmodellierung werden die vorgenannten Analysen ermöglicht. Derzeitige Modellierungssprachen wie die UML erlauben zwar generell die Modellierung solcher Eigenschaften, aufgrund fehlender Vorgaben auf der Definitionsebene (im Fall der UML dem Metamodell) werden Modellierung und Analyse jedoch erschwert. Ansätze zur Formulierung von Ressourcenzuweisungsausdrücken bieten zwar Möglichkeiten zur Deklaration einzusetzender Ressourcen, nutzen jedoch zumeist nur vereinfachte Metamodelle zur Beschreibung selbiger und sind daher auch in ihrem Funktionsumfang eingeschränkt (siehe [CR+11a, CR+11b, SB+08, SR+08]).

Durch die zunehmende Vernetzung der Unternehmen, den Einsatz neuer Arbeitsformen und -techniken, sowie der Durchführung von überbetrieblichen Geschäftsprozessen, nimmt die Komplexität des Ressourcenmanagements zu [BB+05, DJ+07, SL+06]. Aus diesem Grund werden Geschäftsprozess-Management-Systeme eingesetzt, die auch den Ressourceneinsatz überwachen sollen [Ob96a]. Die derzeitigen Modellierungssprachen verfügen jedoch nicht über den notwendigen Detaillierungsgrad, um deren Modellinstanzen direkt im Rahmen der Überwachung und Regelung der Geschäftsprozessdurchführung einzusetzen. Dies resultiert hauptsächlich daraus, dass erforderliche Zuweisungsausdrücke nicht formulierbar und wichtige Ausführungsinformationen auf Modellebene nicht abgebildet werden können.

Synergien durch kombinierte Modellierungstechniken: Die Verwaltung von Informationen über im Unternehmen vorhandene (personelle) Ressourcen, deren Einbettung in die organisatorische Struktur und das Management von Kompetenzeigenschaften wird bislang vornehmlich von Personalabteilungen vorgenommen. Die Bildung von Kompetenzprofilen kommt dabei hauptsächlich im Rahmen von Rekrutierungsprozessen zur Anwendung [Br09, Co97, Ja98, Ni09]. Gründe für Rekrutierungsmaßnahmen liegen dabei entweder in der Anwerbung neuer, also bislang nicht vorhandener Kompetenzen für das Unternehmen oder in der Aufstockung vorhandener Kapazitäten, um größeren Nachfragevolumina am Markt geeignet zu begegnen.

Die Personalabteilungen richten ihre Rekrutierungsmaßnahmen entlang entsprechender Rekrutierungsprozesse aus. Anforderungen an die neuen Mitarbeiter, in diesem Fall die Kompetenzprofile, werden dabei üblicherweise durch die Kommunikation mit den Fachabteilungen der Unternehmen ermittelt. Die formale Ableitung der tatsächlichen Erfordernisse (Kompetenzprofile) anhand der auszuführenden Geschäftsprozesse findet bislang nicht statt. Dies liegt im Besonderen auch an der Tatsache, dass die Betrachtung von Kompetenzen in der Geschäftsprozessmodellierung nur beiläufig [AK01, AK+03, RA08] erfolgt und Kompetenzen der Mitarbeiter eher in deren Prozess- und Unternehmensrollen gesehen, aber nicht explizit modelliert werden [Mu04]. Um den Rekrutierungsprozess der Personalabteilungen besser zu unterstützen und damit die tatsächlich durch den Markt geforderten Kompetenzen anzuwerben oder auszubilden, ist daher eine formale Methode wünschenswert, die es erlaubt, die Kompetenzprofile aus den Geschäftsprozessmodellen abzuleiten [CH+07, OS10]. Umgekehrt kann die Genauigkeit der Geschäftsprozessmodellierung durch die Wiederverwendung von Ressourcenmodellen und Kompetenzprofilen verbessert werden.

1.2 Zielsetzung

Um diesen Problemstellungen geeignet zu begegnen, ist neben der expliziten Modellierung von Ressourcen auch die Integration dieser Modelle (oder Modellelemente) in die Geschäftsprozessmodellierung erforderlich. Hierzu soll eine Sprache zur Modellierung von Ressourcen konzipiert werden, die auch in die Modellierung von Geschäftsprozessen integriert werden kann. In diesem Zusammenhang sollen gängige Sprachen zur Modellierung von Geschäftsprozessen auf die Möglichkeit zur Integration der in dieser Arbeit konzipierten Sprache (der *Resource Modeling Language*, RML) untersucht werden. Aus der Modellierung von Ressourcen und der Deklaration von Ressourcenzuweisungen in Geschäftsprozessmodellen ergeben sich verschiedene Vorteile, insbesondere aus der Analysierbarkeit und der Operationalisierbarkeit von Modellen. Modellierungssprachen, die die Ressourcenintegration in obigem Sinne herstellen, sollten daher neben einem angemessenen Detaillierungsgrad auch über eine formale Basis verfügen, sodass die Modelle (Ressourcen- und Geschäftsprozessmodelle) diesen Anforderungen gerecht werden. Hierdurch ergeben sich die folgenden Möglichkeiten:

Integration von Modellierungstechniken: Die Verknüpfung von Ressourcen- und Geschäftsprozessmodellen ermöglicht die Bewertung des Ressourceneinsatzes, Verbesserungen durch alternative Zuweisungsstrategien (*Scheduling*) und begünstigt beidseitige Synergieeffekte. Einerseits können Ressourcenmodelle mit Anforderungen der Geschäftsprozessmodelle abgeglichen werden, wodurch eine adäquate Ressourcenplanung (inklusive der Weiterbildung) ermöglicht wird. Andererseits können Engpässe durch ungünstigen Einsatz von Ressourcen aufgedeckt und Handlungsalternativen untersucht werden.

Präzise und formale Modellierung: Durch eine präzise und formale Modellierungssprache werden die Möglichkeiten zur Verbesserung von Abläufen und Strukturen erweitert; gleichzeitig können diese Modelle auch die direkte Ausführbarkeit begünstigen.

Verbesserte Dokumentation: Durch eine präzise Sprache zur Ressourcenmodellierung und entsprechende Modelle, werden die tatsächlichen Gegebenheiten dokumentiert. Dies begünstigt das Verständnis der beteiligten Akteure und kann in Entscheidungsprozessen und Analysen genutzt werden.

Verbesserte Analysen des Ressourceneinsatzes: Durch die präzise Modellierung von Ressourcen, deren Eigenschaften und die Integration in die Geschäftsprozessmodellierung, werden Analyseergebnisse genauer. Insbesondere die Allokation von Ressourcen kann verbessert werden. Aktuelle Aufgaben und Auslastungen können genau ermittelt und kontrolliert werden. Durch den Einsatz von Simulationsexperimenten können die Auswirkungen von Veränderungen ex ante untersucht, bewertet und hierdurch die Entscheidungsfindung unterstützt werden.

1.3 Struktur der Arbeit

In Kapitel 2 werden Grundlagen beschrieben, ein besonderes Augenmerk liegt in diesem Zusammenhang auf den Phasen des Geschäftsprozessmanagements (siehe Abschnitt 2.2), der Beschreibung von durchführungsrelevanten Aspekten und der erforderlichen Integration von Ressourcen in Geschäftsprozesse. Anschließend werden in Kapitel 3 Modellierungssprachen zur Abbildung von Geschäftsprozessmodellen diskutiert, in diesem Rahmen werden gängige Sprachen (wie BPMN, EPK, Petri-Netze und UML-Aktivitätsdiagramme) fokussiert.

Die Kapitel 4, 5 und 6 bilden den theoretischen Kern der Arbeit. In Kapitel 4 wird hierzu zunächst der Begriff der Ressource vor dem Hintergrund verschiedener wissenschaftlicher Disziplinen analysiert. Aufgrund der derzeit eingeschränkten Möglichkeiten zur Ressourcenverwaltung (insbesondere im Modellierungsbereich) werden entsprechende, für die Geschäftsprozessmodellierung relevante Aspekte abgeleitet und in Anforderungen an eine Modellierungssprache zur Beschreibung von Ressourcen umgesetzt (vergleiche Abschnitt 4.4). Aus den gestellten Anforderungen wird anschließend ein entsprechendes Metamodell zur Definition der Modellierungssprache (RML) entwickelt. Das resultierende dreiteilige Metamodell wird modular und erweiterbar aufgebaut, die Klassifikationsbasis bildet das grundlegende *Resource Meta Model* (RMM). Im Rahmen der Arbeit werden Detailinformationen zur Darstellung von personellen Ressourcen (potentiellen Aufgabenträgern) in das Teilmetamodell *Human Resource Meta Model* (HRMM) integriert. Hierbei werden explizit auch Kompetenzkonzepte (siehe Abschnitt 4.3) wiederverwendet, die konzeptionell in dem Teilmetamodell *Competence Meta Model* (COMM) enthalten sind. Die entwickelte Modellierungssprache unterstützt hierdurch das Management von Ressourcen (insbesondere die Personalplanung) und ermöglicht darüber hinaus die Integration der Ressourcen in die Geschäftsprozessmodellierung. In Kapitel 5 werden Sprachen zur Geschäftsprozessmodellierung zunächst auf Konzepte zur Integration von Ressourcen sowie deren mögliche Erweiterung durch die zuvor definierte Modellierungssprache betrachtet. Aufbauend auf gängigen Konzepten des Geschäftsprozessmanagements (vergleiche [AB+00, AH+03, We07, RA+05,

Wh04]) werden anschließend geeignete Muster zur Ressourcenzuweisung definiert, die idealerweise durch eine Sprache zur Geschäftsprozessmodellierung abgedeckt werden sollten. Unter Berücksichtigung der vorgestellten Muster wird in Kapitel 6 die Integration der Modellierungskonzepte aus Kapitel 4 in eine Sprache zur Modellierung von Geschäftsprozessen vorgestellt. Zu diesem Zweck wird eine Variante höherer Petri-Netze (die Ressourcen-Netze) entwickelt. Der Vorteil dieser Sprache besteht in deren Formalisierung, hierdurch werden einerseits analytische Untersuchungen (z.B. Berechnungen von Erreichbarkeit oder Zustandsraum, vergleiche [AH02, An98, EH08, EN94, Es98, VG01]) und andererseits die Durchführung von Simulationsexperimenten begünstigt.

Die Tragfähigkeit der vorgestellten theoretischen Konzepte wird in den Kapiteln 7 und 8 evaluiert. Hierzu wurde in dieser Arbeit eine Softwareumgebung (*Resource Analysis Environment*, RAvEN) konzipiert und implementiert, die zur Umsetzung und Überprüfung der vorgenannten Konzepte dient. Diese beinhaltet einerseits Modelleditoren zur Modellierung von RML-Modellinstanzen und Ressourcen-Netzen, andererseits wird eine Architektur zur Simulation der Ressourcen-Netze und somit eine Möglichkeit zur Untersuchung von Geschäftsprozessmodellen und eingesetzten Ressourcen vorgestellt. In Kapitel 8 werden die vorgestellten Konzepte bewertet. Hierzu werden die Modellierungssprachen mit Anforderungen abgeglichen und die Ressourcen-Netze auf die Unterstützung der vorgestellten Muster zur Ressourcenzuweisungen hin untersucht. Es ist festzustellen, dass Ressourcen-Netze die bewerteten Muster besser unterstützen, als andere gängige Sprachen zur Modellierung von Geschäftsprozessen. Dies ist zum Einen darin begründet, dass Ressourcen-Netze konzipiert wurden, um das ressourcenorientierte Geschäftsprozessmanagement zu verbessern; zum Anderen sind andere Sprachen zumeist zu generell, um die Ressourcenintegration zu begünstigen. BPMN beinhaltet in der aktuellen Version zwar verbesserte Möglichkeiten zur Deklaration von Ressourcenzuweisungen. Die BPMN-Spezifikation lässt jedoch die Definition einer dedizierten Zuweisungssprache vermissen, ebenso bleibt die Modellierung von Ressourcen außen vor (vergleiche Abschnitt 5.1.1).

Weiterhin werden in Kapitel 8 Algorithmen zur *kompetenzoptimalen* (KORS, siehe Abschnitt 8.3.1) und *kompetenzausgleichenden* (KARS, siehe Abschnitt 8.3.2) Ressourcenselektion konzipiert und vorgestellt. Diese Algorithmen werden zur Durchführung von Simulationsexperimenten genutzt. Aus den Ressourcenzuweisungen (der Ressourcen-Netze) resultierende Verbesserungspotentiale werden anhand von Simulationsexperimenten gegenüber bisherigen Ansätzen untersucht. Hierzu werden Geschäftsprozessmodelle (Ressourcen-Netze) gemäß Ressourcenzuweisungs- und Strukturmustern konstruiert. Die einzusetzenden Ressourcen werden durch RML-Instanzen abgebildet, Einflüsse spezifizierter Ressourcenzuweisungen hierdurch bewertbar. Im Speziellen wird die durch die Ressourcen-Netze gewonnene Flexibilität in der Allokation von Ressourcen gegenüber bisherigen Ansätzen aufgezeigt.

Abschließend wird in Kapitel 9 eine Zusammenfassung des eigenen Ansatzes und ein Ausblick auf weiterführende, wissenschaftliche Fragestellungen gegeben.

2 Grundlagen des Geschäftsprozessmanagements

In diesem Kapitel erfolgt, bezugnehmend auf die im vorangegangenen Kapitel aufgezeigte Fragestellung, eine Darstellung der erforderlichen Grundlagen. Hierzu wird im nächsten Abschnitt zunächst der Begriff des Geschäftsprozesses vorgestellt und weitere Begriffsdefinitionen eingeführt, die im Verlauf dieser Arbeit aufgegriffen werden. Daran anschließend werden Grundlagen des Geschäftsprozessmanagements, insbesondere der Geschäftsprozessmodellierung vermittelt. Neben der Modellierung soll der Einsatz und die Überwachung relevanter Ressourcen (wie Betriebsmittel, Maschinen, oder Benutzer) durch Geschäftsprozess-Managementsysteme fokussiert werden. Abschließend wird der Begriff der Ressource in den Kontext des Geschäftsprozessmanagements gerückt.

2.1 Spezifikation von Geschäftsprozessen

Durch die zunehmende Vernetzung von Organisationen nimmt die Flexibilität der Marktanforderungen zu, gleichzeitig steigt der Konkurrenzdruck unter den Wettbewerbern. Die Wahl eines geeigneten Geschäftsmodells kann aus diesen Gründen Wettbewerbsvorteile generieren [Oe00, Um09].

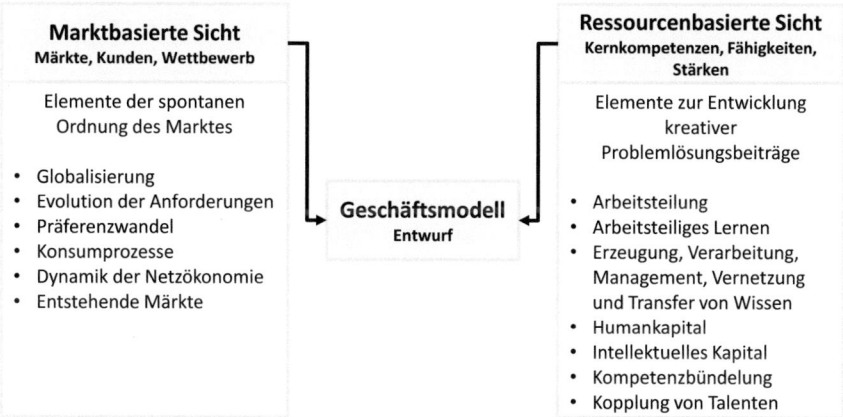

Abbildung 2.1: Einflussfaktoren auf Geschäftsmodelle

Das Konzept des Geschäftsmodells wird in der Wissenschaft unterschiedlich definiert [WB07]; es existieren allerdings verschiedene, sich überschneidende Ansätze zur Definition [SD+03]. Timmers beschreibt ein Geschäftsmodell wie folgt:

"*An architecture for the product, service and information flows, including a description of the various business actors and their roles; and a description of the potential benefits for the various business actors; and a description of the sources of revenues.*" [Ti98]

Nach [KM02] kann das Geschäftsmodell als Weiterentwicklung strategiebezogener Konzepte aufgefasst werden. Zur Ausrichtung des Geschäftsmodells einer Organisation sind sowohl die Anforderungen (des Marktsegments), als auch die vorhandenen und akquirierbaren Ressourcen zu berücksichtigen. Nach Caspers und Umbeck [BB+04, Ca02, Um09] sind zur

Ausrichtung von Geschäftsmodellen im Wesentlichen zwei Sichten relevant: eine marktbezogene und eine ressourcenorientierte. Die marktbezogene Sicht beschreibt die Anforderungen des Marktsegments, in dem die Organisation tätig ist. Auf Basis dieser Sicht werden die Anforderungen von Kunden und potentielle Wettbewerber analysiert. Die ressourcenorientierte Sicht (vergleiche hierzu auch [Pe95, PH90, PS03]) fokussiert hingegen die erforderlichen und vorhandenen Eigenschaften der organisationseigenen Ressourcen. Hierbei kann auch eine Differenzanalyse durchgeführt werden, um abzuschätzen, inwieweit ein Geschäftsmodell in einem festgelegten Marktsegment umsetzbar ist. Die Zusammenhänge zwischen den genannten Sichten und dem Geschäftsmodell sind in Anlehnung an [Um09] in Abbildung 2.1 versinnbildlicht. Hieraus leitet sich die, im Folgenden aufgestellte Definition von Geschäftsmodellen ab (siehe Definition 2.1).

Definition 2.1 Geschäftsmodell

Ein Geschäftsmodell ist eine abstrakte, aggregierte Darstellung der Geschäftstätigkeit von Organisationen. Die Darstellung von Geschäftsmodellen beinhaltet daher folgende Beschreibungen:

  i.   Beteiligte *Organisationseinheiten* [Ma05, SD+03],
  ii. *Nutzen, die Kunden oder Partner* aus einer Interaktion mit der Organisation ziehen können [St02],
  iii. *Erzeugung des Nutzens für die Kunden* [Ti98, St02, SD+03] (etwa durch Transferleistungen von Gütern oder Dienstleistungen), nach Wirtz [Wi01] kann diese Beschreibung in verschiedene Teilmodelle untergliedert werden,
  iv. Mehrwert, im Sinne der Wertschöpfung, den die Organisation daraus zieht; das sogenannte *Ertragsmodell* [St02, Po01].

Eine erfolgreiche Umsetzung des Geschäftsmodells und damit die langfristige Erfolgssicherung erfordert, dass Organisationen flexibel auf geänderte Marktsituationen reagieren können. Zur Realisierung der aus dem gewählten Geschäftsmodell resultierenden Geschäftsziele orientieren sich Unternehmen daher an den einzelnen Schritten, die notwendig sind, um eine bestimmte Qualität oder Quantität einer angebotenen Leistung – hierbei kann es sich sowohl um Produkte als auch um Dienstleistungen handeln – zu gewährleisten [Ta11, Ob96a, NN+99, We07]. Das Geschäftsmodell kann daher als Instrument [DE09] verstanden werden, das die Analyse des langfristigen Erfolgs von Organisationen ermöglicht. Die Art und Weise der Darstellung wird dabei nicht festgelegt. Eine adäquate Analyse wird jedoch durch detaillierte Betrachtungen (etwa die Modellierung, Analyse und Simulation von Geschäftsprozessen) ermöglicht, die wiederum aggregiert in das Geschäftsmodell einfließen. Die Erreichung der definierten Ziele lässt sich hierbei auf die Ausführung und Abfolge elementarer Einzelschritte zurückführen. Solche Abfolgen werden als Geschäftsprozesse bezeichnet, Davenport beschreibt dies folgendermaßen:

„...*a structured, measured set of activities designed to produce a specific output ... A process is thus a specific ordering of work activities across time and space, with a beginning and an end, and clearly defined inputs and outputs ... Taking a process approach implies adopting the customer's point of view.*" [Da92]

Im Rahmen dieser Arbeit wird der Begriff Geschäftsprozess, in Anlehnung an [Ob96a], wie folgt definiert:

Definition 2.2 Geschäftsprozess

Ein Geschäftsprozess besteht aus einer Menge von Aktivitäten, die in einer Organisation ausgeführt werden, um ein bestimmtes Ziel zu erreichen. Hierbei gilt:

    i.   Die Aktivitäten werden in einer bestimmten, definierten Reihenfolge durchgeführt.

    ii.   Der Geschäftsprozess kann sich aus manuellen, teil-automatisierten und automatisierten Aktivitäten zusammensetzen.

    iii.   Die Ausführung der Aktivitäten unterliegt bestimmten Regeln, dies können betriebseigene Regeln oder auch geltende Gesetzesvorschriften sein.

    iv.   Die Aktivitäten werden durch Ressourcen ausgeführt. Hierbei wird zwischen personellen und nicht-personellen Ressourcen unterschieden [FS08]. Zur Durchführung können weitere Ressourcen eingesetzt werden (bspw. Betriebsmittel).

    v.   Aktivitäten können in gegenseitiger Abhängigkeit stehen (etwa durch Kontrollflusseinschränkungen oder gemeinsam genutzte Ressourcen).

Die Durchführung eines Geschäftsprozesses kann durch mehrere Akteure erfolgen, diese können dabei verschiedenen Organisationen angehören. Eine Organisation kann ein Unternehmen oder ein Netzwerk von mehreren Partnerunternehmen sein, die sich zur Erlangung bestimmter Ziele zusammengeschlossen haben. Gemäß den im Geschäftsmodell festgelegten Zielen werden Geschäftsprozesse zur Bearbeitung von Kundenaufträgen definiert und ausgeführt [Ob96a]. Ellinger und Haupt [EH90] sprechen hierbei auch von Kombinations- und Transformationsakten. Dies erweitert die Vorstellung von Geschäftsprozessen als rein betriebswirtschaftliche Produktionsprozesse hin zu allen damit in Zusammenhang stehenden Vorgängen. Beispielsweise der Forschung und Entwicklung, die nicht unmittelbar der Produktion zuzuordnen ist, aber dennoch Einfluss darauf nimmt und umgekehrt von der Verfügbarkeit bestimmter Produkte abhängig ist. Nach van der Aalst und van Hee [AH04] lassen sich demzufolge drei Typen von Geschäftsprozessen, sogenannte primäre, sekundäre und tertiäre Geschäftsprozesse unterscheiden.

- **Primäre Geschäftsprozesse** (Primärprozesse): sind Geschäftsprozesse, die die Produkte oder Dienstleistungen der Organisation herstellen. Dieser Geschäftsprozesstyp wird daher auch als Leistungs- oder Produktionsprozess (*production processes*) bezeichnet. Primäre Geschäftsprozesse sind aus diesem Grund kundenorientiert (Anfragen von Kunden werden bearbeitet) und erzeugen Einkünfte für die Organisation.
  Typische Beispiele: Entwicklung und Herstellung von Produkten, Durchführung von Dienstleistungen für Kunden

- **Sekundäre Geschäftsprozesse** (Sekundärprozesse): sind Geschäftsprozesse, die zur Unterstützung primärer Geschäftsprozesse herangezogen werden, sie werden auch als Unterstützungsprozesse (*support processes*) bezeichnet. Sekundärprozesse dienen zumeist der Aufrechterhaltung der Produktion sowie dem Personalmanagement. In Abhängigkeit des Organisationsaufbaus ist es möglich, dass sekundäre Geschäftsprozesse aus Sicht der ausführenden Organisationseinheit auch Primärprozesse sind (beispielsweise ist die Wartung von Maschinen kundenorientiert, wenn eine Instandhaltungsabteilung auf Aufträge anderer Abteilungen reagiert, die

diese Maschinen betreiben), aus Sicht der Organisation insgesamt sind diese Geschäftsprozesse dennoch als sekundär zu betrachten.
Typische Beispiele: Ankauf und Wartung von Maschinen, Rekrutierung und Auswahl von neuem Personal, Aus- und Weiterbildung von Personal

- **Tertiäre Geschäftsprozesse** (Tertiärprozesse): sind Geschäftsprozesse, die Managementzwecken (Steuerung und Regelung, daher auch Leitungsprozesse – *managerial processes*) dienen. Dies beinhaltet die Ausrichtung und Koordination von primären und sekundären Geschäftsprozessen. Durch Tertiärprozesse werden damit die Ziele und Rahmenbedingungen (beispielsweise Vorbedingungen oder zur Verfügung stehende Ressourcen), die in den primären und sekundären Geschäftsprozessen einzuhalten sind, definiert. Die tertiären Geschäftsprozesse umfassen nach van der Aalst und van Hee [AH04] auch die Pflege von Kontakten aller Art (also der Stammdatenverwaltung und dem Kundenbeziehungsmanagement, CRM).

Die Leitungsprozesse werden auf der Eingabeseite durch Zielvorgaben und Kapitalressourcen bestimmt, auf der Ausgabeseite wird meist eine bestimmte Leistung gemessen – oftmals in der Form von Gewinn. Unterstützungsprozesse erhalten, von den Leitungsprozessen, die Mittel um Ressourcen effektiv zu verwalten (das bedeutet Ressourcen zu erwerben oder auch abzustoßen). Die durch die Sekundärprozesse verwalteten Ressourcen werden eingesetzt, um Teilprodukte und Dienstleistungen zu fertigen, diese werden dann in der Folge durch primäre Geschäftsprozesse zur Verfügung gestellt. Wie bereits weiter oben beschrieben erhalten die primären Geschäftsprozesse Kundenanfragen, in Form von Aufträgen, als Eingabe. Unter Einsatz der durch die sekundären Geschäftsprozesse bereitgestellten Ressourcen werden diese Aufträge im Rahmen der Primärprozesse abgearbeitet, hierdurch werden auf der Ausgabeseite Produkte und Dienstleistungen erzeugt. Ablauf (Ereignisse, Zwischenresultate und Aktivitäten) und Ergebnisse der primären und sekundären Geschäftsprozesse werden durch Leitungsprozesse überwacht und reguliert.

Alle genannten Typen von Geschäftsprozessen können räumlich und organisatorisch verteilt durchgeführt werden. Eine organisatorische Verteilung liegt vor, sobald Aktivitäten von Ressourcen unterschiedlicher Organisationen oder verschiedener Organisationseinheiten (z.B. Abteilungen) ausgeführt werden. Solche verteilt durchgeführten Geschäftsprozesse werden im Weiteren als kooperative Geschäftsprozesse bezeichnet. In Erweiterung zu [Ob96a] wird diese Art von Geschäftsprozessen wie folgt definiert:

Definition 2.3 Kooperativer Geschäftsprozess

Ein Geschäftsprozess ist kooperativ, wenn Aufgaben verteilt durchgeführt werden müssen und Teilaufgaben von mehreren Ressourcen erbracht werden. Das bedeutet, dass die Durchführung von Aufgaben von der Zusammenarbeit mehrerer Ressourcen abhängig ist. Kooperative Geschäftsprozesse lassen sich daher durch die folgenden Bedingungen charakterisieren:

    i. Ein kooperativer Geschäftsprozess inkludiert mindestens zwei verschiedene Ressourcen (Aufgabenträger), die die festgelegten Aktivitäten ausführen.

   ii. Mindestens zwei Aktivitäten werden verteilt durchgeführt, also:
       a. an geographisch auseinanderliegenden Orten oder
       b. durch Ressourcen, die unterschiedlichen Organisationseinheiten oder Organisationen angehören, ausgeführt.

Eine besondere Form von kooperativen Geschäftsprozessen sind unternehmensübergreifende Geschäftsprozesse, also solche Geschäftsprozesse, deren Durchführung von der Zusammenarbeit mehrerer Organisationen abhängt. Der Begriff des organisationsgreifenden Geschäftsprozesses wird in Definition 2.4 abgegrenzt.

Definition 2.4 Organisationsübergreifender Geschäftsprozess

Ein organisationsübergreifender (auch unternehmensübergreifender) Geschäftsprozess ist ein kooperativer Geschäftsprozess nach Definition 2.3, für den die Bedingung ii.-b. gilt. Hierbei gilt der Geschäftsprozess erst dann als organisationsübergreifend, sobald die in ii.-b. genannten Ressourcen auch unterschiedlichen Organisationen angehören.

Die in Definition 2.4 beschriebenen Geschäftsprozesse heben sich von organisationsintern durchgeführten Geschäftsprozessen durch zusätzliche Herausforderungen ab. Hierzu zählen die Berücksichtigung von Sicherheit und Vertraulichkeit sowie die geeignete Abbildung von Schnittstellen. Das bedeutet, dass Betriebsgeheimnisse gegenüber den anderen Partnern verborgen bleiben sollen (Sicherheit); weiterhin soll es Dritten nicht möglich sein, vertrauliche Nachrichten zwischen den am Geschäftsprozess beteiligten Partnern auszuspähen (Vertraulichkeit). Da mehrere Partner an organisationsübergreifenden Geschäftsprozessen beteiligt sind, ist es erforderlich, die Schnittstellen, an denen Nachrichten und Arbeitsergebnisse ausgetauscht werden, zu definieren (Schnittstellendefinition); dies trifft bereits auf kooperative Geschäftsprozesse zu.

In Geschäftsprozessen können Ressourcen einerseits als Aufgabenträger eingebunden werden, die Aufgaben ausführen sollen, andererseits können die Ressourcen auch Werkstoffe oder Teilprodukte sein, die genutzt werden, um Aufgaben auszuführen oder die als Resultat der Durchführung von Aufgaben entstehen. Die Durchführung von organisationsübergreifenden Geschäftsprozessen wird diesbezüglich durch möglicherweise eingeschränkte Kenntnisse und Zugriffsmöglichkeiten bezüglich Ressourcen anderer Organisationen erschwert.

Der Ablauf von Geschäftsprozessen wird durch Geschäftsprozessmodelle (Definition 2.5) definiert. Ein Geschäftsprozessmodell dient als Blaupause für die konkrete Durchführung von Geschäftsprozessen, hieraus folgt, dass durch das Geschäftsprozessmodell alle möglichen Ausführungsvarianten von Geschäftsprozessen festgelegt werden. Beispielsweise kann für einen Beschaffungsprozess definiert sein, dass ein Auftrag ab einem bestimmten Volumen durch einen Manager abgezeichnet werden muss. Die konkrete Durchführung des beschriebenen Beschaffungsprozesses kann dann diese Zustimmung erfordern oder aber auch nicht. Exemplarisch wird die Bestellung von einfachen Bürobedarfsartikeln selten eine solche Volumengrenze übersteigen, die Bestellung von Computertechnologie (etwa die Neuausstattung eines Server-Raums) jedoch durchaus. In Folge werden die durchgeführten Geschäftsprozesse unterschiedliche Aktivitäten beinhalten, obwohl sie auf dem gleichen Geschäftsprozessmodell basieren; auch die Reihenfolge der Aktivitäten wird sich möglicherweise voneinander unterscheiden. Aus der obigen Beschreibung geht hervor, dass Geschäftsprozessmodelle auch die Beschreibung von benötigten Ressourcen beinhalten.

Neben der Beschreibung der späteren Geschäftsprozessdurchführung dienen Geschäftsprozessmodelle weiteren Zwecken. Sie können zu Dokumentationszwecken (als Handlungsanweisungen oder zum Zweck von Zertifizierungen) erstellt werden. Hierbei werden Geschäftsprozesse dargestellt, um neue Akteure schneller einarbeiten zu können, selten auftretende Spezialfälle ersichtlich zu gestalten oder geänderte Abläufe offenzulegen. Geschäftsprozessmodelle können auch zu Analysezwecken eingesetzt werden, um bestehende oder geplante Geschäftsprozesse zu verbessern. Weiterhin können Geschäftsprozessmodelle als Grundlage für die Überwachung und Steuerung von Geschäftsprozessen dienen; hierzu können die Geschäftsprozessmodelle als Ausgangsbasis für die Durchführung (kontrolliert durch Workflow-Managementsysteme) oder von Transformationen (in ausführbare Spezifikationen) dienen.

Definition 2.5 Geschäftsprozessmodell

Ein Geschäftsprozessmodell spezifiziert alle relevanten Aspekte des Ablaufs eines Geschäftsprozesses. Es beinhaltet im Allgemeinen folgende Charakteristika:

    i.   die durchzuführenden Aufgaben (siehe Definition 2.10),
    ii.   die Definition aller möglichen Reihenfolgen von Aufgaben und
    iii. Vor- und Nachbedingungen von Aufgaben.

Zur Spezifikation von Geschäftsprozessmodellen wird eine Modellierungssprache genutzt. Bedingungen können aus mehreren Teilbedingungen zusammengesetzt sein; neben logischen Bedingungen wird auch der Zugriff auf Ressourcen deklariert. In Abhängigkeit des Formalisierungsgrades der gewählten Modellierungssprache sind auch die Geschäftsprozessmodelle durch einen entsprechenden Formalisierungsgrad geprägt, dies wird im Zusammenhang mit konkreten Modellierungssprachen in Abschnitt 3 diskutiert. An dieser Stelle sei angemerkt, dass viele Analysen vereinfacht oder überhaupt erst ermöglicht werden, wenn Modellierungssprachen mit formaler Fundierung eingesetzt werden. Letzteres ergibt sich dadurch, dass das Verhalten nur bei klar strukturierten und präzisen Modellen eindeutig durch Analyseverfahren untersucht werden kann. Auch die automatisierte Ausführung von Geschäftsprozessen setzt die präzise, formale Beschreibung durch adäquate Geschäftsprozessmodelle voraus.

2.2 Geschäftsprozessmanagement

Zur Erreichung der Ziele im Sinne der ausführenden Organisation ist es notwendig, dass Geschäftsprozesse wohldefiniert formuliert und koordiniert ausgeführt werden können. Diese Aufgabe ist Teil des Geschäftsprozessmanagements. Der Ablauf der Geschäftsprozesse wird hierbei so gestaltet, dass zu leistende Aufgaben zur richtigen Zeit und von der richtigen Ressource ausgeführt werden [AO+00]. Der Begriff des Geschäftsprozessmanagements wird in der Literatur vielfach verwendet, hieraus resultieren verschiedene Definitionen (vergleiche [BK08, Ga06, Ob96a, Ou05, SF06, We07, WW+10]). Viele Definitionen umfassen vergleichbare Konzepte; in dieser Arbeit wird der Begriff in Anlehnung an Weske [We07] und Oberweis [Ob00] wie folgt definiert:

Definition 2.6 Geschäftsprozessmanagement

Das Geschäftsprozessmanagement beschreibt den Einsatz von Konzepten, Methoden und Werkzeugen zur Definition und Modellierung, Simulation und Analyse, Konfiguration, Ausführung und Überwachung sowie der Umgestaltung und Verbesserung von Geschäftsprozessen.

Das Geschäftsprozessmanagement untergliedert sich daher in verschiedene Phasen (siehe Abbildung 2.2), in denen die genannten Instrumente eingesetzt werden. Die Phasen sind zyklisch angeordnet und können überlappend zueinander ausgeführt werden, weiterhin sind Rückkopplungen von einer zu einer anderen Phase möglich.

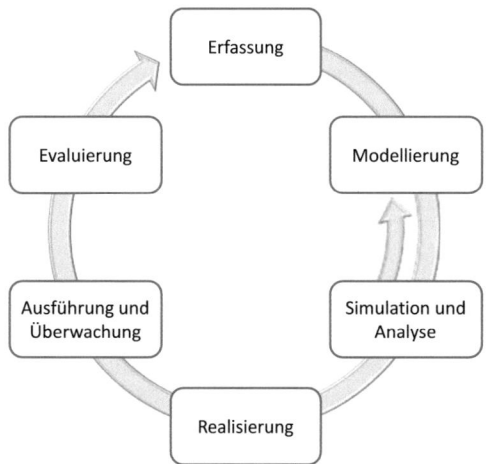

Abbildung 2.2: Phasen des Geschäftsprozessmanagements

Die Ergebnisse der Phasen des Geschäftsprozessmanagements können auch als Eingabe (Rückkopplung) für andere Phasen dienen. Dies trifft in besonderem Maße auf die Phasen *Erfassung* und *Evaluierung*, sowie die Phasen *Simulation und Analyse* und *Modellierung* zu. Zwischen den beiden letztgenannten Phasen ist deswegen in Abbildung 2.2 auch ein rückwärtsgerichteter Pfeil eingetragen. Darüber hinaus können die einzelnen Phasen bei Bedarf weiter untergliedert werden, beispielsweise kann die Phase *Ausführung und Überwachung* Steuer- und Regelungskreisläufe beinhalten.

2.2.1 Erfassung

Der Zyklus des Geschäftsprozessmanagements wird durch die Erfassungsphase eingeleitet. In dieser Phase werden Erhebungstechniken genutzt, um vorhandene Geschäftsprozesse zu identifizieren und zu dokumentieren. Gängige Erhebungstechniken sind hierbei Umfragen, Interviews, Expertenbefragungen, Arbeitskreise, Seminare sowie die Analyse vorhandener (organisatorischer und technischer) Ressourcen [Ju07, We07, WW+10]. Sollte bereits eine Modellbibliothek (*model repository* [AS10, Be99]) bestehender, angewandter Geschäftsprozesse vorhanden sein, so kann auch diese abgefragt und zur Identifikation von Geschäftsprozessen genutzt werden.

2.2.2 Modellierung

Die Modellierung ist der Vorgang, durch den die Geschäftsprozesse genau definiert und durch Geschäftsprozessmodelle (siehe Definition 2.5) festgehalten werden [AB+09]. Häufig wird hierbei von der Überführung informeller Geschäftsprozessbeschreibungen in formalisierte Definitionen gesprochen, die mit Hilfe einer bestimmten Modellierungssprache spezifiziert werden. Aus diesem Grund wird diese Phase auch als Design-Phase bezeichnet.

Zur Modellierung wird eine Sprache zur Geschäftsprozessmodellierung (wie in Kapitel 3 beschrieben) verwandt. Die Verwendung von Sprachen, die die Darstellung von Geschäftsprozessmodellen durch eine grafische Notation erlauben, erleichtern Verständnis und Kommunikation unter den beteiligten Akteuren. Hierdurch können die Geschäftsprozessmodelle schrittweise verfeinert und verbessert werden. Weiterhin können Sprachen eingesetzt werden, die unterschiedliche Sichten auf die Modelle erlauben, sodass die verschiedenen Beteiligten jeweils genau die für sie relevanten Informationen erhalten [BK08]. Nach der Aufnahme der Geschäftsprozessmodelle können diese im Rahmen von Analysen und Simulationen untersucht und auf Fehlverhalten geprüft werden [PK05, RB+02]. Ergebnisse dieser Untersuchungen können erneut als Eingabe für die Umgestaltung der Geschäftsprozessmodelle dienen, demnach zu einer erneuten Modellierung oder Änderung der Geschäftsprozesse eingesetzt werden.

2.2.3 Simulation und Analyse

Auf der Grundlage der entstandenen Geschäftsprozessmodelle können verschiedene Überprüfungen und Validierungen durchgeführt werden [Bi97, Me08, Na93]. Welche Prüfungen hierbei möglich sind, ist davon abhängig, welchen Grad der Formalisierung die gewählte Modellierungssprache aufweist [Ob96a]. Mögliche Techniken zur Überprüfung der zuvor erstellten Modelle sind:

- Diskussion von Modellen (Kreativitätstechniken, etwa die Metaplan-Methode, auch Workshops)
- Vergleichende Untersuchungen (z.B. Benchmarking, Referenzanalyse, Checklistentechniken)
- Validierung der Modelle gegenüber festgelegten Metriken
- Analytische Untersuchung der Modellstruktur
- Simulation der Modelle

Die genannten Methoden erlauben zwei grundsätzlich verschiedene Arten der Bewertung von Geschäftsprozessmodellen. Dies ist einerseits die Untersuchung struktureller (den Aufbau der Modelle betrachtend) und andererseits dynamischer (den Ablauf der Geschäftsprozesse betrachtend) Eigenschaften der Modelle. Unter den genannten Techniken sind die Modelldiskussion und die vergleichende Untersuchung Ansätze, die zur Überprüfung von inhaltlicher Korrektheit und dadurch der Semantik der Modelle dienen können. Die weiteren Techniken hingegen dienen der Überprüfung von strukturellen und dynamischen Eigenschaften der Modelle hinsichtlich deren Syntax und Aufbau. Hierdurch werden Aussagen zur quantitativen Bewertung sowie die Erkennung von Modellierungsfehlern ermöglicht. Welche Rückschlüsse daraus im Hinblick auf die Verbesserung der Geschäftsprozessmodelle gewonnen werden können, muss oftmals durch Experten entschieden werden.

Strukturelle Analysen sind analytische Verfahren, die insbesondere geeignet sind, um Modellierungsfehler aufzudecken, die syntaktisch inkorrekte Modelle oder fehlerbehaftete Modellkonstruktionen hervorrufen. Inkorrekte Modelle entstehen beispielsweise durch die ungültige Kombination von Modellierungsmustern oder -elementen; fehlerbehaftete Modellkonstruktionen beispielhaft durch fehlerbehaftete Kontrollflussstrukturen, die nicht erreichbare Zustände oder Zustände, die nicht mehr verlassen werden können, erzeugen. Die Validierung von Modellen hinsichtlich der Einhaltung bestimmter Kriterien (z.B. gemäß gewählter

Metriken) [FP97] ist eine gängige Technik in vielen Disziplinen (wie der volkswirtschaftlichen Gesamtrechnung [Br07], der Topologie [Ja08, Qu01], der Softwareentwicklung [GH+05, Re04, Th00] oder der Netzwerk-Analyse [Sc00]) und gewinnt auch in der Untersuchung und Bewertung von Geschäftsprozessmodellen zunehmend an Bedeutung [Me08, AB+00, AH+03].

In diesem Kontext lassen sich zwei Typen von Metriken unterscheiden. Metriken, die die Struktur von Modellen bewerten (beispielsweise die McCabe-Metrik [Mc76], auch zyklomatische Komplexität, die ein Maß für die Komplexität des Kontrollflusses von Softwareprogrammen darstellt) und Metriken, die Aussagen über dynamische Eigenschaften erlauben (z.B. die Durchlaufzeit, bestehend aus Bearbeitungs-, Transport-, Rüst- und Liegezeit, von Geschäftsprozessen [Za87]). Einige Metriken lassen sich hierbei analytisch exakt berechnen, andere nur nach oben oder unten abschätzen. In einigen Fällen ist eine exakte Berechnung nur unter bestimmten Umständen oder unter diversen Annahmen möglich. Ein hierbei häufig auftretendes Analyseproblem von Geschäftsprozessmodellen ist ein zu großer oder unendlicher Zustandsraum [An98]. Aus diesem Grund beschäftigen sich zahlreiche wissenschaftliche Arbeiten mit der Analyse und Reduktion von Zustandsräumen [DV05, FS02, FK09, Kr10, Wo07, WV+09a, WV+09b]. Die Reduktion erfolgt durch das Aufstellen von Regeln, die die Anzahl von möglichen Zuständen verringern. Dies geschieht durch das Zusammenfassen von Zuständen, die als gleichwertig erachtet werden. Bei einer Reduktion können Eigenschaften von Geschäftsprozessmodellen eingebüßt werden, weshalb die Regeln im Allgemeinen so formuliert werden, dass zu untersuchende Eigenschaften erhalten bleiben. Darüber hinaus werden Reduktionsregeln spezifisch für bestimmte Arten von Geschäftsprozessmodellierungssprachen formuliert.

Ein Mechanismus, der die Bewertung von Geschäftsprozessmodellen und assoziierten Metriken erleichtert und gleichzeitig eine virtuelle Durchführung der Geschäftsprozesse ermöglicht, ist die Simulation. Simulation (von lateinisch simulare: nachbilden, nachahmen, so tun als ob) ist ein Verfahren, das zur Analyse des (zeitlichen) Ablaufverhaltens von Systemen (hier im Speziellen von Geschäftsprozessen) genutzt werden kann. Simulation ist seit vielen Jahren ein erprobtes Instrument, um die Einsicht über das interne Verhalten von Systemen zu erhöhen, da es jedoch in unterschiedlichen Anwendungsdomänen (z.B. für medizinische Weiterbildung, Wettervorhersage oder Simulation neuronaler Netze) genutzt wird, finden sich in der Literatur ebenso zahlreiche und oftmals leicht variierende Definitionen [Sh75, Sh78, Ba98, PK05]. Im Weiteren soll unter Simulation folgendes verstanden werden:

Definition 2.7 Simulation

Simulation ist eine Methode, um das Verhalten von Systemen zu untersuchen und vorherzusagen. Simulation beinhaltet die virtuelle Ausführung von Modellen (Simulationsmodellen), die das zu untersuchende System beschreiben. Zur Bewertung des Verhaltens wird das System virtuell über eine definierte Zeitspanne unter Zuhilfenahme von Eingabeparametern ausgeführt. Während der Simulation werden zu untersuchende Parameter und ausführungsrelevante Informationen aufgezeichnet, diese Daten bilden das Simulationsergebnis.

Simulation kann deterministisch erfolgen oder stochastische Wertbelegungen und Entscheidungen beinhalten. Bei einer deterministischen Simulation ist das Simulationsergebnis bei gleicher Parametrisierung identisch, anders ist dies bei stochastischen Simulationen. Die virtuelle Durchführung der Geschäftsprozesse (im Allgemeinen des simulierten Systems) innerhalb von Simulationsexperimenten erfolgt meist nicht deterministisch, daher können Simulationsexperimente bei gleichen Eingabeparametern auch mehrfach wiederholt ausgeführt werden (siehe Definition 2.8, vergleiche [PK05]), um die Genauigkeit der Simulationsergebnisse zu verbessern – die Simulation von Geschäftsprozessen erfolgt im Allgemeinen stochastisch (mehr hierzu in Abschnitt 7.5 und Kapitel 8).

Definition 2.8 Simulationsexperiment

Ein Simulationsexperiment beschreibt eine Parametrisierung eines Simulationsmodells. Das Simulationsexperiment kann in mehreren Simulationsläufen wiederholt werden.

Ein wichtiger Aspekt, der die Simulation von analytischen Untersuchungen abgrenzt, ist die Tatsache, dass auch Modelle mit sehr großen oder unendlichen Zustandsräumen untersucht werden können. Die Simulationsergebnisse ermöglichen allerdings im Gegensatz zu den analytischen Methoden im Allgemeinen keine Verifikation von Modelleigenschaften, sondern können lediglich der Validierung dienen. Die Simulation ist dadurch ein wichtiges Instrument zur Entscheidungsunterstützung. Die Qualität der Simulationsergebnisse ist allerdings von der Qualität der Eingabedaten und den gewählten Simulationsparametern abhängig. Simulation wird in den Kapiteln 7 und 8 dieser Arbeit erneut aufgegriffen und detailliert diskutiert.

2.2.4 Realisierung

Nachdem ein oder mehrere Geschäftsprozessmodelle entwickelt und überprüft wurden, ist der abgebildete Geschäftsprozess zu implementieren. Hierzu sind verschiedene Möglichkeiten vorhanden. Zunächst ist dabei die Umgebung festzulegen, innerhalb derer der Geschäftsprozess ausgeführt und kontrolliert wird. Im Allgemeinen kann ein Geschäftsprozess dadurch implementiert werden, dass eine Menge von Richtlinien und Regeln festgelegt wird, die das Geschäftsprozessmodell abbilden und denen alle Prozessbeteiligten unterworfen sind. Dies ist auch ohne den Einsatz spezialisierter Softwaresysteme (sogenannte Geschäftsprozessmanagementsysteme, auch Business-Process-Managementsystem [We07]) möglich. In den vergangenen Jahren hat der Einsatz von solchen Softwaresystemen jedoch stetig zugenommen. Dies birgt den Vorteil, dass die Einhaltung der in den Modellen definierten Abläufe und Regeln permanent kontrolliert und gesteuert werden kann. Weiterhin kann eine Vielzahl von Informationen über die Ausführung protokolliert und später ausgewertet werden. Eine ausführliche Illustration der Konfiguration einer Umgebung wird in [GR10] am Beispiel von *Yet Another Workflow Language* (YAWL) gegeben.

Um die Ausführung durch ein Geschäftsprozess-Managementsystem zu ermöglichen, muss das Geschäftsprozessmodell durch technische Informationen angereichert werden. Man spricht hierbei auch von Konfiguration. In Abhängigkeit des Detaillierungsgrades des aufgestellten Modells, müssen für die Ausführung der Geschäftsprozesse weitere organisatorische Informationen hinzugefügt werden [DG08, FG08, We07]. Dies können beispielsweise Aufgabenträger, die Anzahl und Verfügbarkeit von möglichen Ressourcen, die Interaktion von Benutzern und eingesetzten Systemen oder Unternehmensrichtlinien sein. Je mehr dieser Informationen bereits in die Analyse und Simulation der Geschäftsprozessmodelle eingeflossen sind, desto genauer sind die später durch die Realisierung erzielbaren Ergebnisse im Vorhinein bekannt.

Nach der Konfiguration des Systems erfolgt zumeist eine Testphase zur Überprüfung der gewählten Realisierung. In diesem Fall wird die Integration der Ressourcen, insbesondere technische Systeme, die unterstützend eingesetzt werden, getestet [AT+08, Er08, We07]. Je nach Formalisierungsgrad der gewählten Modellierungs- und Ausführungssprache der Zielplattform kann die Realisierung teilweise oder vollständig auch durch Modelltransformationen vollzogen werden. Modelltransformationen sind in diesem Zusammenhang als Model-Driven-Architecture-Transformationen [OM03, Sc07] zu verstehen, die es erlauben, die Konfiguration des Geschäftsprozess-Managementsystems automatisiert zu erzeugen. Hierzu sind Metamodelldefinitionen der Quell- und Zielmodelle [OM03, OM06b] oder textbasierte Transformationssprachen [GP+06, PW10b, PT+07, OM08b] notwendig. Der Einsatz von Transformationen kann die Realisierungsphase erheblich beschleunigen und insbesondere auch die Fehlerrate reduzieren [PM06], da Transformationen eine Abbildung immer exakt nach Definition durchführen und somit keine Modellstrukturen vergessen oder falsch übertragen werden.

2.2.5 Ausführung und Überwachung

Die Ausführung und Überwachung der modellierten Geschäftsprozesse erfolgt durch das gewählte Geschäftsprozess-Managementsystem (kurz: GPMS, auch Business-Process-Managementsystem, kurz: BPMS), beispielsweise ein Workflow-Managementsystem (WfMS) [Ho95, La97]. Das Geschäftsprozess-Managementsystem erzeugt und verwaltet dabei alle Geschäftsprozessinstanzen (siehe Definition 2.9). Die Instanziierung von Geschäftsprozessinstanzen erfolgt, um die Geschäftsziele der Organisation zu erfüllen und wird durch festgelegte Ereignisse ausgelöst, z.B. Eingang einer Bestellung durch einen Kunden. Zu jeder Geschäftsprozessinstanz verwaltet das System deren aktuellen Zustand, der die aktuell zu erledigenden Aufgaben, die Ressourcenauslastung und einzuhaltende Geschäftsregeln [BK05, MI10] und Bedingungen beinhaltet.

Basierend auf den Geschäftsprozessmodellen steuert das System den Ablauf des Geschäftsprozesses, reagiert auf eintretende Fehler und löst entsprechende Ausnahmebehandlungen aus. Gängige Geschäftsprozess-Managementsysteme implementieren auch Monitoring-Komponenten, die die Überwachung der Geschäftsprozesse erleichtern. Monitoring-Komponenten visualisieren den aktuellen Zustand der Geschäftsprozessinstanzen und erlauben in einigen Fällen auch Vorhersagen auf künftige Zustände. Die dargestellten Informationen werden darüber hinaus aufgezeichnet, um später die Grundlage für weitere Auswertungen (siehe 2.2.6) zu bilden. Hieraus resultierende Protokolldateien bestehen aus einer Menge zeitlich geordneter Einträge, die Ereignisse beschreiben die während der Geschäftsprozessausführung aufgetreten sind, beispielsweise der Start- und Endzeitpunkt einer Aktivität.

Auch das Monitoring von Geschäftsprozessen basiert zur besseren Bewertung des überwachten Zustands auf Metriken (diese werden oftmals auch als Kennzahlen bezeichnet [LM+05b, Me06]), beispielsweise die durchschnittliche Dauer zur Bearbeitung von Kundenanfragen. Als Technik zur Visualisierung werden neben detaillierten Informationen häufig vereinfachende Darstellungen angeboten, beispielsweise unterschiedliche Diagramme (etwa Linien-, Balken- oder Kreisdiagramme), Cockpit-ähnliche Anzeigen und farbliche Abstufungen. Neben der farblich unterschiedlichen Darstellung aktiver und beendeter Aktivitäten oder

Geschäftsprozesse werden meist ampelähnliche Darstellungen verwendet, um aggregiert und vereinfacht anzuzeigen, ob eine Metrik eingehalten wird oder bereits Handlungsbedarf besteht, beispielsweise weil die Dauer der Bearbeitung von Kundenanfragen den vorgesehenen Maximalwert signifikant überschreitet.

2.2.6 Evaluierung

Die finale Phase des Geschäftsprozessmanagementzyklus dient der Bewertung der tatsächlich durch die Ausführung erzielten Ergebnisse. Maßgeblich für die Auswertung sind die Protokolldateien der Ausführungs- und Überwachungsphase. Einige ermöglichen die Bewertung von Protokolldaten bereits zur Laufzeit, aus diesem Grund sind Ausführung und Evaluierung nicht komplett voneinander abzugrenzen. Auch ist es üblich, dass ein im Betrieb befindliches GPMS in regelmäßigen Abständen Daten zur Auswertung bereitstellt, um hierdurch einen fortgesetzten Verbesserungsprozess (Continuous Process Improvement, CPI [Da92]) umzusetzen. Die gesammelten Protokollinformationen werden demnach in der Evaluierungsphase ausgewertet, um Geschäftsprozessmodelle und deren Realisierung verbessern zu können.

Die aus der Überwachung der Ausführung gewonnen Protokolldaten werden durch Process-Mining- [GB+04, WR+10] und Business-Intelligence-Techniken [GG+08, KM+04, KB+10] ausgewertet. Diese Techniken zielen darauf ab, die Qualität der Geschäftsprozesse zu ermitteln, indem die Art und Weise, in der die Geschäftsprozesse in der Praxis ausgeführt werden, beobachtet, analysiert und bewertet werden. Dies kann als Grundlage für die operative Entscheidungsfindung genutzt werden. Das Process-Mining ist eine Technologie, die die zur Laufzeit erfassten Informationen ausnutzt, um relevante Probleme in den Geschäftsprozessmodellen aufzudecken. Beispielsweise können Engpässe oder besondere Lastsituationen durch die Auswertung der Protokolldaten erkannt werden, die durch eine Überprüfung des statischen Modells allein nicht identifiziert werden können. Extrahierte Erkenntnisse können anschließend verwendet werden, um die Simulation der Geschäftsprozesse hinsichtlich potenzieller künftiger Situationen zu kalibrieren. In Kombination mit der Simulation können, basierend auf historisch erfassten Daten, aus diesem Grund Vorhersagen für künftige Situationen getroffen und dementsprechend Entscheidungen zur Verbesserung unterstützt werden. Beispielsweise könnte eine Auswertung ergeben, dass eine bestimmte Tätigkeit wegen Mangel an Ressourcen zu lange dauert. Da außerdem die Ergebnisse der Validierung die Genauigkeit der Simulation beeinflussen und verbessern können, stehen die beiden genannten Phasen in engem Zusammenhang.

2.3 Informationstechnik zur Geschäftsprozessunterstützung

Innovationen im Bereich der Konstruktion von Hard- und Software haben grundlegend neue Möglichkeiten der informationstechnischen Unterstützung von Geschäftsprozessen geschaffen. Die Ausführung von Geschäftsprozessen wird aus diesem Grund seit einigen Jahren verstärkt durch Informationstechnologie (IT) unterstützt [Ob96a, Ob96b, We07]. Zunächst konnten einzelne Funktionen isoliert voneinander durch Rechner unterstützt werden, z.B. die Lagerhaltung oder das Bestellwesen einer Organisation. Anschließend wurden Methoden zur Integration dieser Einzelanwendungen, beispielsweise Enterprise Application Integration

(EAI) geschaffen. Problematisch ist hierbei allerdings einerseits die fehlende Überwachung und Steuerung der Geschäftsprozesse und andererseits die feste Verschaltung von Abläufen, die Änderungen nur unter erheblichen Aufwänden erlauben.

Durch die Entwicklung der Workflow-Managementsysteme (WfMS) [AH04, Ob96a, Ob96c, DA+05, Ho95, Ho99, Ho05] wurde die flexible Änderung der auszuführenden Geschäftsprozesse und die kooperative Zusammenarbeit verbessert [AK01, Mu99a, Mu04]. Das Ziel des Workflow-Managements ist die durchgängige informationstechnische Unterstützung von Geschäftsprozessen unter Vermeidung von Medienbrüchen [Ob96a]. Ein hierzu eingesetztes WfMS dient der Ausführung, Steuerung und Kontrolle von Geschäftsprozessen, hierzu können durch das WfMS weitere Systeme angesteuert werden. Geschäftsprozesse, die vollständig rechnergestützt ausgeführt werden, werden daher auch als Workflows bezeichnet [Ho95, La97]. Dies bedeutet jedoch nicht, dass Workflows vollständig automatisiert ablaufen. Oftmals ist die Interaktion mit Benutzern (wie Maschinenführern, Sachbearbeitern oder Entwicklern) oder allgemein der Einsatz bestimmter Ressourcen (beispielsweise Arbeitsmittel oder Maschinen) erforderlich; die Steuerung der Ausführung wird hingegen vollständig durch das WfMS geleitet. Die notwendige Grundlage hierzu bilden spezielle Geschäftsprozessmodelle, die Workflow-Modelle, die als Ausführungsspezifikation dienen (vergleiche auch 2.2.4).

Wachsende Konkurrenz und Transparenz der Märkte zwingt die Unternehmen außerdem dazu, ihre Geschäftsprozesse einem ständigen Kontrollprozess zu unterwerfen und gegebenenfalls entsprechend der geänderten Anforderungen anzupassen und zu verbessern. Dies hat zur Folge, dass die Evolutionszyklen der Geschäftsprozesse in der jüngeren Vergangenheit stark verkürzt wurden [Be10, Er08, Pa05]. Demzufolge haben sich in der Vergangenheit verschiedene Ansätze ausgeprägt, um die Geschäftsprozesse gezielt anzupassen und zu verbessern. Zwei allgemeine und bekannte Denkansätze sind in diesem Zusammenhang das bereits erwähnte Continuous Process Improvement (CPI) und das Business Process Reengineering (BPR) – vergleiche auch [Da92, DB95, FD08, HC93]. Während sich diese Methoden mit der Umgestaltung und Verbesserung der Geschäftsprozesse befassen, stellen sie jedoch keine Lösungen dar, die die Anpassung der eingesetzten IT-Systeme gemäß den angestrebten Änderungen begünstigen. Die Abbildung geänderter Geschäftsprozesse durch IT-Systeme ist durch den wachsenden Konkurrenzdruck wettbewerbsentscheidend und daher möglichst kurzfristig zu leisten [CC05]. Als Multiplikator dieser Problematik wirkt die ebenfalls zunehmende Vernetzung, sowohl technologisch als auch wirtschaftlich, der Organisationen untereinander. Hieraus resultiert eine Erhöhung der Managementaufwände der auszuführenden Geschäftsprozesse. Neben den wiederkehrend umzusetzenden Änderungsanforderungen ist dies auch durch die teilweise große Anzahl von Detaillierungsstufen, damit entsprechend vielen Teilprozessen und einer Vielzahl beteiligter Partner (und in letzter Konsequenz einer entsprechend großen Anzahl von Ressourcen) bedingt.

Immer kürzere Änderungszyklen und die weitgehende Vernetzung haben den Erfolg der Service-orientierten Architektur (SOA) [Ar04, BM+08, DJ+08, Gi07, KA+06, KL+07, LM+05a] begünstigt. SOA stellt die lose Kopplung von Komponenten, sogenannter Dienste ebenso in den Vordergrund, wie den Einsatz von einheitlichen Standards zur Beschreibung von Schnittstellen, Verschaltung und Kommunikation der Dienste. Der Managementaufwand für SOA kann erheblich sein, jedoch gewinnen SOA-basierte Systeme deutlich an Flexibilität und ermöglichen schnelle Umsetzungen geänderter Geschäftsprozesse und die ortsunabhängige Integration von weiteren Diensten und damit auch neuen, beteiligten Partnern. Darüber hinaus kann SOA auch als Integrationstechnologie verstanden werden, die Nachteile von EAI überwindet und bestehende Systeme nahtlos miteinander verknüpft. Aus diesem Grund können Geschäftsprozesse in einem SOA-Umfeld sowohl durch standardisierte Sprachen zur Orchestrierung [OA07a] oder Choreographie [WC04a] von Diensten realisiert werden (vergleiche auch [Be10, Ha05a, ZD+05, ZK+04]), als auch durch den gezielten Aufruf von WfMS.

Wie bereits weiter oben in Zusammenhang mit dem Geschäftsprozessmanagement beschrieben (siehe 2.2.5), steuern und kontrollieren Geschäftsprozess-Managementsysteme den Ablauf von Geschäftsprozessen. Aus der Sicht eines GPMS kann ein Geschäftsprozess verschiedene Zustände annehmen, welche in Abbildung 2.3 dargestellt werden. Ausgehend von zuvor definierten Ereignissen werden Geschäftsprozesse initialisiert. Nach der Initialisierung befindet sich ein Geschäftsprozess im Zustand bereit; genauer gesagt, eine Instanz des Geschäftsprozesses befindet sich in diesem Zustand. Bevor die Geschäftsprozessinstanz tatsächlich gestartet wird, kann auch eine Deaktivierung oder ein Abbruch erfolgen. Die Durchführung (laufend) von Geschäftsprozessinstanzen kann phasenweise unterbrochen (wartend) werden. Die Bearbeitung der Instanz wird durch einen der Zustände abgebrochen, beendet oder fehlgeschlagen abgeschlossen, eine bereits durch diese Zustände terminierte Instanz kann schließlich noch annulliert (zurückgerollt) werden. Eine Annullierung ist in der Praxis allerdings nicht in allen Fällen möglich, insbesondere verteilte Geschäftsprozesse können nicht generell zurückgerollt werden, da beispielsweise nur eingeschränkt auf die Ressourcen von Partnern zugegriffen werden kann. Aus praktischer Sicht entstehen deshalb oftmals zusätzliche Kosten, um einen bereits vollständig oder teilweise ausgeführten Geschäftsprozess dennoch zurückzurollen, z.B. indem Partnerorganisationen Stornogebühren erheben.

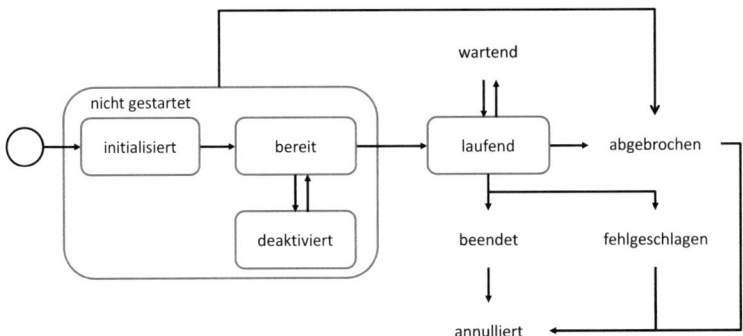

Abbildung 2.3: Zustände von Geschäftsprozessen

Jedem dieser allgemeinen Zustände, die eine Geschäftsprozessinstanz annehmen kann, lässt sich zu einem bestimmten Zeitpunkt während der Laufzeit ein detaillierter Zustand zuordnen. Dieser detaillierte Zustand ergibt sich aus der jeweils aktuellen Wertebelegung der Instanz [AH04], also beispielsweise den aktuell gültigen Bedingungen, den zu bearbeitenden Aufgabeninstanzen, dem Ausführungszustand von Aktivitäten und dem Auslastungsgrad von Ressourcen. Wie bereits oben beschrieben werden zur Laufzeit Instanzen von Geschäftsprozessen erzeugt (siehe Definition 2.9). Die Geschäftsprozessmodelle dienen dem GPMS hierzu als Schablone. Gemäß den im Modell festgelegten Ablaufregeln (beispielsweise Und- oder Oder-Verzweigungen) und Bedingungen für die Ausführungen von Aufgaben kontrolliert und steuert das GPMS dann zur Laufzeit die Ausführung der Geschäftsprozesse.

Definition 2.9 Geschäftsprozessinstanz

Eine Geschäftsprozessinstanz (case) ist ein konkreter, durchzuführender Geschäftsprozess. Eine Geschäftsprozessinstanz wird gemäß der Definition eines Geschäftsprozessmodells ausgeführt.

Nach Definition 2.2 beinhalten Geschäftsprozesse eine Reihe von Aktivitäten, die während der Ausführung der Geschäftsprozesse abgearbeitet werden. In der Definition der Geschäftsprozesse, also in den Geschäftsprozessmodellen liegen diesen Aktivitäten Aufgaben (siehe Definition 2.10) zu Grunde, die dann bei Bedarf während der Laufzeit von dem ausführenden GPMS instanziiert werden. Sobald innerhalb einer Geschäftsprozessinstanz (gemäß Geschäftsprozessmodell) eine Aufgabe zu erledigen ist wird demnach eine Aufgabeninstanz (siehe Definition 2.11) erzeugt. Das GPMS stößt dann die Bearbeitung dieser Instanz an, indem die Erledigung der Aufgabeninstanz an einen Aufgabenträger übertragen wird. Der Zusammenhang zwischen Aufgabe, Aufgabeninstanz und Aktivität (siehe Definition 2.12) wird in Abbildung 2.4 in Anlehnung an [AH04] verdeutlicht.

Definition 2.10 Aufgabe

Eine Aufgabe (task) ist eine nicht weiter zerlegbare Arbeitseinheit. Aufgaben sind elementare Bestandteile von Geschäftsprozessmodellen.

Aufgaben sind nicht mit konkreten Geschäftsprozessinstanzen verknüpft. Die Bearbeitung von Aufgabeninstanzen kann erfolgen, sobald ein Aufgabenträger die Bearbeitung der Aufgabe übernommen hat. Im Rahmen dieser Arbeit werden Aufgabenträger allgemein auch als Ressourcen bezeichnet. Die Verwaltung von Ressourcen und deren Zuordnung zu Aufgabeninstanzen obliegt speziellen Komponenten für das Ressourcenmanagement [Ad09, Mu04]. Sobald die Bearbeitung der Aufgabeninstanz gestartet wird, spricht man von der Durchführung einer Aktivität (siehe Definition 2.12).

Definition 2.11 Aufgabeninstanz

Eine Aufgabeninstanz (work item) ist eine konkrete Aufgabe, die im Rahmen einer Geschäftsprozessinstanz abgearbeitet werden muss.

Abbildung 2.4: Zusammenhang zwischen Aufgabe, Aufgabeninstanz und Aktivität

---

Definition 2.12 Aktivität

Eine Aktivität (activity) ist die Durchführung einer Aufgabe, genauer einer Instanz dieser Aufgabe, die zur Ausführung eines Geschäftsprozesses erforderlich ist.

2.4 Ressourcen in Geschäftsprozessen

Die Durchführung von Aktivitäten ist oftmals an den Einsatz von Ressourcen gebunden. Derzeit verbreitete Sprachen zur Modellierung von Geschäftsprozessen bieten jedoch lediglich eingeschränkte Möglichkeiten zur Darstellung von Ressourcen [Ju07, OS10]. Die Ressourcenplanung im Rahmen des Geschäftsprozessmanagements erfordert daher eine Erweiterung der Geschäftsprozessmodellierungssprachen. In Kapitel 5 wird detailliert beschrieben, wie die Integration von Ressourcen, die für die Durchführung von Geschäftsprozessen relevant sind, erfolgen kann. In diesem Abschnitt sollen die notwendigen Grundlagen zur Beschreibung von Ressourcen und deren Verknüpfung mit Geschäftsprozessen beschrieben werden.

Definition 2.13 Ressource (Kontext: Geschäftsprozess)

Eine Ressource ist ein Objekt, das einer Aktivität in einem Geschäftsprozess zugewiesen werden kann, um diese Aktivität ausführen zu können (Allokation). Ressourcen können materiell oder immateriell sowie menschlich oder nicht-menschlich sein.

Die Ressource kann die Durchführung der Aktivität übernehmen oder genutzt werden, um die Aktivität durchzuführen. Der Begriff Ressource wird in Abhängigkeit des Kontextes, in dem dieser diskutiert wird, unterschiedlich interpretiert. Als Beispiele für Ressourcen werden oftmals Produktionsmittel, Hilfsmittel, Hilfsquelle, Reserve oder Geldmittel genannt. In der Informatik sind beispielsweise Hardwarekomponenten als Ressourcen zu verstehen, allerdings kann es sich bei Ressourcen auch um nichtgreifbare Konzepte, wie einen bestimmten Arbeitsspeicherbereich, oder ein Datenobjekt handeln. In der Betriebswirtschaftslehre [Gu83, He91, Ke88, SS05] und der Volkswirtschaftslehre [BK01, Br07, FW07, Gr02, St99, SN07] wird anstelle des Begriffs der Ressource oft von Faktoren gesprochen. Eine detaillierte Diskussion des Begriffs der Ressource wird in Kapitel 4 geführt. Als Grundlage soll der Begriff Ressource an dieser Stelle zunächst im Kontext der Geschäftsprozessmodellierung eingeführt werden.

Die Durchführung von Aktivitäten kann von einer oder mehreren Ressourcen abhängen. Eine Ressource, die die Durchführung einer Aktivität übernimmt, kann weitere Ressourcen nutzen. Beispielsweise kann die Bestellung b eines Produkts von einem Sachbearbeiter s vorgenommen werden. Dieser könnte ein ERP-System e zur Durchführung der Bestellung nutzen. Zwischen Ressourcen und den Aktivitäten von Geschäftsprozessen besteht daher eine Korrespondenz φ (in der mathematischen Fachliteratur auch als mehrwertige Funktion bezeichnet). φ beschreibt die Zuordnung von Ressourcen, die als Betriebsmittel oder Aufgabenträger einer Aktivität zugeordnet werden. Dies lässt sich als Relation Φ zwischen der Menge der Aktivitäten A und der Menge der Ressourcen R darstellen, für die gilt:

$$a \, \Phi \, r : a \in A, \, r \in R \text{ falls } r \text{ für die Ausführung der Aktivität } a \text{ benötigt wird}$$

Falls also die Durchführung einer Bestellung eines Produkts b nur von einem Sachbearbeiter s unter zu Hilfnahme des ERP-Systems e und bei Vorlage einer Genehmigung g möglich ist, dann gelten dementsprechend:

$$b \, \Phi \, s, \; b \, \Phi \, e \text{ und } b \, \Phi \, g$$

Die Korrespondenz φ lässt sich demzufolge folgendermaßen definieren:

$$\varphi(a) = \Phi_R(a) = \{r \in R \mid a \, \Phi \, r\}$$

Neben dem Vorbereich A und dem Nachbereich R ist die Korrespondenz von einer Reihe von Nebenbedingungen abhängig. Diese Nebenbedingungen resultieren aus dem Geschäftsprozessmodell, in dem hinterlegt wird, welche Ressourcen für die Durchführung einer Aufgabe in Betracht kommen. Wie zwischen Aktivitäten und Ressourcen besteht auch ein Zusammenhang zwischen Aufgaben und Aktivitäten (siehe Abbildung 2.4). Aktivitäten können auf Aufgaben abgebildet werden, zu jeder Aufgabe können jedoch mehrere Aktivitäten existieren. Dies ergibt sich daraus, dass ein Geschäftsprozess mehrfach instanziiert werden kann und außerdem eine Aufgabe bezogen auf eine Geschäftsprozessinstanz auch mehrfach instanziiert werden kann.

Bedingungen, die die Ressourcenauswahl einschränken, können unterschiedlich definiert werden. Mögliche Einschränkungen, sowie deren Anwendung in Workflow-Managementsystemen, werden in [RA+05, RH+04] beschrieben. Bei menschlichen Ressourcen wird eine Vorauswahl oftmals aufgrund einer Rolle vorgenommen, beispielsweise dass eine Aufgabe nur von einem Systemadministrator übernommen werden darf. Bei technischen Ressourcen ist die mögliche Granularität abhängig von der gewählten Modellierungssprache, mit Hilfe der UML-Aktivitätsdiagramme können beispielsweise Datenobjekte detailliert definiert und zugeordnet werden. Die Definition derartiger Nebenbedingungen wurde bereits in einigen Arbeiten untersucht (siehe auch [OS10, RA+05]) und wird in Kapitel 5 erneut aufgegriffen. Zusätzlich können für φ abhängig davon, ob diskrete Zeitpunkte oder der gesamte Zeitraum der Ausführung von Geschäftsprozessen betrachtet werden, unterschiedliche Ergebnismengen resultieren. Falls diskrete Zeitpunkte T betrachtet werden, ergeben sich nach obiger Betrachtung die folgenden Zusammenhänge:

$$\Phi^* \subseteq A \times R \times T \text{ und } (a, r, t) \in \Phi^* \Leftrightarrow a \text{ wird in } t \text{ unter Einsatz von } r \text{ ausgeführt}$$

$$\varphi^*(a, t) = \Phi_R^*(a, t) = \{r \in R \mid (a, r, t) \in \Phi^*\}$$

Eine Aktivität a ist dann in Relation mit einer Ressource r, falls r zum Zeitpunkt t zur Durchführung von a genutzt wird (folglich ist $\Phi_R^*(a, t) \subseteq \Phi_R(a)$). Eine Nebenbedingung, die sich im Allgemeinen nicht direkt aus dem Geschäftsprozessmodell ableiten lässt, stellt die Ausführungsstrategie (auch Scheduling-Strategie) dar. Die Ausführungsstrategie beeinflusst $\varphi(a)$ dadurch, dass unterschiedliche Strategien die Reihenfolge der Auswahl bestimmter Ressourcen und auch die Reihenfolge der Abarbeitung von Aktivitäten verändern können. Durch geänderte Reihenfolgen können zu konkreten Zeitpunkten bestimmte Ressourcen nicht verfügbar sein, weshalb auch der Wertebereich von $\varphi^*(a, t)$ verändert wird. Diese Veränderung schlägt sich dann zu gewählten, diskreten Zeitpunkten und je nach gewählter Strategie auch im Gesamtverlauf der Ausführung von Geschäftsprozessen (in $\varphi(a)$) nieder. Anstelle von Korrespondenz und zu beachtender Nebenbedingungen findet sich in der Literatur oftmals der Begriff der Ressourcenallokation [Ob96a, PD+08, PH+07, SR+08, XL+08], um die Zuweisung von Ressourcen zu Aktivitäten zu beschreiben. An dieser Stelle sei angemerkt, dass sich $\varphi(a)$, $\varphi^*(a, t)$ und auch der Begriff der Ressourcenallokation ausdrücklich auf die Beziehung zwischen Aktivitäten und Ressourcen und nicht Aufgaben und Ressourcen beziehen. Die in den Geschäftsprozessmodellen definierten Aufgaben und deren

Nebenbedingungen bilden die Grundlage für die Auswahl der Ressourcen, beschreiben jedoch noch keine Zuweisung konkreter Ressourcen (dies ist zwar möglich, wird im Allgemeinen jedoch nicht in die Modelle integriert [DS99, Mu04]).

Auch ist es möglich, dass einer Aufgabe und damit der resultierenden Aktivität im Geschäftsprozessmodell keine Ressourcen zugeordnet werden. Letzteres ist im Rahmen von Geschäftsprozessmodellen zulässig, sobald aber eine Ausführung der Geschäftsprozesse erfolgen soll, unzureichend. Aus diesem Grund muss die Zuordnungsinformation spätestens im Rahmen der Konfiguration in der Realisierungsphase (siehe 2.2.4) des Geschäftsprozessmanagements vorgenommen werden. Andererseits können in Geschäftsprozessmodellen auch Ressourcen angefordert werden, die der Organisation derzeit nicht zur Verfügung stehen. Dies erfordert eine Unterscheidung zwischen benötigten und vorhandenen Ressourcen [Ju07]. Anhand einer Differenzanalyse (zwischen notwendigen und vorhandenen Ressourcen) kann eine Ressourcenplanung erfolgen. Die tatsächlich erforderlichen Ressourcen lassen sich hierbei nicht unbedingt ex ante bestimmen, da zur Modellierungszeit unter Umständen nicht alle Rahmendaten bekannt sind. Beispielsweise kann in einem neuen Tätigkeitsumfeld nicht immer abgeschätzt werden, wie hoch die Nachfrage nach einem Produkt ist, auch saisonal kann die Nachfrage differieren. Um diesem Umstand geeignet zu begegnen, können Evaluierung (siehe 2.2.6, sofern bereits Daten vorhanden sind) und Simulation (siehe 2.2.3) zur besseren Beurteilung genutzt werden.

Zur Modellierung von Ressourcen bieten die Sprachen zur Geschäftsprozessmodellierung unterschiedliche Möglichkeiten. Darüber hinaus gibt es eine Reihe weiterer Sprachen, die zur Ressourcenmodellierung genutzt werden können. Die Modellierungsmächtigkeit der Geschäftsprozessmodellierungssprachen wird in den Kapiteln 3 und 5 genauer untersucht. An dieser Stelle sei darauf hingewiesen, dass alle Ansätze die Modellierung von Ressourcen nur bedingt unterstützen und in vielen Fällen weitere spezialisierte Sprachen oder proprietäre Formate zur Beschreibung Ressourcen eingesetzt werden, die im Sinne der oben beschriebenen Abbildungsvorschrift in Geschäftsprozessmodelle integriert werden können. Dies begründet sich darin, dass das Konzept der Ressource in vielen Sprachen nicht explizit existiert [AK01, Ju07] oder falls doch, dessen Formalisierung und resultierende Beschreibungsmöglichkeiten nur bedingt vorhanden sind. Als Beispiele seien an dieser Stelle die fehlende Integration von Benutzern in der Business Process Execution Language (BPEL) und fehlende Mechanismen zur allgemeinen Ressourcenbeschreibung in der Architektur integrierter Informationssysteme (ARIS) [Sc92] genannt. Während die fehlende Benutzerintegration in BPEL durch verschiedene Erweiterungen verbessert werden soll [OA07a, OA07b, OA09, RA08], sieht ARIS [Sc96, Sc98, Sc99a, Sc99b] die Integration von einigen speziellen Ressourcenarten vor, beinhaltet aber kein generelles Mittel zur Ressourcenbeschreibung.

3 Modellierungssprachen zur Geschäftsprozessmodellierung

Zur Modellierung von Geschäftsprozessen existieren verschiedene graphische und textuelle Sprachen und korrespondierende Methoden. In Abhängigkeit des Sprach- und Methodenumfang werden unterschiedliche Sichten angeboten, die sich in ihrem Abstraktionsgrad (bezogen auf die Anwender) oder auch in ihrer Art (bezogen auf den Modelltyp) unterscheiden lassen. Unterschiede des Abstraktionsgrades sind darauf ausgerichtet, die verschiedenen an der Modellierung beteiligten Akteure mit den für sie relevanten Informationen zu unterstützen. Beispielsweise kann ein Geschäftsprozessmodell für einen Fachanwender nur den Kontrollfluss darstellen, während das Modell aus Sicht eines Entwicklers auch konkrete Informationen zur Implementierung enthält, z.B. Service-Aufrufe. Bezogen auf die Modellart können ergänzende Sichten beispielsweise statische Modelle anbieten. Hierdurch können Objektmodelle zur Spezifikation von Daten (z.B. durch UML-Klassendiagramme [Oe09, OM10d, St05b] oder ER-Diagramme [Ch76, Ch02]) oder auch Modelle zur Beschreibung einer Aufbauorganisation (z.B. durch Organigramme) dargestellt und in die Geschäftsprozessmodellierung integriert werden. Eine bekannte Methode, die beide Arten von Sichten integriert, ist das Konzept der Architektur integrierter Informationssysteme (ARIS) [Sc99a, Sc99b, Sc01, Sc06].

Im weiteren Verlauf dieses Kapitels werden einige relevante Modellierungssprachen zur Beschreibung von Geschäftsprozessen genauer betrachtet. Der Fokus liegt hierbei darauf Sprachen vorzustellen, die einerseits Verbreitung in der Wissenschaft und der praktischen Anwendung erlangt haben sowie andererseits nach Möglichkeit über ein präzises Metamodell verfügen. Letzteres ist für analytische Untersuchungen der Geschäftsprozessmodelle von Bedeutung. Möglichkeiten zur Darstellung von Ressourcen und deren Integration in Geschäftsprozessmodelle werden anschließend in Kapitel 5 konkretisiert. Vorgestellt werden nachfolgend folgende Sprachen zur graphischen Modellierung von Geschäftsprozessen:

- Business Process Modeling Notation (BPMN)
- Ereignisgesteuerte Prozessketten (EPK)
- Petri-Netze
- Unified Modeling Language (UML) – Aktivitätsdiagramme

In der betrieblichen Praxis existiert darüber hinaus eine Vielzahl weiterer Sprachen, die nicht eigens beschrieben werden, da diese nicht oder nur bedingt in wissenschaftlichen Publikationen diskutiert werden, einen eingeschränkten Anwendungsbereich fokussieren oder auf proprietären Konzepten aufbauen. Proprietäre Ansätze widersprechen dem Gedanken der plattformunabhängigen Modellierung [OM03, PM06] und scheiden daher für eine weitere Betrachtung im Kontext einer wissenschaftlichen Arbeit aus. Ähnlich verhält es sich mit domänenspezifischen Sprachen, die die Modellierung von Geschäftsprozessen auf einen bestimmten z.B. branchenspezifischen Kontext einschränken und daher nicht allgemein der Modellierung dienen. Ebenfalls unberücksichtigt bleiben in dieser Betrachtung rein textuelle Sprachen, da diese im Allgemeinen der Benutzerfreundlichkeit (siehe Abschnitt 4.4.2) entgegenstehen, zumeist rein ausführungsbezogen sind und in einigen Fällen lediglich maschinenlesbare Varianten der graphischen Modellierungssprachen darstellen. Abschnitt 3.5 gibt allerdings einen Ausblick auf einige der nicht detailliert diskutierten Sprachen und wird durch Hinweise zur weiterführenden Diskussion ergänzt.

3.1 Business Process Modeling Notation

Die Business Process Modeling Notation (BPMN) ist eine Modellierungssprache, die unter maßgeblicher Beteiligung von Stephen A. White (IBM) entwickelt wurde [Wh04, WM08]. Im Jahr 2005 wurde die Sprache an die Object Management Group (OMG) zur weiteren Standardisierung übergeben. Seit 2009 ist Version 1.2 [OM09], seit 2011 Version 2.0 [OM11c] ein offizieller Standard der OMG. Während BPMN 1.x nur einen Modelltyp beschreibt, beinhaltet BPMN ab Version 2.0 zusätzliche Modelltypen und Modellelemente. Weitere Modelltypen wurden eingeführt, um verschiedene Abstraktionsebenen der Geschäftsprozessmodellierung sowie die Einhaltung von Sicherheit und Vertraulichkeit besser unterstützen zu können. Hierbei wird zwischen interner (*private Processes*) und externer (*public Processes*) Sichtweise unterschieden, zur Beschreibung des Nachrichtenaustauschs zwischen verschiedenen Partnern werden außerdem Choreographien betrachtet. Als Modelltypen werden daher unterschieden:

- Collaboration (interne und externe Sicht; mehrere Partner werden durch *Pools* – vergleiche Abschnitt 2.1, 7.1.1 und Kapitel 9 in [OM11c] – dargestellt)
- Conversation (externe Sicht; höhere Abstraktion)
- Process (interne Sicht)
- Choreography (Nachrichtenaustausch)

Im Rahmen dieser Arbeit sind primär die Modelltypen Collaboration und Process von Interesse, die im Wesentlichen dem einzigen in BPMN Version 1.x spezifizierten Modelltyp entsprechen. Die meistgenutzten Elemente der BPMN werden in Abschnitt 8.3 in [OM11c] sowie in Abschnitt 8.1 von [OM09] dargestellt, die Grundelemente sind:

Element	Beschreibung
	Ein *Task* beschreibt eine atomare Aufgabe innerhalb eines Geschäftsprozesses, das bedeutet, dass diese Aufgabe innerhalb des Geschäftsprozesses nicht detaillierter durch eine feingranulare Modellierungsebene beschrieben wird (vergleiche *Sub Process*). In BPMN existieren verschiedene Typen von *Tasks*, um unterschiedliche Aufgabentypen zu kennzeichnen [OM09, OM11c]; beispielsweise um mehrfach auszuführende (wie *Loop* oder *Multi Instance Task*) oder automatisierte (wie *Service Task*) Aufgaben zu deklarieren.
	Ein Subprozess (*Sub Process*) ist eine zusammengesetzte Aufgabe. Details werden in einem zusätzlichen Geschäftsprozessmodell definiert, können in gängigen BPMN-Modellierungswerkzeugen oftmals durch Anklicken des Plus-Symbols innerhalb des Modells, in dem der Subprozess definiert wird, angezeigt werden. Diese integrierten Anzeigen werden bereits in der Spezifikation der BPMN als *Collapsed Sub Process* und *Expanded Sub Process* definiert.

Element	Beschreibung
◇	Eine Verknüpfung (*Gateway*) beeinflusst die Sequenz der Modellelemente, je nach Art der Verknüpfung werden alle oder nur eine Auswahl der folgenden Modellelemente ausgeführt. In BPMN existieren fünf verschiedene Verknüpfungsarten (*Exclusive Data-Based*, *Exclusive Event-Based*, *Inclusive*, *Complex* und *Parallel*), die anhand unterschiedlicher Symbole innerhalb der links abgebildeten Raute dargestellt werden, weitere Details finden sich in [Si09, WM08]. Eine Verknüpfung dient sowohl der Aufspaltung als auch der Synchronisation des Kontrollflusses.
○	Ein Ereignis (*Event*) beschreibt eine Begebenheit, die während der Ausführung eines Geschäftsprozesses eintreten kann und den Kontrollfluss beeinflusst. In der BPMN werden drei Grundarten von Ereignissen unterschieden: Anfangs- (*Start*), Zwischen- (*Intermediate*) und Endereignisse (*End*). Weiterhin werden auslösende und eintreffende Ereignisse unterschieden. Erstere lösen Ereignisse in anderen Geschäftsprozessen oder anderen Bereichen eines Geschäftsprozesses aus, letztere werden durch erstere ausgelöst und beeinflussen direkt den weiteren Kontrollfluss. Eine genaue Übersicht über die Arten möglicher Ereignisse findet sich in der BPMN Spezifikation in den Tabellen 9.4, 9.6 und 9.8 [OM09].
⟶	Der Sequenzfluss (*Sequence Flow*) beschreibt die Reihenfolge der Aufgaben und Ereignisse. Das Modellelement definiert somit den Kontrollfluss innerhalb des modellierten Geschäftsprozesses. Verbindungsregeln sind in Abschnitt 8.4.1 *Sequence Flow Rules* der BPMN Spezifikation zu finden [OM09, OM11b, OM11c].
o– – – – – –▷	Nachrichtenfluss (*Message Flow*) wird verwendet, um den Austausch von Nachrichten abzubilden. In BPMN kann ein Nachrichtenfluss nur über separate Pools hinweg Modellelemente verbinden. Die genauen Verbindungsregeln sind in Abschnitt 8.4.2 *Message Flow Rules* der BPMN Spezifikation zu finden [OM09].

Tabelle 3.1: BPMN - Grundelemente

Die BPMN verfügt außerdem über eine Vielzahl weiterer Modellelemente zu deren Studium auf die Spezifikationen verwiesen sei [OM09, OM10a, OM11c]. Insbesondere existieren auch verschiedene Ausprägungen der oben dargestellten Modellelemente und zu jedem Modellelement eine Vielzahl von Attributen, die der Modellierer hinzufügen kann, um die Modelle weiter zu präzisieren. Die hohe Anzahl an Modellelementen, die sich abträglich auf die Benutzerfreundlichkeit (besonders Einfachheit und Anschaulichkeit, siehe Abschnitt 4.4.2) auswirkt, ist auf den Wunsch zurückzuführen, BPMN-Modelle möglichst automatisiert in ausführbare Beschreibungen zu überführen. Dieser Gedanke wird bei der derzeitigen Spezifikation der BPMN Version 2.0 [OM11c] weiter verfolgt, weshalb BPMN 2.0 weitere Modellelemente und Modelltypen beinhaltet. BPMN 2.0 soll allerdings auch einige Unklarheiten und Widersprüche in der bisherigen Definition korrigieren. Hierzu gehört die MOF-konforme Modellierung [OM08b] des BPMN-Metamodells und die Korrektur von Mehrdeutigkeiten, die den (Token-basierten) Kontrollfluss betreffen [DD+08, DD+10]. Einige Hersteller von Modellierungswerkzeugen sind bereits dazu übergegangen, die vorgeschlagenen Metamodelländerungen durchzuführen und die neuen Modelltypen werkzeugseitig zu unterstützen.

3.2 Ereignisgesteuerte Prozessketten

Ereignisgesteuerte Prozessketten (EPK) [KN+92, Sc92] sind eine graphische Modellierungssprache zur Darstellung betrieblicher Abläufe, die im Rahmen des Konzeptes der Architektur integrierter Informationssysteme (ARIS) geprägt wurden [Sc96, Sc06]. EPK und ARIS entstanden ursprünglich im Rahmen eines Forschungsprojektes, zur Entwicklung computergestützter integrierter Informationssysteme. Die Sprache wurde maßgeblich durch die Forschungsgruppe von Professor August-Wilhelm Scheer entwickelt und geprägt. Die Geschäftsprozessmodellierung erhielt hierbei im Laufe der Entwicklung einen hohen Stellenwert [Ju07, Sc01, Sc06]. EPK sind derzeit in Deutschland eine der meistgenutzten Sprachen zur Geschäftsprozessmodellierung, dies kann insbesondere auch auf die enge Kopplung an SAP zurückgeführt werden. Nachfolgend werden die Grundelemente der Sprache beschrieben:

Element	Beschreibung
Aktivität	Eine Funktion (auch als Aktivität bezeichnet) ist ein Modellelement, das Aufgaben beschreibt. Die Durchführung der Aktivität benötigt üblicherweise eine bestimmte Zeit und kann den Zugriff auf Daten beinhalten. Weiterhin lassen sich Rollen mit Aktivitäten verknüpfen, wodurch Kosten entstehen können, die im Allgemeinen nicht in EPK abgebildet werden.
Ereignis	Ein Ereignis ist passives Element und dient der Repräsentation von Zuständen. Ereignisse können Funktionen auslösen, sind aber auch Ergebnisse von Funktionen. Aufgrund letzterem beziehen sich Ereignisse auf bestimmte Zeitpunkte und beeinflussen den weiteren Verlauf des Geschäftsprozesses.
⟶	Verknüpfungen legen die Sequenz der aufeinanderfolgenden Modellelemente fest. Bei EPK darf auf eine Funktion nur ein Ereignis oder eine Verknüpfung folgen und umgekehrt auf ein Ereignis nur eine Funktion oder eine UND-Verknüpfung.
✚	UND-Verknüpfungen symbolisieren die nebenläufige Aufspaltung oder Zusammenführung des Kontrollflusses.
✖	Exklusive-ODER-Verknüpfungen repräsentieren Entscheidungen, die zu einer Kontrollflussverzweigung führen oder mögliche alternative Kontrollflusspfade wieder zusammenführen. Hierbei kann nur genau ein alternativer Pfad ausgeführt oder zusammengeführt werden. Dies entspricht also mengentheoretisch gesehen der symmetrischen Differenz.
◉	ODER-Verknüpfungen repräsentieren Entscheidungen, die zu einer Kontrollflussverzweigung führen oder alternative Kontrollflusspfade wieder zusammenführen. Im Gegensatz zu Exklusive-ODER-Verknüpfungen können bei dieser Verknüpfungsart auch mehrere Alternativen durchgeführt werden; dies entspricht einem ODER in der booleschen Algebra.

Tabelle 3.2: EPK - Grundelemente

Seit der erstmaligen Veröffentlichung unterlag die EPK einer Reihe von Ergänzungen, insbesondere sind hierbei die erweiterten EPK (eEPK) zu nennen, die zusätzliche Konstrukte zur Abbildung von Daten- und Organisationssicht gemäß ARIS ergänzen [Me08, Sc06, SN+97]. Kritik an der EPK lässt sich besonders aufgrund der schwach ausgeprägten Beschreibung von Syntax und Semantik üben. Deshalb gibt es eine Reihe von Vorschlägen zur besseren Formalisierung der EPK. Außerdem beschreiben eine Reihe von Publikationen die Abbildung von EPK auf Petri-Netze, um hierdurch deren Simulation und analytische Untersuchungen zu gestatten [Aa99, De01, GY08, MA07, LS+98, Ri00].

3.3 Petri-Netze

Petri-Netze gehen auf die Dissertation von Carl Adam Petri zurück (vergl. [Re85, Re10]), sie sind mathematisch definiert und verfügen über eine graphische Repräsentation. Im Laufe der Jahre sind viele weitere Publikationen zu Petri-Netzen erschienen, über 8500 sind alleine in der Literaturliste der Universität Hamburg verzeichnet [WW11a]. Zahlreiche dieser Arbeiten erweitern die Petri-Netze durch zusätzliche Konstrukte, grundsätzlich unterscheidet man hierbei zwischen einfachen und höheren Petri-Netzen. Letztere wurden inzwischen auch in dem Standard ISO/IEC 15909-1:2004 [IS04] beschrieben. Der Standard ist dreiteilig definiert, der zweite Teil beschreibt das XML-basierte Austauschformat *Petri Net Markup Language* (PNML, [WW11b]) für Petri-Netz-Modelle. Der dritte Teil ergänzt den oben genannten Teil zur Definition höherer Petri-Netze, hierin werden insbesondere Hierarchien in gefärbten Petri-Netzen (*Coloured Petri-Nets*, CPN [Je97a, Je97b, JK09]) und zeitbasierte Erweiterungen dargestellt (wie *Time Petri Nets* [CM99, RF+91] und *Stochastic Petri Nets* [BK96]).

Element	Beschreibung
Transition	Transitionen stellen Zustandsübergänge (Ereignisse) dar. Eine Transition kann ausgeführt werden; man spricht dann davon, dass sie schaltet, sobald die Schaltregel erfüllt ist. Im Falle der Bedingungs-/Ereignis-Netze (B/E-Netze, vergleiche [Re85, Re10]) bedeutet dies, dass alle Stellen im Vorbereich (siehe Definition Vorbereich, Nachbereich und Umgebung) eine Marke enthalten müssen und alle Stellen im Nachbereich der Transition keine Marke enthalten dürfen.
Stelle	Stellen beschreiben zusammen mit den in ihnen enthaltenen Marken den Systemzustand. Die Anzahl der durch ein Petri-Netz darstellbaren Zustände hängt daher nicht nur von Stellen und Transitionen (der Netztopologie), sondern auch von den möglichen Markierungen der Stellen ab. Auch bei geringer Anzahl von Modellelementen kann der Zustandsraum daher sehr groß werden (siehe auch [EH08, Kr10, Lu06, Wi08]).
→	Kanten verbinden Stellen und Transitionen. Da ein Petri-Netz ein bipartiter Graph ist, alternieren Stellen und Transitionen.

Tabelle 3.3: Petri-Netz - Grundelemente

In einfachen Petri-Netzen sind Marken nicht unterscheidbar (beispielsweise in B/E- oder Stellen/Transitions-Netzen, S/T-Netzen), in höheren Petri-Netz-Varianten sind die Marken hingegen gemäß dem erwähnten ISO-Standard unterscheidbar (vergleiche auch [CL+09, Je97a, Je97b, JK09, LO01, LO03, Ob96a]). Bei genauer Betrachtung ist bei Petri-Netzen zwischen Netzen und Systemen zu unterscheiden. Sofern das Netz spezielle Kanten (Inhibitorkanten oder Lesekanten) enthält, können diese durch weitere Matrizen abgebildet werden (siehe [MB+95]). Zur Berechnung von einigen Eigenschaften sollten Schlingen ausgeschlossen werden, dies lässt sich aber leicht durch zusätzliche Stellen erreichen, siehe Abbildung 5.7.

Definition 3.1 Petri-Netz

Ein Petri-Netz PN ist ein Tripel $PN = (S, T, F)$ für das gilt:

    i. S ist eine endliche Menge von Stellen
    ii. T ist eine endliche Menge von Transitionen
    iii. Weiterhin gilt: $T \cap S = \emptyset$ und $T \cup S \neq \emptyset$
    iv. F ist die Flussrelation und beschreibt die Menge der Kanten, es gilt: $F \subseteq (S \times T) \cup (T \times S)$

Ein Petri-Netz-System (siehe Definition 3.2) ergibt sich aus einem Petri-Netz durch das Hinzufügen einer Anfangsmarkierung, umgekehrt lässt sich das Petri-Netz aus einem Petri-Netz-System durch Abstraktion der Anfangsmarkierung gewinnen. Generell gilt, dass Eigenschaften eines Petri-Netz-Systems im Allgemeinen nur unter der gegebenen Markierung gültig, während Eigenschaften, die aus der Analyse eines Petri-Netzes ermittelt werden für alle Markierungen gültig sind [MB+95, Re85].

Definition 3.2 Petri-Netz-System

Ein Petri-Netz-System PNS ist ein Tupel $PNS = (S, T, F, M_0)$ für das gilt:

    i. (S, T, F) ist ein Petri-Netz
    ii. Die Anfangsmarkierung ist eine Funktion $M_0: S \to \mathbb{N}_0$, die jeder Stelle eine Anzahl von Marken zuweist.

Eine Zustandsänderung ergibt sich in einem Petri-Netz-System dadurch, dass Transitionen schalten und sich hierdurch die Markierung ändert. Wenn eine Transition schaltet, werden den Stellen im Vorbereich Marken entnommen und im Nachbereich hinzugefügt. Vor- und Nachbereich sind dabei der nachfolgenden Definition zu entnehmen.

Definition 3.3 Vorbereich, Nachbereich und Umgebung

Für ein Element $x \in S \cup T$ eines Petri-Netzes $PN = (S, T, F)$ ist:

    i. $\cdot x = \{y: y \in S \cup T \wedge (y, x) \in F\}$ der Vorbereich von x

    ii. $x \cdot = \{y: y \in S \cup T \wedge (x, y) \in F\}$ der Nachbereich von x

    iii. $U(x) = \{\cdot x \cup x \cdot\}$ die Umgebung von x

Das Schalten einer Transition unterliegt der Schaltregel. Diese legt fest, wann eine Transition aktiviert, d.h. schaltbereit, ist und daher schalten könnte. Weiterhin wird durch die Schaltregel definiert, wie sich die Markierung innerhalb eines Petri-Netz-Typs durch das Schalten der Transition verändert. Nachfolgend ist die Schaltregel für B/E-Netze beschrieben.

Definition 3.4 Schaltregel in B/E-Netzen

Eine Transition t eines Petri-Netz $PN = (S, T, F)$ ist aktiviert, wenn:

    i. Alle Stellen in $\cdot t$ markiert sind und
    ii. Alle Stellen $t \cdot$ nicht markiert sind.

Das Schalten einer aktivierten Transition entzieht allen Stellen im Vorbereich ihre Marken und alle Stellen im Nachbereich werden markiert.

Entsprechend den unterschiedlichen Petri-Netz-Typen unterscheidet sich auch die Schaltregel. Vereinfachend kann festgehalten werden, dass Schaltregeln in höheren Petri-Netzen auch komplexer strukturiert sind. Auch gilt für die Marken kein Erhaltungsgesetz, d.h. die Anzahl der Marken kann sich durch das Schalten einer Transition verändern (auch bei B/E-Netzen). Bei mehreren aktivierten Transitionen ist das Verhalten, welche Transition als nächste schaltet, im Allgemeinen nicht deterministisch. Außerdem ist festzuhalten, dass eine aktivierte Transition schalten kann aber nicht muss und auch keine Einschränkung besteht, wann ein Schaltvorgang angestoßen wird. Einige Netzvarianten versuchen diesem Nicht-Determinismus durch die Hinzunahme von Zeitbedingungen oder Prioritäten zu begegnen (vergleiche [BP+07, BK96, CM99, RF+91, Lu06]).

In einigen Definitionen werden anstelle der Flussrelation auch Matrizen deklariert. Anstelle von F wird dann zumeist die Eingangsmatrix I und die Ausgangsmatrix O beschrieben. Der Vorteil der Matrixdarstellung besteht in der Möglichkeit Berechnungen durchzuführen (beispielsweise können Analysen rechnergestützt mit Hilfe des Gauß-Jordan-Verfahrens). Analysen von Petri-Netzen basieren beispielsweise auf der Untersuchung von Stellen- oder Transitions-Invarianten (z.B. Lebendigkeit), des Zustandsraums, Entfaltung (Unfolding) oder Erreichbarkeitsgraphen, siehe auch [EH08, FL04, FM+94, Kr10, Lu06, MB+95, Re85, WP08]. Bereits in B/E-Netzen wächst der Zustandsraum mit der Anzahl der Stellen rapide, die Obergrenze der möglichen Zustände liegt abhängig von der Netztopologie in diesem Fall bei 2^n Zuständen bei n Stellen [Lu06]. Sowohl die Größe des Zustandsraums als auch die Komplexität, um analytische Fragestellungen zu beantworten, nimmt bezüglich anderer Netzvarianten und insbesondere höherer Petri-Netze nochmals stark zu (vergleiche auch [CM+93, EH08, Es94, Es98, JL+77, RF+91, Wi08, WP08]). Dies ist ein Grund weshalb in vielen Fällen analytische Verfahren zur Untersuchung von Petri-Netzen versagen. Als Alternative kann dann die Simulation (siehe Kapitel 8), als Verfahren zur Validierung von angenommenen Eigenschaften, eingesetzt werden.

3.4 UML-Aktivitätsdiagramme

Die Unified Modeling Language (UML) ist eine Sprache zur Modellierung von Softwaresystemen, die seit Mitte der 90er Jahre entwickelt und standardisiert wird. Ursprünglich geht sie auf den Ansatz von Grady Booch, Jim Rumbaugh und Ivar Jacobson zurück, die die vielen verschiedenen objektorientierten Entwicklungsmethoden in eine einheitliche Sprache überführen sollten [GH+05, St05b]. Die Standardisierung und Weiterentwicklung der UML ist seit 1997 an die Object Management Group (OMG) übertragen worden, unter deren Federführung inzwischen eine Reihe von Sprachversionen entstand (vergleiche Abbildung 3.1). Derzeit aktuell ist die Version 2.3. Das Metamodell der UML ist MOF-konform [OM08b] und besteht aus der UML Infrastructure [OM10c] und der UML Superstructure [OM10d]. Zusätzlich existieren eine Reihe weiterer Spezifikationen, die in Zusammenhang mit der Spezifikation der UML entstanden und dort auch Wiederverwendung finden, beispielsweise das Austauschformat XML Metadata Interchange (XMI, [OM06a, OM07]) oder die prädikatenlogische Sprache Object Constraint Language (OCL, [OM06c, OM10b]). Einen Überblick über die 13 verschiedenen Diagrammtypen der UML liefert Abbildung 3.2, die bekanntesten und meistgenutzten sind Klassen-, Anwendungsfall-, Sequenz-, Aktivitäts- und Zustandsmaschinendiagramme [Sc07].

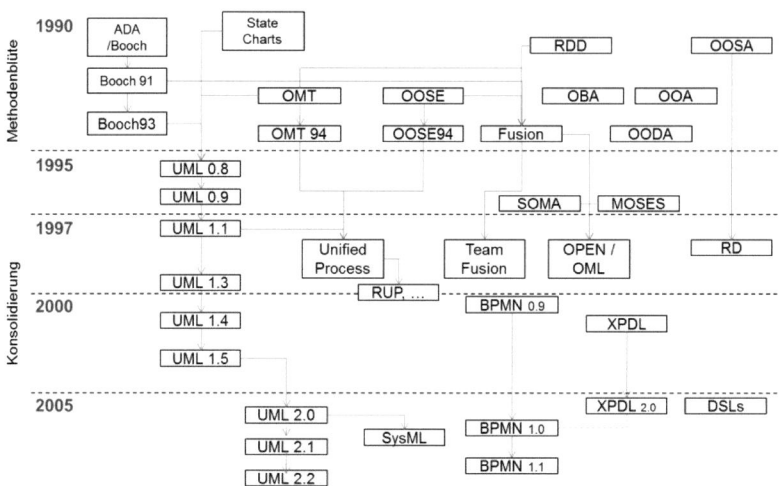

Abbildung 3.1: Entstehungsverlauf von Modellierungssprachen

Die UML bietet keine dedizierte Sprache zur Modellierung von Ressourcen. Klassendiagramme stellen jedoch einen universellen Ansatz zur Modellierung statischer Aspekte von objektorientierten Systemen sowie der Beziehungen zwischen den beschriebenen Objekten dar. Sie bieten daher Möglichkeiten zur Beschreibung von Ressourcen, die in einem GPMS benötigt werden. Zur Modellierung von Geschäftsprozessen stellt die UML die Aktivitätsdiagramme bereit. Da inzwischen auch die BPMN von der OMG standardisiert wird, ist allerdings fraglich, wie sich die Aktivitätsdiagramme weiterentwickeln werden, teilweise wurde auch bereits eine Zusammenlegung von BPMN und Aktivitätsdiagrammen diskutiert.

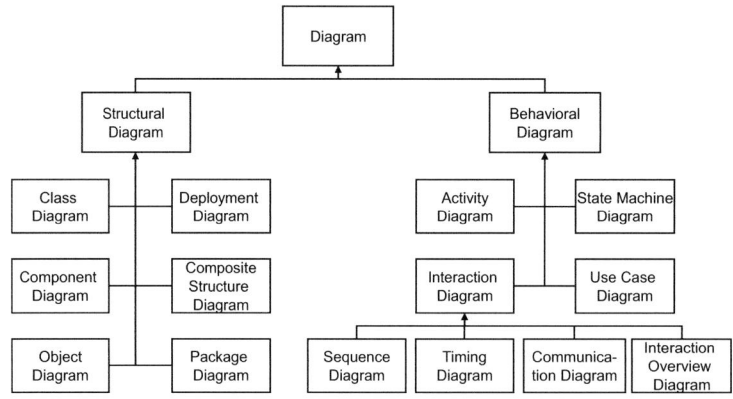

Abbildung 3.2: UML – Diagrammübersicht

Ähnlich wie bei den weiteren Verhaltensdiagrammen, wurde die Semantik der Aktivitätsdiagramme gegenüber UML 1.x grundlegend überarbeitet und hat daher mit der Vorgängerversion nur noch wenig gemeinsam. Die Anpassung erfolgte einerseits zur Verbesserung der Plattformunabhängigkeit und andererseits zur Korrektur von Unklarheiten. So werden Aktivitätsdiagramme seit UML 2 explizit mit den Petri-Netzen in Verbindung gesetzt. Allerdings ist die Semantik des Tokenflusses in den UML-Aktivitätsdiagrammen anders als bei den Petri-Netzen und bietet noch nicht die gleichen Möglichkeiten zu analytischen Untersuchungen (vergleiche [St04]). Auch im Fall der UML-Aktivitätsdiagramme (siehe auch [RA+06]) sollen hier nur einige grundlegende Modellelemente dargestellt werden. Obgleich die Aktivität selbst ein Modellelement ist, wird sie nachfolgend nicht dargestellt.

Element	Beschreibung
	Eine Aktion (*Action*) beschreibt eine Aufgabe innerhalb eines Geschäftsprozessmodells. In der UML Superstructure [OM10d] werden eine Reihe von verschiedenen Aktionstypen definiert, z.B. *SendSignalAction*, *AcceptEventAction*. Seit UML 2 sind die Aktivitätsdiagramme stärker an den Petri-Netzen orientiert. Aus diesem Grund unterliegt die Ausführung einer Aktion einer Token-Semantik. Das bedeutet, dass eine Aktion erst dann ausgeführt werden kann, wenn alle eingehenden Kontrollflusskanten ein Ergebnis (Token) bereitstellen. Ebenso wird dann nach Abarbeitung der Aktion ein Token auf allen ausgehenden Kanten erzeugt. Die Token-Semantik wird detailliert in Kapitel 11 der UML Superstructure beschrieben [OM10d].
	Eine Aufrufaktion (*CallBehaviorAction*) ist ein spezieller Aktionstyp, der zur Hierarchisierung von Aktivitätsdiagrammen genutzt werden kann. Hierzu kann dieser Aktion ein weiteres Modell zugewiesen werden, das die Abarbeitung der Aufgabe detailliert beschreibt.
	Startknoten (*InitialNodes*) markieren den Beginn einer Aktivität, der Knoten besitzt keine eingehenden Kanten. Ein Startknoten erzeugt Token, sobald die modellierte Aktivität ausgeführt werden soll und initialisiert hierdurch den Kontrollfluss. Weitere Informationen sind in Abschnitt 12.3.31 der UML Superstructure zu finden [OM10d].
	Ein Endknoten (*FinalNode*) ist ein abstrakter Knoten, der das Ende einer Aktivität markiert. Links sind die Ausprägungen Aktivitätsendknoten (*ActivityFinalNode*, links) und Kontrollflussendknoten (*FlowFinalNode*, rechts) dargestellt. Während der Aktivitätsendknoten die Ausführung der Aktivität insgesamt beendet, entfernt der Kontrollflussendknoten nur alle Tokens auf dem eingehenden Kontrollflusspfad (vergleiche die Abschnitte 12.3.6, 12.3.28 und 12.3.29 in der UML Superstructure [OM10d]).
	Spalt- und Zusammenführungsknoten (*ForkNode* und *JoinNode*), dienen der nebenläufigen Aufspaltung und Zusammenführung des Kontrollflusses. Die Knoten ermöglichen die Synchronisation von Aufgaben, indem auf allen ausgehenden Kanten eines Spaltknotens Token erzeugt und damit die Ausführung der nachgelagert modellierten Aufgaben ermöglicht wird. Der Zusammenführungsknoten erzeugt erst dann einen ausgehenden Token, wenn die Ergebnisse aller eingehenden Kanten vorliegen.
	Ein Entscheidungsknoten (*DecisionNode* und *MergeNode*) dient der Modellierung von Kontrollflussverzweigungen und der Zusammenführung. Mehrere ausgehende (*DecisionNode*, siehe Abschnitt 12.3.22 in [OM10d]) oder eingehende (*MergeNode*, siehe Abschnitt 12.3.36 in [OM10d]) Kanten beschreiben dabei alternative Kontrollflusspfade.
	Kanten (*ActivityEdge*) verbinden die Modellelemente von Aktivitäten miteinander und legen dadurch den Kontroll- und Datenfluss in Aktivitäten fest. Die Semantik dieses Modellelements wird detailliert in Abschnitt 12.3.5 der UML Superstructure beschrieben [OM10d].

Tabelle 3.4: UML-Aktivitätsdiagramme - Grundelemente

In der UML Superstructure werden sieben Arten von Aktivitäten unterschieden: *Fundamental Activities*, *Basic Activities*, *Intermediate Activities*, *Structured Activities*, *Complete Activities*, *Complete Structured Activities* und *Extra Structured Activities*. Diese Unterscheidung kann als Hierarchisierung auf der Metamodellebene verstanden werden; Konstrukte einfacherer Aktivitätstypen sind in spezielleren Typen enthalten und werden dort ergänzt. Beispielsweise sind Partitionen zur Gruppierung von Aktionen oder der *FlowFinalNode* zur Beendigung von einzelnen Kontrollflüssen erst in den *Intermediate Activities* enthalten.

3.5 Weitere Sprachen zur Geschäftsprozessmodellierung

Derzeit existieren außerdem eine Reihe anderer Sprachen zur Beschreibung von Geschäftsprozessen, die hier nicht weiter vertiefend diskutiert werden. Hierfür existieren mehrere Gründe. Zunächst sind viele dieser Sprachen speziell auf bestimmte Zwecke zugeschnitten und daher nicht allgemein geeignet, um Geschäftsprozesse zu modellieren. Darüber hinaus existieren eine Menge wenig bekannter und daher nicht hinreichend eingesetzter und wissenschaftlich untersuchter Modellierungssprachen. In diesem Zusammenhang fällt auch auf, dass vielen Sprachen ferner eine formale Spezifikation fehlt.

Einige bekanntere Sprachen, die hier nicht aufgegriffen werden, sind textuell basiert, wie die Business Process Execution Language (WS-BPEL, [OA07a]) und deren Erweiterungen wie BEPL4people [OA07b]. Diese Sprachen sind zumeist XML-basiert, sodass ihre Darstellung maschinell verarbeitet werden kann. Darüber hinaus sind derartige Sprachen stark ausführungsorientiert, enthalten dementsprechend viele Detailinformationen und verfügen nicht über Sichtkonzepte, die die Integration verschiedener Anwender fördern könnte. Eine einheitliche graphische Repräsentation ist ebenfalls nicht enthalten (derzeit existieren zwar einige proprietäre Ansätze, die sich aber bislang nicht allgemein durchsetzen konnten), hierdurch können diese textuellen Sprachen nicht als anwenderfreundlich gelten (vergleiche Abschnitt 4.4.2). Zur weiterführenden Betrachtung sei auf [Ha05b, OA07a, OA09, SK09, We07] verwiesen. Weitere textuelle Ansätze zielen auf die Austauschbarkeit von Geschäftsprozessmodellen ab, das bedeutet, dass sie die graphische Darstellung in einheitlichen maschinenlesbaren Formaten beschreiben und so die Interoperabilität der am Markt befindlichen Geschäftsprozessmodellierungsumgebungen verbessern sollen. Diese Formate sind zumeist ebenfalls XML-basiert. Beispiele sind XML Metadata Interchange (XMI, [OM07]), Petri Net Markup Language (PNML [WW11b] oder XML Process Definition Language (XPDL, [BD+06, We07]). XMI ist ein Standard der OMG, der inzwischen in immer mehr Modellierungs- und Entwicklungswerkzeugen eingesetzt wird. Verbreitung findet er insbesondere auch durch das eclipse Modeling Framework (EMF, [EM10a, EM10b]). XPDL nimmt einen Sonderstatus unter den Austauschformaten ein. Die Sprache wird durch die Workflow Management Coalition (WfMC, [WF93]) spezifiziert und wurde ursprünglich als Sprache zur Modellierung und Ausführung von Geschäftsprozessen konzipiert. In der Praxis konnte sich XPDL nicht durchsetzen und unterstützt seit einiger Zeit die vollständige, XML-basierte Abbildung der Business Process Modeling Notation (BPMN); in Folge dessen wird XPDL von vielen Modellierungswerkzeugen als Austauschformat für BPMN genutzt.

4 Modellierung und Verwaltung von Ressourcen und Fähigkeiten

Der Begriff Ressource wird in verschiedenen wissenschaftlichen Disziplinen in unterschiedlicher Weise verwendet. In einigen Bereichen sind Definitionen nicht präzise formuliert, insbesondere wird die Einteilung von Ressourcen in Ressourcenklassen stellenweise mehrdeutig oder nicht differenziert betrachtet. In diesem Kapitel soll daher zunächst der Begriff der Ressource detailliert diskutiert und durch eine vergleichende Analyse dessen Semantik untersucht werden. Zur Klassifikation von Ressourcen im Kontext dieser Arbeit, werden Ansätze und Definitionen der Betriebswirtschaftslehre, insbesondere der betriebswirtschaftlichen Produktionstheorie, genutzt. Darauf aufbauend werden in Abschnitt 4.2 Ressourcen unter geschäftsprozessorientierter Betrachtung analysiert und Kriterien bezüglich ihrer Klassifikation abgeleitet. Wie bereits in den Kapiteln 2 und 3 dargestellt, ist die Majorität der Geschäftsprozesse nicht vollständig automatisierbar, sodass personellen Ressourcen in diesem Zusammenhang ein besonderer Stellenwert beigemessen werden muss. Aus diesem Anlass werden die Klassifikationskriterien für geschäftsprozessrelevante, personelle Ressourcen in Abschnitt 4.3 durch Kompetenzen, Fähigkeiten und Kenntnisse erweitert.

Die Modellierung von Ressourcen sollte anhand einer dedizierten Sprache erfolgen, dies erfordert angemessene sprachliche Konstrukte zur Darstellung relevanter Eigenschaften von Ressourcen. Aus der Klassifikation geschäftsprozessrelevanter Ressourcen lässt sich hierfür eine Reihe von Anforderungen ableiten. Abschnitt 4.4 diskutiert diese Anforderungen, anschließend wird dementsprechend auf konzeptioneller Ebene eine Modellierungssprache konstruiert und vorgestellt. Die Modellierungssprache wird anhand eines aus mehreren Komponenten bestehenden und erweiterbaren Metamodells spezifiziert. Auf der Basis dieses Metamodells wird in Kapitel 7 ein Modellierungswerkzeug abgeleitet und vorgestellt. Die Realisierung dieses Werkzeugs erfolgt modellbasiert, sodass sichergestellt werden kann, dass Vorgaben, die sich aus der Definition des Metamodells ergeben, eingehalten werden.

4.1 Ressourcen

In Abhängigkeit zur Betrachtungsweise wird der Begriff Ressource divergent interpretiert. Dies kann auf zwei Hauptfaktoren zurückgeführt werden; zum Einen die Semantik des Begriffs Ressource und zum Anderen die jeweils betrachteten Aspekte. Semantisch betrachtet, unterscheiden sich Ressourcen in verschiedenen wissenschaftlichen Disziplinen, die den Begriff prägen und nutzen, dahingehend, dass unterschiedliche Objekte der Realität unter dem Begriff der Ressource subsummiert werden. Dies manifestiert sich bereits in allgemein gefassten, wissenschaftsübergreifenden Definitionen, die Ressourcen beispielsweise als materielles oder immaterielles Gut beschreiben. Häufig werden hierbei Produktionsmittel für die Wirtschaft, Geldmittel, Reserven, Hilfsmittel, Boden, Rohstoffe, Information, Personen, Arbeit oder Zeit als Beispiele für Ressourcen genannt [Gu83, Ke88, He91, VG10].

Hierin ist bereits die Diversität des Begriffs und des daraus resultierenden Verständnisses zu erkennen. In den meisten Wissenschaftsbereichen zählen auch Personen zu den Ressourcen. In der Arbeitspsychologie und der Personalplanung werden ferner Fähigkeiten, Charaktereigenschaften oder die geistige Haltung als Aspekte personeller Ressourcen betrachtet [FP70, SS05, WD+05]. In der Soziologie spielen auch Bildung und Ansehen (sozialer Status) eine bedeutende Rolle für die Betrachtung humaner Ressourcen [Li02].

In den Wirtschaftswissenschaften und der Informatik wird insbesondere die Zuteilung von Ressourcen zu Aufgaben erforscht. Diesbezüglich spricht man von Ressourcenallokation [FE+09, RA+05, Ob96a, OS10, XL+08, XZ+08a, XZ+08b, WZ08], eine vertiefende Diskussion hierzu wird in Kapitel 5 geführt. Innerhalb der Wirtschaftswissenschaften wird statt des Begriffs der Ressource auch von Faktoren oder Produktionsfaktoren gesprochen, diese Begriffe werden im Rahmen dieser Arbeit als synonym betrachtet. Der Begriff des Faktors wird nachfolgend jedoch nur noch in Bezug zu konkreten wirtschaftswissenschaftlichen Arbeiten und Definitionen verwendet. Zur Herleitung einer Definition im Kontext dieser Arbeit wird daher im Weiteren neben den Wirtschaftswissenschaften insbesondere die Begriffsprägung im Bereich der Informatik und der Wirtschaftsinformatik untersucht.

4.1.1 Ressourcen in den Wirtschaftswissenschaften

In den Wirtschaftswissenschaften tritt anstelle der Ressource oftmals der Begriff des Faktors oder Produktionsfaktors auf [BK01, Dy06, Gr02, Gu83, He91, Ke88, SS05]. Eine Reihe von Arbeiten definiert den Begriff des Faktors und leitet auf dieser Basis Klassifikationssysteme für verschiedene Faktoren ab; einer der bekanntesten und meistzitierten Ansätze ist das Klassifikationssystem nach Gutenberg [Gu83], das in Abschnitt 4.2 eingehend betrachtet wird. Die Analyse der wirtschaftswissenschaftlichen Literatur legt die synonyme Verwendung der Begriffe Ressource und Produktionsfaktor nahe.

Diverse Autoren führen Ressourcen als Produktionsfaktoren oder Betriebsmittel auf (vergleiche [Ju10, Ju07]), während Betriebsmittel nach den Klassifikationen von Gutenberg [Gu83] und Kern [Ke88] wiederum zu den Produktionsfaktoren zählen. Beuermann [Be96] charakterisiert Produktionsfaktoren als Güter, die den Ablauf von Prozessen bestimmen, während Hentze und Kern die Kombination der Produktionsfaktoren zur Leistungserstellung (beispielsweise der Herstellung eines Produkts) in den Vordergrund stellen [HH+01, Ke88]. In den Wirtschaftswissenschaften findet eine Analyse von Produktionsfaktoren gemäß deren Eigenschaften statt, hierbei werden

- Potential- und Repetierfaktoren,
- materielle und immaterielle Produktionsfaktoren sowie
- substitutionale und limitationale Produktionsfaktoren

voneinander unterschieden. In der Volkswirtschaftslehre findet auch eine Unterscheidung zwischen natürlichen und gesellschaftlichen Produktionsfaktoren statt. Unter dem Aspekt der Nutzung von Produktionsfaktoren können diese in Potential- und Repetierfaktoren eingeteilt werden. Produktionsfaktoren können außerdem materieller als auch immaterieller Natur sein. Materielle Faktoren unterliegen physikalischen Gesetzen (beispielsweise Gebäude,

Rohstoffe oder Maschinen), während immaterielle Faktoren nicht greifbar sind (beispielsweise Informationen oder eine persönliche Einstellung). Zusätzlich kann ein Faktor limitierend auf Leistungsprozesse wirken oder substituierbar sein.

Potentialfaktoren werden im Prozess der Leistungserstellung eingesetzt, ändern ihre Eigenschaften (insbesondere ihre Qualität) währenddessen jedoch nicht oder nur geringfügig und stehen damit nachfolgend beinahe unvermindert zur Verfügung [He91, HH+01]. Einschränkend wirkt hierauf die zeitliche sowie lokale Verfügbarkeit und die Abnutzung der Potentialfaktoren [Dy06, Kl93]. Beispiele sind Gebäude, Maschinen oder menschliche Arbeit. Generell können zwei Arten von Potentialfaktoren unterschieden werden; passive und aktive. Passiv sind Grundstücke, Gebäude oder ähnliches, während Maschinen oder menschliche Arbeitskräfte als aktiv angesehen werden. Im Rahmen kurzfristiger operationaler Planung werden Potentialfaktoren oftmals nur dann betrachtet, wenn sie einen Engpass in der Leistungserstellung bilden oder ihre Nutzung mit zusätzlichen Kosten verbunden ist [Dy06, DS10]. Letzteres ist insbesondere im Zusammenhang mit personeller Arbeitsleistung der Fall, da deren Entlohnung zumeist an Quantität, Qualität oder zeitliche Verfügbarkeit gebunden ist [Ju07, Th99].

Im Allgemeinen wird dem Einsatz menschlicher Arbeit kein unmittelbarer Wertverlust unterstellt, Maschinen hingegen unterliegen über ihre Nutzungsdauer hinweg jedoch einem solchen Verlust. Dies ist im Wesentlichen auf die Abnutzung, den Erhalt der Betriebsfähigkeit und den Zeitverschleiß zurückzuführen. Die Abnutzung einer Maschine wird durch deren Einsatz herbeigeführt, diese verliert daher durch ihren Gebrauch an Wert und mittel- bis langfristig betrachtet auch an Leistungsfähigkeit. Um die Betriebs- und Leistungsfähigkeit von Maschinen dennoch zu erhalten, können Maßnahmen zur Wartung durchgeführt werden (z.B. indem eine Maschine nach einem Produktionsprozess überprüft wird). Derartige Maßnahmen verfolgen zumeist den Zweck, der Abnutzung entgegenzuwirken (gemäß DIN 31051 [DI03]). Auch gesetzliche Vorschriften können Wartungsarbeiten erfordern, um den sicheren Betrieb einer Maschine weiterhin zu gewährleisten. Der dritte Einflussfaktor, der zum Wertverlust beiträgt, ist der Zeitverschleiß. Dieser umfasst den technologischen Fortschritt, den Ablauf von Lizenzen, Korrosion oder Bedarfsverschiebungen der Märkte [Ha02]. Im Gegensatz zu Abnutzung und Erhalt der Betriebsfähigkeit ist der Zeitverschleiß ein exogener Faktor. Der Wertverlust ist hierbei nicht nutzungsabhängig, sondern an die zeitliche Bereitstellung der Maschine gebunden. Ausgelöst durch den technologischen Fortschritt kann dies bedeuten, dass eine Maschine nach einiger Zeit gegenüber aktuellen Maschinen nicht mehr in einer konkurrenzfähigen Geschwindigkeit oder Qualität arbeitet. Ein klassisches Beispiel für den Zeitverlust wird durch das Mooresche Gesetz (Moore's Law, siehe [Mo65]) beschrieben, das die andauernde Verdopplung der auf einem Computerchip enthaltenen Transistoren innerhalb von zwei Jahren prognostiziert, woraus sich im Allgemeinen ein Leistungszuwachs ableiten lässt [HP06, La06].

Neuere Untersuchungen gehen davon aus, dass der Mensch, insbesondere in einem wissensintensiven Arbeitsumfeld, mit der ständigen Weiterentwicklung der Märkte und Technologien schritthalten muss. In Konsequenz ist auch menschliche Arbeit einer Art Abnutzung unterworfen, die von der Aktualität von Kompetenzen, Fähigkeiten und Kenntnissen abhängig ist. Die Gegenmaßnahme zu dieser Abnutzungsart ist Weiterbildung und -qualifizierung [BB10, EU08c, EU08d]. Die Bemessung des Abnutzungsgrades (auch Faktorverzehrs) ist zumeist nicht ohne weiteres zu ermitteln, insbesondere die zuletzt genannte Abnutzung der

Arbeit ist noch nicht umfassend untersucht. Sofern die Abnutzung von Maschinen betrachtet wird, wird der Faktorverzehr anhand des maximalen Nutzungspotentials (z.B. Maschinenstunden) beschrieben und unter Zuhilfenahme weiterer Kriterien durch die Ermittlung von Abschreibungen erfasst [He91].

Repetierfaktoren (auch Verbrauchsfaktoren) bilden im Gegensatz zu den Potentialfaktoren Faktoren, die in den betrieblichen Leistungserstellungsprozess einfließen und dabei ihre Identität als Produktionsfaktor verlieren, das bedeutet, verbraucht werden [Be96]. Verbrauch kann hierbei auch bedeuten, dass sie selbst Bestandteil eines Produktes werden. Aus diesem Grund müssen Repetierfaktoren in regelmäßigen Abständen erneut bereitgestellt werden [He91, EH96]. Die Anzahl der produzierten Güter oder der Umfang einer Dienstleistung korreliert unmittelbar mit dem Verbrauch der Repetierfaktoren. Typische Beispiele für diese sind Rohstoffe oder Teilprodukte, beispielsweise die Produkte von Zulieferern in der Automobilindustrie.

Während per Definition Potentialfaktoren im Produktionsprozess wiederholt eingesetzt werden können und längerfristig zur Verfügung stehen, werden Repetierfaktoren verbraucht und in kurzen Zeitabständen regelmäßig erneuert. Unklar ist in diesem Zusammenhang jedoch, welche Zeitspanne als lang- oder kurzfristig angesehen werden kann [Ju07]. Potenzial- und Repetierfaktor lassen sich daher nicht generell eindeutig voneinander abgrenzen. Beispielsweise kann ein auf einer Ölbohrplattform eingesetzter Bohrkopf als Potenzialfaktor angesehen werden, da er im Rahmen der Leistungserstellung mehrfach wiederverwendet werden kann. Er kann allerdings auch als Repetierfaktor angesehen werden, da er regelmäßig ausgetauscht werden muss, seine Haltbarkeit also signifikant niedriger als die der zugehörigen Gesamtanlage ist. Im Allgemeinen begründet sich die Schwierigkeit zur Unterscheidung zwischen Potential- und Repetierfaktoren durch die Tatsache, dass insbesondere Maschinen unterschiedlich starken Abnutzungen unterliegen und damit einhergehend variable maximale Nutzungsdauern aufweisen. Selbst bei gleichem Maschinentyp bilden sich hier Unterschiede gemäß des Nutzungsumfeldes und des Gesamtkontexts der Nutzung (beispielsweise der Dauer eines einzelnen Produktionsvorgangs).

Materielle und immaterielle Produktionsfaktoren lassen sich dadurch unterscheiden, dass ein materieller Produktionsfaktor eine physische Ausprägung besitzt (greifbar ist), ein immaterieller hingegen nicht. Beispielsweise kann eine Maschine oder ein Rohstoff als materieller Produktionsfaktor angesehen werden, unabhängig davon, ob er als Potential- oder Repetierfaktor in den Leistungserstellungsprozess eingeht. Immateriell hingegen ist etwa die menschliche Arbeit, eine Information oder ein bestimmtes Patent. Wie bereits dieses Beispiel demonstriert, sind immaterielle Produktionsfaktoren unter bestimmten Voraussetzungen von materiellen abhängig; ein Patent kann als Dokument auf einem Blatt Papier niedergeschrieben sein, eine Information als Datensatz auf einem Datenträger gesichert werden. Im Rahmen der Geschäftsprozessorientierung ist die Unterscheidung materieller und immaterieller Produktionsfaktoren im Hinblick auf deren Verfügbarkeit von besonderer Bedeutung [Ju07, Se98]. Während materielle Ressourcen zu einem gegebenen Zeitpunkt nur an einem Ort verfügbar sind, können immaterielle Ressourcen an mehreren Orten gleichzeitig genutzt werden. Auch der Transportweg, der für eine materielle Ressource erforderlich ist, entfällt oder verkürzt sich erheblich, z.B. durch die elektronische Übertragung von Datensätzen.

Weiterhin unterliegen immaterielle Produktionsfaktoren zumeist keiner Abnutzung und sind in vielen Fällen beliebig reproduzierbar, ihr Nutzwert kann sich dennoch über die Zeit verändern [Se98]. Dies trifft beispielsweise weitgehend auf vorhandene Kenntnisse über bestimmte Sachverhalte zu.

Schließlich können Produktionsfaktoren bezogen auf den betrieblichen Leistungserstellungsprozess **substitutional** oder **limitational** wirken. Dies bezieht sich zumeist nicht generell auf die Art des Produktionsfaktors an sich, sondern im Speziellen auf einzelne Faktoren. So sind Produktionsfaktoren substitutional, wenn sie sich auch in verschiedenen Mengenverhältnissen kombinieren lassen [CL91]. Hieraus lässt sich ableiten, dass ein Faktor auch durch einen anderen ersetzt werden kann. Ein limitationaler Faktor liegt vor, wenn ein Leistungserstellungsprozess an genau diesen oder eine exakt definierte Kombination von Produktionsfaktoren gebunden ist.

4.1.2 Ressourcen in der Informatik

In der Informatik wird der Begriff der Ressource weniger explizit diskutiert, als dies in den Wirtschaftswissenschaften der Fall ist, dennoch tritt er in verschiedenen Teildisziplinen der Informatik auf. Es sei angemerkt, dass anstelle des Begriffs der Ressource oftmals auch von Betriebsmitteln gesprochen wird. Im Rahmen dieser Arbeit wird nachfolgend jedoch weiterhin der Begriff Ressource verwendet.

In der Vergangenheit ist der Begriff Ressource insbesondere im Bereich der technischen Informatik diskutiert und geprägt worden. Die dort anzutreffenden Ressourcenarten sind insbesondere technische Komponenten (beispielsweise Prozessoren oder Glasfaserkabel). Im Rahmen der Komplexitätstheorie, also der theoretischen Informatik, sind Ressourcen ebenfalls Gegenstand der Untersuchung. Hier werden hauptsächlich Rechenzeit und Speicherplatzbedarf analysiert [FH02]. Außerdem wird der Begriff der Ressource in der Informatik auch in Zusammenhang mit Software gesetzt, hierbei handelt es sich einerseits um Softwareartefakte (beispielsweise Komponenten) und andererseits um Daten [En06]. Letztere spielen auch auf dem Gebiet der Telematik eine bedeutende Rolle (etwa in Datenübermittlungsverfahren und Fehlerkorrekturmechanismen [Wi94]). Im Bereich der Softwaretechnik findet im Rahmen des Projektmanagements eine Bedarfsplanung statt, die neben dem Einsatz von Hard- und Software eine Personalbedarfsplanung beinhaltet [Bo81, Bu06, Mc06, Sn05, Vo90]. Zur genaueren Betrachtung des Begriffs Ressource unter Berücksichtigung der bereits genannten Teilgebiete der Informatik, werden die betrachteten Ressourcen wie folgt gruppiert:

- **Hardware**: Hierbei handelt es sich um technische Komponenten, die als Teil eines Computers oder dessen Peripheriegeräte betrachtet werden [HP06, UB07, Un95]. Zu den Computern zählen inzwischen verschiedene Geräte; neben den klassischen Groß- und Arbeitsplatzrechnern sind dies auch eine Vielzahl mobiler Endgeräte (insbesondere sogenannte Smart-Devices) und je nach Blickwinkel auch Produktionsanlagen [St96]. Ebenso ist die Netzwerktechnik (Rechnernetze, siehe [Ta03]; wie Router, Bridge und Kuper- oder Glasfaserkabel) der Hardware zuzurechnen.

- **Speicherplatz**: Speicherplatz wird durch technische Ressourcen (Hardware, insbesondere magnetische und optische Speicher, in gewissem Umfang aber auch die immer größeren Rechnernetze [Ta03]) bereitgestellt. Da der lokal als auch weltweit zur Verfügung stehende Speicherplatz begrenzt ist, wird er, besonders im Rahmen der Komplexitätstheorie, als limitierende Ressource untersucht [FH02].

- **Rechenzeit**: Die Rechenzeit bezieht sich auf die Zeitspanne, die ein Prozessor (oder allgemeiner eine Turing-Maschine [Tu37]) für die Durchführung von Berechnungen benötigt. In diesem Zusammenhang wird meist die, für die Ausführung eines Programms benötigte Zeit analysiert [HS66, FH02] (beispielsweise durch das O-Kalkül). In der technischen Informatik wird in Bezug auf die Rechenzeit untersucht, welche Mechanismen zu einer Verkürzung der Rechenzeit führen können (beispielsweise Pipelining, superskalare Prozessortechnik oder Parallelrechner [Am67]) und welcher Ressourceneinsatz, im Sinne von Komponenten hierfür notwendig ist. Inzwischen spielt hierbei auch die aufgewendete Energie für Produktion und Betrieb der Geräte eine immer größere Rolle.

- **Software**: Generell werden unter Software alle nichtphysischen Funktionsbestandteile eines Computers verstanden, also neben den Programmen auch die verarbeiteten Daten [En06]. Zumeist werden Daten jedoch gesondert betrachtet und mit dem Begriff Software ausschließlich Programme gleichgesetzt [Gr99]; dieser Ansicht folgt im Weiteren auch diese Arbeit. Unter Programmen können nicht nur vollständige Produkte, sondern auch sogenannte Softwareartefakte [HS+08] (etwa Code-Abschnitte, Methoden, Module, Dienste etc.) verstanden werden. Softwareprodukte lassen sich anhand der adressierten Anwendergruppe, der durch sie erfüllten Aufgaben oder kalkulatorischen Gesichtspunkten unterteilen. Diese Einteilung kann aufgrund der Anwendergruppe beispielsweise in CAD-, Finanz- oder Office-Produkte, anhand der Aufgabe etwa in Betriebssystemsoftware oder Anwendungssoftware und aus finanzieller Sicht in freie sowie Open-Source [We05] und kommerzielle Softwareprodukte [BA+00, Bo81] erfolgen. Aus softwaretechnischer Sicht kann zudem zwischen genutzten Entwicklungswerkzeugen und der zu entwickelnden Software unterschieden werden [En06]. Das Ergebnis eines Softwareentwicklungsprozesses kann grundsätzlich ein Individualsoftware- oder Standardsoftwareprodukt sein [MS+02].

- **Daten**: Hierbei handelt es sich um Ein- und Ausgabedaten, die von einem Softwareprodukt verarbeitet und durch Hardware zugänglich aber auch dauerhaft gespeichert werden. In Form von Nachrichten können Daten zwischen verschiedenen Softwareprodukten, auch über Rechnernetze ausgetauscht werden [Ta03]. Anwender können mit Hilfe von Software auf Daten zugreifen und diese nutzen, um einen Informationsgewinn zu erzielen. Die Untersuchung und Interpretation von Daten zur Gewinnung von Information wird in der Informationstheorie untersucht, siehe hierzu [CT06, SW49].

- **Menschliche Arbeit**: Aus softwaretechnischer Sicht, ist menschliche Arbeit in Bezug auf Projektplanung, -durchführung und -management relevant [BA+00, So10]. Im Rahmen der Entwicklung von Software können personelle Ressourcen vereinfacht zunächst in Entwickler, Anwender und Personen mit berechtigtem Interesse (sogenannte Stakeholder) gegliedert werden. Während diese Ressourcen im Kontext der Wirtschaftswissenschaften allerdings langfristig betrachtet werden [Gu83], liegt der Fokus in der Informatik primär auf der Dauer der zu planenden Software-entwicklungsprojekte [Ju07]. Im Rahmen des Projektmanagements findet daher eine projektbezogene Ressourcenplanung statt [BA+00].

Die untersuchten Ressourcen in der Informatik sind, abgesehen von der Hardware, vielfach immaterieller (nicht greifbarer) Natur. Mit der zunehmenden Bedeutung und dem immer größer werdenden Teilnehmerkreis des Internets [CO99, MM10, Re07] erlangt der Begriff Ressource auch in diesem Zusammenhang Geltung, wobei hierunter zunächst allgemein alles, das eine Identität besitzt, subsummiert wird [WC05]. Das im Zusammenhang mit Internet-technologien vorherrschende Verständnis von Ressourcen kann daher als orthogonal zu den bislang genannten Klassen von Ressourcen angesehen werden. Zur Identifikation von Ressourcen hat das World Wide Web Consortium (W3C, [WC94]) den Uniform Resource Identifier (URI) [WC05, IE05] und verschiedene URI-Unterarten definiert. Ein URI besteht aus mehreren Bestandteilen, diese sind: `scheme` (Schema), `authority` (Anbieter), `path` (Pfad), `query` (Abfrage) und `fragment` (Teil der Ressource). Verpflichtend ist allerdings nur die Angabe von `scheme` und `path`. Durch ein URI wird eine Ressource also lediglich gekennzeichnet und auffindbar, dies kann im Sinne eines Zeigers verstanden werden. Zur Beschreibung von durch URI gekennzeichneten Ressourcen hat das W3C wiederum weitere Sprachen wie das Resource Description Framework (RDF, [WC04b]) oder die Web Ontology Language (OWL, [WC04c, WC09], die wiederum RDF als Untermenge nutzt) definiert. Eine weiterführende Diskussion dieser Beschreibungsformate wird in Abschnitt 4.5 geführt.

4.1.3 Ressourcen in der Wirtschaftsinformatik

Die in der Informatik betrachteten Ressourcen werden in der Wirtschaftsinformatik insbesondere um rechtliche und betriebswirtschaftliche Aspekte sowie Ressourcen ergänzt. Hierunter fallen Patente, Lizenzen und weitere Rechte, die im Umgang mit Software und deren Verbreitung zu beachten sind (siehe [BE+06a, En06]. Zahlreiche solcher Patentierungen wurden bislang im Bereich des elektronischen Handels erlassen. Beispiele hierfür sind der elektronische Einkaufswagen oder Patente im Bereich der Softwaretechnik wie Kompressionsalgorithmen, z.B. der Lempel-Ziv-Welch Algorithmus (LZW) und das bekannte Musikkompressionsformat MP3. Welche Konzepte als patentfähig erachtet werden können, wird unterschiedlich aufgefasst. Zur weiterführenden Betrachtung dieser Frage sei auf [Lo08] verwiesen. Die Nutzung und Bereitstellung von Software betreffend, ist neben der Einräumung von Rechten auch die Einhaltung von Pflichten eine weitere Fragestellung. Insbesondere das Angebot von Software-as-a-Service, einzelnen Diensten und die Umsetzung von service-orientierten Architekturen erfordert die Einhaltung von Kennzahlen. Hierfür können sogenannte Service-Level-Agreements (SLA, [CK+09, HM+10, SS09]) abgeschlossen werden. Während ein SLA selbst eine Ressource darstellt, die beschrieben und gesichert werden muss, erfordert dessen Einhaltung obendrein den Einsatz bestimmter weiterer Ressourcen; wenn beispielsweise ein Dienst eine vorgeschriebene Antwortzeit einhalten muss, so sind entsprechende Algorithmen, Leitungen, Übertragungsraten und Rechenleistung erforderlich. Aus der Festlegung von SLA lassen sich somit weitere Anforderungen an Ressourcen ableiten [OB+08, SR+10, SS+07].

Im Kontext der Wirtschaftsinformatik wird besonders Informationen [Se98, Ju07] Bedeutung beigemessen. Neben informationstheoretischen Konzepten wird hauptsächlich die Beschreibung von Information, die Qualität von Daten und deren maschinellen Verarbeitung und Weitergabe unter vielfältigen Blickwinkeln diskutiert [AN95, Ba01, Fe08, Fi87, Kr96, QD99, Se98]. Folgende Eigenschaften von Information sind charakteristisch:

- **Abnutzungsunabhängigkeit**: Wie auch andere immaterielle Güter, unterliegt Information zunächst keiner Abnutzung. Ihr Wert kann jedoch durch geminderte Relevanz reduziert werden; beispielsweise ist eine bereits veröffentlichte Nachricht für einen Nachrichtensender nicht mehr von gleichem Wert, wie eine noch unveröffentlichte [Se98, Sh48, SW49].

- **Immaterialität**: Information ist nicht greifbar, die der Information zugrunde liegenden Daten sind jedoch an die Persistierung auf einem physischen Datenträger (z.B. ein Blatt Papier, magnetische oder optische Speichermedien) gebunden.

- **Falsifizierbarkeit**: Hierunter ist die Bewertung der Information hinsichtlich des Wahrheitsgehalts zu verstehen. Diese Bewertung kann jedoch mitunter schwierig oder unmöglich sein, insbesondere dann, wenn weitere Informationen zur Auswertung erforderlich, aber für den Nutzer nicht verfügbar sind.

- **Ortsunabhängigkeit**: Gemäß der Informationstheorie ist Entropie ein Maß für den Informationsgehalt. Dieses Maß ist eng an die Definition von Entropie in der Thermodynamik gekoppelt [BN08]. Hieraus ergibt sich, dass Information ortsunabhängig vorhanden ist. Um für einen Akteur allerdings zugänglich und verarbeitet zu werden, kann eine Übertragung von Daten notwendig werden. Im Gegensatz zu materiellen Ressourcen kann die Übertragung durch Netzwerktechnik allerdings derart schnell erfolgen, dass die Transportzeit zumeist vernachlässigt werden kann.

- **Reproduzierbarkeit**: Information kann grundsätzlich in beliebiger Menge vervielfältigt werden. Die Vervielfältigung kann aber aufgrund von Rechten Dritter eingeschränkt sein [Lo08]. Je nach Datenträger und Reproduktionsmechanismus ist es möglich, dass die Reproduktion einer Qualitätsverschlechterung unterliegt [Ju07, Wi94]. Reproduktion kann auch die Übertragung an einen anderen Ort bedeuten, z.B. die Übermittlung von Nachrichten über Netzwerke. Schließlich erzeugt die Anfertigung einer Kopie keine neue Information. Im Vergleich zu materiellen Ressourcen findet also keine Erhöhung des Bestands statt.

- **Quantifizierbarkeit und Qualifizierbarkeit**: Im Gegensatz zu vielen anderen Ressourcen ist Information schwierig zu quantifizieren. Messbar sind syntaktische Datenaspekte (z.B. Speicherplatz oder Anzahl von Zeichen), hieraus lassen sich verschiedene Kenngrößen der Informationstheorie berechnen [FH02, Ko65]. Es scheint jedoch fraglich, inwieweit Informationen hierdurch ausreichend quantitativ in betriebswirtschaftlichem Sinn erfasst werden können [Ju07, Se98]. Ähnlich kompliziert ist die Frage der Qualität von Informationen. Zwar kann der Informationsgehalt bewertet werden [Go02], jedoch ist die Qualität der Information aus Sicht des Nutzers von einer Reihe exogener Faktoren abhängig. Letzteres erschwert die Bestimmung der Qualität erheblich, Einflussfaktoren sind beispielsweise Vollständigkeit, Genauigkeit, Wahrheitsgehalt sowie der Kontext, in dem die Information eingesetzt werden soll.

Die Bedeutung von Information im Kontext der Wirtschaftsinformatik wird bereits bei der Betrachtung der zahlreich erschienenen wissenschaftlichen Arbeiten über Informationsmanagement und Informationssysteme offenbar. Dennoch wird die Frage, ob Information eine Ressource ist, unterschiedlich beantwortet. Zur weiteren Diskussion sei an dieser Stelle auf Seidenberg und Kern verwiesen [Ke88, Se98]. In dieser Arbeit wird Information zwar grundsätzlich als immaterielle Ressource erachtet (siehe 4.6.2.5). Da Umgang und Nutzung von Information jedoch der Kognition von Akteuren unterliegt [Ac89, AN95, Ro07], werden im Rahmen des nachfolgend konstruierten Metamodells nur die der Information zugrundeliegenden Daten (siehe 4.6.2.10) und das daraus möglicherweise resultierende Wissen (siehe 4.6.3.5) abgebildet.

4.1.4 Zwischenfazit – Ressourcen und Geschäftsprozessorientierung

Der Begriff der Ressource wird in zahlreichen Wissenschaftsdisziplinen verwendet und je nach Kontext unterschiedlich definiert. In den vorangegangenen Abschnitten wurde die Bedeutung in den Wirtschaftswissenschaften sowie der Informatik und Wirtschaftsinformatik untersucht. Je nach Disziplin werden synonyme Begriffe, insbesondere Produktionsfaktoren in den Wirtschaftswissenschaften und Betriebsmittel in der Informatik verwendet. Die Definitionsspanne des Begriffs Ressource reicht von speziellen, domänenspezifischen Betrachtungen von Produktionsmitteln bis hin zur Analyse immaterieller Güter und menschlicher Arbeit.

Um Ressourcen in Klassen einzuteilen, lassen sich grundsätzlich materielle und immaterielle Ressourcen voneinander unterscheiden. Allerdings spielen hierbei eine Reihe weiterer Eigenschaften eine Rolle, sodass dies im nachfolgenden Abschnitt genauer untersucht werden soll. In Bezug auf das Management von Geschäftsprozessen sind insbesondere Ressourcen nach Definition 2.13. zu berücksichtigen; welcher Klasse von Ressourcen diese angehören, ist abhängig von der Branche, für die der Geschäftsprozess modelliert wurde. Im nachfolgenden Abschnitt werden bekannte Klassifikationsansätze untersucht und in Bezug auf die Geschäftsprozessmodellierung analysiert. Neben materiellen und immateriellen Ressourcen wird der Betrachtung personeller Ressourcen gesonderte Bedeutung beigemessen. Da letztgenannte in vielen Geschäftsprozessen eine wichtige Rolle für die Geschäftsprozessdurchführung spielen, werden darüber hinaus in Abschnitt 4.3 auch Kompetenzen, Fähigkeiten und Kenntnisse betrachtet.

4.2 Klassifikation geschäftsprozessrelevanter Ressourcen

Aufbauend auf den bisherigen Betrachtungen soll eine geeignete Klassifikation von Ressourcen im Kontext der Geschäftsprozesse ermittelt werden. Diese Klassifikation sollte möglichst allgemeingültig sein, um branchenunabhängig zur Modellierung von Geschäftsprozessen genutzt werden zu können. Basierend auf der Klassifikation wird im Weiteren eine Modellierungssprache zur Abbildung von Ressourcen abgeleitet (siehe Abschnitt 4.6). Zur Herleitung der gesuchten Klassifikation sollen zunächst gängige Klassifikationssysteme für Ressourcen betrachtet werden.

In der betriebswirtschaftlichen Produktionstheorie sind Klassifikationsschemata unter dem Begriff der Faktorsysteme oder auch Produktionsfaktorsysteme zu finden. Diese Systeme fallen unter den durch Gutenberg konzipierten betriebswirtschaftlichen, faktortheoretischen Ansatz, in dessen Mittelpunkt die Kombination von Produktionsfaktoren steht. Einer der bekanntesten Ansätze zur Klassifikation von Produktionsfaktoren stammt daher von Gutenberg selbst [Gu83], darin werden sechs Arten von Produktionsfaktoren unterschieden. Diese lassen sich zunächst in elementare und dispositive Faktoren unterteilen. Elementare Faktoren sind:

1. Betriebsmittel (wie Maschinen, Werkzeuge, Gebäude oder Büroeinrichtungen),
2. Werkstoffe (wie Rohstoffe oder Teilprodukte) und
3. objektbezogene menschliche Arbeitskraft.

Dispositive Faktoren hingegen sind nach Gutenberg diejenigen Produktionsfaktoren, die die Elementarfaktoren miteinander kombinieren. Er unterteilt hierbei in:

4. Unternehmensführung, daraus ergeben sich
5. Planung sowie
6. Organisation (und Kontrolle) als derivative Faktoren.

Unter Planung versteht Gutenberg die Überführung von Zielen und Absichten der Geschäftsleitung in rationale, betriebliche Maßnahmen. Die Organisation fasst er als deren konkrete, betriebliche Umsetzung auf. Diese beschriebene Klassifikation der Ressourcen (Faktoren) wird in Abbildung 4.1 nochmals übersichtlich dargestellt. Zusätzlich ist in der Abbildung gekennzeichnet, dass die Faktoren operative Arbeit, Unternehmensführung, Planung und Organisation den Humanfaktoren zugerechnet werden können.

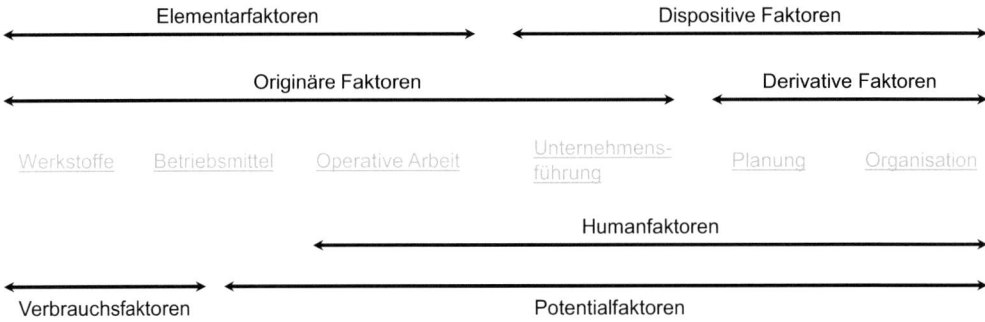

Abbildung 4.1: Faktorsystem nach Gutenberg [Gu83]

Auch in der Volkswirtschaftslehre werden Produktionsfaktoren klassifiziert. Hier hat sich insbesondere die Unterscheidung von Arbeit, Boden und Kapital durchgesetzt. Der Faktor Arbeit wird durch den Menschen erbracht [Br07], kann daher quantitativ (z.B. Anzahl der Arbeitskräfte, Arbeitszeit) und qualitativ (z.B. Ausbildung oder Kompetenzen der Arbeitskräfte) bewertet werden. Nach Fischbach et al. [FW07] sind unter Boden alle natürlichen Hilfsmittel, die in der Produktion genutzt werden können, zu verstehen. Darüber hinaus ist Boden ein knappes (kann nicht vergrößert werden) und unbewegliches Gut. Das Kapital wiederum umfasst die Gesamtheit aller hergestellten Produktionsmittel und ist daher ein derivativer Faktor, der sich aus der Kombination von Arbeit und Boden ableitet. Inzwischen werden diese drei Faktoren durch den technischen Fortschritt ergänzt. Diese unterschiedliche Sichtweise ist darin begründet, dass sich die volkswirtschaftliche Klassifikation an der Analyse der Interaktion zwischen Marktteilnehmern in mikro- und makroökonomischer Sicht orientiert [SN07, St99].

Die grobgranulare volkswirtschaftliche Gliederung jedoch ist aus produktionstheoretischer Sicht nicht hinreichend, da wichtige Faktoren nicht akzentuiert werden [SS05]. In der Betriebswirtschaftslehre wurde daher Boden zunächst unter Kapital subsummiert. Mellerowicz ergänzt ferner den Faktor der Organisation, der eine systematische Zuordnung von personellen Ressourcen zu Aufgaben und Kapital vornimmt [Me68]. Erst die Organisation ermöglicht daher die betriebliche Leistungserstellung. Gutenberg baut diesen Ansatz von Mellerowicz aus und modifiziert dabei die Bedeutung der Organisation wie oben beschrieben. Obgleich die Klassifikation Produktionsfaktoren nach Gutenberg allgemein anerkannt ist, existieren weitere spezialisierende Klassifikationen. Ein Vergleich zwischen volkswirtschaftlich und betriebswirtschaftlich orientierten Klassifikationsansätzen wird durch Jung [Ju07] gezogen. Im Weiteren sollen noch die Einteilungen von Colbe et al. [CL91] sowie die Erweiterungen des Systems nach Gutenberg durch Kern [Ke88] sowie Schiemenz und Schönert [SS05], im Hinblick auf die Geschäftsprozessorientierung, diskutiert werden.

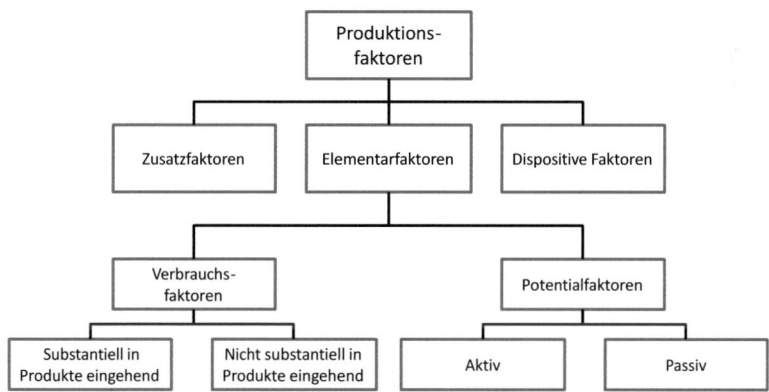

Abbildung 4.2: Klassifikation gemäß Colbe et al. [CL91]

Colbe et al. erweitern die Einteilung nach Gutenberg einerseits um eine dritte Klasse, den Zusatzfaktoren, andererseits werden die Elementarfaktoren abweichend untergliedert (siehe Abbildung 4.2). Bei den Zusatzfaktoren handelt es sich nach Colbe et al. insbesondere um Leistungen des Staates, die für eine Organisation Kosten verursachen, denen aber zumeist keine eindeutig abzugrenzenden Mengengrößen zugrunde liegen. Bei den Elementarfaktoren untergliedern Colbe et al. zunächst Verbrauchs- und Potentialfaktoren. Die Bedeutung dieser beiden Klassen folgt weitgehend dem Verständnis Gutenbergs. Die Kategorie der Verbrauchsfaktoren wird weiter in Faktoren untergliedert, die selbst nicht Bestandteil von Produkten (wie Rohstoffe und Bauteile) werden und solche, die substantiell in die Produkte (wie Betriebsstoffe oder schnellverschleißende Werkzeuge) eingehen. Im Unterschied zu Gutenberg sind Werkstoffe nach Colbe et al. nur als diejenigen Verbrauchsfaktoren zu werten, die substantiell in die Produkte einfließen. Potentialfaktoren unterteilen Colbe et al. in aktive, die die Abarbeitung von Aufgaben beeinflussen oder diese selbst durchführen und passive, die keine aktive Leistung im vorgenannten Sinn erbringen. Aktive Potentialfaktoren nach Colbe et al. sind etwa geistig oder körperlich arbeitende Menschen oder auch Maschinen. Beispiele für passive Potentialfaktoren sind Gebäude, Grundstücke oder allgemeine Einrichtungsgegenstände. Durch diese Unterteilung wird eine grobe Einteilung der Eigenständigkeit von Faktoren beschreiben. Im Rahmen der Geschäftsprozessorientierung ist dies eine wichtige Einflussgröße bei der Ressourcenallokation (siehe auch Kapitel 5 und 8).

Eine ähnliche, noch weitergehende Definition von Faktorklassen, die die Definition von Gutenberg zu Grunde legt, findet sich in den Arbeiten von Kern [Ke88, SS05, ZS96], siehe Abbildung 4.3. Auch Kern unterscheidet zwischen objektbezogener und dispositiver Arbeit, allerdings subsummiert er Planung, Organisation und Kontrolle, ebenso wie die Leitung der Organisation im erweiterten Sinne unter der dispositiven Arbeit. Betriebsmittel und Werkstoffe gruppiert Kern als Betriebsmittel im weiteren Sinn (diese können passiver oder aktiver Natur sein), sowie Be- und Verarbeitungsobjekte [SS05, ZS96]. Ähnlich wie Colbe et al. definiert Kern einige Zusatzfaktoren, versteht hierunter jedoch neben verschiedenen Dienstleistungen auch Umweltbeanspruchung. Neben den durch Gutenberg als derivativ bezeichneten Faktoren, versteht Kern auch Information als derivativ und stellt diese als eigenen Faktor dar. Nach Kern ist Information nicht materiell und unterliegt keinem Verbrauch durch Nutzung, verliert jedoch mit der Zeit an Aktualität – eine Auffassung die auch Seidenberg teilt [Se98]. Weiterhin kann Information durch geringen Aufwand vervielfältigt werden (insbesondere elektronisch vorliegende Informationen). Sofern einmal verteilt, kann Information nicht einfach wieder zurückgezogen werden (siehe hierzu auch Abschnitt 4.1.3).

Abbildung 4.3: Faktorsystem gemäß Kern [Ke88]

Dem Faktorsystem nach Kern folgend formulieren auch Schiemenz und Schönert einen ähnlichen Aufbau. Während Kern allerdings menschliche Arbeit als Oberklasse objektbezogener und dispositiver Arbeit sieht, bezeichnen Schiemenz und Schönert objektbezogene Arbeit als Elementarfaktor – hierunter fallen sowohl geistige als auch körperliche Arbeit. Dispositive Faktoren betrachten Schiemenz und Schönert hingegen separat und unterteilen diese gemäß Gutenberg. Gemeinsam ist beiden Klassifikationen die Unterteilung der Betriebsmittel, die bezüglich ihrer Nutzung in aktive und passive Faktoren unterschieden werden. Ähnlich ist auch die Betrachtung von Zusatzfaktoren und der Information als eigenem Faktor (siehe Abbildung 4.4).

Die Aufnahme der Information als eigenständigem Produktionsfaktor gründet auf der Annahme, dass Information und hieraus resultierende Kenntnisse zunehmend an Bedeutung gewinnen und mitunter eine wettbewerbsentscheidende Einflussgröße werden [BH09]. Dieser stärker werdende Einfluss kann auf die Bedeutungsverschiebung in der gesamtvolkswirtschaftlichen Leistungserstellung in den Sektoren zurückgeführt werden [FD69, Fi36]. In Deutschland und vielen anderen führenden Industrienationen fällt der Großteil der Leistungserstellung inzwischen auf den Dienstleistungssektor. Daher wird zudem teilweise die Ergänzung der klassischen Unterteilung in drei Sektoren [FD69] durch einen vierten, den Informationssektor, gefordert [De00, PK07, Um03]. Auch aufgrund dieser Gegebenheiten werden Kenntnisse, hieraus resultierende Fähigkeiten und Kompetenzen in Abschnitt 4.3 gesondert diskutiert. Die betrachteten Klassifikationssysteme stellen das Verständnis von Ressourcen in den Wirtschaftswissenschaften dar und gruppieren diese abstrahierend. Die Hinzunahme der Information als eigenständigem Faktor trägt der wirtschaftswissenschaftlich gesehen gestiegenen Bedeutung der Informationsverarbeitung, im weiteren Sinne auch der Informatik, Rechnung. Aus der Analyse dieser Systeme lassen sich Kriterien zur Klassifikation von Ressourcen ableiten (siehe Tabelle 4.1). Die Differenzierung der Kriterien Autonomie, Dispositionierbarkeit, Eigenständigkeit, Ortsunabhängigkeit und Operationalisierbarkeit ist hierbei im Rahmen der Allokation von Ressourcen von besonderem Interesse [Ob96a]. Sofern monetäre Gesichtspunkte analysiert werden sollen, ist neben der Quantifizierbarkeit der Ressourcen – insbesondere auch deren Nutzungsdauer – relevant, da insbesondere Potentialfaktoren einem Wertverlust unterliegen können. Die Reproduzierbarkeit steht bei der Betrachtung von Aspekten der Nachhaltigkeit im Vordergrund.

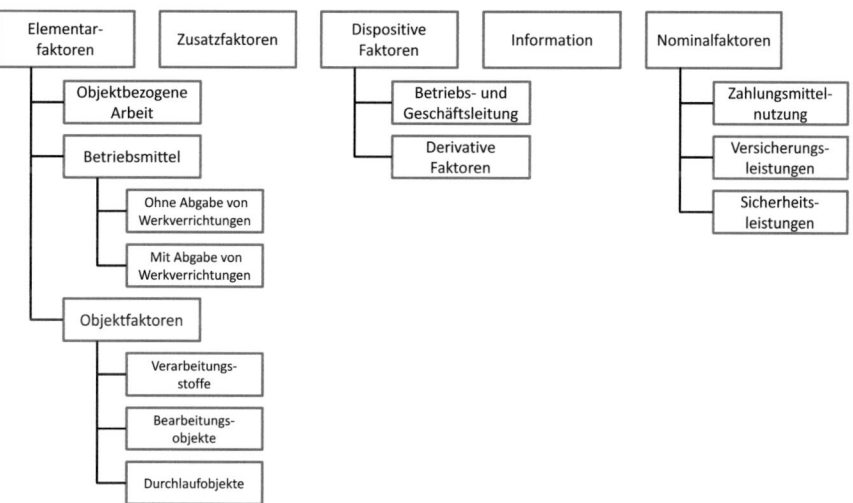

Abbildung 4.4: Faktorsystem nach Schiemenz und Schönert in Anlehnung an Kern [SS05]

Kriterium	Ausprägungsbeschreibung
Nutzungsdauer	Die Nutzungsdauer beschreibt, ob eine Ressource längerfristig nutzbar ist. Eine Unterteilung kann daher in - Potenzialfaktoren und - Repetier-/Verbrauchsfaktoren vorgenommen werden. Die Nutzungsdauer kann durch Wartungsmaßnahmen und die Nutzungsintensität ebenso beeinflusst werden, wie durch den technologischen Fortschritt.
Art	Die grundsätzliche Unterteilung, ob eine Ressource - personeller oder - sachlicher Natur ist. Sachliche Ressourcen können weiterhin in natürliche und produzierte Ressourcen unterteilt werden.
Reproduzierbarkeit	Eine Ressource kann entweder - nicht reproduzierbar, - reproduzierbar oder - erneuerbar sein. Von Erneuerbarkeit spricht man in diesem Zusammenhang bei natürlichen Ressourcen [Bl01].
Substituierbarkeit	In Abhängigkeit des Kontexts (eines Produktions- oder Geschäftsprozesses) kann eine Ressource - limitational oder - substitutional sein. Limitational wirken Ressourcen, wenn nur eine bestimmte Kombination möglich ist. Sind Ressourcen substitutional, folgt daraus, dass sie durch andere ersetzt werden können [CL91, Ke88].
Physische Ausprägung	Ressourcen können eine physische Ausprägung besitzen oder auch nicht, eine Unterteilung gemäß diesem Kriterium kann daher in - materielle und - immaterielle Ressourcen erfolgen.
Funktionalität	Abgesehen von einer präzisen Beschreibung der Funktionalität einer Ressource kann eine Gruppierung in - Nominalfaktoren und - Realfaktoren erfolgen. Nominalfaktoren sind monetäre Werte, Realfaktoren sind materielle Ressourcen sowie immaterielle Ressourcen, die in den Leistungserstellungsprozess einfließen [SS05].
Eignung	Angelehnt an die Funktionalität ist die Eignung einer Ressource in Bezug zur Erledigung einer bestimmten Aufgabe. Dieses Kriterium ist insbesondere bei personeller Arbeit, aber auch bei vielen immateriellen Ressourcen wichtig und stellenweise nur schwierig zu beantworten [Se98].
Autonomie	Einige Ressourcen können eigenständig handeln, demgemäß lassen sich - aktive und - passive Ressourcen voneinander unterscheiden.

Kriterium	Ausprägungsbeschreibung
Dispositionierbarkeit	Die Verwaltung und Einteilung von Ressourcen kann Regeln unterworfen sein. Insbesondere kann dies davon abhängen, ob aus Sicht der Organisation eine - interne oder - externe Ressource genutzt wird.
Eigenständigkeit	Eine Ressource kann unabhängig von anderen Ressourcen vorhanden sein, oder aber Teil einer anderen Ressource sein. Im Rahmen der Leistungserstellung kann eine Ressource auch Teil einer anderen Ressource werden.
Ortsunabhängigkeit	Ressourcen können transportierbar oder gar ortsunabhängig sein. Eine Unterteilung kann daher in - lokal nutzbare, - transportierbare und - ortsunabhängige Ressourcen erfolgen.
Quantifizierbarkeit (Messbarkeit)	Nicht nur die vorhandene oder benötigte Menge von Ressourcen ist in vielen Fällen zu quantifizieren, auch weitere Eigenschaften der Ressourcen können in vielen Fällen gemessen werden, beispielsweise monetäre Aspekte wie nutzungsabhängig anfallende Kosten.
Operationalisierbarkeit	Im Kontext der Geschäftsprozessdurchführung müssen Ressourcen zu Aufgaben zugewiesen werden. Hierbei wird unterschieden, ob dies möglich ist und in welcher Form. Im Rahmen des Workflow-Managements werden aus diesem Grund prozessbezogene Rollen von Ressourcen definiert.

Tabelle 4.1: Kriterien zur Klassifikation von Ressourcen

4.3 Kompetenzen und Fähigkeiten

Bereits die Klassifikation nach Gutenberg unterscheidet zwischen objektbezogener und dispositiver Arbeit. Dieser Klassifikation folgend leiten Schiemenz und Schönert ab, dass der Anteil dispositiver Arbeit bei Führungskräften umso größer ist, je höher diese in der Organisationshierarchie angesiedelt sind (siehe Abbildung 4.5). Auch die Erbringung von Dienstleistungen ist durch einen hohen Anteil dispositiver Arbeit gekennzeichnet. Dispositive Arbeit erfordert das Treffen von Entscheidungen, die auf Basis von Kenntnissen (Wissen), Fähigkeiten und Kompetenzen getroffen werden sollten. Bea und Haas sehen aus diesem Grund Wissen als eigenen Produktionsfaktor [BH09]. Ähnlich betrachten Kern und Colbe et al. die dem Wissen zugrundeliegende Information als eigenständigen Faktor [CL91]. Der Zusammenhang zwischen Wissen und Information besteht darin, dass die Interpretation von Information in Wissen münden kann (siehe auch Abschnitt 4.1.3 und 4.3.1).

Die Konzepte Kompetenz (im englischen *Competence* oder auch *Competency*; eine Differenzierung der beiden englischen Begriffe wird nachfolgend durchgeführt), Fähigkeit (*Skill*) und Kenntnis (*Knowledge*) sind eng aneinander gekoppelt. Diese Kompetenzkonzepte sind daher ein wichtiger Faktor für das Management und die Modellierung von eingesetzten Ressourcen (vergleiche [BA+06, BB+07, BN+09, Dr01, GH10, HB+06, HI95, HI02, LP07, OS10, Re02, RK+11, RT06, SS93]). Hiervon ausgehend und den zunehmenden Anteil an wissensintensiven Leistungsprozessen an der gesamtvolkswirtschaftlichen Leistung betrachtend (siehe Abschnitt 4.2), sollen nachfolgend die Konzepte Kenntnis, Fähigkeit und Kompetenz anhand der wissenschaftlichen Literatur und den Arbeiten internationaler Standardisierungsgremien erörtert werden. Ergänzend zur geführten Diskussion sollen die Konzepte durch eine in dieser Arbeit gültige Definition präzisiert werden. Durch explizite Modellierung und Analyse können diese Konzepte anschließend im Rahmen der geschäftsprozessorientierten Allokation von Ressourcen genutzt werden, um geeignete Ressourcen auszuwählen (siehe Kapitel 5 und 8).

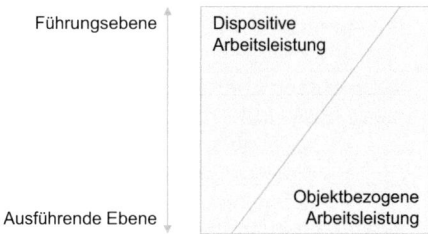

Abbildung 4.5: Anteil dispositiver Arbeit nach Schiemenz und Schönert [SS05]

4.3.1 Kenntnis

Die Begriffe Kenntnis und Wissen werden im Kontext dieser Arbeit als Synonym erachtet. Kenntnis wird bisweilen als konkrete Manifestation von Intelligenz angesehen, nach Winterton, Delamare-Le Deist und Stringfellow [WD+05] ist sie jedoch das Resultat einer Interaktion zwischen Intelligenz (der Möglichkeit zu lernen) und Situation (der Gelegenheit zu lernen). Straka unterscheidet bei der Entstehung von Kenntnis auch, ob die Situation explizit herbeigeführt wird, versehentlich oder implizit entsteht [St03]. Die Definition nach [WD+05] beinhaltet ebenfalls, dass neben dem Zugriff auf Information [AN95, SW49] auch die kognitive Fähigkeit zu deren Verarbeitung gegeben sein muss, um als Resultat Kenntnis zu erzielen. Aamodt und Nygard interpretieren dies ebenso und stellen diesen Sachverhalt wie folgt dar:

„Knowledge is learned information - knowledge is information incorporated in an agent's reasoning resources, and made ready for active use within a decision process; it is the output of a learning process." [AN95]

Kenntnis wird in zwei unterschiedlichen Arten klassifiziert. Eine Unterteilungsmöglichkeit besteht in der Unterscheidung von impliziter und expliziter Kenntnis [Co97]. Eine andere Art der Differenzierung unterteilt deklarative (was zu tun ist) und imperative (wie etwas zu tun ist) Kenntnis [WD+05]. Der europäische Qualifikationsrahmen für lebenslanges Lernen [EU08a, EU08c, EU08d] definiert Kenntnis als das Ergebnis der Verarbeitung von Information durch Lernen und unterscheidet zusätzlich acht Stufen von Kenntnisniveaus (siehe auch Abschnitt 4.6.3.4). In Anlehnung an diese Sichtweise wird Kenntnis wie folgt definiert:

Definition 4.1 Kenntnis

Kenntnis ist theoretisches Wissen über Fakten und Zusammenhänge in einem Fachbereich. Eine Kenntnis kann von unterschiedlicher Qualität sein, dem kann durch die Eingruppierung einer konkreten Kenntnis in verschiedene Kenntnisniveaus Rechnung getragen werden.

4.3.2 Fähigkeit

Der Begriff der Fähigkeit wird bereits seit langem wissenschaftlich diskutiert. Bereits 1927 prägte Pear diesen als Ausdruck der Quantität und Qualität einer motorischen Leistung. Später verfeinert Pear diese Ansicht als die Integration gut abgestimmter muskulärer Leistung (siehe hierzu [WD+05]). Während dies manuelle, motorische Fähigkeiten betont, beschreiben andere Definitionen Fähigkeiten als Kombination geistiger und körperlicher Potentiale, die durch einen Lernprozess erworben werden können (einen Überblick hierüber findet sich in [Mo80]).

Welford definiert Fähigkeit als eine Kombination von Faktoren, die in der schnellen und genauen Ausführung von Aufgaben mündet [We68]. Nach Welford gilt dies gleichermaßen für motorisch und geistig geprägte Vorgänge. Inzwischen finden in der wissenschaftlichen Literatur neben solch leistungsorientierten Sichtweisen immer stärker kognitive Aspekte Berücksichtigung (insbesondere hinsichtlich der Problemlösung und Entscheidungsfindung). Hiernach ist sowohl der Erwerb als auch die Anwendung von Fähigkeiten als Kombination von zugrunde liegenden kognitiven und motorischen Fähigkeiten und Kenntnissen [CY90, Sa86, EU08c] zu sehen. Dies legt eine hierarchische Definition von Fähigkeiten nahe. Das bedeutet, dass Fähigkeiten andere Fähigkeiten und Kenntnisse voraussetzen können. Selbst einfache motorische Fähigkeiten sind auf die Verarbeitung vorhandener Informationen und expliziten Kenntnissen zurückzuführen. Kenntnisse spielen für den Erwerb von Fähigkeiten eine zentrale Rolle [CS89, WD+05]. [La62, PD94] definieren darüber hinaus Fähigkeit als zielgerichtetes und gut organisiertes Verhalten, das durch praktische Erfahrungen erworben werden kann. Dem Grad der Organisation kann gemäß dem europäischen Qualifikationsrahmen [EU08c, EU08d] wiederum durch eine Niveaustufe Ausdruck verliehen werden. Hieraus leitet sich die nachfolgende Definition einer Fähigkeit ab.

Definition 4.2 Fähigkeit

Eine Fähigkeit wird durch die Möglichkeit zur zielgerichteten Anwendung von Kenntnissen definiert, die der Lösung einer Aufgabe (eines Problems) dienen.

Fähigkeiten können sowohl geistiger als auch motorischer Natur sein und andere Fähigkeiten erfordern. Ihre Qualität lässt sich durch Verknüpfung mit einem Fähigkeitsniveau bestimmen.

4.3.3 Kompetenz

Der Begriff der Kompetenz wird wissenschaftlich aus verschiedenen Perspektiven diskutiert. Im englischen Sprachraum existieren neben unterschiedlichen Ansichten auch unterschiedliche Begriffe: *Competence* und *Competency*. Einige Autoren sprechen von *Competence*, wenn diese in Zusammenhang mit beruflichen Tätigkeiten stehen [BS92, HA+95], andere bezeichnen beide Begriffe als synonym [Bo93, Bo94, WD+05].

Schließlich unterscheiden Woodruffe und Tate zwischen *Competency* als verhaltensorientierten Eigenschaften (*Attitude*) von Personen, die zur kompetenten Durchführung von Aufgaben benötigt werden und dem Konzept der *Competence*, in deren Fokus das erzielte Ergebnis steht [Wo91, Ta95]. Viele andere Autoren folgen dieser Einschätzung und verbinden mit dem Begriff *Competency* Charaktereigenschaften und Einstellungen von Personen, stellen also psychologische Aspekte in den Vordergrund, wenn von *Competency* gesprochen wird (vergleiche auch [Ma86]). Diese Arbeit folgt diesen Auffassungen und wird daher Kompetenz im Sinne der englischsprachigen *Competence* in den Vordergrund stellen, da im Rahmen der Geschäftsprozessorientierung vordergründig erziel- und messbare Ergebnisse betrachtet werden.

Boyatzis definiert Kompetenz als komplexes System intellektueller und kognitiver Fähigkeiten, spezifischer Kenntnisse und Strategien, Motivation, persönlicher Wertorientierungen und sozialer Verhaltensweisen [Bo82]. In der wissenschaftlichen Literatur existieren eine Reihe weiterer Untergliederungen von Kompetenzen. Viele umfassen drei oder fünf Dimensionen, siehe hierzu auch [GG89, So97]. Hodkinson und Issitt betrachten Kompetenz als die Kombination von Kenntnissen, Verständnis und Fähigkeiten [HI95]. Aufgrund dieser Ansicht lässt sich folgern, dass eine Kompetenz ebenfalls ein hierarchisches Konzept darstellt, das sowohl Fähigkeiten, als auch Kenntnisse beinhalten kann. Kompetenzen können nach Boyatizis auch als Anforderungen an die Ausführung einer bestimmten Rolle oder organisatorischen Position geknüpft werden. Dies lässt sich auf die Ausführung von Aufgaben in Geschäftsprozessen übertragen.

Nelson und Narens definieren darüber hinaus auch sogenannte Meta-Kompetenzen, die dazu eingesetzt werden können, eigene intellektuelle Stärken und Schwächen situativ zu bestimmen und in Folge möglicherweise fehlende Kompetenzen zu erwerben [NN90]. Sparrow und Hodgkinson definieren weiterhin, dass Kompetenzen nicht nur Personen, sondern auch Organisationen zugeordnet werden können [SH06]. Im Unterschied zu Fähigkeiten finden sich in der Literatur auch Aussagen, dass Kompetenzen nachgewiesen sein müssen, beispielsweise durch ein Zeugnis, eine Zertifizierung oder eine Erlaubnis (siehe auch [EU04, EU08c]). Kompetenzen werden daher Lern- oder Arbeitsbereichen zugeordnet, wodurch sie sich besser auf Schulungsmaßnahmen abbilden lassen [St02, IE02]. Der Gedanke, Kompetenzen durch einen Nachweis zu bestätigen und an konkrete Ausbildungsmaßnahmen zu koppeln, bündelt sich in der Bemessung von Kompetenzen durch Niveaustufen [EU04, EU08c]. Zahlreiche Arbeiten und Standardisierungsgremien beschäftigen sich international mit der Standardisierung von *Kompetenzen*. Dies beinhaltet neben der Begriffsdefinition auch die Modellierung von Standard-Kompetenzen in verschiedenen Wirtschaftsbereichen (beispielsweise für IT-Dienstleistungen, [EU08b]). Einen Überblick sowie eine weitere Diskussion über europäische Bemühungen findet sich in [WD+05]. Im Rahmen dieser Arbeit wird eine Kompetenz wie folgt definiert:

> **Definition 4.3** Kompetenz
>
> Eine Kompetenz ist die zielgerichtete Anwendung von Kenntnissen und Fähigkeiten zur Lösung von Problemstellungen in einem Arbeitsbereich. Zu einer Kompetenz zählt hierbei auch die methodische und selbstständige Fähigkeit, Situationen zur beruflichen oder persönlichen Weiterbildung zu nutzen und einzuschätzen.
>
> Eine Kompetenz wird erst durch einen Nachweis erbracht und kann unterschiedlich stark ausgeprägt sein (Kompetenzniveau).

4.3.4 Topologie der Konzepte

Die in den letzten Abschnitten dargestellten Konzepte und Definitionen der Begriffe Kenntnis, Fähigkeit und Kompetenz legen nahe, dass diese aufeinander aufbauen. Sie basieren zudem auf Daten und deren Interpretation, also der aus diesen Daten gewonnen Information (vergleiche Abschnitt 4.1.3). Hieraus kann die in Abbildung 4.6 dargestellte Topologie abgeleitet werden (vergleichbare Ansätze finden sich auch in [He04, Fl05, BD02]).

Kompetenzen, Fähigkeiten und Kenntnisse sind Eigenschaften, die Ressourcen zugeschrieben werden können und meist im Zusammenhang mit personellen Ressourcen betrachtet werden. Diese Konzepte stellen keine Ressourcen, sondern Attribute von Ressourcen dar. Ein betriebswirtschaftlicher Mehrwert entsteht hierbei für eine Organisation, wenn deren Ressourcen gestellte Anforderungen durch ihre Eigenschaften erfüllen können, beispielsweise indem sie bestimmte Kompetenzen nachweisen. Aus diesem Grund sind Kompetenzen, die eine Organisation durch ihre Ressourcen vorhält, maßgeblich an den Anforderungen orientiert, die das Marktsegment stellt, in dem die Organisation tätig ist. Die Ausrichtung und das Management der in einem Unternehmen vorhandenen und angebotenen Kompetenzen, tragen daher in erheblichem Umfang zu dessen Erfolg oder Misserfolg bei. Aus den genannten Gründen sind neben eingesetzten Technologien und Maschinen insbesondere die Mitarbeiter eines Unternehmens wichtige Bestandteile, die für die Bildung von Unternehmenskompetenzen verantwortlich sind (vergleiche auch [WP+05]). Die Kompetenzen der Mitarbeiter sind daher eine relevante Kenngröße, die sich im Unternehmenserfolg niederschlägt.

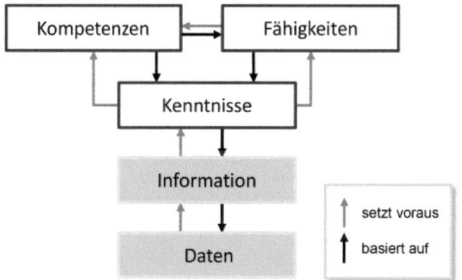

Abbildung 4.6: Konzepttopologie

Wie bereits einleitend diskutiert, unterliegen die Anforderungen, die der Markt stellt, bedingt durch die zunehmende Verflechtung der Unternehmensbeziehungen und des technologischen Wandels, ständigen Änderungen. Für den langfristigen Erfolg ist es daher für die Unternehmen unerlässlich, die Kompetenzen auf geänderte Geschäftsprozesse und Kundenanforderungen auszurichten und bei Bedarf die Bildung neuer Kompetenzen durch Weiterbildungs- oder Umschulungsmaßnahmen zu unterstützen.

4.3.5 Kompetenzmanagement

Die Verwaltung der Informationen über im Unternehmen vorhandene Kompetenzen wird bislang hauptsächlich von den Personalabteilungen vorgenommen. Die Bildung von Kompetenzprofilen kommt vorrangig im Rahmen der Rekrutierungsprozesse zur Anwendung. Die

Gründe für Rekrutierungsmaßnahmen liegen dabei entweder in der Anwerbung neuer, also bislang nicht vorhandener Kompetenzen für die Organisation, oder in der Aufstockung vorhandener Kapazitäten, um größeren Nachfragevolumina am Markt geeignet zu begegnen.

Die Personalabteilungen richten in diesem Zusammenhang ihre Rekrutierungsmaßnahmen entlang entsprechender Rekrutierungsprozesse aus. Die Anforderungen an die neuen Mitarbeiter, also in diesem Fall die Kompetenzprofile, werden dabei üblicherweise durch die Kommunikation mit den Fachabteilungen der Unternehmen ermittelt. Eine direkte Kombination dieser Kompetenzprofile mit den auszuführenden Geschäftsprozessen, die eine formale Ableitung der tatsächlichen Erfordernisse anhand eben dieser erlaubt, findet bislang nicht statt. Dies liegt im Besonderen auch an der Tatsache, dass die Betrachtung von Kompetenzen im Feld der Geschäftsprozessmodellierung nur beiläufig [AK01, RA08] betrachtet wird – und die Kompetenzen der Mitarbeiter eher in deren Prozess- und Unternehmensrollen gesehen, aber nicht explizit modelliert werden. Um den Rekrutierungsprozess der Personalabteilungen besser zu unterstützen und damit die tatsächlich durch den Markt geforderten Kompetenzen anzuwerben oder herzustellen und den Unternehmenserfolg nachhaltig sicherzustellen, ist daher eine formale und präzise Methode, die es erlaubt, die Kompetenzprofile aus den Geschäftsprozessmodellen abzuleiten, erforderlich.

Die Anforderung, die Kundenwünsche in einem Markt, der einem immer stärker werdenden Wettbewerb unterliegt, erfüllen zu können, bedingt auch die Notwendigkeit Standards bei der Beschreibung der erforderlichen Kompetenzen einzusetzen. Insbesondere wenn Unternehmen Make-Or-Buy-Entscheidungen treffen müssen und Teilaufträge an Subunternehmer vergeben, ist es unabdingbar, geeignete Partner zu finden. Ein entscheidendes Kriterium, das eine adäquate Auswahl ermöglicht, ist dabei die Erfüllung der Kompetenzanforderungen zur Erfüllung des Teilauftrags. Um den Vergleich bestmöglich zu unterstützen, ist daher neben der einheitlichen und standardisierten Beschreibung der Schnittstellen, die der Geschäftsprozess zwischen den Partnern beschreibt, auch eine standardisierte Beschreibung von Kompetenzen und Kompetenzprofilen sinnvoll.

International beschäftigen sich verschiedene Gremien mit der Standardisierung von Kompetenzbeschreibungen [HR10a, HR10b, IE06, IE10, EU04, EU08a, EU08c, WD+05]; ähnlich wie in Abschnitt 4.3.4 werden hierbei meist die Begriffe Kompetenz, Fähigkeit und Kenntnis, die in gegenseitiger Abhängigkeit zueinander stehen, beschrieben. Das European e-Competence Framework (ECF) entsteht im Rahmen einer Initiative auf europäischer Ebene [CE06, CE08a, CE08b, WS+05], deren Standardisierungsvorhaben durch die Europäische Union gefördert werden. Das Framework beschreibt derzeit 32 Kompetenzen die für Nutzer, Kunden und Anbieter von Produkten und Dienstleistungen im Informations- und Kommunikationstechnologiesektor von Belang sind. Weiterhin berücksichtigt werden die Interessen öffentlicher Institutionen und Kompetenzbeschreibungen, die im Rahmen von Aus- und Weiterbildungseinrichtungen interessant sind. Das European e-Competence Framework bündelt hierbei die Erkenntnisse aus vorangegangen und parallelen Arbeiten (siehe [WS+05, WD+05]). Außerdem greift das ECF auf im europäischen Qualifikationsrahmenwerk (EQF, [EU08c]) definierte Begrifflichkeiten zurück. Bislang fehlt den Definitionen des e-Competence Frameworks jedoch eine formale Grundlage; ein Ansatz, der einen ersten Schritt in diese Richtung unternimmt, ist in [WP+05] beschrieben.

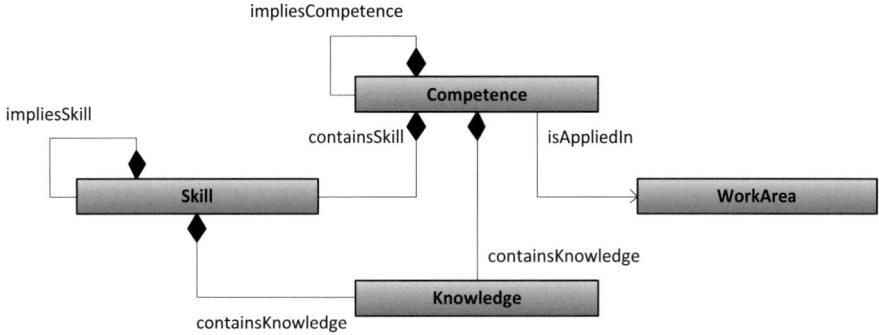

Abbildung 4.7: Zusammenhänge zwischen Kompetenz, Fähigkeit und Kenntnis

Einen anderen Ansatz verfolgt das HR-XML-Konsortium, das ebenfalls als unabhängiges Gremium der einheitlichen Definition von personalplanungsbezogenen Daten nachgeht [HR09, HR10b]. HR-XML bemüht sich um eine umfassende Standardisierung von Datendefinitionen, die für Personalabteilungen relevant sind. Dies umfasst nicht nur die Beschreibung von Kompetenzen; wie der Name dies bereits andeutet, setzt HR-XML auf eine XML-basierte Darstellung der Daten. Hierzu werden eine Reihe verschiedener XML-Schemata definiert, auf deren Basis die Daten standardisiert werden. Aus der Definition dieser Schemata lassen sich bereits Datenbeschreibungen ableiten, die später in Kombination mit Geschäftsprozessmodellen für das Management von Ressourcen eingesetzt werden können. In der neuesten Version (3.1) von HR-XML wird ein anderer Standard zur Beschreibung der Kompetenzen wiederverwendet. Es handelt sich hierbei um die durch das Institute of Electrical and Electronics Engineers (IEEE) definierte Spezifikation Reusable Competency Definitions (RCD) [IE06]. RCD adressiert insbesondere die folgenden Ziele:

- Definition eines gemeinsamen Datenmodells, das die Konstruktion von verschiedenen Kompetenzmodellen und -hierarchien ermöglicht
- Erstellung, Persistierung und Austausch von Kompetenzdefinitionen zwischen verschiedenen Systemen
- Korrespondenz mit dem Standard Learning Objects Metadata (LOM, [IE02])

RCD ist ebenfalls XML-basiert. Die Definition konkreter Kompetenzdefinitionen ist jedoch nicht Bestandteil dieses Standards. Die Verknüpfung von RCD-Kompetenzdefinitionen mit LOM soll hierbei dazu dienen, diese Kompetenzen mit Lernobjekten zu verbinden. LOM wurde entwickelt, um den Austausch, die Suche, Beschaffung und Nutzung von Lernobjekten, folglich die Inhalte von Lernanwendungen [IE02], zu erleichtern. Hierdurch kann im Idealfall identifiziert werden, welche Schulungsmaßnahmen noch durchzuführen sind, um eine bestimmte Kompetenz zu erreichen.

Die verschiedenen Standards definieren die Semantik und die Beziehungen zwischen diesen drei Begriffen jedoch unterschiedlich. Die Unterschiede sind dabei ebenfalls differenziert ausgeprägt. Die Kombination der verschiedenen Ansätze und die entsprechende wissenschaftliche Literatur führt zu der in Abbildung 4.7 dargestellten Sichtweise der Zusammenhänge zwischen diesen Begriffen (syntaktisch basiert die Abbildung auf einem UML Klassendiagramm [OM10c, OM10d]). Hiernach wird eine Kompetenz durch verschiedene Fähigkeiten und Kenntnisse in einem bestimmten Kontext gebildet; Fähigkeiten bauen wiederum auf Kenntnissen auf. Diese Auffassung entspricht weitgehend den Definitionen von eCCO [EC05] und wird für den weiteren Verlauf dieser Arbeit als grundlegend vorausgesetzt. Weiterhin werden im Zusammenhang mit Kompetenzen ergebnisorientierte Aspekte betrachtet (vergleiche Abschnitt 4.3.3).

4.4 Anforderungen an die Modellierung von Ressourcen

Nachfolgend soll eine präzise Sprache zur Modellierung von Ressourcen spezifiziert werden, die die Integration der Ressourcenmodelle in die Geschäftsprozessmodellierung ermöglicht. Die zu definierende Sprache soll daher insbesondere Eigenschaften der Ressourcen adressieren, die im Rahmen der Durchführung und Modellierung von Geschäftsprozessen von Bedeutung sind. In diesem Abschnitt werden dementsprechende Anforderungen an die zu konstruierende Sprache formuliert. Die gestellten Anforderungen lassen sich in die folgenden Kategorien untergliedern:

- Formalisierung der Sprachspezifikation
- Benutzerfreundlichkeit
- Abbildung von Ressourcen-Klassifikationen und bestehenden Standards
- Abbildung von Kompetenzen
- Abbildung geschäftsprozessrelevanter Ressourceneigenschaften

Jede dieser Anforderungskategorien wird in den nachfolgenden Unterabschnitten weiter präzisiert und diskutiert.

4.4.1 Formalisierung der Sprachspezifikation

Sprachspezifikation (FS1): Die Konzepte der Modellierungssprache, deren Zusammenhänge und assoziierte Regeln sollen möglichst eindeutig definiert werden. Hierzu bieten sich Modellspezifikationen an, die einerseits die Syntax und andererseits auch die Semantik der Modellierungssprache definieren. Aus dem Bereich der mathematischen Modelltheorie sind beispielsweise formale Sprachen (wie Chomsky-Grammatiken oder das Lambda-Kalkül) ein möglicher Mechanismus zur formalen Sprachspezifikation. In der Informatik und Wirtschaftsinformatik werden häufig auch Metamodelle zur Sprachspezifikation eingesetzt. Letzteres beruht insbesondere auf der durch die Object Management Group definierten Standards der Meta Object Facility (MOF, [OM06b]) und der Object Constraint Language (OCL, [OM10b]).

Unabhängigkeit (FS2): Die Modellierungssprache sollte unabhängig von Herstellervorgaben und proprietären Ansätzen sein, um eine möglichst breite Anwendergruppe adressieren zu können. Hierzu zählt auch, dass die Modellierungssprache für Weiterentwicklungen von interessierten Parteien zugänglich gehalten wird.

Analysierbarkeit (FS3): Gemäß der Sprachspezifikation erstellte Ressourcenmodelle sollten die Durchführung von Analysen unterstützen. Zunächst ist hierbei die Prüfung der syntaktischen Korrektheit der Modelle anzuführen. Es muss also verifizierbar sein, dass ein Ressourcenmodell nicht gegen die Sprachspezifikation verstößt. Weitergehende Analysen von Ressourcenmodellen sollen im Rahmen der Geschäftsprozessmodellierung durchführbar sein. Dies bedeutet, dass Geschäftsprozessmodelle, die mit Ressourcenmodellen verknüpft sind, im Hinblick auf die Ressourcenallokation untersucht werden können. Diese Anforderung stellt sich damit sowohl an die Sprache zur Modellierung von Ressourcen als auch an die Geschäftsprozessmodellierungssprache (siehe auch Kapitel 6).

Simulierbarkeit (FS4): In vielen konkreten Szenarien und Fragestellungen werden die Möglichkeiten von analytischen Verfahren überschritten. Aufgrund dessen ist entweder eine geeignete Reduktion des Problems [Es94, Mu89] oder eine Simulation [PK05, Sh78] durchzuführen, um dennoch Resultate zu erzielen, die zur Entscheidungsfindung zweckdienlich sind. Sprachen zur Ressourcenmodellierung sollten daher relevante Eigenschaften von Ressourcen integrieren, die bei der Simulation von Bedeutung sind. In diesem Fall sind insbesondere Konzepte umzusetzen, die den Allokationszustand der Ressourcen beschreiben.

Operationalisierbarkeit (FS5): Abgesehen von der Simulation und Analyse müssen modellierte Ressourcen auch innerhalb von Ausführungsumgebungen wiederverwendbar sein. Die Sprache sollte daher die Überführung der Modelle in ausführbare Repräsentationen (z.B. Workflowsprachen wie JBPM) oder deren Integration in solche unterstützen.

Wiederverwendbarkeit (FS6): Modelle stellen ein abstraktes Abbild der Realität dar, was bedeutet, dass relevante Aspekte im Kontext eines gegebenen Verwendungszwecks dargestellt werden. Unterschiedliche Abstraktionsgrade können verschiedenen Einsatzszenarien dienen und durch unterschiedliche Modellsichten realisiert werden. Ein Qualitätsmerkmal der Modellelemente ist daher die Wiederverwendbarkeit in anderen Modellen, also deren Verwendung in anderen Einsatzszenarien. Beispielsweise kann eine Ressource in mehreren Geschäftsprozessmodellen verwendet werden, ebenso können mehrere Ressourcen gleiche Fähigkeiten besitzen. Die Modellierungssprache sollte dem Rechnung tragen und die Wiederverwendung in anderen Modellen und Modellierungssprachen unterstützen.

Integrierbarkeit und Interoperabilität (FS7): Eine Sprache zur Ressourcenmodellierung sollte vorhandene und anerkannte Konzepte nutzen. Ein Mittel hierzu kann die Integration bestehender Sprachbestandteile anderer Modellierungssprachen sein. Dies kann sowohl durch einen Import als auch die konstruktive Nachbildung der Sprachkonzepte auf der Ebene der Sprachdefinition geschehen. Eine Modellierungssprache für Ressourcen könnte beispielsweise Organigramme zur Darstellung der Organisationshierarchie integrieren.

Durch diese Wiederverwendung gängiger Sprachkonzepte kann auch die Interoperabilität der Sprachdefinition verbessert werden, indem Modelle durch Export, Transformation [OM03, Sc07, SV05] und anschließenden Import in andere Modellierungssprachen konvertiert werden können. In Abhängigkeit der gewählten Sprachen ist dies nicht immer vollständig möglich und auf den Detaillierungsgrad der Sprachdefinitionen von Quell- und Zielmodell sowie der konkreten Modelle zurückzuführen [PM06, SV05].

4.4.2 Benutzerfreundlichkeit

Anwendungsnähe (B1): Eine Modellierungssprache sollte fachliche Konzepte aus dem abgebildeten Anwendungsbereich bereitstellen, nach Möglichkeit erfolgt dies durch dem Fachanwender bekannte Konzepte. Hieraus ergibt sich ein geringerer Einarbeitungsaufwand. Eine größere Anzahl anwendungsnaher Konzepte ermöglicht es, komplexe Sachverhalte auch durch wenige Modellelemente auszudrücken. Sofern nur generelle Konzepte bereitgestellt werden, müssten solche Sachverhalte durch mehrere Modellelemente beschrieben werden (im Bereich der Geschäftsprozessmodellierung ist dies vergleichbar mit den Unterschieden zwischen BPMN und Petri-Netzen), wodurch größere Modelle entstehen. Eine große Anzahl anwendungsnaher Konzepte steht andererseits der Einfachheit der Sprache entgegen.

Während des Sprachentwurfs ist im Zusammenhang mit der Anwendungsnähe auf die Widerspruchsfreiheit und Eindeutigkeit der bereitgestellten Konzepte zu achten. Im Rahmen der Modellierung von Ressourcen sollte eine Modellierungssprache sowohl einfach als auch komplex strukturierte Ressourcen (z.B. elektronische Dokumente auf der Basis von XML, Maschinen inklusive derer Bestandteile oder personelle Ressourcen inklusive ihrer Fähigkeiten oder Verfügbarkeiten) abgebildet werden können. Auch die Zugehörigkeit von Ressourcen zu organisatorischen Einheiten sollte beschrieben werden können. Außerdem sollten hinsichtlich personeller Ressourcen auch Kommunikationsstrukturen (z.B. wie zwischen Personen Berichte weitergegeben werden oder wer wird informiert, wenn eine Aufgabe nicht bearbeitet werden kann) beschrieben werden können.

Anschaulichkeit (B2): Die Symbole der Sprache sollten für den Anwender intuitiv verständlich sein. Dies umfasst auch die Forderung nach Struktur, Übersichtlichkeit und Lesbarkeit. Hieraus leitet sich wiederum Eindeutigkeit und Redundanzfreiheit der Modellierungssprache ab. Die Anschaulichkeit hängt daher eng mit der Einfachheit der Modellierungssprache zusammen und erfordert die Einschränkung auf notwendige Konzepte.

Einfachheit (B3): Eine Modellierungssprache sollte auf notwendige Konzepte eingeschränkt werden, die Anzahl und Komplexität ihrer Modellelemente folglich nicht zu hoch sein. Die Integration vieler verschiedener Konzepte erhöht zwar deren Anwendungsnähe, jedoch auch ihren Umfang. Obgleich die Bereitstellung anwendungsnaher Konzepte für eine Modellierungssprache vorteilhaft ist, kann sich ein hoher Sprachumfang hinderlich auf ihre Erlernbarkeit auswirken. Die Anforderung der Einfachheit steht der Anwendungsnähe also entgegen, sodass eine Balance zwischen beiden Anforderungen ermittelt werden muss.

Generell gilt daher der Grundsatz, die Sprache so einfach wie möglich, aber nicht zu einfach zu konstruieren. Da die Bereitstellung von anwendungsnahen Sprachkonzepten dennoch erstrebenswert sein kann (beispielsweise, wenn ausführbare Geschäftsprozessmodelle erstellt werden müssen), kann diesem Konflikt durch die Einführung von Hierarchisierung und einem Sichtenkonzept entgegengewirkt werden.

Visualisierbarkeit (B4): Die Anwendungsnähe der Modellierungssprache bezieht sich auf deren abstrakte Syntax, also die Struktur der Modellelemente und die Regeln, die bei deren Nutzung in Modellen einzuhalten sind. Die konkrete Syntax hingegen beschreibt die Notation der Modellierungssprache. Im Falle der Modellierung von Ressourcen sollte, wie auch bei der Geschäftsprozessmodellierung, eine grafische Notation gewählt werden.

Die grafische Darstellung sollte hierbei möglichst intuitive Konzepte einsetzen, um die Anschaulichkeit der Modelle zu erhöhen. Hierzu können beispielsweise Piktogramme genutzt werden. Nach Möglichkeit sollte die wiederkehrende Verwendung eines Notationselements für verschiedene Sprachkonzepte vermieden werden.

Ausdrucksmächtigkeit (B5): Es sollte möglich sein, alle relevanten Aspekte realer Objekte der Anwendungsdomäne zu beschreiben. Insofern überschneiden sich Ausdrucksmächtigkeit und Anwendungsnähe, allerdings ist die erstere ein generelles Kriterium. Eine ausdrucksmächtige Modellierungssprache kann auch durch die Bereitstellung von ausschließlich generellen Konzepten beschrieben werden, sofern alle relevanten Realweltaspekte durch deren Kombination abgebildet werden können.

4.4.3 Abbildung von Ressourcen-Klassifikationen und bestehenden Standards

Erweiterbarkeit (K1): Hinsichtlich der Abbildung, Integration und Erweiterung gemäß aktueller und künftiger Standardisierungen im Bereich der Ressourcen- und Kompetenzmodellierung sollte darauf geachtet werden, dass die Modellierungssprache flexibel angepasst und erweitert werden kann. Nach Möglichkeit sollten bestehende Standards berücksichtigt und bereits in die Konstruktion der Sprache zur Modellierung von Ressourcen integriert werden.

Transformierbarkeit (K21): Ressourcenmodelle, auch deren Teilmodelle, die gemäß der Sprachbeschreibung erstellt werden, sollten nach Möglichkeit in andere gängige Modellierungssprachen transformiert werden können. Hierzu ist die Anlehnung an bestehende Konzepte erforderlich. Die Transformation sollte weiterhin deklarativ oder imperativ beschrieben werden können, sodass automatische Modellübersetzungen ermöglicht werden.

4.4.4 Abbildung geschäftsprozessrelevanter Ressourceneigenschaften

Ressourcenallokation (G1): In Zusammenhang mit der geschäftsprozessorientierten Modellierung von Ressourcen ist deren anschließender Einsatz im Rahmen der Durchführung von Geschäftsprozessen zu beachten. Dies bedeutet, dass die Ressourcen zu Aufgaben allokiert werden müssen. Die Modellierungssprache sollte entsprechende Konzepte bereitstellen um die Allokierbarkeit der Ressourcen abzubilden. Hierzu zählt die Möglichkeit, den Zustand der Ressource abzubilden und während der Durchführung von Geschäftsprozessen zu verändern. Hierdurch wird ersichtlich, ob eine Ressource weitere Aufgaben übernehmen kann, bereits vollständig ausgelastet oder aus anderen Gründen nicht verfügbar ist (siehe auch Tabelle 4.1).

Des Weiteren sollte die Sprache Möglichkeiten anbieten, die es dem Geschäftsprozessmodellierer erlauben, deklarativ zu beschreiben, welche Ressourcen für die Durchführung einer Aufgabe in Frage kommen, ohne sich auf eine konkrete Ressource festlegen zu müssen. Dies kann durch Bedingungen zeitlicher oder örtlicher Art sowie die Einforderung von Fähigkeiten oder Rollen ermöglicht werden, die die für eine Aufgabe allokierbare Menge von Ressourcen einschränken.

Kommunikationsstrukturen (G2): Die Abbildung von bestehenden Kommunikationsstrukturen zwischen den Ressourcen ist aus geschäftsprozessorientierter Sicht einzufordern, da hierdurch weitere Aufgaben und Anweisungen entstehen, deren Modellierung ebenfalls explizierbar sein sollte, die aber nicht als Bestandteil einzelner Geschäftsprozesse modelliert werden sollten. Hierdurch können beispielsweise Kommunikationsstrukturen definiert werden, die generell in Ausnahmefällen oder zu Zwecken des Berichtswesens eingehalten werden müssen, aber unabhängig von einem Geschäftsprozess vorhanden sind.

Kommunikationsstrukturen bestehen daher zwischen Ressourcen und beinhalten Bedingungen, die zur Auslösung der Kommunikation erfüllt sein müssen. Auslöser können beispielsweise sich periodisch wiederholende Zeitabschnitte oder bestimmte Ereignisse sein.

Organisationsstrukturen (G3): Die Organisationsstrukturen der modellierten (insbesondere der personellen) Ressourcen sollten durch die Modellierungssprache abgebildet werden. Für die Geschäftsprozessmodellierung spielt dies insbesondere dann eine Rolle, wenn Ressourcen anderer Organisationen oder Organisationseinheiten eingebunden werden sollen. Dies kann darauf zurückgeführt werden, dass auf fremde Ressourcen nicht in der gleichen Weise zugegriffen werden kann, wie auf interne. Somit betrifft die Organisationsstruktur auch die Ressourcenallokation. Ein eingeschränkter Zugriff auf externe Ressourcen kann sich durch mehrere Gründe ergeben; zunächst sind vertragliche Gründe (z.B. ausgedrückt durch Weisungsbefugnis) zu nennen, weiterhin sind unter Umständen nur eingeschränkte Informationen über diese Ressourcen vorhanden (beispielsweise keine genaue Kenntnis über deren Fähigkeiten oder Verfügbarkeit).

Taxonomie (G4): Eine aus geschäftsprozessorientierter Sicht sinnvolle Taxonomie der Ressourcen sollte anhand der Sprachbeschreibung der Modellierungssprache vorgegeben werden, sodass die Ressourcen verschiedenen Klassen zugeteilt werden können. Eine Orientierung hierzu bieten die in Abschnitt 4.2 aufgestellten Klassifikationskriterien. Aus der gewählten Taxonomie und gegebenenfalls den konkreten Ressourcenmodellen heraus sollte nach Möglichkeit auch der Grad der Autonomie einer Ressource erkennbar sein. Letzteres kann durch den Geschäftsprozessmodellierer genutzt werden, um die Durchführung von Aufgaben an Ressourcen oder Ressourcenklassen zu binden.

4.5 Metamodelle zur Beschreibung von Ressourcen

Bislang existieren diverse Arbeiten, die sich mit der Beschreibung geschäftsprozessrelevanter Ressourcen befassen [AK01, AK+03, Mu99a, Mu99b, Mu04, Wh04]. Die Beschreibungen erfolgen dabei nicht in allen Fällen in Form von MOF-konformen Metamodellen [AK+03, OM06b], jedoch finden sie grundsätzlich auf einer abstrakten Ebene statt und stellen Definitionen für den Einsatz von Ressourcen dar; auch wenn in der vorliegenden Arbeit die Definition eines MOF-konformen Metamodells vorgenommen werden soll, um später den Einsatz von Transformationen zu unterstützen, werden die genannten Beschreibungen im Weiteren dennoch einheitlich als Metamodelle bezeichnet. Allen Ansätzen gemeinsam ist das Verständnis dafür, dass menschliche Ressourcen über die Definition von Rollen gruppiert werden sollen. Die definierten Rollen dienen dann in den auszuführenden Geschäftsprozessen dazu, entsprechend nur Personal auszuwählen, das die zu einer Aufgabe gewählten Rollen ausübt. Weiterhin unterscheiden einige Ansätze zwischen organisationsbezogenen Rollen (z.B. Abteilungsleiter) und geschäftsprozessbezogenen Rollen (z.B. Prozessverantwortlicher); während die organisationsbezogenen Rollen weitgehend der Aufbauorganisation entsprechen, stellen die geschäftsprozessbezogenen Rollen den Bezug eines menschlichen Akteurs zu dem jeweils ausgeführten Geschäftsprozess dar.

Sofern die Metamodelle zur Ressourcenbeschreibung die Berücksichtigung von Kompetenzen vorsehen, sind diese jeweils einzig an die Rollen der Mitarbeiter geknüpft [Mu99b, Wh04]. Darüber hinaus wird die Beschreibung der Kompetenzen nicht weiter präzisiert, sondern vielmehr das Verständnis, welche Kompetenzen für eine Rolle erforderlich sind, als implizit gegeben betrachtet, sodass hier kein gezielter Austausch mit den Personalabteilungen und deren Kompetenzbeschreibungen möglich ist. Bekannte Arbeiten wie [AK01, AK+03, RA+05] erwähnen zwar Kompetenzen, berücksichtigen diese jedoch nicht in ihren

Metamodellen. In aktuellen Ansätzen zur Ausführung von Geschäftsprozessen wie WS-BPEL fehlt gar die Betrachtung nicht-technischer Ressourcen [OA07a] vollständig, weshalb hierzu Erweiterungen wie BPEL4people [OA07b] und WS-HumanTask [OA09] definiert wurden. Letztere Ansätze bieten nur einfache, flache Ressourcenbeschreibungen, vernachlässigen die Organisationsstruktur nahezu komplett und konzentrieren sich stattdessen auf die geschäftsprozessbezogenen Rollen der menschlichen Akteure [RA08]. Eine Betrachtung von Kompetenzen fehlt hier ebenso.

Der Internetstandard RDF (siehe Abschnitt 4.1.2) zur Beschreibung von Ressourcen basiert auf einer Reihe von Empfehlungen durch das W3C [WC04b] und soll die Interoperabilität zwischen Anwendungen verbessern. RDF-Beschreibungen basieren auf sogenannten Tripeln (Subjekt, Prädikat, Objekt), aus denen sich ein gerichteter Graph konstruieren lässt. Um RDF-Instanzen auswerten zu können, ist die Definition eines RDF-Vokabulars (einer Ontologie) erforderlich, hierzu existiert die Erweiterung Resource Description Framework Schema (RDFS, [WC04d]). RDFS bietet auf Basis der RDF-Syntax einen Mechanismus zur Deklaration von Klassen, Eigenschaften sowie Beziehungen zwischen diesen. RDFS wird jedoch nicht durch eine Standardmetamodell-Architektur beschrieben, gemäß der aktuellen RDFS-Definition [WC04d] sind einige Elemente mehrdeutig beschrieben. Beispielsweise kann eine Klasse (`rdfs:Class`) als Instanz einer Ressource (`rdfs:Resource`) verstanden werden, ebenso ist eine Ressource allerdings auch eine Instanz einer Klasse. OWL erweitert die Möglichkeiten von RDF(S) durch die Möglichkeit zur Definition von Mengenbeziehungen, ein umfangreicheres Typsystem für Eigenschaften und der Möglichkeit zu Definition von Relationen (Transitivität, Inverse, Symmetrie). Weder OWL noch RDF(S) gehen explizit auf Anforderungen an die Modellierung von Ressourcen im Kontext der Geschäftsprozessmodellierung ein, ebenso werden die Konzepte Kompetenz, Fähigkeit und Kenntnis nicht diskutiert. Dies könnte zwar durch die Definition konkreter Vokabulare geschehen, aufgrund der genannten Mehrdeutigkeiten und der besseren Weiterverarbeitung von MOF-konformen Metamodellen wird im Weiteren hiervon jedoch abgesehen.

Die nicht vorhandene, explizite Modellierung und Berücksichtigung der mit den Ressourcen verbundenen Kompetenzen, soll im Rahmen dieser Arbeit durch die Definition eines geeigneten Metamodells begegnet werden. Insbesondere sollen im Metamodell auch Kompetenzen berücksichtigt werden können, über die personelle Ressourcen unabhängig von den ihnen zugeordneten Rollen verfügen (siehe Abschnitt 4.6.4 und 5.5.5).

4.6 Modellierungssprache für Ressourcen (RML)

Im Rahmen dieses Abschnittes und der folgenden Unterabschnitte soll eine präzise Definition einer Modellierungssprache zur Beschreibung von Ressourcen formuliert werden. Die spezifizierte Modellierungssprache wird nachfolgend als *Resource Modeling Language* (RML) bezeichnet. Die betrachteten Ressourcen fokussieren hierbei insbesondere Ressourcen, die eine Relevanz zur Ausführung von Geschäftsprozessen aufweisen. Um diesem Anspruch gerecht zu werden, werden bei der Sprachspezifikation die Kriterien aus den Abschnitten 4.2 und 4.3 sowie die Anforderungen aus Abschnitt 4.4 berücksichtigt.

Die Sprachspezifikation erfolgt modular, da in dieser Arbeit nicht alle identifizierten Ressourcenarten (siehe Abschnitt 4.2) gleichermaßen detailliert betrachtet und analysiert werden können. Ein modularer Aufbau trägt weiterhin dazu bei, die Sprache erweiterbar zu definieren; auch können Sprachbestandteile aus anderen Modellierungssprachen aufgegriffen und wiederverwendet werden. Die Definition der Sprache wird sich in größerem Umfang mit den personellen Ressourcen sowie der Definition von Kompetenzen, Fähigkeiten und Kenntnissen auseinander setzen. Die in Abschnitt 4.3 beschriebenen Konzepte werden in Zusammenhang mit personellen Ressourcen und deren Rollen gesetzt, können jedoch auch auf andere Ressourcenarten ausgedehnt werden. Eine solche Ausdehnung kann abhängig vom Grad der Autonomie, über den eine Ressourcenart verfügt, durchgeführt werden. Durch die Einhaltung von Qualitätsnormen bei der Erstellung von Modellen [GH+05, SM+05], wird RML anhand eines erweiterbaren und wiederverwendbaren Metamodells konzipiert, das branchenspezifische Spezialisierungen zulässt. Denkbar wären beispielweise die künftige Definition von Dienstleistungen (vergleiche hierzu auch [Gu83, Ke88]) oder das Hinzufügen weiterer Kriterien, wie ökologische Aspekte sowie weitere Eigenschaften von Ressourcen, die deren Nachhaltigkeit in den Fokus der Betrachtung rücken (vergleiche [Bl01, WH+10]).

Um eine präzise Spezifikation zu gewährleisten, die neben einer formalen Definition auch die automatisierte Transformation der Modellinstanzen erlaubt, wird ein metamodellbasierter Ansatz zur Beschreibung der Sprache gewählt [OM03, PM06]. Eine informale Sprachspezifikation ist nicht anzustreben, da sie keinen oder nur begrenzten Spielraum zur automatischen Modellinterpretation lässt. Die präzise Definition der Modellierungssprache wird nachfolgend durch die Beschreibung anhand MOF-konformer [OM03, OM06b, Sc07] Metamodelle erreicht. Dies bietet mehrere Vorteile. Andererseits können Modellinstanzen automatisch gegen die Sprachspezifikation verifiziert werden. Letzteres beinhaltet jedoch nicht die inhaltliche Korrektheit der Modelle, vielmehr kann die Einhaltung und Konformität zur Definition der Modellierungssprache geprüft werden. Derartige strukturelle Überprüfungen finden sich beispielhaft in [BB+01, EH08, Pn77]. Ein weiterer Vorteil einer derartigen Definition einer Modellierungssprache besteht in der maschinellen Weiterverarbeitung der Sprache. Dies betrifft mehrere Aspekte; zunächst kann ein MOF-konformes Metamodell genutzt werden, um automatisch entsprechende Modelleditoren zu erzeugen [SV05, PM06]. Weiterhin können Modelle in dieser Form automatisch auf XML-Beschreibungen abgebildet und ausgetauscht [OM07], ferner durch Transformationsspezifikationen in andere Modelle oder Text, insbesondere Quelltext übersetzt werden [OM03, PM06, LS+08]. Der Grad der Präzision der Metamodelldefinition kann durch prädikatenlogische Ausdrücke erhöht werden. Zu diesem Zweck hat sich die Sprache Object Constraint Language (OCL, [BM+10, OM10b, WK04]) etabliert und wird daher nachfolgend eingesetzt, um die Verwendung der Metamodellelemente präzise zu reglementieren [GP+06, Sc07, WK04]. Abstrakte Syntax, Semantik und Regeln werden hierzu in der nachfolgenden Sprachbeschreibung expliziert.

4.6.1 Metamodellbeschreibung

Das nachfolgend konstruierte Metamodell zur Definition einer Sprache zur Modellierung von Ressourcen, der RML, untergliedert sich in drei Teil-Metamodelle, deren Definition MOF-konform durch die Modellierung im ecore-Format [EM10b, SB+08] erfolgt. Das genutzte Meta-Metamodell ecore ist Bestandteil des eclipse Modeling Frameworks (EMF, siehe

[PW11c, SB+08]). Zwischen den drei nachfolgend definierten Teil-Metamodellen *ResourceMetaModel* (RMM, siehe Abschnitt 4.6.2), *HumanResourceMetaModel* (HRMM, siehe Abschnitt 4.6.4) und *CompetenceMetaModel* (COMM, siehe Abschnitt 4.6.3) bestehen die in Abbildung 4.8 dargestellten Zusammenhänge.

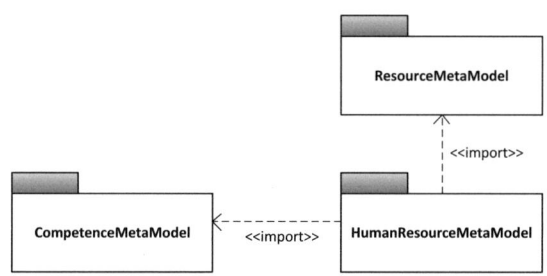

Abbildung 4.8: Zusammenhänge zwischen den Teil-Metamodellen von RML

Das *ResourceMetaModel* bildet den Kern des Metamodells und dient der Beschreibung und Klassifikation geschäftsprozessrelevanter Ressourcen sowie allgemeiner Eigenschaften von Ressourcen. Das *CompetenceMetaModel* dient der Abbildung von Kompetenzen, Fähigkeiten und Kenntnissen. Als spezielles Teil-Metamodell fokussiert das *HumanResourceMetaModel* die Abbildung personeller Ressourcen, hierzu werden die anderen Teil-Metamodelle durch Import wiederverwendet (siehe Abschnitt 4.6.4). In ähnlicher Weise könnte RML künftig durch weitere Teil-Metamodelle erweitert werden. Hierbei sollte darauf geachtet werden, dass keine zyklischen Abhängigkeiten zwischen den Metamodellen definiert werden – besonders falls Paketverschmelzungen (*PackageMerge*, siehe [OM10c, OM10d]) genutzt werden, führt dies sonst zu unerwünschten Nebeneffekten und Inkonsistenzen.

Die detaillierte Beschreibung des konstruierten Metamodells, das heißt seiner Teil-Metamodelle, wird an die Metamodellbeschreibung der UML angelehnt [OM10c, OM10d]. Bevor das Metamodell selbst definiert wird, werden daher nachfolgend zwei Schablonen zur Beschreibung der Metamodellelemente eingeführt und deren Bedeutung dargestellt. Die zweite Schablone (siehe Abschnitt 4.6.1.2) ist eine Kurzform der ersten und wird für Metamodellelemente genutzt, die aus anderen Teil-Metamodellen importiert werden. Die ausführliche Erläuterung erfolgt dann in dem Teil-Metamodell, in dem das Metamodellelement definiert wird.

4.6.1.1 ModellElementName

Bezeichnung: *ModellElementName [(Metamodell)]*; falls das Element aus einem anderen Teil-Metamodell importiert wird, wird dieses zusätzlich in Klammern angegeben.

Basis-Klasse: ecore.BaseClass; dies ist der Name der Meta-Metamodellklasse, kennzeichnet also den Typ des Metamodellelements

Abgeleitet von: model.BaseClass; falls das Metamodellelement von einem anderen aus RML abgeleitet wird, wird dieses andere Metamodellelement hier benannt.

Notation:

In diesem Bereich erfolgt die Beschreibung der Notation, somit eine Vorgabe für die konkrete Syntax der Sprache. Dargestellte Symbole sind Vorgaben, die von konkreten Werkzeugimplementierungen zumindest derart eingehalten werden müssen, dass eine eindeutige Zuordnung zu dieser Metamodellbeschreibung möglich ist.

Beschreibung:

Die allgemeine Beschreibung des Metamodellelements stellt dessen Zweck und den möglichen Einsatz in konkreten Modellen kurz vor. Eine detaillierte Erläuterung des Modellelements und der Beziehungen zu anderen Metamodellelementen erfolgt im Abschnitt Semantik.

Eigenschaften / Wertebereich:

Die Eigenschaften des Metamodellelements sowie dessen Typ und Wertebereiche werden hier aufgelistet. Die Darstellung erfolgt in folgendem Format:

> `Eigenschaft` : Typ [n..m]

`Eigenschaft` bezeichnet den Namen der Eigenschaft, der Typ den Wertebereich (auch Objekttypen sind möglich). [n..m] bezeichnet die Multiplizität der Eigenschaft, dies entspricht der Kardinalität von konkreten Instanzen der Eigenschaft. Die Multiplizität wird daher durch ein abgeschlossenes Intervall von nicht-negativen, ganzen Zahlen beschrieben.

Eine Einschränkung des Wertebereiches (z.B. anhand einer Liste von Werten oder eines Intervalls) erfolgt ebenfalls, sofern dies restriktiv festgelegt werden soll. Eine engere Einschränkung erfolgt zumeist, wenn es sich bei den Metamodellelementen um Aufzählungen (Basis-Klasse: org.eclipse.emf.common. util.Enumerator) handelt.

Assoziierte Eigenschaften:

Sofern das Modellelement weitere Eigenschaften durch die Verknüpfung mit anderen Modellelementen erhält, werden diese als assoziierte Eigenschaften aufgelistet. Die Darstellung erfolgt in folgendem Format:

> `AssoziierteEigenschaft` : Typ [n..m],[C],[Opposite: `Name`]

Diese Darstellung entspricht einer Erweiterung der Beschreibung von einfachen Eigenschaften. Der Unterschied liegt zunächst darin, dass der Typ einer assoziierten Eigenschaft immer das Ziel einer Assoziation, also ein anderes (Meta-) Metamodellelement darstellt. Die Quelle der Assoziation entspricht immer dem aktuellen Metamodellelement. Zusätzlich zur Beschreibung einfacher Eigenschaften enthält eine assoziierte Eigenschaft außerdem zwei optionale Parameter. Der erste optionale Parameter ([C]) wird angegeben, falls es sich um eine Komposition handelt, der assoziierte Typ als Teil des aktuellen Metamodellelements ist. Der Parameter [Opposite: `Name`] wird angegeben, falls außerdem eine assoziierte Eigenschaft von dem Ziel-Metamodellelement zum aktuellen Element besteht. In diesem Fall ist die Assoziation in beide Richtungen navigierbar.

Geerbte Eigenschaften:

Dies ist eine Aufzählung der Eigenschaften, die von Oberklassen geerbt wurden. Die Darstellung erfolgt in folgendem Format:

> `Eigenschaft` (Oberklasse)

`Eigenschaft` gibt den Namen der geerbten Eigenschaft an; Oberklasse bezeichnet die Oberklasse von der diese Eigenschaft geerbt wurde.

Einschränkungen:

Definition bestehender Einschränkungen für dieses Metamodellelement. Die Einschränkungen werden zunächst textuell beschrieben und dann formal durch eine prädikatenlogische Sprache, die Object Constraint Language (OCL, [OM10b]), dargestellt. Die Annotation von OCL-Ausdrücken ermöglicht die direkte Code-Generierung von Quellcode, der später die Einhaltung dieser Regeln überwacht [Gr09, OM10b, WK04]. Die Verwendung von OCL-Ausdrücken erhöht also weiter den Automatisierungsgrad der Code-Generierung und der Validierung von Modellinstanzen.

Semantik:

Abschließend werden die Semantik des Modellelements beschrieben und insbesondere dessen Eigenschaften und mögliche Assoziationen zu anderen Modellelementen charakterisiert.

4.6.1.2 ModellElementName (verkürzte Darstellung)

Bezeichnung: *ModellElementName [(Metamodell)];* falls das Element aus einem anderen Teil-Metamodell importiert wird, wird dieses zusätzlich in Klammern angegeben.

Basis-Klasse: ecore.BaseClass; dies ist der Name der Meta-Metamodellklasse, kennzeichnet somit den Typ des Metamodellelements.

Abgeleitet von: model.BaseClass; falls das Metamodellelement von einem anderen aus RML abgeleitet wird, wird dieses andere Metamodellelement hier benannt.

Beschreibung:

Hier erfolgt eine kurze Beschreibung des Metamodellelements im Zusammenhang mit dem aktuellen Metamodell und ein Verweis darauf, in welchem Teil-Metamodell (Abschnitt) das Metamodellelement definiert und detailliert beschrieben wird.

4.6.2 Metamodell zur Beschreibung von Ressourcen (RMM)

Im Folgenden wird das allgemeine Metamodell zur Ressourcenbeschreibung *ResourceMetaModel* (RMM) beschrieben. Der Aufbau und die Bedeutung der Metamodellelemente werden gemäß der in Abschnitt 4.6.1.1 dargestellten Notation beschrieben. Die Darstellung von RMM erfolgt in zwei Teilen (siehe Abbildung 4.9 und Abbildung 4.11). Zunächst werden allgemeine Ressourceneigenschaften und eine grobgranulare Klassifikation von Ressourcen, die für die Durchführung von Geschäftsprozessen bedeutsam sind, dargestellt. Anschließend werden die Ressourcenklassen gemäß Abbildung 4.11 nochmals verfeinert und je Klasse mögliche Konkretisierungen aufgezeigt.

Zur Ausführung von Geschäftsprozessen ist von Bedeutung, welche Ressourcen zu welchen Aufgaben zugewiesen werden und zu welchem Grad diese Ressourcen durch diese Aufgaben ausgelastet oder gar für die Zuweisung weiterer Aufgaben blockiert sind. Um diese für Geschäftsprozesse typische Sicht einnehmen zu können, wurde das allgemeine Ressourcenmetamodell (siehe Abbildung 4.9) entworfen. Das zentrale Element dieses Modells ist die *Resource*, eine abstrakte Klasse [OM10d], die die gemeinsamen Eigenschaften konkreter Ressourcen kapselt. Im Fall des Ressourcenmetamodells ist insbesondere der derzeitige

Ausführungszustand (*AllocationState*) relevant. Über die Eigenschaft `utilization` des Ausführungszustandes lässt sich während der Ausführung festlegen und bestimmen, ob und inwieweit eine Ressource zu einem bestimmten Zeitpunkt ausgelastet ist. Durch die Auswertung der Eigenschaft `utilization` kann damit ermittelt werden, ob es möglich ist, einer Ressource weitere Aufgaben zuzuweisen oder nicht; dies kann sowohl während der tatsächlichen Ausführung von Geschäftsprozessen, als auch von Simulationsläufen genutzt werden.

Auf der Basis der in Abschnitt 4.2 durchgeführten Klassifikation von Ressourcen, unterscheidet RMM zunächst die Ressourcenklassen `InsubstantialResource`, `Material-Resource`, `MachineryResource` und `HumanResource`. Diese Ressourcenklassen sind abgesehen von `HumanResource` weiterhin abstrakt, können also nicht als konkrete Objekte modelliert werden.

Zur Ableitung konkreter Ressourcenobjekte werden die abstrakten Metamodellelemente in Abbildung 4.11 durch spezielle Ressourcenklassen erweitert, um eine feingranulare Unterteilung abbilden zu können. Die insgesamt in RMM dargestellten Erweiterungen sind nicht als abgeschlossen zu betrachten, vielmehr können diese auf den Anwendungskontext des Modells hin erweitert werden [OS10]; siehe hierzu auch Kapitel 8. Gemäß Abbildung 19 enthält das Metamodell bereits einige Spezialisierungen (`ComputerHardwareResource`, `GeneralHardwareResource`, `DataResource`, `SoftwareResource`, `Oganizational-Resource`, `ExhaustibleResource`, `RenewableResource` und `Reproducible-Resource`). Diese Spezialisierungen stellen einen Auszug von häufig in Geschäftsprozessen relevanten Ressourcenklassen dar. Bei Bedarf ist es möglich, das RMM um weitere Klassen zur Einteilung von Ressourcen zu erweitern. Gegebenenfalls kann dies auch in weiteren Teil-Metamodellen erfolgen, um eine bessere modulare Struktur und künftige Erweiterbarkeit aufrecht zu erhalten; dieses Vorgehen wird bereits in der Erweiterung HRMM genutzt (siehe Abschnitt 4.6.4).

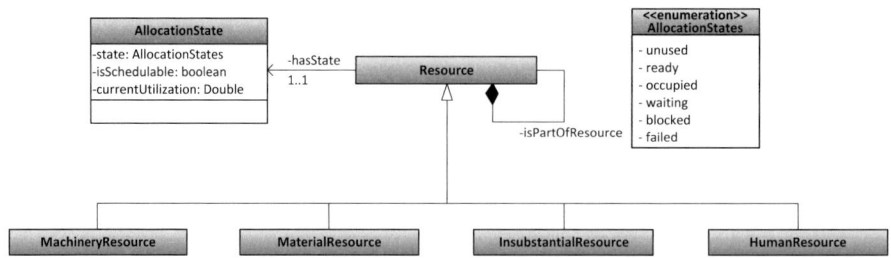

Abbildung 4.9: ResourceMetaModel (RMM)

4.6.2.1 AllocationStates

Bezeichnung: *AllocationStates*

Basis-Klasse: org.eclipse.emf.common.util.Enumerator

Abgeleitet von: –

Notation:

Kein eigenes Symbol. *AllocationStates* ist als Aufzählung zur Nutzung in weiteren Modellelementen vorgesehen (siehe 4.6.2.2)

Beschreibung:

Die Aufzählung *AllocationStates* dient der Festlegung möglicher ausführungsbezogener Zustände einer Ressource. Der Wertebereich dieser Aufzählung wird von der assoziierten Klasse *AllocationState* (siehe 4.6.2.2) genutzt, um den Zustand einer Ressource (siehe 4.6.2.3) genau zu spezifizieren.

Eigenschaften / Wertebereich:

unused (0), ready (1), occupied (2), waiting (3), blocked (4), failed (5)

Assoziierte Eigenschaften:

–

Geerbte Eigenschaften:

–

Einschränkungen:

–

Semantik:

Die Definition der *AllocationStates* folgt gängigen Definitionen aus der Betriebssystemtheorie [Ta02] mit der Ausnahme, dass der oftmals verwendete Zustand neu (new) entfällt. An seiner Stelle werden die Werte unused (eine bereitgestellte aber noch nicht genutzte Ressource) und ready (für eine derzeit ungenutzte Ressource) definiert. Die möglichen Zustandsübergänge von allokierbaren Ressourcen werden in Abbildung 4.10 definiert.

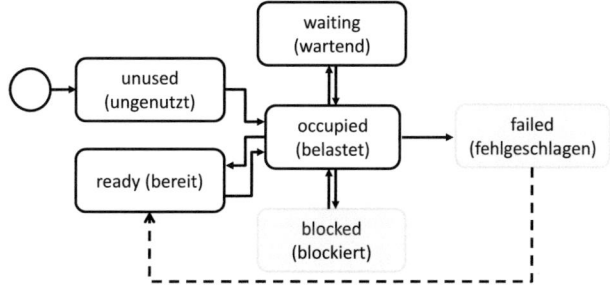

Abbildung 4.10: Ausführungszustände von Ressourcen

4.6.2.2 AllocationState

Bezeichnung: *AllocationState*

Basis-Klasse: org.eclipse.emf.ecore.EObject

Abgeleitet von: –

Notation:

Kein eigenes Symbol. *AllocationState* wird als assoziierte Eigenschaft des Modellelements Ressource (siehe 4.6.2.3) genutzt.

Beschreibung:

AllocationState beschreibt den genauen Zustand einer Ressource und bestimmt, ob die Ressource allokierbar ist.

Eigenschaften / Wertebereich:

isSchedulable : Boolean [1..1]

state : *AllocationStates* [1..1]

utilization : Double [1..1]

Assoziierte Eigenschaften:

–

Geerbte Eigenschaften:

–

Einschränkungen:

Die Eigenschaft `utilization` ist zwar vom Typ Double, somit eine Fließkommazahl, ihr Wertebereich ist jedoch auf Werte zwischen 0 und 100 einzuschränken, da es sich um eine Angabe in Prozent handeln soll. OCL-Ausdruck:

```
context AllocationState
inv: self.utilization >=0
inv: self.utilization <=100
```

Semantik:

AllocationState identifiziert den Zustand einer Ressource während deren Nutzung. Hierzu wird auf mehrere Eigenschaften, die eine Ressource durch Assoziation erhält, zurückgegriffen. Zunächst erlaubt es AllocationState als Eigenschaft einer Ressource zu bestimmen, ob diese generell allokierbar ist. Hierzu wird die Eigenschaft `isSchedulable` genutzt, die entweder als wahr oder falsch gesetzt und ausgewertet werden kann. Der aktuelle Zustand der Ressource kann außerdem angefragt werden, indem anhand der Aufzählung *AllocationStates* (siehe 4.6.2.1) eine allgemeine Beschreibung abgefragt und gleichzeitig eine genaue Auslastung in Prozent (durch die Eigenschaft `utilization`) gesetzt werden kann.

4.6.2.3 Resource

Bezeichnung: *Resource*

Basis-Klasse: org.eclipse.emf.ecore.EObject

Abgeleitet von: –

Notation:

Kein eigenes Symbol. *Resource* ist eine abstrakte Oberklasse.

Beschreibung:

Resource ist die abstrakte Oberklasse aller innerhalb des Metamodells definierten Ressourcenklassen.

Eigenschaften / Wertebereich:

    `name` : String [1..1]

    `description` : String [0..1]

Assoziierte Eigenschaften:

    `hasState` : *AllocationState* [1..1]

    `isPartOfResource` : *Resource* [0..1]

Geerbte Eigenschaften:

–

Einschränkungen:

–

Semantik:

Resource definiert die gemeinsamen Eigenschaften aller von ihr abgeleiteten Ressourcenarten. Das Modellelement *Resource* selbst ist abstrakt, es können somit keine konkreten Objekte vom Typ *Resource* instanziiert werden. Allen abgeleiteten Ressourcen gemeinsam ist, dass sie genau eine Bezeichnung (`name`) tragen, möglicherweise Teil einer anderen Ressource sind (`isPartOfResource`) und einen ausführungsrelevanten Zustand besitzen (*AllocationState*). Erweiternd kann eine allgemeine Beschreibung hinzugefügt werden (`description`).

Diese Eigenschaften werden daher für das Modellelement *Resource* festgelegt und an alle Ressourcenarten, die von *Resource* erben, weitergegeben. Künftige Modellerweiterungen sollten daher von diesem Modellelement oder Subklassen dieses Modellelements ausgehend konstruiert werden.

4.6.2.4 HumanResource

Bezeichnung: *HumanResource*

Basis-Klasse: org.eclipse.emf.ecore.EObject

Abgeleitet von: *Resource*

Notation:

Der Name der *HumanResource* wird in einem Rechteck angezeigt. Weiterhin ist ein Piktogramm (z.B. einer Person) innerhalb des Rechtecks anzuzeigen. Alle weiteren Eigenschaften sind textuell durch Eigenschaftsseiten anzuzeigen.

Beschreibung:

HumanResource ist das Metamodellelement, das die Abbildung personeller Ressourcen und deren Eigenschaften beschreibt. Es wird detailliert in Abschnitt 4.6.4.12 beschrieben.

Eigenschaften / Wertebereich:

Werden detailliert in Abschnitt 4.6.4.12 beschrieben.

Assoziierte Eigenschaften:

`isEmployedIn` : *OrganizationalResource* [0..*]

Weitere assoziierte Eigenschaften werden detailliert in Abschnitt 4.6.4.12 beschrieben.

Geerbte Eigenschaften:

`name` (*Resource*), `hasState` (*Resource*), `isPartOfResource` (*Resource*)

Einschränkungen:

HumanResource erbt ebenfalls von *Resource*, kann aber nicht in einer anderen Ressource enthalten sein. Von der Möglichkeit, dass eine Person sich innerhalb einer anderen Ressource befindet, wird hier abstrahiert, da dies jeweils nur eine temporäre Beziehung und die personelle Ressource daher kein Bestandteil einer anderen Ressource ist. OCL-Ausdruck:

```
context HumanResource
inv: self.isPartofResource->size() = 0
```

Semantik:

HumanResource dient der Abbildung personeller Ressourcen. Eine personelle Ressource kann in keiner oder mehreren *Organisationen (OrganizationalResource*, siehe 4.6.2.12) beschäftigt sein. Dies wird durch eine entsprechende Assoziation abgebildet. Die weitere Semantik des Modellelements wird später detailliert beschrieben (siehe Abschnitt 4.6.4.12).

4.6.2.5 InsubstantialResource

Bezeichnung: *InsubstantialResource*

Basis-Klasse: org.eclipse.emf.ecore.EObject

Abgeleitet von: *Resource*

Notation:

Kein eigenes Symbol. *InsubstantialResource* ist abstrakte Oberklasse.

Beschreibung:

InsubstantialResource ist die abstrakte Oberklasse aller innerhalb des Metamodells definierten nicht greifbaren Ressourcenklassen (immaterielle Ressourcen). Wie in Abschnitt 4.1 beschrieben, können diese Ressourcen, obgleich nicht greifbar, einen bedeutenden Mehrwert für die Durchführung von Geschäftsprozessen darstellen. Explizit nicht in dieser Ressourcenart inkludiert werden Kompetenzen, Fähigkeiten und Kenntnisse. Diese können zwar auch dieser Klasse zugerechnet werden, werden jedoch aus später detailliert beschriebenen Gründen in das Kompetenz-Metamodell (COMM) integriert, siehe Abschnitt 4.6.3. Weiterhin dient *InsubstantialResource* als Basis für künftige Erweiterungen des Metamodells.

Eigenschaften / Wertebereich:

–

Assoziierte Eigenschaften:

–

Geerbte Eigenschaften:

name (*Resource*), hasState (*Resource*), isPartOfResource (*Resource*)

Einschränkungen:

–

Semantik:

InsubstantialResource dient als Basisklasse für nicht greifbare Ressourcen, das Modellelement ist abstrakt, erlaubt somit keine konkreten Objekte vom Typ *Insubstantial-Resource*. Abgeleitete Ressourcenklassen erben die bereits in *Resource* festgelegten Eigenschaften.

4.6.2.6 MachineResource

Bezeichnung: *MachineResource*

Basis-Klasse: org.eclipse.emf.ecore.EObject

Abgeleitet von: *Resource*

Notation:.

Kein eigenes Symbol. *MachineResource* ist abstrakte Oberklasse

Beschreibung:

MachineResource ist die abstrakte Oberklasse aller innerhalb des Metamodells definierten maschinellen Ressourcenklassen. Weiterhin dient *MachineResource* als Basis zur Erweiterung des Metamodells durch spezielle Maschinenarten.

Eigenschaften / Wertebereich:

–

Assoziierte Eigenschaften:

–

Geerbte Eigenschaften:

name (*Resource*), hasState (*Resource)*, isPartOfResource (*Resource*)

Einschränkungen:

–

Semantik:

MachineResource dient als Basisklasse für maschinelle Ressourcen, das Modellelement ist daher abstrakt, erlaubt folglich keine konkreten Objekte vom Typ *MachineResource*. Alle abgeleiteten Ressourcenklassen erben die bereits in *Resource* festgelegten Eigenschaften.

4.6.2.7 MaterialResource

Bezeichnung: *MaterialResource*

Basis-Klasse: org.eclipse.emf.ecore.EObject

Abgeleitet von: –

Notation:

Kein eigenes Symbol. *MaterialResource* ist abstrakte Oberklasse

Beschreibung:

MaterialResource ist die abstrakte Oberklasse aller innerhalb des Metamodells definierten Ressourcenklassen, die als Betriebsmittel in Geschäftsprozessen eingesetzt werden können (beispielsweise Rohstoffe oder Teilprodukte). Betriebsmittel sind Ressourcen, die in die Produktion eingehen, also Repetierfaktoren gemäß Gutenberg (siehe [Gu83] und Abschnitt 4.2). Weiterhin dient *MaterialResource* als Basis zur künftigen Erweiterung des Metamodells durch zusätzliche konkrete Betriebsmittel gemäß der jeweiligen Anwendungsdomäne.

Eigenschaften / Wertebereich:

–

Assoziierte Eigenschaften:

–

Geerbte Eigenschaften:

name (*Resource*), hasState (*Resource)*, isPartOfResource (*Resource*)

Einschränkungen:

–

Semantik:

MaterialResource dient als Basisklasse für Ressourcen, die in die Produktion von Gütern eingehen oder zu deren Produktion genutzt und verbraucht werden. Das Modellelement ist daher abstrakt, erlaubt somit keine konkreten Objekte vom Typ *MaterialResource*. Alle abgeleiteten Ressourcenklassen erben die bereits in *Resource* festgelegten Eigenschaften.

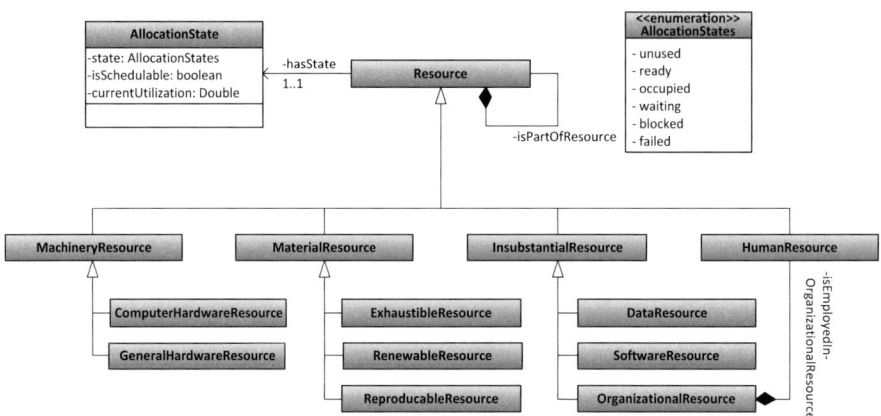

Abbildung 4.11: Erweiterung des ResourceMetaModel (RMM)

4.6.2.8 ComputerHardwareResource

Bezeichnung: *ComputerHardwareResource*

Basis-Klasse: org.eclipse.emf.ecore.EObject

Abgeleitet von: *MachineResource*

Notation:

Kein eigenes Symbol. *ComputerHardwareResource* ist abstrakte Oberklasse.

Beschreibung:

ComputerHardwareResource ist diejenige abstrakte Oberklasse, die die Ableitung konkreter Klassen von Ressourcen erlaubt und die Hardware von Computern (z.B. Hauptplatine oder Prozessor) sowie deren Zubehör (z.B. Tastatur, Drucker oder Grafiktablet) beschreiben. Im Rahmen von RMM erfolgt zunächst keine Erweiterung von *ComputerHardwareResource* im Sinne spezifischer Klassen. Diese Erweiterung wurde jedoch im Rahmen einer automatischen Modellerzeugung vorgenommen (siehe Kapitel 8).

Eigenschaften / Wertebereich:

    −

Assoziierte Eigenschaften:

    −

Geerbte Eigenschaften:

    name (*Resource*), hasState (*Resource*), isPartOfResource (*Resource*)

Einschränkungen:

    −

Semantik:

ComputerHardwareResource dient als Basisklasse für Ressourcen, die der Computer-Hardware, inklusive des Zubehörs zuzurechnen sind. Das Modellelement ist daher abstrakt, erlaubt somit keine konkreten Objekte. Alle abgeleiteten Ressourcenklassen erben die bereits in *Resource* festgelegten Eigenschaften.

4.6.2.9 GeneralHardwareResource

Bezeichnung: *GeneralHardwareResource*
Basis-Klasse: org.eclipse.emf.ecore.EObject
Abgeleitet von: *MachineResource*
Notation:
Kein eigenes Symbol. *GeneralHardwareResource* ist abstrakte Oberklasse.
Beschreibung:
GeneralHardwareResource ist eine abstrakte Klasse, zur Ableitung konkreter Ressourcen-klassen, die maschineller Natur sind, jedoch nicht als Computer betrachtet werden.
Eigenschaften / Wertebereich:
  -

Assoziierte Eigenschaften:
  -

Geerbte Eigenschaften:
  name (*Resource*), hasState (*Resource)*, isPartOfResource (*Resource*)
Einschränkungen:
  -

Semantik:
GeneralHardwareResource dient als Basisklasse für maschinelle Ressourcen, die nicht der Computer-Hardware zuzurechnen sind. Das Modellelement ist daher abstrakt, erlaubt also keine konkreten Objekte. Alle abgeleiteten Ressourcenklassen erben die bereits in *Resource* festgelegten Eigenschaften.

4.6.2.10 DataResource

Bezeichnung: *DataResource*
Basis-Klasse: org.eclipse.emf.ecore.EObject
Abgeleitet von: *InsubstantialResource*
Notation:
Der Name der *DataResource* wird in einem Rechteck angezeigt. Links davon ist ein Pikto-gramm innerhalb des Rechtecks anzuzeigen, weitere Eigenschaften sind textuell durch Ei-genschaftsseiten anzuzeigen.

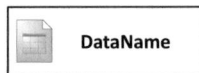

Beschreibung:
DataResource ist diejenige Oberklasse, die zur Beschreibung vorhandener sowie erforderli-cher Daten genutzt werden kann.
Eigenschaften / Wertebereich:
  -

Assoziierte Eigenschaften:
  -

Geerbte Eigenschaften:
  name (*Resource*), hasState (*Resource)*, isPartOfResource (*Resource*)

Einschränkungen:
–

Semantik:
DataResource dient als Basisklasse datenbasierter Ressourcen, hierbei steht der Inhalt der Daten und nicht deren physikalische Ablage im Vordergrund. Alle abgeleiteten Ressourcenklassen erben die bereits in *Resource* festgelegten Eigenschaften.

4.6.2.11 SoftwareResource

Bezeichnung: *SoftwareResource*
Basis-Klasse: org.eclipse.emf.ecore.EObject
Abgeleitet von: *InsubstantialResource*
Notation:
Der Name der *SoftwareResource* wird in einem Rechteck angezeigt. Links davon ist ein Piktogramm (z.B. einer CD) innerhalb des Rechtecks anzuzeigen, weitere Eigenschaften sind textuell durch Eigenschaftsseiten anzuzeigen.

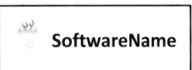

SoftwareResource ist eine Oberklasse, die Software als Ressourcenklasse nicht greifbarer Ressourcen beschreibt. Hierunter ist Software im Allgemeinen zu verstehen.

Eigenschaften / Wertebereich:
–

Assoziierte Eigenschaften:
–

Geerbte Eigenschaften:
   name (*Resource*), hasState (*Resource*), isPartOfResource (*Resource*)
Einschränkungen:
–

Semantik:
SoftwareResource dient als Basisklasse für Software-Ressourcen, hierbei kann es sich auch um einzelne Komponenten handeln (beispielsweise Module, Klassen oder Dienste). Zur Darstellung spezieller Software-Artefakte ist das Metamodell zu erweitern, das Modellelement also weiter zu spezialisieren. Alle abgeleiteten Ressourcenklassen erben die bereits in *Resource* festgelegten Eigenschaften.

4.6.2.12 OrganizationalResource

Bezeichnung: *OrganizationalResource*
Basis-Klasse: org.eclipse.emf.ecore.EObject
Abgeleitet von: *InsubstantialResource*
Notation:
Kein eigenes Symbol. *OrganizationalResource* ist abstrakte Oberklasse.

Beschreibung:

OrganizationalResource ist eine abstrakte Oberklasse, die die Ableitung konkreter Klassen von Ressourcen erlaubt, die die organisatorische Struktur von Organisationen abbilden. Diese Ressourcen sind stets nicht greifbar, bestimmen jedoch den Ablauf von Geschäftsprozessen entscheidend (siehe Abschnitt 4.4), da sie Einschränkungen, die Allokation anderer Ressourcen betreffend, beeinflussen. Konkretisierungen dieser Ressourcenklasse finden sich in den Abschnitten 4.6.4.9, 4.6.4.10 und 4.6.4.9 sowie Kapitel 8.

Eigenschaften / Wertebereich:

–

Assoziierte Eigenschaften:

–

Geerbte Eigenschaften:

name (*Resource*), hasState (*Resource*), isPartOfResource (*Resource*)

Einschränkungen:

–

Semantik:

OrganizationalResource dient als Basisklasse für Ressourcen, die der Organisationsstruktur zuzurechnen sind. Das Modellelement ist abstrakt und erlaubt keine konkreten Objekte. Alle abgeleiteten Ressourcenklassen erben die bereits in *Resource* festgelegten Eigenschaften.

4.6.2.13 ExhaustibleResource

Bezeichnung: *ExhaustibleResource*

Basis-Klasse: org.eclipse.emf.ecore.EObject

Abgeleitet von: *MaterialResource*

Notation:

Kein eigenes Symbol. *ExhaustibleResource* ist abstrakte Oberklasse.

Beschreibung:

ExhaustibleResource ist eine abstrakte Oberklasse, die die Ableitung konkreter Klassen von Ressourcen erlaubt, die nicht erneuerbare und nicht reproduzierbare Betriebsmittel beschreiben (z.B. Rohöl oder Braunkohle). Im Allgemeinen handelt es sich hierbei um Rohstoffe (siehe [CL91, Ke88]).

Eigenschaften / Wertebereich:

–

Assoziierte Eigenschaften:

–

Geerbte Eigenschaften:

name (*Resource*), hasState (*Resource*), isPartOfResource (*Resource*)

Einschränkungen:

–

Semantik:

ExhaustibleResource dient als Basisklasse für Ressourcen, die als nicht erneuerbare und nicht reproduzierbare Betriebsmittel betrachtet werden können. Das Modellelement ist daher abstrakt, erlaubt keine konkreten Objekte. Alle abgeleiteten Ressourcenklassen erben die bereits in *Resource* festgelegten Eigenschaften.

4.6.2.14   RenewableResource

Bezeichnung: *RenewableResource*

Basis-Klasse: org.eclipse.emf.ecore.EObject

Abgeleitet von: *MaterialResource*

Notation:

Kein eigenes Symbol. *RenewableResource* ist abstrakte Oberklasse.

Beschreibung:

RenewableResource ist eine abstrakte Oberklasse. Im Gegensatz zu *ExhaustibleResource* (Abschnitt 4.6.2.13) und *ReproducibleResource* (Abschnitt 4.6.2.15) werden unter der Klasse der erneuerbaren Ressourcen solche natürlichen Ressourcen verstanden, die als unerschöpflich erachtet werden können, d.h. deren Verbrauch pro Zeiteinheit geringer oder gleich der Regeneration pro Zeiteinheit ist [Bl01, WH+10].

Eigenschaften / Wertebereich:

–

Assoziierte Eigenschaften:

–

Geerbte Eigenschaften:

`name` (*Resource*), `hasState` (*Resource)*, `isPartOfResource` (*Resource*)

Einschränkungen:

–

Semantik:

RenewableResource dient als Basisklasse für alle natürlichen, erneuerbaren Ressourcen. Konkrete Ressourcenklassen sollten daher von diesem Modellelement abgeleitet werden und erben die bereits in *Resource* festgelegten Eigenschaften. Das Modellelement *RenewableResource* ist abstrakt.

4.6.2.15   ReproducibleResource

Bezeichnung: *ReproducibleResource*

Basis-Klasse: org.eclipse.emf.ecore.EObject

Abgeleitet von: *MaterialResource*

Notation:

Kein eigenes Symbol. *ReproducibleResource* ist abstrakte Oberklasse.

Beschreibung:

ReproducibleResource ist eine abstrakte Oberklasse. Im Gegensatz zu *RenewableResource* (Abschnitt 4.6.2.14) werden unter dieser Klasse Ressourcen zusammengefasst, die erneut produziert werden können. Diese Ressourcen können natürlicher oder künstlicher Natur sein. Ihre Produktion erfolgt anhand definierter Prozesse (beispielsweise Verfahren zur Herstellung von BtL-Kraftstoffen [KH+09]).

Eigenschaften / Wertebereich:

–

Assoziierte Eigenschaften:

–

Geerbte Eigenschaften:

name (*Resource*), hasState (*Resource)*, isPartOfResource (*Resource*)

Einschränkungen:

–

Semantik:

ReproducibleResource dient als Basisklasse für Ressourcen, die den Repetierfaktoren zuzurechnen sind, aber erneut hergestellt werden können. Das Modellelement ist abstrakt, erlaubt keine konkreten Objekte. Alle abgeleiteten Ressourcenklassen, die konkrete Ressourcen dieser Art beschreiben, erben die bereits in Resource festgelegten Eigenschaften.

4.6.3 Metamodell zur Beschreibung von Kompetenzen und Fähigkeiten (COMM)

Nachfolgend soll das bereits erwähnte und im HRMM referenzierte Kompetenzmetamodell (COMM) beschrieben werden. Wie schon zuvor erläutert, findet in den Personalabteilungen der Unternehmen der Einsatz von reinen Kompetenzmodellen Anwendung. Auf Basis dieser Modelle werden Einstellungsprozesse durchgeführt und geeignete Bewerber ausgewählt. Diese Kompetenzmodellierung findet bislang getrennt und ohne weitere Berücksichtigung der auszuführenden Geschäftsprozesse statt. RML ermöglicht es, bereits vorhandene Kompetenzmodelle der Personalabteilungen bei der Zuweisung von Aufgaben zu Ressourcen wiederzuverwenden. Hierzu ist ein Import dieser vorhandenen Modelle in RML notwendig. Die Transformation der Modellinhalte wird möglich, da COMM Ansätze verschiedener wissenschaftlicher Arbeiten und internationaler Standards integriert [SW10]. Des Weiteren können aus den Geschäftsprozessen abgeleitete Kompetenzanforderungen in die Beschreibungen der Personalabteilungen einfließen und diese dadurch verbessern. Letzteres erfordert aber auch Geschäftsprozessmodelle aus denen hervorgeht, welche Kompetenzen, Fähigkeiten und Kenntnisse zur Durchführung von Aufgaben erforderlich sind; eine derartige Sprache zur Geschäftsprozessmodellierung wird detailliert in Kapitel 5 vorgestellt.

Das COMM integriert die Konzepte Kompetenz, Fähigkeit und Kenntnis. Dies geschieht nach dem in Abschnitt 4.3 vorgestellten Verständnis und den dargestellten Beziehungen zwischen diesen Konzepten (siehe Abbildung 4.12). Dem Metamodell entsprechend kann eine Kompetenz für einen definierten Arbeitsbereich (*WorkArea*) gültig sein. Das bedeutet, dass sie dann kontextabhängig ist und nicht auf beliebige Bereiche übertragen werden kann (beispielsweise kann das Bedienen einer Maschine an deren Größe gebunden sein, wie im Kfz-Bereich). Des Weiteren kann einer Kompetenz und einer Fähigkeit auch eine Gewichtung hinzugefügt werden (durch das Metamodellelement *Weight*). Dies dient dazu, dass Organisationen die Bedeutung (Wichtigkeit) der beschriebenen Eigenschaften und Konzepte differenzieren und einordnen können. Anschließend kann diese Gewichtung im Rahmen von weiteren Berechnungen, beispielsweise zur Allokation von Ressourcen in Geschäftsprozessen genutzt werden [DO+10]. Weiterhin kann eine Kompetenz mit einem Nachweis (*CompetenceEvidence*) verbunden sein. Das Metamodell ermöglicht hierbei die Unterscheidung der reinen Beschreibung und der Typisierung des Nachweises. Auch wann der Nachweis erbracht wurde und wie lange dieser Gültigkeit besitzt (beispielsweise müssen in verschiedenen Bundesstaaten der USA Führerscheine regelmäßig erneuert werden, stellenweise ist dies auch mit einer erneuten Prüfung verbunden) kann abgebildet werden. Die Beziehungen zwischen den Metamodellelementen und deren Bedeutungen werden in den nachfolgenden Abschnitten detailliert beschrieben.

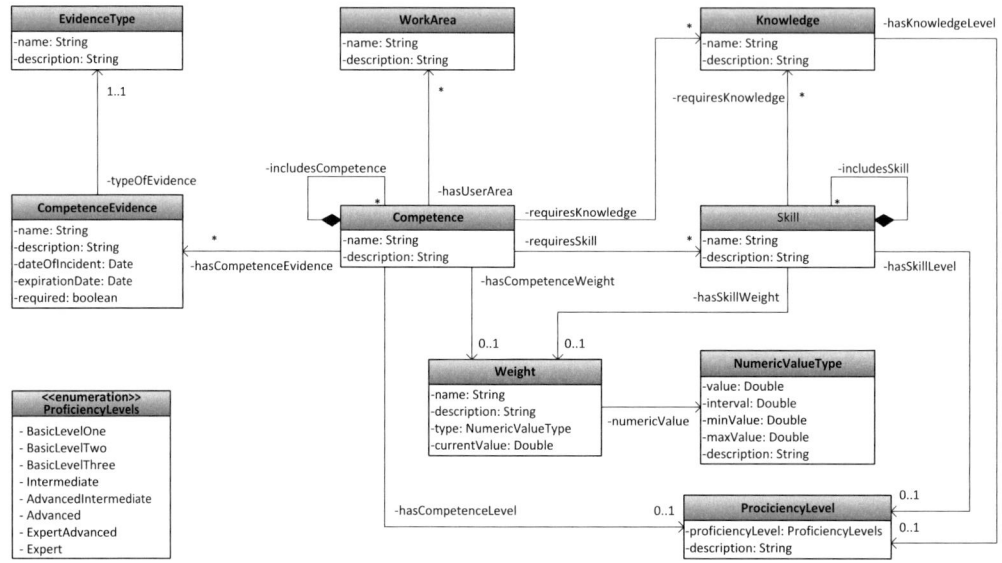

Abbildung 4.12: Competence Meta Model (COMM)

4.6.3.1 ProficiencyLevel

Bezeichnung: *ProficiencyLevel*

Basis-Klasse: org.eclipse.emf.common.util.Enumerator

Abgeleitet von: –

Notation:

Kein eigenes Symbol. *ProficiencyLevel* ist als Aufzählung zur Nutzung in weiteren Modellelementen vorgesehen (siehe Abschnitte 4.6.3.5, 4.6.3.7 und 4.6.3.12)

Beschreibung:

Die Aufzählung *ProficiencyLevel* dient der Festlegung des Wertebereichs möglicher Fertigkeitsgrade für Kompetenzen, Fähigkeiten und Wissensgebiete.

Eigenschaften / Wertebereich:

`BasicLevelOne` (0), `BasicLevelTwo` (1), `BasicLevelThree` (2), `Intermediate` (3), `AdvancedIntermediate` (4), `Advanced` (5), `ExpertAdvanced` (6), `Expert` (7)

Assoziierte Eigenschaften:

–

Geerbte Eigenschaften:

–

Einschränkungen:

–

Semantik:

Die Definition der aufgezählten *ProficiencyLevel* folgt dem European Qualifications Framework (EQF, siehe [EU08c, EU08d]). Ab Level 2 sind die vergebenen *ProficiencyLevel* daher auch mit den Niveaustufen (e-1 bis e-5) des European eCompetence Framework (ECF, siehe auch [EU04, EU08b, EU10a, EU10b]) gleichzusetzen. Das ECF unterscheidet allerdings nicht zwischen den Stufen 4 und 5, sodass sich hierfür die in Tabelle 4.3 dargestellte Abbildung zwischen den Niveaustufen ergibt. Die Bedeutung der einzelnen *ProficiencyLevel* wird anhand eines Vergleichs mit den korrespondierenden EQF-Stufen verdeutlicht (siehe Tabelle 4.2).

ProficiencyLevel (COMM)	EQF-Level	Kenntnisse
0	1	Grundlegendes Allgemeinwissen
1	2	Grundlegendes Faktenwissen in einem Arbeits- oder Lernbereich
2	3	Kenntnisse über Fakten, Grundsätze, Verfahren und allgemeine Begriffe in einem Arbeits- oder Lernbereich
3	4	Breites Spektrum an Theorie- und Faktenwissen in einem Arbeits- oder Lernbereich
4	5	Umfassendes, spezialisiertes Theorie- und Faktenwissen in einem Arbeits- oder Lernbereich sowie Bewusstsein für die Grenzen dieser Kenntnisse
5	6	Fortgeschrittene Kenntnisse in einem Arbeits- oder Lernbereich unter Einsatz eines kritischen Verständnisses von Theorien und Grundsätzen
6	7	Hoch spezialisiertes Wissen, das zum Teil an neueste Erkenntnisse in einem Arbeits- oder Lernbereich anknüpft, als Grundlage für innovative Denkansätze und/oder Forschung; kritisches Bewusstsein für Wissensfragen in einem Bereich und an der Schnittstelle verschiedener Bereiche
7	8	Spitzenkenntnisse in einem Arbeits- oder Lernbereich sowie an der Schnittstelle zwischen verschiedenen Bereichen

Tabelle 4.2: Abbildung der gewählten ProficiencyLevel auf EQF-Level

ProficiencyLevel (COMM)	ECF-Level
0	-
1	-
2	e-1
3	e-2
4	e-2
5	e-3
6	e-4
7	e-5

Tabelle 4.3: Vergleich zwischen den definierten ProficiencyLeveln und den ECF-Niveaustufen

4.6.3.2 NumericValueType

Bezeichnung: *NumericValueType*

Basis-Klasse: org.eclipse.emf.ecore.EObject

Abgeleitet von: –

Notation:

Keine spezielle Notation.

Beschreibung:

NumericValueType dient der Definition konkreter (numerischer) Wertebereiche. Dies ist ein Modellelement, das aus HR-XML [HR07, HR09, HR10b] übernommen wurde. Es erlaubt Organisationen konkrete, zahlenbasierte Wertebereiche zur Bewertung weiterer Eigenschaften festzulegen; somit können individuelle Skalen definiert werden.

Eigenschaften / Wertebereich:

$\quad$ `description` : String [1..1]

$\quad$ `value` : Double [1..1]

$\quad$ `interval` : Double [1..1]

$\quad$ `minValue` : Double [0..1]

$\quad$ `maxValue` : Double [0..1]

Assoziierte Eigenschaften:

$\quad$ –

Geerbte Eigenschaften:

$\quad$ –

Einschränkungen:

$\quad$ –

Semantik:

NumericValueType ermöglicht die Definition einer organisationsspezifischen Bewertungs-skala. Die Definition einer solchen Bewertungsskala enthält daher einen Standardwert (`value`), eine Schrittgröße (`interval`), die die Abstände zwischen den möglichen Skalen-werten angibt, sowie einen minimalen (`minValue`) und einen maximalen (`maxValue`) Wert. Soll keine untere oder obere Schranke für die Skala definiert werden, wird der jeweilige Wert nicht gesetzt. Die definierte Skala kann durch das Metamodellelement *Weight* (siehe Abschnitt 4.6.3.3) zur Gewichtung anderer Modellelemente genutzt werden.

4.6.3.3 Weight

Bezeichnung: *Weight*

Basis-Klasse: org.eclipse.emf.ecore.EObject

Abgeleitet von: –

Notation:

Keine spezielle Notation definiert.

Beschreibung:

Das Metamodellelement *Weight* wird als assoziierte Eigenschaft der Metamodelelemente *Competence* und *Skill* verwendet, um deren Bedeutung für die Organisation festzulegen.

Eigenschaften / Wertebereich:

description : String [1..1]

value : *Double* [1..1]

Assoziierte Eigenschaften:

numericValue : *NumericValueType* [1..1]

Geerbte Eigenschaften:

-

Einschränkungen:

Der Wert von value ist in den in numericValue definierten Wertgrenzen zu halten. Außerdem darf er (ausgehend von der unteren Schranke, oder falls keine solche definiert wurde, ausgehend von Null) nur in der angegebenen Schrittgröße verringert oder erhöht werden. OCL-Ausdruck:

```
context Weight
inv: self.value >= self.numericValue.minValue
inv: self.value <= self.numericValue.maxValue
```

Semantik:

Die durch W*eight* festzulegende, organisationsspezifische Gewichtung wird anhand einer Zahl aus dem Bereich der rationalen Zahlen festgelegt. Die Gewichtung ist dabei an die in der Eigenschaft numericValue festgelegten Wertgrenzen und die definierte Schrittgröße (interval, siehe Abschnitt 4.6.3.2) für die möglichen Werte (value) des Gewichts gebunden. Das Metamodellelement wird abschließend ergänzt, indem eine allgemeine Beschreibung (description) hinzugefügt werden kann.

4.6.3.4 KnowledgeLevel

Bezeichnung: *KnowledgeLevel*

Basis-Klasse: org.eclipse.emf.ecore.EObject

Abgeleitet von: -

Notation:

Keine spezielle Notation, das *KnowledgeLevel* wird als Eigenschaft von *Knowledge* genutzt.

Beschreibung:

Das *KnowledgeLevel* legt das Niveau bezüglich eines Wissensgebiets / Kenntnisses (Knowledge) fest. Zur Definition der Niveaustufe werden die unter *ProficiencyLevel* (siehe Abschnitt 4.6.3.1) definierten Stufen genutzt.

Eigenschaften / Wertebereich:

proficiencyLevel : *ProficiencyLevel* [1..1]

description : String [0..1]

Assoziierte Eigenschaften:

-

Geerbte Eigenschaften:

-

Einschränkungen:

-

Semantik:

KnowledgeLevel bestimmt die Ausprägung von Kenntnissen und wird daher mit diesen verknüpft (siehe Abschnitt 4.6.3.5). Der Umfang der Kenntnisse wird auf die Ordinalskala des *ProficiencyLevel* abgebildet. Die weitere Semantik des Modellelements kann Tabelle 4.4 entnommen werden.

4.6.3.5 Knowledge

Bezeichnung: *Knowledge*

Basis-Klasse: org.eclipse.emf.ecore.EObject

Abgeleitet von: –

Notation:

Die Bezeichnung eines Kenntnisgebiets (auch Wissensgebiets, *Knowledge*) wird in einem rechteckigen Kasten dargestellt, in dessen linkem Bereich ein entsprechendes Piktogramm darzustellen ist.

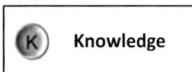

Beschreibung:

Das Metamodellelement *Knowledge* charakterisiert Kenntnisse in einem Anwendungsgebiet. Hierbei handelt es sich um explizites Wissen, dass sich im Gegensatz zu implizitem oder unbewusstem Wissen formalisieren lässt. Explizierbares Wissen lässt sich durch die Verarbeitung von Information gewinnen (siehe hierzu auch [Go67, Ly02, Po66, Sh48, SW49]). Im Hinblick auf den Unterschied der Wissensarten sei auf Polanyi [Po66] verwiesen. Das beschriebene explizite Wissen kann als Kenntnis, wie etwas zu tun ist [EU08c, EU10b] verstanden werden – beispielsweise die Kenntnis über die Syntax einer Programmiersprache.

Eigenschaften / Wertebereich:

    `name` : String [1..1]

    `description` : String [1..1]

Assoziierte Eigenschaften:

    `hasKnowledgeLevel` : *KnowledgeLevel* [1..1]

Geerbte Eigenschaften:

    –

Einschränkungen:

    –

Semantik:

Knowledge dient der Beschreibung von Kenntnissen in einem Wissensgebiet gemäß Definition 4.1. Hierzu ist ein *Knowledge*-Element in einer COMM-Instanz zunächst zu benennen (`name`) und zu beschreiben (`description`). Schließlich ist noch eine Niveaustufe hinzuzufügen, die den Umfang der Kenntnisse beschreibt. Die Bedeutung der Niveaustufen wird in Tabelle 4.4 dargestellt.

ProficiencyLevel (COMM)	KnowledgeLevel – Bedeutung
0	Grundlegendes Allgemeinwissen
1	Grundlegendes Faktenwissen in einem Arbeits- oder Lernbereich

ProficiencyLevel (COMM)	KnowledgeLevel – Bedeutung
2	Kenntnisse über Fakten, Grundsätze, Verfahren und allgemeine Begriffe in einem Arbeits- oder Lernbereich
3	Breites Spektrum an Theorie- und Faktenwissen in einem Arbeits- oder Lernbereich
4	Umfassendes, spezialisiertes Theorie- und Faktenwissen in einem Arbeits- oder Lernbereich sowie Bewusstsein für die Grenzen dieser Kenntnisse
5	Fortgeschrittene Kenntnisse in einem Arbeits- oder Lernbereich unter Einsatz des kritischen Verständnisses von Theorien und Grundsätzen
6	Hoch spezialisiertes Wissen, das zum Teil an neueste Erkenntnisse in einem Arbeits- oder Lernbereich anknüpft, als Grundlage für innovative Denkansätze und/oder Forschung; kritisches Bewusstsein für Wissensfragen in einem Bereich und an der Schnittstelle zwischen verschiedenen Bereichen
7	Spitzenkenntnisse in einem Arbeits- oder Lernbereich sowie an der Schnittstelle zwischen verschiedenen Bereichen

Tabelle 4.4: Definition der COMM-KnowledgeLevel

4.6.3.6 SkillLevel

Bezeichnung: *SkillLevel*
Basis-Klasse: org.eclipse.emf.ecore.EObject
Abgeleitet von: –
Notation:
Keine spezielle Notation, das *SkillLevel* wird als Eigenschaft von *Skill* genutzt.
Beschreibung:
Das *SkillLevel* legt den Grad/das Niveau einer Fähigkeit fest. Zur Definition des Fähigkeitsgrads werden die unter *ProficiencyLevel* (siehe Abschnitt 4.6.3.1) definierten Niveaustufen genutzt.
Eigenschaften / Wertebereich:
        `proficiencyLevel` : *ProficiencyLevel* [1..1]
        `description` : String [0..1]
Assoziierte Eigenschaften:
        –
Geerbte Eigenschaften:
        –
Einschränkungen:
        –
Semantik:
SkillLevel bestimmt den Grad einer Fähigkeit und wird daher mit dieser verknüpft (siehe Abschnitt 4.6.3.7). Der Fähigkeitsgrad wird auf die Ordinalskala des *ProficiencyLevel* abgebildet und kann, wie auch die modellierten Gewichte, später bei der Berechnung möglicher Differenzen zwischen Anforderungen und vorhandenen Fähigkeiten genutzt werden. Die weitere Semantik des Modellelements kann der nachfolgenden Tabelle entnommen werden.

4.6.3.7 Skill

Bezeichnung: *Skill*

Basis-Klasse: org.eclipse.emf.ecore.EObject

Abgeleitet von: –

Notation:

Die Bezeichnung einer Fähigkeit (*Skill*) wird in einem rechteckigen Kasten dargestellt, in dessen linkem Bereich ein Piktogramm darzustellen ist.

Beschreibung:

Skill beschreibt die Fähigkeit einen erreichten Kenntnisstand (*Knowledge*), im Rahmen einer gestellten Aufgabe, praktisch anwenden zu können. Aus diesem Grund kann eine Fähigkeit bestimmte Kenntnisse voraussetzen, ebenso können andere Fähigkeiten erforderlich sein, um eine gestellte Aufgabe zu bearbeiten bzw. lösen zu können.

In Anlehnung an den Europäischen Qualifikationsrahmen [EU08c, EU08d] können Fähigkeiten gemäß COMM in kognitive (logisches und kreatives Denken) und praktische (Geschicklichkeit und Verwendung von Methoden, Materialien oder Werkzeugen) unterteilt werden. Durch das Metamodell erfolgen keine weiteren Vorgaben. Konkrete Fähigkeiten werden im Rahmen der Netzkonzeption und der Evaluierung (siehe Kapitel 6 und 8) modelliert. Zur Gruppierung und Modellierung von Fähigkeiten sei weiterhin auf die Arbeiten von Carnevale, Gainer und Meltzer [CG+89] sowie die verschiedenen internationalen Gremien und Projekte, die sich mit der Standardisierung und Beschreibung von Fähigkeiten beschäftigen [WD+05].

Eigenschaften / Wertebereich:

     `name` : String [1..1]

     `description` : String [1..1]

Assoziierte Eigenschaften:

     `requiresKnowledge` : *Knowledge* [0..*]

     `impliesSkill` : *Skill* [0..*]

     `hasSkillLevel` : *SkillLevel* [1..1]

     `hasSkillWeight` : *Weight* [0..1]

Geerbte Eigenschaften:

     –

Einschränkungen:

     –

Semantik:

Das Metamodellelement *Skill* (Fähigkeit) dient der Beschreibung von Fähigkeiten gemäß Definition 4.2. Hierzu verfügt es zunächst über die Möglichkeit, diese mit einer Bezeichnung (`name`) und einer allgemeinen Beschreibung (`description`) zu versehen. Weiterhin können andere Fähigkeiten oder bestimmte Kenntnisse erforderlich sein, dies wird durch deren Assoziation über die Eigenschaften `impliesSkill` und `requiresKnowledge` abgebildet.

Um die Fähigkeit in eine mathematische Bewertung auf Grundlage einer Metrik unterziehen zu können, kann sie außerdem mit einem Fähigkeitsniveau (`hasSkillLevel`) sowie einer organisationsindividuellen Gewichtung (`hasSkillWeight`) verknüpft werden.

ProficiencyLevel (COMM)	SkillLevel – Bedeutung
0	Grundlegende Fertigkeiten, die zur Ausführung einfacher Aufgaben erforderlich sind
1	Grundlegende kognitive und praktische Fertigkeiten, die zur Nutzung relevanter Informationen erforderlich sind, um Aufgaben auszuführen und Routineprobleme unter Verwendung einfacher Regeln und Werkzeuge zu lösen
2	Eine Reihe kognitiver und praktischer Fertigkeiten zur Erledigung von Aufgaben und zur Lösung von Problemen, wobei grundlegende Methoden, Werkzeuge, Materialien und Informationen ausgewählt und angewandt werden
3	Eine Reihe kognitiver und praktischer Fertigkeiten, die erforderlich sind, um Lösungen für spezielle Probleme in einem Arbeits- oder Lernbereich zu finden
4	Umfassende kognitive und praktische Fertigkeiten, die erforderlich sind, um kreative Lösungen für abstrakte Probleme zu erarbeiten
5	Fortgeschrittene Fertigkeiten, die die Beherrschung des Faches und Innovationsfähigkeit erkennen lassen sowie zur Lösung komplexer und nicht vorhersehbarer Probleme in einem spezialisierten Arbeits- oder Lernbereich nötig sind
6	Spezialisierte Problemlösungsfertigkeiten im Bereich Forschung und/oder Innovation, um neue Kenntnisse zu gewinnen und neue Verfahren zu entwickeln sowie um Wissen aus verschiedenen Bereichen zu integrieren
7	Weitest fortgeschrittene und spezialisierte Fertigkeiten und Methoden, einschließlich Synthese und Evaluierung zur Lösung zentraler Fragestellungen in den Bereichen Forschung und/oder Innovation und zur Erweiterung oder Neudefinition vorhandener Kenntnisse oder beruflicher Praxis

Tabelle 4.5: Definition der COMM-SkillLevel

4.6.3.8 WorkArea

Bezeichnung: *WorkArea*

Basis-Klasse: org.eclipse.emf.ecore.EObject

Abgeleitet von: –

Notation:

Die Bezeichnung eines Arbeitsbereichs (*WorkArea*) wird in einem rechteckigen Kasten dargestellt, in dessen linkem Bereich ein Piktogramm darzustellen ist.

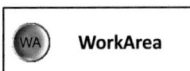

Beschreibung:

Eine *WorkArea* beschreibt einen Arbeitsbereich (Kontext) indem eine Kompetenz anwendbar ist. Beispielsweise kann ein Arbeitsbereich für eine Kompetenz zur Führung von Fahrzeugen bedeuten, dass nur bestimmte Fahrzeuge in einer bestimmten Umgebung gefahren werden können und dürfen (etwa ein Segelboot auf einem Binnensee).

Eigenschaften / Wertebereich:

     `name` : String [1..1]

     `description` : String [1..*]

Assoziierte Eigenschaften:

     –

Geerbte Eigenschaften:

     –

Einschränkungen:

     –

Semantik:

Eine *WorkArea* dient der Beschreibung eines Kontexts einer Kompetenz. Dieser Kontext wird mit einer Kompetenz verknüpft (siehe Abschnitt 4.6.4.13). Zur Definition der *WorkArea* sind derzeit nur eine Bezeichnung (`name`) und mindestens eine Beschreibung (`description`) vorgesehen. Dies könnte künftig erweitert werden, Ansätze hierzu wurden bereits zu Beginn des Abschnitts 4.6 aufgezeigt.

4.6.3.9 EvidenceType

Bezeichnung: *EvidenceType*

Basis-Klasse: org.eclipse.emf.ecore.EObject

Abgeleitet von: –

Notation:

Keine spezielle Notation.

Beschreibung:

EvidenceType beschreibt einen Nachweistyp, der für einen Kompetenznachweis hinterlegt werden kann. Beispielsweise kann es sich um eine schriftliche, mündliche oder praktische Prüfung handeln.

Eigenschaften / Wertebereich:

     `id` : String [1..1]

     `idOwner` : String [1..1]

     `name` : String [1..1]

     `description` : String [1..1]

Assoziierte Eigenschaften:

     –

Geerbte Eigenschaften:

     –

Einschränkungen:

     –

Semantik:

Durch einen *EvidenceType* wird eine Art eines Nachweises beschrieben. Hierzu enthält das Metamodellelement eine Bezeichnung (`name`) sowie eine Beschreibung (`description`) des Nachweises. Weiterhin kann der Nachweis eindeutig durch eine Identifikationszeichenkette (`id`) identifiziert werden, ebenso ist der Aussteller des Nachweises (`idOwner`) eindeutig zuzuordnen. Letzteres erlaubt es, Nachweise auch nach der ausstellenden Institution zu unterscheiden; *beispielsweise* ein bei einer staatlichen oder privatwirtschaftlichen Einrichtung erbrachter Nachweis. Der hierdurch beschriebene Nachweistyp kann durch einen konkreten Nachweis (CompetenceEvidence, siehe 4.6.3.10) referenziert werden.

4.6.3.10   CompetenceEvidence

Bezeichnung: *CompetenceEvidence*

Basis-Klasse: org.eclipse.emf.ecore.EObject

Abgeleitet von: –

Notation:

Keine spezielle Notation.

Beschreibung:

Ein *CompetenceEvidence* beschreibt den erbrachten Nachweis, der die Erlangung einer Kompetenz und deren Gültigkeit abbildet.

Eigenschaften / Wertebereich:

> `name` : String [1..1]
>
> `dateOfIncident` : String [1..1]
>
> `expirationDate` : DateTime [1..1]
>
> `description` : DateTime [1..1]

Assoziierte Eigenschaften:

> `typeOfEvidence` : *EvidenceType* [1..1]

Geerbte Eigenschaften:

> –

Einschränkungen:

> –

Semantik:

CompetenceEvidence dient der Beschreibung eines Nachweises über eine   vorhandene Kompetenz. Hierzu enthält der Nachweis neben einer Bezeichnung (`name`) und einer Beschreibung (`description`) auch Angaben über einen Zeitraum, indem dieser gültig ist – hierzu werden die Eigenschaften `dateOfIncident` und `expirationDate` genutzt. Das Metamodellelement wird von der Kompetenz (siehe Abschnitt 4.6.3.12) referenziert, um diese mit einem Nachweis zu hinterlegen.

4.6.3.11 CompetenceLevel

Bezeichnung: *CompetenceLevel*

Basis-Klasse: org.eclipse.emf.ecore.EObject

Abgeleitet von: –

Notation:

Keine spezielle Notation. Ein Kompetenzlevel wird als Eigenschaft einer modellierten Kompetenz hinzugefügt.

Beschreibung:

Ähnlich wie Fähigkeits- und Kenntnisniveaus (siehe Abschnitte 4.6.3.6 und 4.6.3.4) werden auch die *CompetenceLevel* zur Beschreibung des Umfangs einer Kompetenz genutzt.

Eigenschaften / Wertebereich:

`proficiencyLevel` : *ProficiencyLevel* [1..1]

`description` : String [0..1]

Assoziierte Eigenschaften:

–

Geerbte Eigenschaften:

–

Einschränkungen:

–

Semantik:

CompetenceLevel dient der Abbildung des Kompetenzniveaus einer Kompetenz und wird daher mit dieser verknüpft (siehe Abschnitt 4.6.3.12). Die Niveaustufen werden auf die durch das *ProficiencyLevel* definierte Ordinalskala abgebildet. Die weitere Bedeutung der konkreten Niveaustufen des Modellelements kann daher der nachfolgenden Tabelle entnommen werden.

ProficiencyLevel (COMM)	CompetenceLevel – Bedeutung
0	Arbeiten oder Lernen unter direkter Anleitung in einem vorstrukturierten Kontext
1	Arbeiten oder Lernen unter Anleitung mit einem gewissen Maß an Selbstständigkeit
2	Verantwortung für die Erledigung von Arbeits- oder Lernaufgaben übernehmen; bei der Lösung von Problemen das eigene Verhalten an die jeweiligen Umstände anpassen
3	Selbstständiges Tätigwerden innerhalb der Handlungsparameter von Arbeits- oder Lernkontexten, die in der Regel bekannt sind, sich jedoch ändern können; Beaufsichtigung der Routinearbeit anderer Personen, wobei eine gewisse Verantwortung für die Bewertung und Verbesserung der Arbeits- oder Lernaktivitäten übernommen wird
4	Leiten und Beaufsichtigen von Arbeits- oder Lernkontexten, in denen nicht vorhersehbare Änderungen auftreten; Überprüfung und Entwicklung der eigenen Leistung und der Leistung anderer Personen

ProficiencyLevel (COMM)	CompetenceLevel – Bedeutung
5	Leitung komplexer fachlicher oder beruflicher Tätigkeiten oder Projekte und Übernahme von Entscheidungsverantwortung in nicht vorhersehbaren Arbeits- oder Lernkontexten; Übernahme der Verantwortung für die berufliche Entwicklung von Einzelpersonen und Gruppen
6	Leitung und Gestaltung komplexer, unvorhersehbarer Arbeits- oder Lernkontexte, die neue strategische Ansätze erfordern; Übernahme von Verantwortung für Beiträge zum Fachwissen und zur Berufspraxis und/oder für die Überprüfung der strategischen Leistung von Teams
7	Fachliche Autorität, Innovationsfähigkeit, Selbstständigkeit, wissenschaftliche und berufliche Integrität und nachhaltiges Engagement bei der Entwicklung neuer Ideen oder Verfahren in führenden Arbeits- oder Lernkontexten, einschließlich der Forschung

Tabelle 4.6: Definition der COMM-CompetenceLevel

4.6.3.12 Competence

Bezeichnung: *Competence*

Basis-Klasse: org.eclipse.emf.ecore.EObject

Abgeleitet von: –

Notation:

Die Bezeichnung einer Kompetenz (*Competence*) wird in einem rechteckigen Kasten dargestellt, in dessen linkem Bereich ein Piktogramm darzustellen ist.

Beschreibung:

Unter Kompetenz (*Competence*) ist die nachgewiesene, methodische Befähigung zu verstehen, Fähigkeiten (*Skill*) und Kenntnisse (*Knowledge*) in Arbeits- oder Lernsituationen einzusetzen, um diese zur Erlangung bestimmter Ziele gewinnbringend anzuwenden [EU08a, EU08b, EU08c, EU10a]. Im Gegensatz zu einer Fähigkeit wird eine Kompetenz dadurch ausgezeichnet, dass sie die Übernahme von Verantwortung und Selbstständigkeit beinhaltet und durch einen Nachweis erreicht wurde [HR07, HR09, HR10b, WD+05]. Fähigkeiten und Kenntnisse repräsentieren also Komponenten einer Kompetenz [EC05, EU08a, EU08b, OS10, SW10]. Zumeist werden zusätzlich Verhalten und Einstellungen als Basis einer Kompetenz genannt [EU08a, EU08b, WD+05, WP+05]. Diese lassen sich allerdings nur schwer explizieren und formalisieren [WD+05]. Aus diesem Grund werden Verhalten und Einstellungen nicht in die Konstruktion des Metamodells COMM integriert, stattdessen fokussieren die vorgestellten Konzepte und insbesondere auch die Kompetenz weniger eine psychologische, als vielmehr eine betriebswirtschaftlich und technisch orientierte Sichtweise [WD+05].

Eigenschaften / Wertebereich:

`name` : String [1..1]

`description` : String [1..1]

Assoziierte Eigenschaften:

$\quad$ `hasCompetenceEvidence` : *CompetenceEvidence* [0..*]

$\quad$ `hasCompetenceWeight` : *Weight* [0..1]

$\quad$ `hasCompetenceLevel` : *CompetenceLevel* [0..1]

$\quad$ `hasUserArea` : *WorkArea* [0..*]

$\quad$ `requiresKnowledge` : *Knowledge* [0..*]

$\quad$ `requiresSkill` : *Skill* [0..*]

$\quad$ `includesCompetence` : *Competence* [0..*]

Geerbte Eigenschaften:

$\quad$ –

Einschränkungen:

$\quad$ –

Semantik:

Competence dient der modellhaften Abbildung von Kompetenzen. Wie auch *Skill* und *Knowledge* verfügt das Metamodellelement hierzu über die Möglichkeit eine Bezeichnung (`name`) und eine allgemeine Beschreibung (`description`) zu einer Modellelementinstanz hinzuzufügen. Eine Kompetenz kann mit einem oder mehreren erbrachten Nachweisen verknüpft werden (*CompetenceEvidence*), die unter Umständen eine begrenzte Gültigkeit aufweisen (siehe Abschnitt 4.6.3.11). Zur Ermöglichung mathematisch basierter Untersuchungen kann die Kompetenz, wie auch eine Fähigkeit (siehe Abschnitt 4.6.3.7), mit einem Niveau (`hasCompetenceLevel`) sowie einer organisationsindividuellen Gewichtung (`hasCompetenceWeight`) verknüpft werden. Weiterhin einschränkend können Arbeitsbereiche (`hasUserArea`) definiert werden, innerhalb denen die Kompetenz gültig ist. Wie bereits erwähnt, beinhaltet eine Kompetenz zumeist auch Fähigkeiten und Kenntnisse, dies wird durch die Beziehungen `requiresKnowledge` und `requiresSkill` abgebildet. Außerdem ist die Kompetenz ein hierarchisches Konzept, kann somit weitere Kompetenzen beinhalten `includesCompetence`.

4.6.4 Metamodell zur Beschreibung von Humanressourcen (HRMM)

Die Namensgebung impliziert bereits, dass die Ressourcenbeschreibung durch das *HumanResourceMetaModel* (HRMM) auf menschliche Akteure konzentriert wird, die in einer Organisation an der Abarbeitung der Geschäftsprozesse beteiligt sind. Die Beschreibung dieser menschlichen Akteure und deren durch das HRMM abgebildeten Eigenschaften soll im Weiteren detailliert behandelt werden. Andere Ressourcenarten werden durch das allgemeiner gefasste RMM erfasst. Hierzu sind dort Oberklassen von Ressourcen integriert, die bei Bedarf entsprechend erweitert werden können (siehe Abschnitt 4.6.2).

Das Element *HumanResource* bildet personelle Ressourcen ab und ist zentraler Bestandteil von HRMM (siehe Abbildung 4.13). Den Ergebnissen zahlreicher wissenschaftlicher Arbeiten (vergleiche [AK01, AK+03, Mu99a, Mu04, Ob96a] und den Implementierungen gängiger Workflow-Managementsysteme folgend, erlaubt RML die Modellierung von Rollen für die personellen Akteure der Organisationen, dies ist daher ebenfalls Bestandteil der Spezialisierung HRMM.

HRMM gestattet zur Darstellung der Rollen eine Unterscheidung zwischen organisatorischen und geschäftsprozessbezogenen Rollen (*OrganizationalRole* und *ProcessRole*). Während in Bezug auf die organisationsspezifischen Eigenschaften der Rolle eines Benutzers besonders auf die Abbildung von Hierarchien abgezielt wurde (man beachte die Metamodellelemente *OganizationalPosition* und *OrganizationalUnit*, sowie die Beziehungen `hasAdvisor` und `isAdvisorTo`), wird hinsichtlich der geschäftsprozessbezogenen Rolle eines Benutzers unterschieden, welche Stellung dieser gegenüber der Aufgabe einnimmt, zu der er zugewiesen wurde [OA09, RA08]. Die Modellelemente *OganizationalPosition* und *OrganizationalUnit* sind vom Typ *OrganizationalResource*, welcher direkt dem RMM entstammt – dies ist in Abbildung 4.13 durch das Verknüpfungssymbol in der linken, unteren Ecke des Metamodellelements zu erkennen.

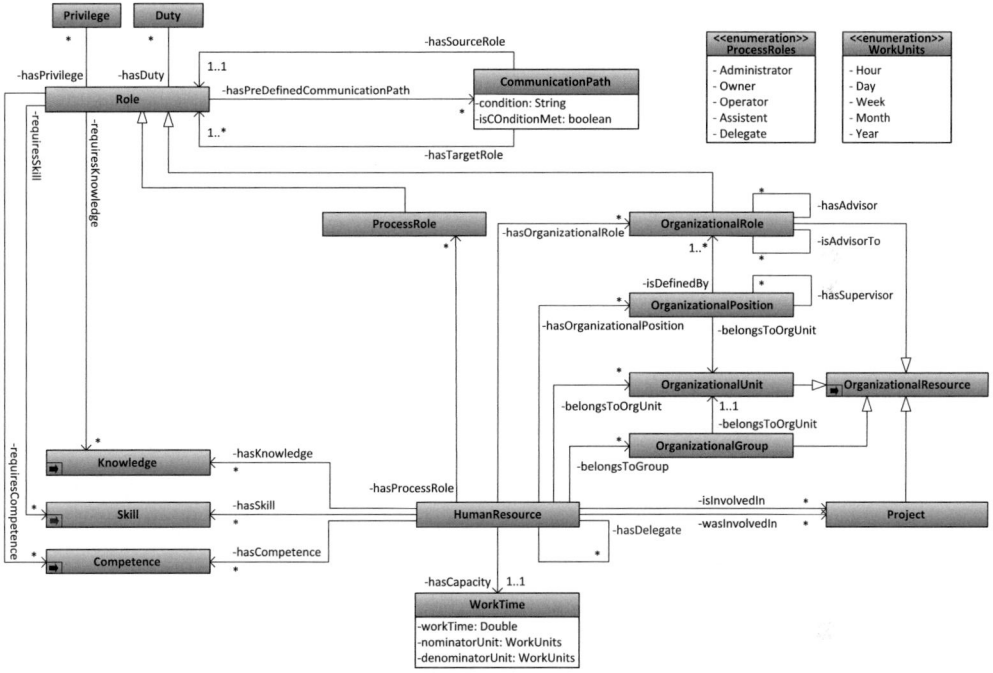

Abbildung 4.13: Metamodell für personelle Ressourcen - HumanResourceMetaModel (HRMM)

Während die organisatorischen Rollen die Auswahlentscheidung bei der Zuweisung von Ressourcen zu Aufgaben maßgeblich bestimmen, dienen die geschäftsprozessbezogenen Rollen der Definition, welchen Beitrag die Ressource während der Ausführung einer konkreten Aufgabe leistet. Das bedeutet auch, dass diese erst bei der Geschäftsprozessmodellierung integriert werden, indem der Modellierer bestimmte Aufgaben mit organisatorischen Rollen verknüpft und für die Ausführung geschäftsprozessbezogene Rollen festlegt. Beiden Rollentypen gemeinsam ist die Beschreibung von Rechten (*Privilege*), Pflichten (*Duty*) und definierten Kommunikationskanälen (*CommunicationPath*); letztere finden beispielsweise bei der Eskalation nicht erbrachter Aufgaben Anwendung, um weitere Ressourcen, d.h. beteiligte und betroffene Akteure in Kenntnis zu setzen und weitere Maßnahmen einleiten zu können. Weiterhin kann einer Person auch zugewiesen werden, in welchen Projekten (*Project*) diese derzeit tätig ist (ausgedrückt durch die Assoziation `isInvolvedIn`) oder zu einem früheren Zeitpunkt beteiligt gewesen ist (ausgedrückt durch die Assoziation `wasInvolvedIn`).

Die Abbildung von Kompetenzen erfolgt durch die Verknüpfung von HRMM und dem Kompetenzmetamodell (siehe Abschnitt 4.6.3). Diese Verknüpfung wird durch die Wiederverwendung von Modellelementen des Kompetenzmetamodells erreicht; in der Grafik (Abbildung 4.13) wird dies durch die angezeigten Verknüpfungssymbole an den eingefügten Elementen (*Competence*, *Skill* und *Knowledge*) versinnbildlicht. Diese Verknüpfung der Metamodelle wird vorgenommen, da in der Literatur wiederholt zu finden ist, dass Rollen bestimmte Kompetenzen beinhalten [AK01, AK+03, DS99, RA+05, Mu04]; jedoch werden diese Kompetenzen im Allgemeinen nicht explizit modelliert. Die explizite Modellierung der Kompetenzeigenschaften erlaubt eine detailliertere Sicht auf die Ressourcen. Die in RML zusätzlich modellierbare Information kann weiterhin dazu genutzt werden, um eine Reihe verschiedener Analysen durchzuführen und zusätzliche Vorteile im Rahmen des Geschäftsprozessmanagements zu erlangen.

Zunächst können personelle Ressourcen und Rollenbeschreibungen (sowohl prozessualer als auch organisatorischer Natur) miteinander abgeglichen werden, um gegebenenfalls auf Differenzen reagieren zu können. Das bedeutet, dass vorausgesetzte Kompetenzen von Rollen und Kompetenzen von (personellen) Ressourcen miteinander verglichen und somit bestehende Differenzen zwischen den Anforderungen der Rolle und den Eigenschaften der Ressource aufgedeckt werden können [CH+07]. Diese Analysen können auf der Basis von RML Modellen vollständig automatisiert durchgeführt werden. Anschließend können im Rahmen der Personalplanung Maßnahmen ergriffen werden, um die Differenzen auszugleichen. Dies kann entweder durch die Anwerbung neuer Ressourcen oder durch gezielte Weiterbildungsmaßnahmen geschehen. Sofern Weiterbildungsmaßnahmen ergriffen werden können, sind diese auf die fehlenden Kompetenzen, Fähigkeiten oder Kenntnisse auszurichten; künftig könnte der Standard LOM [IE02] dazu genutzt werden, um auch die Auswahl geeigneter Weiterbildungsmaßnahmen automatisch zu unterstützen.

Ein weiterer Nutzen der expliziten Modellierung dieser Konzepte ist darin begründet, dass Informationen über die erforderlichen Kompetenzen in einem darauffolgenden Schritt bei der Zuweisung der Aufgaben, sowohl auf der Modellierungsebene als auch zur Ausführungszeit von einem *Scheduler*, genutzt werden können [DO+10]. Dies bedeutet, dass innerhalb von Geschäftsprozessen nicht nur festgelegt werden kann, dass die Durchführung einer Aufgabe an einen bestimmten organisatorischen Rollentyp gebunden ist, sondern ebenfalls festgelegt werden kann, dass eine bestimmte Kompetenz oder Fähigkeit erforderlich ist, um diese Aufgabe auszuführen. Die Verwendung der Kompetenzen zur Ressourcenzuweisung kann daher die Auswahl der zulässigen Ressourcen einschränken oder ausweiten – dies wird anhand der in Kapitel 5 vorgestellten Geschäftsprozessmodellierungssprache und des Fallbeispiels in Kapitel 8 verdeutlicht. Aufgrund dieser expliziten Modellierung soll mit Hilfe von RML erreicht werden, dass die in den Personalabteilungen vorgehaltenen Informationen, insbesondere deren Kompetenzprofile, besser auf die Geschäftsprozesse abgestimmt werden und umgekehrt bei der Verwaltung konkreter Prozessinstanzen die Informationen der Personalabteilung zweckdienlich zur Zuweisung von Aufgaben zu Ressourcen genutzt werden können [OS10, SW10].

4.6.4.1 CommunicationPath

Bezeichnung: *CommunicationPath*

Basis-Klasse: org.eclipse.emf.ecore.EObject

Abgeleitet von: –

Notation:

Keine spezifische Notation vorgeschrieben. *CommunicationPath* ist eine Klasse ohne eigenes Symbol, die als Eigenschaft einer Rolle (siehe Abschnitt 4.6.4.4) definiert wird.

Beschreibung:

Ein Kommunikationspfad (*CommunicationPath*) kennzeichnet eine festgelegte Beziehung, die zwischen Ressourcen verschiedener oder gleicher Rollen bestehen kann. Im Allgemeinen wird dieser Mechanismus zur generellen Kommunikation während der Geschäftsprozessabarbeitung und zur Eskalation genutzt [OA09, RA08].

Eigenschaften / Wertebereich:

–

Assoziierte Eigenschaften:

hasSourceRole : *Role* [1..1]

hasTargetRole : *Role* [1..*]

condition : String [1..1]

isConditionMet : Boolean [1..1]

Geerbte Eigenschaften:

–

Einschränkungen:

–

Semantik:

CommunicationPath kann als Basisklasse für spezielle Kommunikationsarten und Protokolle dienen. Das Modellelement definiert die kommunikative Zusammenarbeit zwischen Ressourcen auf der Basis zugeordneter Rollen. Hierzu wird ein Kommunikationsinitiator (hasSourceRole) und mindestens ein Kommunikationsempfänger (hasTargetRole) definiert. Diese (vordefinierte) Kommunikation wird zumeist nur aufgrund einer bestimmten Voraussetzung geführt. Aus diesem Grund wird diese als Bedingung (condition) festgehalten. Die Eigenschaft isConditionMet ist ein technischer Zusatz, der der schnelleren Prüfung zur Auslösung der Kommunikation durch ein Informationssystem dient.

4.6.4.2 Privilege

Bezeichnung: *Privilege*

Basis-Klasse: org.eclipse.emf.ecore.EObject

Abgeleitet von: –

Notation:

Keine spezifische Notation vorgeschrieben. *Privilege* ist eine Klasse ohne eigenes Symbol, die als Eigenschaft einer Rolle (siehe Abschnitt 4.6.4.4) definiert wird.

Beschreibung:

Ein Recht (*Privilege*) kennzeichnet allgemein eine Berechtigung, die allen einer Rolle zugeordneten Ressourcen erlaubt etwas durchzuführen. Dies kann z.B. der Zugriff auf einen Datensatz, der Zutritt zu einem bestimmten Bereich oder das Treffen einer Entscheidung sein.

Eigenschaften / Wertebereich:

> `name` : String [1..1]
>
> `description` : String [0..1]
>
> `expression` : String [1..1]

Assoziierte Eigenschaften:

> –

Geerbte Eigenschaften:

> –

Einschränkungen:

> –

Semantik:

Privilege dient der Modellierung von Rechten, die personellen Ressourcen zustehen, die eine bestimmte Rolle ausführen. Hierzu kann ein solches Recht benannt (durch die Eigenschaft `name`) und beschrieben (durch die Eigenschaft `description`) werden. Außerdem kann das Recht in Form einer Regel definiert werden, hierzu ist die Eigenschaft `expression` vorgesehen. Der Typ dieser Eigenschaft ist als Text (String) festgelegt, um offen zu halten welche Syntax während der Modellierung angewandt wird. Vor der Modellierung konkreter Rechte sollte dies festgelegt werden, sodass ein Parser diesen Ausdruck automatisch interpretieren kann.

4.6.4.3 Duty

Bezeichnung:　　　　*Duty*

Basis-Klasse:　　　　org.eclipse.emf.ecore.EObject

Abgeleitet von:　　　　–

Notation:

Keine spezifische Notation vorgeschrieben. *Duty* ist eine Klasse ohne eigenes Symbol, sie wird als Eigenschaft einer Rolle (siehe Abschnitt 4.6.4.4) definiert.

Beschreibung:

Eine Verpflichtung (*Duty*) kennzeichnet die Pflicht aller einer Rolle zugeordneter Ressourcen, einer bestimmten Tätigkeit nachzukommen (beispielsweise das Verschlüsseln der eigenen Festplatte oder einen Berechtigungsnachweis vor dem Zugriff Dritter zu schützen). Pflichten sind damit den Rechten (siehe Abschnitt 4.6.4.2) entgegengesetzt.

Eigenschaften / Wertebereich:

> `name` : String [1..1]
>
> `description` : String [0..1]
>
> `expression` : String [0..1]

Assoziierte Eigenschaften:

> –

Geerbte Eigenschaften:

–

Einschränkungen:

–

Semantik:

Duty dient der Modellierung von Pflichten, die an eine bestimmte Rolle gebunden sind. Diese Pflichten können benannt (durch die Eigenschaft `name`) und beschrieben (durch die Eigenschaft `description`) werden. Weiterhin kann eine Regel zur Einhaltung einer Pflicht definiert werden, hierzu ist die Eigenschaft `expression` vorgesehen. Der Typ dieser Eigenschaft ist als Text (String) festgelegt, um offen zu halten, welche Syntax während der Modellierung angewandt wird. Vor der Modellierung konkreter Pflichten sollte dies festgelegt werden, sodass ein Parser diesen Ausdruck automatisch interpretieren kann.

4.6.4.4 Role

Bezeichnung: *Role*

Basis-Klasse: org.eclipse.emf.ecore.EObject

Abgeleitet von: –

Notation:

Kein eigenes Symbol. *Role* ist abstrakte Oberklasse.

Beschreibung:

Eine Rolle (*Role*) kennzeichnet eine Menge personeller Ressourcen, von denen mindestens gleiche Fähigkeiten gefordert und denen gleiche Rechte eingeräumt werden. Rollen können sowohl prozess- als auch organisationsbezogen sein, daher ist *Role* zunächst eine allgemeine und abstrakte Oberklasse.

Eigenschaften / Wertebereich:

–

Assoziierte Eigenschaften:

`hasPredefinedCommunicationPath` : *CommunicationPath* [0..*]

`hasPrivilege` : *Privilege* [0..*]

`hasDuty` : *Duty* [0..*]

`requiresCompetence` : *Competence* [0..*]

`requiresSkill` : *Skill* [0..*]

`requiresKnowledge` : *Knowledge* [0..*]

Geerbte Eigenschaften:

–

Einschränkungen:

–

Semantik:

Role dient als Basisklasse für spezielle Rollenarten, gemeinsame Eigenschaften werden in *Role* zusammengefasst. Das Modellelement ist abstrakt, erlaubt daher keine konkreten Objekte. Die abgeleiteten Ressourcenklassen erben die festgelegten Eigenschaften und Assoziationen. Im Gegensatz zu klassischen rollenbasierten Ansätzen (siehe [DS99, FS+01, Mu04]) werden für die Besetzung einer Rolle erforderliche Kompetenzen explizit dargestellt.

Dies wird weiterhin, ebenfalls explizit, durch benötigte Fähigkeiten und Wissen ergänzt. Um dies zu ermöglichen sind dem Metamodellelement die assoziierten Eigenschaften `requires-Competence`, `requiresSkill` und `requiresKnowledge` hinzugefügt worden. Aufgrund der Kardinalitäten müssen diese Eigenschaften nicht zwangsläufig hinzugefügt werden, können aber, falls in einer Modellinstanz von HRMM modelliert, zu einem höheren Detaillierungsgrad beitragen (die Auswirkungen werden in den folgenden Kapiteln aufgezeigt).

4.6.4.5 ProcessRoles

Bezeichnung: *ProcessRoles*

Basis-Klasse: org.eclipse.emf.common.util.Enumerator

Abgeleitet von: –

Notation:

Kein eigenes Symbol. *ProcessRoles* ist als Aufzählung zur Nutzung in weiteren Modellelementen vorgesehen (siehe Abschnitt 4.6.4.6)

Beschreibung:

Die Aufzählung *ProcessRoles* dient der Festlegung möglicher prozessbezogener Rollen einer Ressource. Der Wertebereich dieser Aufzählung wird von der assoziierten Klasse *ProcessRole* (siehe Abschnitt 4.6.4.6) genutzt.

Eigenschaften / Wertebereich:

      `Administrator` (0), `Owner` (1), `Operator` (2), `Assistant` (3),

      `Delegate` (4), `Observer` (5)

Assoziierte Eigenschaften:

      –

Geerbte Eigenschaften:

      –

Einschränkungen:

      –

Semantik:

Die Definition der *ProcessRoles* folgt den üblichen Definitionen für Prozessrollen. In der Literatur als auch in den Implementierungen verschiedener Systeme bestehen leichte Unterschiede in Anzahl und Benennung der Prozessrollen. Im Rahmen des Metamodells wurde zunächst der Durchschnitt der verschiedenen Ansätze gebildet und gemäß sinnvollen Erweiterungen ergänzt. Entstanden sind hieraus die unter Eigenschaften genannten Rollen, die in Tabelle 4.7 detailliert beschrieben werden.

Rolle	Beschreibung
`Administrator`	Der Prozessadministrator verwaltet eine Geschäftsprozessinstanz vollständig. Er kann hierzu beispielsweise: <ul><li>Zuordnungen zwischen personellen Ressourcen (*Human-Resource*, siehe Abschnitt) und Prozessrollen verwalten</li><li>die gemäß dem Geschäftsprozessmodell erzeugten Prozessinstanzen verwalten</li></ul>

Rolle	Beschreibung
Owner	Der Prozessverantwortliche ist im Gegensatz zu einem Administrator nicht für alle, sondern nur für eine bestimmte Prozessinstanz verantwortlich. Er kann daher den Status aller Prozessschritte abfragen und gegebenenfalls durch eine Delegation von Aufgaben (also Zuordnungsänderungen) auf Fehler reagieren.
Operator	Der Ausführende ist eine personelle Ressource, der Aufgaben innerhalb des Geschäftsprozessmodells zugeordnet wurde. Der Ausführende ist für die ihm zugeordneten Prozessschritte verantwortlich.
Assistant	Ein Assistent (Helfer) ist ähnlich wie der Ausführende bestimmten Aufgaben zugeordnet. Allerdings ist er für diese nicht verantwortlich, sondern greift unterstützend in die Tätigkeit des Verantwortlichen ein.
Delegate	Ein Stellvertreter (Delegate) kann eine Aufgabe von einem Ausführenden stellvertretend übernehmen. Die Beauftragung des Stellvertreters kann dabei auf verschiedene Auslöser (z.B. eine Eskalation) und Mechanismen (z.B. im Push-Verfahren) zurückgeführt werden.
Observer	Der Beobachter kann entweder Prozessmodellen, bestimmten Prozessinstanzen oder einzelnen Aufgaben zugeordnet werden. Im sich daraus ergebenden Bereich kann er alle Aufgaben und Aktivitäten beobachten.

Tabelle 4.7: Übersicht definierter Prozessrollen

4.6.4.6 ProcessRole

Bezeichnung: *ReproducibleResource*

Basis-Klasse: org.eclipse.emf.ecore.EObject

Abgeleitet von: *Role*

Notation:

Kein eigenes Symbol. *ProcessRole* ist einer Rolle oder einer konkreten Einzelressource in Abhängigkeit des Geschäftsprozessmodells zuzuordnen.

Beschreibung:

ProcessRole ist ein Modellelement, das einer personellen Ressource eine definierte prozessbezogene Rolle zuweist.

Eigenschaften / Wertebereich:

 -

Assoziierte Eigenschaften:

 -

Geerbte Eigenschaften:

hasPredefinedCommunicationPath (*Role*), hasPrivilege (*Role*), hasDuty (*Role*), requiresCompetence (*Role*), requiresSkill (*Role*), requiresKnowledge (*Role*)

Einschränkungen:

 -

Semantik:

Das Metamodellelement *ProcessRole* dient der Beschreibung der geschäftsprozessbezogenen Rolle von Ressourcen. Unabhängig von der organisatorischen Rolle wechselt diese unter Umständen von Geschäftsprozess zu Geschäftsprozess. Die dynamischen Eigenschaften der Prozessrollen und zugeordneten Ressourcen sind abhängig von der Geschäftsprozessinstanz, deren Zustand, der zu erledigenden Aktivitäten, dem Zustand der Ressourcen und deren Belegungen. Diese komplexe Beziehung kann verschiedenartig abgebildet werden (beispielsweise über zahlreiche Assoziationen oder den Einsatz des Proxy-Entwurfsmusters). Im vorliegenden Metamodell wird hiervon jedoch zunächst Abstand genommen, stattdessen wird dies erneut in Kapitel 5 und 8 aufgegriffen.

4.6.4.7 OrganizationalRole

Bezeichnung: *OrganizationalRole*

Basis-Klasse: org.eclipse.emf.ecore.EObject

Abgeleitet von: *Role*

Notation:

Die Bezeichnung der *OrganizationalRole* wird in einem rechteckigen Kasten dargestellt, in dessen linkem Bereich soll ein Piktogramm (einer Rolle) dargestellt werden.

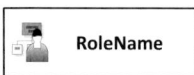

Beschreibung:

Im Gegensatz zur zuvor prozessbezogenen Rolle ist die *OrganizationalRole* auf die organisatorischen Gegebenheiten zu beziehen. Ihr Charakter ist daher verglichen mit der *ProcessRole* eher langfristiger Natur und verändert sich in verschiedenen Prozessen auch nicht.

Eigenschaften / Wertebereich:

name : String [1..1]

Assoziierte Eigenschaften:

hasAdvisor : OrganizationalRole [0..*]

isAdvisorTo : OrganizationalRole [0..*]

Geerbte Eigenschaften:

hasPredefinedCommunicationPath (*Role*), hasPrivilege (*Role*),

hasDuty (*Role*), requiresCompetence (Role), requiresSkill (*Role*),

requiresKnowledge (*Role*)

Einschränkungen:

–

Semantik:

OrganizationalRole dient der Charakterisierung organisationsbezogener Beziehungen zwischen personellen Ressourcen und deren Einordnung in das organisatorische Umfeld. Zusätzlich zu den von *Role* geerbten Eigenschaften verfügt *OrganizationalRole* über die Eigenschaften hasAdvisor und hasAdvisor, die Beziehungen zwischen Vorgesetzten und Untergebenen abbilden. Ferner verfügt die *OrganizationalRole* über eine Bezeichnung (name); dies ist notwendig, da ein Modellelement in den Instanzen des Metamodells vorgesehen ist.

4.6.4.8 OrganizationalResource

Bezeichnung: *OrganizationalResource*

Basis-Klasse: org.eclipse.emf.ecore.EObject

Abgeleitet von: *InsubstantialResource*

Notation:

Kein eigenes Symbol. *OrganizationalResource* ist eine abstrakte Oberklasse.

Beschreibung:

OrganizationalResource ist eine abstrakte Oberklasse, die die Ableitung konkreter Klassen von Ressourcen erlaubt. Weitere Informationen finden sich unter Abschnitt 4.6.2.12.

Eigenschaften / Wertebereich:

–

Assoziierte Eigenschaften:

–

Geerbte Eigenschaften:

name (*Resource*), hasState (*Resource*), isPartOfResource (*Resource*)

Einschränkungen:

–

Semantik:

OrganizationalResource wird unter Abschnitt 4.6.2.12 beschrieben.

4.6.4.9 OrganizationalPosition

Bezeichnung: *OrganizationalPosition*

Basis-Klasse: org.eclipse.emf.ecore.EObject

Abgeleitet von: *OrganizationalResource*

Notation:

Die Bezeichnung der *OrganizationalPosition* kann in einem Rechteck dargestellt werden, in dessen linkem Bereich ein geeignetes Piktogramm anzuzeigen ist.

Beschreibung:

Eine organisatorische Position beinhaltet eine oder mehrere organisatorische Rollen, sie gehört genau einer Organisationseinheit an.

Eigenschaften / Wertebereich:

name : String [1..1]

Assoziierte Eigenschaften:

hasSupervisor : OrganizationalPosition [0..*]

isDefinedBy : OrganizationalRole [1..*]

belongsToOrgUnit : OrganizationalUnit [0..*]

Geerbte Eigenschaften:

–

Einschränkungen:

–

Semantik:

OrganizationalPosition bezeichnet eine Ressource, die eine oder mehrere Rollen besitzt und bildet diese innerhalb der Organisationsstruktur ab. Durch die inkludierten Rollen sind mit organisatorischen Positionen auch Rechte und Pflichten verknüpft (siehe Abschnitt 4.6.4.7).

4.6.4.10   OrganizationalUnit

Bezeichnung: *OrganizationalUnit*

Basis-Klasse: org.eclipse.emf.ecore.EObject

Abgeleitet von: *OrganizationalResource*

Notation:

Die Bezeichnung der *OrganizationalUnit* wird in einem rechteckigen Kasten dargestellt, in dessen linkem Bereich ein Piktogramm (einer Organisationsstruktur) dargestellt werden soll.

Beschreibung:

Eine Organisationseinheit (*OrganizationalUnit*) ist eine Ressource, die eine Einheit in einer Organisation darstellt. Dies kann z.B. eine Abteilung oder ein Konzernbereich sein.

Eigenschaften / Wertebereich:

     –

Assoziierte Eigenschaften:

     `isPartOfOrgUnit` : OrganizationalUnit [0..1]

     `hasSubUnits` : OrganizationalUnit [0..*]

Geerbte Eigenschaften:

     `name` (*Resource*), `hasState` (*Resource*), `isPartOfResource` (*Resource*)

Einschränkungen:

Eine Organisationseinheit erbt ebenfalls von *Resource*. Die Zuweisung eines Prozesszustandes könnte als Aggregation über alle enthaltenen Einheiten verstanden werden. Da diese Information jedoch nur schwer sinnvoll berechnet und aggregiert werden kann, ist einzuschränken, dass eine *OrganizationalUnit* nicht allokierbar ist. OCL-Ausdruck:

```
context OrganizationalUnit
inv: self.hasState.isSchedulable = false
```

Semantik:

OrganizationalUnit dient der Beschreibung einer organisationsbezogenen Einheit, eine solche kann wiederum weitere Einheiten und andere Ressourcen beinhalten. In HRMM werden als weitere mögliche Bestandteile personelle Ressourcen definiert, die der *Organizational-Unit* über eine Rollendefinition (*OrganizationalRole*) und der damit verbundenen organisatorischen Position (*OrganizationalPosition*) angefügt werden. Weitere Einheiten können über die Beziehung `hasSubUnits` hinzugefügt werden, sie selbst kann Bestandteil einer anderen Einheit sein (`isPartOfOrgUnit`). Anzumerken ist hierbei, dass eine Organisationseinheit nur Bestandteil genau einer weiteren Einheit sein kann (vergleichbar mit der Einfachvererbung in Programmiersprachen). Weiterhin verfügt *OrganizationalUnit* über eine Bezeichnung (`name`). Dies ist notwendig, da ein eigenes Modellelement in den Instanzen des Metamodells vorgesehen ist (siehe Notation).

4.6.4.11 Project

Bezeichnung: *Project*

Basis-Klasse: org.eclipse.emf.ecore.EObject

Abgeleitet von: *OrganizationalResource*

Notation:

Project wird in einem rechteckigen Kasten dargestellt, darin ist die Bezeichnung darzustellen, links davon soll ein Piktogramm angezeigt werden. Weitere Eigenschaften sind über typische Eigenschaftsseiten textuell abzubilden.

Beschreibung:

Im Gegensatz zu einer Organisationseinheit ist ein Projekt nicht von dauerhafter Natur. Es wird temporär zur Erlangung bestimmter Ziele eingerichtet und kann übergreifend die Beteiligung mehrerer Organisationseinheiten erfordern.

Eigenschaften / Wertebereich:

-

Assoziierte Eigenschaften:

includesHumanResource : *HumanResource* [1..*];

EOpposite: isInvolvedIn

Geerbte Eigenschaften:

name (*Resource*), hasState (*Resource*), isPartOfResource (*Resource*)

Einschränkungen:

-

Semantik:

Project dient der temporären Gruppierung von personellen Ressourcen, die zur Erlangung eines bestimmten Ziels zusammenarbeiten. Aus diesem Grund können durch die Assoziation includesHumanResource einem Projekt personelle Ressourcen hinzugefügt werden.

4.6.4.12 HumanResource

Bezeichnung: *HumanResource (RMM)*

Basis-Klasse: org.eclipse.emf.ecore.EObject

Abgeleitet von: *Resource*

Notation:

Der Name der *HumanResource* wird in einem Rechteck angezeigt. Weiterhin ist ein Piktogramm (z.B. einer Person) innerhalb des Rechtecks anzuzeigen. Alle weiteren Eigenschaften sind textuell durch Eigenschaftsseiten anzuzeigen.

Beschreibung:

HumanResource ist das Metamodellelement, das die Abbildung personeller Ressourcen und deren Eigenschaften beschreibt.

Eigenschaften / Wertebereich:

> `givenName` : *String* [1..*]
>
> `surName` : *String* [1..*]
>
> `description` : *String* [1..1]
>
> `mail` : *String* [0..*]
>
> `phoneNumber` : *String* [0..*]
>
> `faxNumber` : *String* [0..*]

Assoziierte Eigenschaften:

> `belongsToOrgUnit`: *OrganizationalGroup* [1..*]
>
> `belongsToGroup`: *OrganizationalGroup* [0..*]
>
> `hasOrganizationalRole` : *OrganizationalRole* [1..*]
>
> `hasProcessRole` : *ProcessRole* [0..*]
>
> `isInvolvedIn` : *Project* [1..*]; EOpposite: `isInvolvedIn`
>
> `wasInvolvedIn` : *Project* [1..*];
>
> `hasCapacity` : *WorkTime* [1..1];
>
> `hasCompetence` : *Competence* [0..*]
>
> `hasSkill` : *Skill* [0..*]
>
> `hasKnowledge` : *Knowledge* [0..*]

Geerbte Eigenschaften:

> `name` (*Resource*), `hasState` (*Resource*), `isPartOfResource` (*Resource*)

Einschränkungen:

HumanResource erbt ebenfalls von *Resource*, kann aber nicht in einer anderen Ressource enthalten sein. Von der Möglichkeit, dass eine Person sich innerhalb einer anderen Ressource befindet, wird hier abstrahiert, da dies jeweils nur eine temporäre Beziehung ist und die personelle Ressource daher auch kein Bestandteil einer anderen Ressource ist. OCL-Ausdruck:

```
context HumanResource
inv: self.isPartofResource->size() = 0
```

Semantik:

HumanResource dient der Abbildung personeller Ressourcen. Aus organisatorischer Sicht, kann eine personelle Ressource keiner oder mehreren Organisationen beschäftigt sein. Dies wird durch eine entsprechende Assoziation zu einer Organisationseinheit (`isEmployedIn`) abgebildet. Innerhalb dieser Organisationseinheit hat die Ressource mindestens eine Rolle (`hasOrganizationalRole`). Bezogen auf Geschäftsprozesse, in denen die Ressource beteiligt ist, kann sie unabhängig davon noch prozessbezogene Rollen (`hasProcessRole`) ausfüllen. Orthogonal zur Organisationshierarchie und den auszuführenden Geschäftsprozessen kann die personelle Ressource in einem oder mehreren Projekten (`isInvolvedIn`) involviert sein. Abgeschlossene Projekte, in denen die Ressource tätig gewesen ist, derzeit aber keine Tätigkeit mehr ausübt werden unter der assoziierten Eigenschaft `wasInvolvedIn` zusammengefasst. Durch die Eigenschaft `hasCapacity` wird die zeitliche Verfügbarkeit definierbar (weitere Informationen folgen in Abschnitt 4.6.4.17).

Ähnlich wie bei den im Metamodell abgebildeten Rollen (siehe Abschnitt 4.6.4.4) können auch den personellen Ressourcen explizit Kompetenzen (über die Eigenschaft `hasCompetence`), Fähigkeiten (über die Eigenschaft `hasSkill`) und Wissen (über die Eigenschaft `hasKnowledge`) zugewiesen werden. Im Unterschied zu den Rollenbeschreibungen sind diese Eigenschaften aber keine Anforderungen, sondern dokumentieren den aktuellen Zustand der personellen Ressource. Diese Eigenschaften können sich zu unterschiedlichen Zeitpunkten auch verschieden darstellen, sodass eine regelmäßige Aktualisierung der HRMM-Instanzen erfolgen sollte. Aktuelle Informationen können hierbei durch die Personalabteilungen, durch Personalverantwortliche, Vorgesetzte sowie durch die Dokumentation von Weiterbildungsmaßnahmen ermittelt werden. Auch die aktuellen und vorangegangenen Projekte können hierbei Aufschluss über aktuelle Eigenschaften der Ressource geben.

4.6.4.13   Competence

Bezeichnung: *Competence (COMM)*
Basis-Klasse: org.eclipse.emf.ecore.EObject
Abgeleitet von: –
Beschreibung:
Dieses Metamodellelement ist Bestandteil von COMM und wird in HRMM importiert, um Rollen und personelle Ressourcen mit Fähigkeiten zu verknüpfen. Im Fall der Rollen sollen hierdurch Anforderungen an die Ressourcen ausgedrückt werden, die diese Rollen besetzen. Die Verknüpfung von personellen Ressourcen mit dem Metamodellelement stellt deren tatsächliche Fähigkeiten dar. Eine detaillierte Beschreibung des Metamodellelements erfolgt in der Darstellung des COMM, in Abschnitt 4.6.3.12.

4.6.4.14   Skill

Bezeichnung: *Skill (COMM)*
Basis-Klasse: org.eclipse.emf.ecore.EObject
Abgeleitet von: –
Beschreibung:
Dieses Metamodellelement ist Bestandteil von COMM und wird in HRMM importiert, um Rollen und personellen Ressourcen mit Fähigkeiten zu verknüpfen. Im Fall der Rollen sollen hierdurch Anforderungen an die Ressourcen ausgedrückt werden, die diese Rollen besetzen. Die Verknüpfung von personellen Ressourcen mit dem Metamodellelement stellt deren tatsächliche Fähigkeiten dar. Eine detaillierte Beschreibung des Metamodellelements erfolgt in der Darstellung des COMM, in Abschnitt 4.6.3.7.

4.6.4.15 Knowledge

Bezeichnung: *Knowledge (COMM)*

Basis-Klasse: org.eclipse.emf.ecore.EObject

Abgeleitet von: –

Beschreibung:

Dieses Metamodellelement ist Bestandteil von COMM und wird in HRMM importiert, um Rollen und personelle Ressourcen mit Fähigkeiten zu verknüpfen. Im Fall der Rollen sollen hierdurch Anforderungen an die Ressourcen ausgedrückt werden, die diese Rollen besetzen. Die Verknüpfung von personellen Ressourcen mit dem Metamodellelement stellt deren tatsächliche Fähigkeiten dar. Eine detaillierte Beschreibung des Metamodellelements erfolgt in der Darstellung des COMM, in Abschnitt 4.6.3.5.

4.6.4.16 WorkUnits

Bezeichnung: *WorkUnits*

Basis-Klasse: org.eclipse.emf.common.util.Enumerator

Abgeleitet von: –

Notation:

Kein eigenes Symbol. *WorkUnits* ist als Aufzählung zur Nutzung in weiteren Modellelementen vorgesehen.

Beschreibung:

Die Aufzählung *WorkUnits* dient der Festlegung möglicher Zeiteinheiten.

Eigenschaften / Wertebereich:

Hour (0), Day (1), Week (2), Month (3), Year (4)

Assoziierte Eigenschaften:

–

Geerbte Eigenschaften:

–

Einschränkungen:

–

Semantik:

Die Aufzählung *WorkUnits* dient der Festlegung der Basiseinheit der beschrieben zeitlichen Verfügbarkeit einer personellen Ressource. Die Aufzählung wird hierzu im Modellelement *WorkTime* genutzt (siehe Abschnitt 4.6.4.17)

4.6.4.17 WorkTime

Bezeichnung: *WorkTime*

Basis-Klasse: org.eclipse.emf.ecore.EObject

Abgeleitet von: –

Notation:

Kein eigenes Symbol. *WorkTime* wird als Eigenschaft einer personellen Ressource (siehe Abschnitt 4.6.4.17) definiert.

Beschreibung:

Durch *WorkTime* wird die Verfügbarkeit einer personellen Ressource definiert.

Eigenschaften / Wertebereich:

workTime : Double [1..1]

nominatorUnit : WorkUnits [1..1]

denominatorUnit : WorkUnits [1..1]

Assoziierte Eigenschaften:

hasPredefinedCommunicationPath : *CommunicationPath* [0..*]

Geerbte Eigenschaften:

−

Einschränkungen:

Die definierte Verfügbarkeit workTime in der Einheit nominatorUnit darf den maximal festgelegten Zeitraum (bestimmt durch die denominatorUnit) nicht überschreiten (o.b.d.A. wird zur Vereinfachung des folgenden OCL-Ausdrucks nominatorUnit auf Stunden und Tage eingeschränkt, Unterschiede in Monats- und Jahreslänge werden hierbei ebenfalls nichts berücksichtigt):

```
context WorkTime
inv: let time : Real = self.workTime
in
time > 0
if denominatorUnit = Hour then
      nominatorUnit = Hour and time <= 1
else if denominatorUnit = Day then
      (nominatorUnit = Hour and time <= 24) or
      (nominatorUnit = Day and time <= 1)
else if denominatorUnit = Week then
      (nominatorUnit = Hour and time <= 24) or
      (nominatorUnit = Day and time <= 168)
else if denominatorUnit = Month then
      (nominatorUnit = Hour and time <= 744) or
      (nominatorUnit = Day and time <= 31)
else if denominatorUnit = Year then
      (nominatorUnit = Hour and time <= 8760) or
      (nominatorUnit = Day and time <= 365)
endif
```

Semantik:

Die durch *WorkTime* definierte Verfügbarkeit einer personellen Ressource wird in Bezug zu einem Zeitraum (denominatorUnit) definiert. Innerhalb dieses Zeitraums kann dann die Verfügbarkeit festgelegt werden (dies geschieht durch die Definition einer Dauer workTime in der Einheit nominatorUnit). Das Metamodellelement erlaubt später die Modellierung und Berücksichtigung von Einschränkungen der Verfügbarkeit von Ressourcen (vergleiche auch [XL+10]).

4.6.4.18   OrganizationalGroup

Bezeichnung: *OrganizationalGroup*

Basis-Klasse: org.eclipse.emf.ecore.EObject

Abgeleitet von: *OrganizationalResource*

Notation:

Die Bezeichnung der *OrganizationalGroup* wird in einem rechteckigen Kasten dargestellt, in dessen linken Bereich ein Piktogramm dargestellt werden soll.

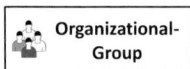

Beschreibung:

Durch *OrganizationalGroup* wird eine (temporäre) Gruppierung von Ressourcen definiert.

Eigenschaften / Wertebereich:

     `name` : String [1..1]

     `description` : String [1..1]

Assoziierte Eigenschaften:

     `belongsToOrgUnit` : *OrganizationalUnit* [1..1]

Geerbte Eigenschaften:

     –

Einschränkungen:

     –

Semantik:

Die durch *OrganizationalGroup* definierte Gruppe kann genutzt werden, um eine (temporäre) Gruppierung von Ressourcen vorzunehmen. Beispielsweise können hierdurch Projektteams abgebildet werden. Eine derart definierte Gruppe gehört hierbei genau einer Organisationseinheit (`belongsToOrgUnit`) an. Zur Modellierung konkreter Objekte können ferner ein Name (`name`) und eine Beschreibung (`description`) vergeben werden.

5 Ressourcenorientierte Geschäftsprozessmodellierung

In diesem Kapitel soll zunächst untersucht werden, welche Instrumente die in Kapitel 3 vorgestellten Sprachen bereitstellen, um Ressourcen abzubilden und in die Geschäftsprozessmodellierung zu integrieren. Anschließend werden in Abschnitt 5.2 Muster entworfen und diskutiert, die für die Zuweisung von Ressourcen zu Aufgaben relevant sind. Die vorgestellten Muster werden jeweils in Bezug zu den Modellierungssprachen gesetzt; hierbei wird insbesondere geprüft, ob ein Muster umgesetzt werden kann und wie kompliziert die Integration des Musters in der jeweiligen Sprache ausfällt. Das Kapitel wird durch ein Fazit hinsichtlich der Ressourcenintegration in den vorgestellten Sprachen abgeschlossen.

5.1 Abbildung von Ressourcen

Dieser Abschnitt gibt einen Überblick über die Möglichkeit Ressourcen in den bereits vorgestellten Sprachen abzubilden. Diese Diskussion ist allgemein zu verstehen und wird später in Bezug zu den in Abschnitt 5.2 eingeführten Mustern gesetzt. Bezüglich der Modellierung lässt sich unterscheiden, ob das Verhalten von Ressourcen (als Ablauf) oder die Integration von Ressourcen in einen Ablauf (Einsatz von Ressourcen) modelliert werden soll. Im Sinne der Geschäftsprozessmodellierung, insbesondere der Ressourcenzuweisung und der Überprüfung von Modellen, ist die zweite Fragestellung von größerem Interesse und wird daher nachfolgend betrachtet.

5.1.1 Ressourcenmodellierung in BPMN

Innerhalb der BPMN können Ressourcen durch unterschiedliche Modellelemente und in unterschiedlicher Weise dargestellt werden. Details der Ressourcen werden nicht explizit modelliert. Dies liegt daran, dass die BPMN keine Modellelemente oder Modelltypen bereitstellt, die der Modellierung von Ressourcen im Sinne von Definition 2.13 und Abschnitt 4.2 dienen. In der Spezifikation der BPMN (Version 1.2 [OM09] und auch in 2.0 [OM11c]) heißt es daher, dass die Modellierung von Organisationsstrukturen und Ressourcen nicht Bestandteil der BPMN sind. Da BPMN 2.0 diesbezüglich wenige Änderungen gegenüber vorigen Versionen aufweist, soll im Folgenden vordergründig auf die bereits in BPMN 1.2 vorhandenen Möglichkeiten eingegangen werden. Dies wird durch Hinweise auf Neuerungen in BPMN 2.0 ergänzt. Weiterhin wird von den neuen Diagrammtypen der BPMN 2.0 abstrahiert, die aufgrund des Detaillierungsgrades interessanten Sichten *Collaboration* und *Process* entsprechen ohnehin weitgehend dem einzigen bereits aus BPMN 1.2 bekannten Modelltyp.

Der BPMN Spezifikation folgend können Ressourcen verschiedenartig und in unterschiedlichen Kontexten eingebunden werden. Die Vielzahl der Beschreibungs- und Darstellungsmöglichkeiten schränkt die Benutzerfreundlichkeit (nach Abschnitt 4.4) deutlich ein. Im aktuellen Entwurf [OM11c] wird explizit auch eine Klasse von Ressourcen eingeführt (siehe Abbildung 5.1). Die Ressourcenklasse spezifiziert Ressourcen, die in Aufgabenelementen, bezogen auf deren Durchführung, referenziert werden können. Diese Ressourcen können personeller Natur sein oder auch beliebige andere Ressourcen darstellen. Jeder Ressource kann ein Satz *ResourceParameters* hinzugefügt werden, um deren Eigenschaften genauer zu beschreiben und später zur Laufzeit konkrete Eigenschaftswerte abzufragen.

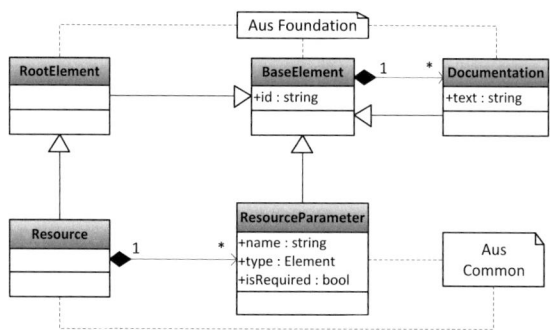

Abbildung 5.1: Ressourcenklasse in BPMN 2.0 [OM11c]

Die Definition einer Ressource bleibt allerdings auch in BPMN 2.0 unterspezifiziert, die vorgeschlagenen Änderungen und die Ressourcenklasse sind hierzu zu generisch. Eine Modellierungsnotation oder eine explizite Sprache zur Abbildung von Ressourcen wird ebenfalls nicht vorgeschlagen. Aus diesem Grund bleibt unklar, wie Ressourcen beschrieben werden sollen, auch können ausführungsrelevante Eigenschaften nur bedingt abgebildet werden. Mögliche Arten zur Integration von geschäftsprozessrelevanten Ressourcen in BPMN-Geschäftsprozessmodellen sind durch die Verwendung von:

- Pools und Lanes,
- Datenobjekten und Nachrichten sowie
- Eigenschaften von Modellelementen (insbesondere von *Tasks*)

gegeben. Die verschiedenen Arten der Integration von Ressourcen sollen nachfolgend aufgegriffen und kurz diskutiert werden.

Pools und Lanes dienen gemäß Spezifikation der Darstellung von Teilnehmern in einem Geschäftsprozess. Eine genaue Klassifikation, was ein Teilnehmer ist, erfolgt nicht. Es wird lediglich davon gesprochen, dass ein Teilnehmer eine organisatorische Einheit (z.B. eine Firma) oder eine allgemeine Rolle (z.B. Kunde oder Hersteller) sein kann. Ein Pool kann außerdem mehrere Lanes beinhalten, die der erweiterten Unterteilung dienen sollen. Eine Lane kann wiederum weitere Lanes beinhalten, diese können auch in Form einer Matrix angeordnet werden. Die genaue Semantik der Lanes wird durch die BPMN nicht spezifiziert. Die in einem Pool oder einer Lane beinhalteten Aufgaben werden dem entsprechenden Teilnehmer, der durch diese Konzepte abgebildet werden soll, zugeordnet. Der Kontrollfluss (*Sequence Flow*) kann nicht über Poolgrenzen hinweg definiert werden. Die Interaktion zwischen den anhand von Pools dargestellten Teilnehmern kann daher nur durch den Austausch von Nachrichten (*Message Flow*) spezifiziert werden. Die Verwendung von Pools und Lanes wird exemplarisch in Abbildung 5.2 dargestellt; hier sind die Teilnehmer *Department A*, *Department B* und *Customer* als Pools abgebildet. Der Abbildung kann bereits die zuvor beschriebene unklare Semantik der Modellelemente entnommen werden, da in diesem Geschäftsprozess einerseits Organisationseinheiten und andererseits später zu bestimmende

Akteure durch das gleiche Modellelement modelliert werden. Dies widerspricht einigen Anforderungen an Sprachen zur Modellierung, Untersuchungen der Modelle durch Analyse, Simulation und Operationalisierung werden hierdurch eingeschränkt. Die Benutzerfreundlichkeit leidet ebenfalls, insbesondere die Anschaulichkeit und Einfachheit, vergleiche auch Abschnitt 4.4.

Datenobjekte und Nachrichten repräsentieren Elemente, die manipuliert, übertragen, umgewandelt oder während der Ausführung eines Geschäftsprozesses gespeichert werden. Diese Elemente können als Eingabe für andere Modellelemente (vorwiegend Aufgaben) oder Modellteile (Subprozess, Prozess oder Pools und Lanes) dienen. Datenobjekte werden als sogenannte Artefakte verstanden, die als Eingabesatz (*InputSet*) oder Ausgabesatz (*OutPutSet*) an Aufgaben gebunden werden können. Eine Aufgabe (*Task*) kann mehrere solcher Sätze enthalten und ist erst bereit zur Ausführung, wenn einer der Eingabesätze vollständig verfügbar ist. Dies bedeutet, dass neben dem Kontrollfluss auch die eingehenden Datenobjekte entscheidend für die Ausführung von Aufgaben sind. In Abbildung 5.2 ist ein solches Datenobjekt (*Order*) an den Kontrollfluss zwischen den Aufgaben G und H gebunden. Alternativ zu der dargestellten Integration der Datenobjekte können diese durch gerichtete Kanten mit Aufgaben verbunden werden. Dies ist beispielsweise zwischen dem *DataStore* (*Order DB*) und der Aufgabe I der Fall; es sei darauf hingewiesen, dass das Element *DataStore* bereits der Spezifikation der BPMN 2.0 entnommen ist. Abgesehen von der graphischen Repräsentation können Datenobjekte auch rein textuell in den Eigenschaften eines Modellelements definiert werden.

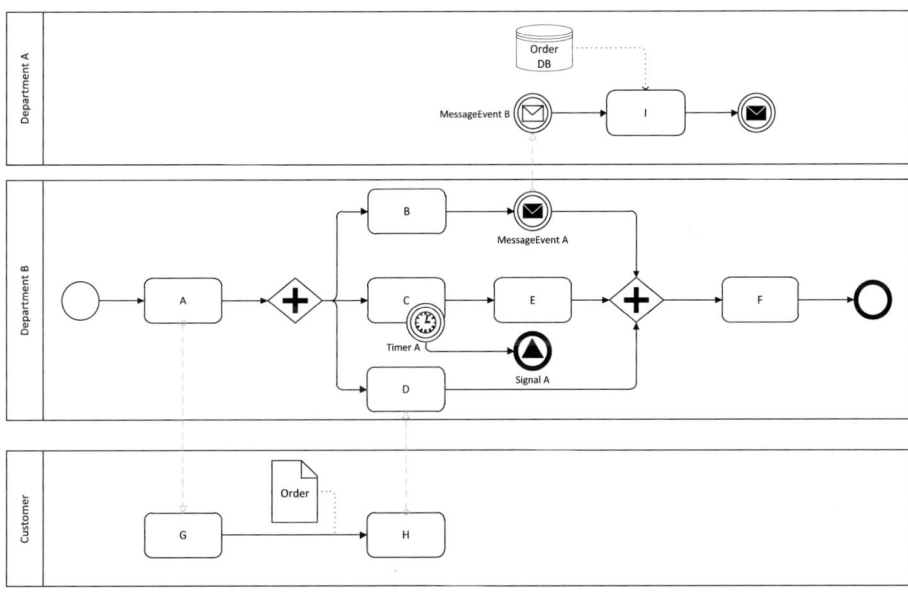

Abbildung 5.2: Ressourcenintegration in BPMN-Geschäftsprozessmodellen

Nachrichten beschreiben die Kommunikation zwischen zwei Teilnehmern und wirken ähnlich wie Datenobjekte auf verbundene Modellelemente. Nachrichten können dabei entweder per Nachrichtenfluss (*Message Flow*) oder über die Eigenschaften eines Modellelements definiert werden. Sofern die Eigenschaften des Modellelements genutzt werden, ist die Nachricht nicht grafisch im Geschäftsprozessmodell erkennbar. In Abbildung 5.2 wird beispielsweise eine Nachricht von *MessageEvent A* zu *MessageEvent B* versandt. Dies hätte auch ausschließlich über die Eigenschaften der Modellelemente spezifiziert werden können, dann wäre der Nachrichtenfluss zwischen beiden Elementen nicht im Modell enthalten und der Nachrichtenaustausch im graphischen Modell nicht direkt erkennbar. In BPMN 2.0 soll voraussichtlich eine sogenannte *ItemDefinition* (vornehmlich auf der Basis von XML) zur Spezifikation der Nachrichtenstruktur genutzt werden, hier lässt sich der stärker werdende Bezug von BPMN zu BPEL (vergleiche [OD+06, WD+08]) klar erkennen. Außerdem soll der Nachrichtenaustausch in BPMN 2.0 zusätzlich durch ein briefähnliches Symbol (✉) zwischen Modellelementen markiert werden können.

Eigenschaften von Modellelementen können ebenfalls Ressourcen beschreiben. Die Eigenschaften, die den Einsatz von Ressourcen oder die Bearbeitung von Aufgaben durch Ressourcen, beschreiben sind:

- *Performers*,
- *InputSets* und
- *OutputSets*.

Diese Eigenschaften können Aufgaben zugewiesen werden (dies inkludiert zusammengesetzte (*Sub Process*) und atomare (*Task*) Aufgabenbeschreibungen). Die Eigenschaft *Performers* beschreibt einen oder mehrere ausführende oder verantwortliche Akteure der zugehörigen Aufgabe. *InputSets* und *OutputSets* definieren die bereits erwähnten Datenobjekte, die zur Ausführung der Aufgaben benötigt oder erstellt werden müssen.

In BPMN 2.0 wird sich diese Terminologie voraussichtlich etwas abändern. *Performers* wird dann durch *Resources* ersetzt, deren Modellierung selbst ist weiterhin nicht als Bestandteil der BPMN vorgesehen. *InputSets* und *OutputSets* werden zu *dataInputAssociations* und *dataOutputAssociations*, die wiederum Teil der *InputOutput-Specification* der Modellelemente oder Modelle sind. Diese Sätze werden jeweils durch eine Menge von Datenstrukturen beschrieben, deren grundsätzlicher Aufbau in dem aktuellen Entwurf für BPMN 2.0 durch einige UML-Klassendiagramme beschrieben wird (vergleiche Abschnitt 10.3.1 sowie Abbildung 10.57 in [OM11c]). Anzahl und Art der Ein- und Ausgaben werden je nach Aufgabentyp (*Type of Task*) weiter präzisiert. Beispielsweise enthält eine Aufgabe vom Typ *MultiInstanceLoop* die Eigenschaften *loopDataInput, loopDataOutput, inputDataItem, outputDataItem*, um die ein- und ausgehenden Daten zu spezifizieren.

5.1.2 Ressourcenmodellierung in EPK

Ereignisgesteuerte Prozessketten können nicht direkt zur Modellierung von Ressourcen genutzt werden, allerdings können Ressourcen unterschiedlicher Natur durch Verwendung anderer ARIS-Konzepte in EPK und eEPK eingebunden werden. In ARIS werden Informationssysteme auf Basis verschiedener Sichten modelliert. Die fünf ARIS-Sichten (vergleiche [Sc98, Sc99b]) sind: Organisatorische Sicht (*Organization View*), Datenorientierte Sicht (*Data View*), Funktionsorientierte Sicht (*Function View*), Leistungssicht (*Output View*) und Kontrollsicht (*Control View*). Insbesondere innerhalb der organisatorischen und datenorientierten Sicht werden im Rahmen von ARIS Ressourcen modelliert. Die Modellierungssprache zur Abbildung der relevanten Ressourcen schränkt Scheer nicht grundsätzlich ein, schlägt aber konkrete Sprachen vor [Sc92, Sc96, Sc99a, Sc06].

Die Abbildung der Aufbauorganisation wird in ARIS üblicherweise durch eine proprietäre Sprache zur Modellierung von Organigrammen vorgenommen [Sc99a, Sc01, Sc06]. Innerhalb des Organigramms nach Scheer werden Organisationseinheiten durch Ellipsen mit eingezogener senkrechter Linie modelliert. Weitere Modellelemente der Organisationssicht sind Rollen, Stellenbeschreibungen und Personen. Rollen werden als Rechtecke mit eingezogener senkrechter Linie dargestellt und sind Abstraktionen über personelle Ressourcen, die Zuständigkeiten von Aufgabenträgern aggregiert abbilden. Stellenbeschreibungen können durch modellierte Rollen ergänzt werden, diese werden ebenfalls in rechteckiger Form, mit mehreren senkrechten Linien dargestellt.

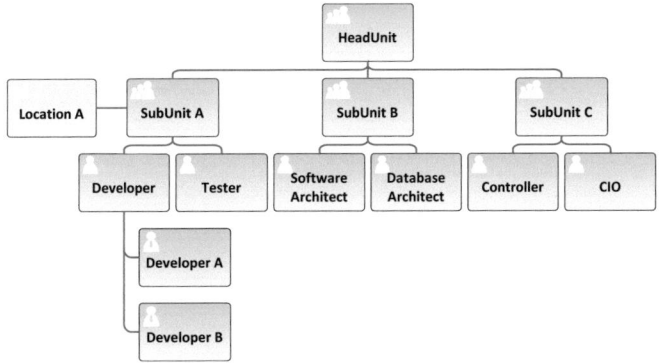

Abbildung 5.3: Organigramm nach Scheer - Neue Notation

Personen werden in den Organigrammen in Form von Rechtecken abgebildet. Beziehungen zwischen Organisationseinheiten, Rollen, Stellenbeschreibungen und Personen werden durch Kanten dargestellt, deren Bedeutung allerdings nicht genau spezifiziert ist. Typische, durch Kanten dargestellte Beziehungen sind Aggregationen, Verantwortlichkeiten, Zugehörigkeiten, Weisungsbefugnisse und Instanziierungen. Abbildung 5.3 zeigt ein solches Organigramm in einer von Scheer geänderten Notation (vergleiche die Modellierungswerkzeuge ARIS Business Architect [PW11a] und ARIS Express [PW10a]). Die neue Notation der Organigramme stellt alle Ressourcen in Form von Rechtecken mit integrierten Piktogrammen dar – Organisationseinheiten und Rollen enthalten unterschiedliche Piktogramme (vergleiche Abbildung 5.3). Stellenbeschreibungen sind in dieser Notation nicht mehr vorgesehen, lassen sich aber durch Annotationen hinzufügen; weiterhin lassen sich auch Standorte abbilden, die eine Industrieanlage als Piktogramm enthalten. In weiteren Modellen können auch Produktionsanlagen und informationstechnische Ressourcen genauer dargestellt werden, Scheer schlägt hierzu verschiedene Notationen vor [Sc99b]. Die Abbildung informationstechnischer Ressourcen, insbesondere von Daten, erfolgt im Rahmen von ARIS zumeist in Form von ER-Modellen [Ch76, Ch02]. Letztere werden entsprechend des ARIS-Konzeptes der datenorientierten Sicht zugerechnet und können ebenfalls in eEPK und EPK eingebunden werden, vergleiche Abbildung 5.4.

Wie bereits erwähnt, dienen die ereignisgesteuerten Prozessketten innerhalb von ARIS der Geschäftsprozessmodellierung und in Bezug auf die modellierten Ressourcen auch der Integration von Konzepten aus anderen ARIS-Sichten. Modellierte Ressourcen aus diesen Sichten können dann in den EPK wiederverwendet werden. In Abbildung 5.4 werden den Funktionen der abgebildeten EPK Daten als Ein- und Ausgabe sowie organisatorische Ressourcen (hier Rollen und IT-Systeme) durch weitere ungerichtete Kanten zugeordnet. Die exakte Bedeutung der Kanten ist in den EPK nicht definiert. Beispielsweise wird bei einer Funktion mit verknüpfter Datenbank (in der Abbildung die Verknüpfung von *Function A* zu *Order Database*) im Modell zumeist nicht definiert, welche Abfrage oder Datenmanipulation durchgeführt werden soll. Sollte die genaue Semantik doch spezifiziert werden, dann erfolgt dies in Form von Freitext; aus diesem Grund kann die automatische Untersuchung und Operationalisierbarkeit der EPK-Modelle nicht gewährleistet werden [BD+06, Ri00, WK04]. Vergleichbar ungenau bleibt auch die Integration von weiteren Ressourcen wie Dokumenten oder Entitäten aus ER-Modellen. Verglichen mit der BPMN bleibt die Möglichkeit zur Ressourcenzuweisung im Hinblick auf die Durchführung von Aufgaben (also der Ausführung der EPK-Funktionen) damit sogar zurück, insbesondere im Vergleich zu den Neuerungen in diesem Bereich in BPMN 2.0. Einige Ansätze versuchen daher Konzepte aus anderen Sprachen, wie der BPMN in EPK zu integrieren oder die Formalisierung der Sprache zu verbessern [Aa99, NR02].

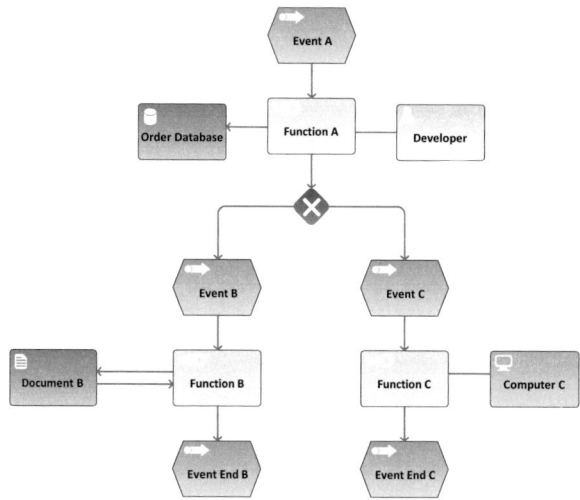

Abbildung 5.4: Ressourcenintegration in EPK

5.1.3 Ressourcenmodellierung in Petri-Netzen

Bereits in Abschnitt 3.3 wurden die Unterschiede von Petri-Netzen mit nicht-unterscheidbaren und unterscheidbaren Marken, also einfachen und höheren Netzen erwähnt [IS04]. Bezogen auf die Darstellung von Ressourcen spielt dies eine wichtige Rolle. Während in höheren Petri-Netzen Stellen derart typisiert werden können, dass Marken eine bestimmte Klasse von Ressourcen repräsentieren, ist dies bei einfachen, untypisierten Petri-Netzen nicht möglich. Dennoch können Ressourcen auch in Netzen ohne unterscheidbare Marken abgebildet werden, wenn auch weniger präzise oder nur durch einen erhöhten Modellierungsaufwand. In Abbildung 5.5 wird die Ressourcenintegration durch eine spezifische Stelle r dargestellt. Sofern in r mindestens eine Marke vorhanden ist, sind Ressourcen verfügbar und können zur Ausführung der Aufgabe (Transition) b_1 genutzt werden. In höheren Netzen ist die Auswahl der durch die Marken repräsentierten Ressourcen durch entsprechende Kanten- und Transitionsinschriften möglich, vergleiche [GL79, GL81, GL83, Je97a, Je97b, JK09, LO03, Ob96a, Re85].

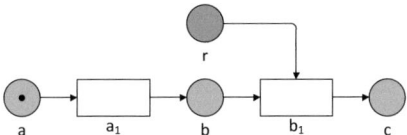

Abbildung 5.5: Ressourcenintegration in Petri-Netzen

In Netzen, deren Marken sich nicht unterscheiden lassen, können Ressourcen beispielsweise durch entsprechende Stellen modelliert werden. In Kombination mit Schlingen oder erweiterten Strukturen lässt sich dann auch die Verfügbarkeit einer Ressource modellieren (siehe Abbildung 5.6). Nachdem die Aufgabe durchgeführt wurde (also die Transition geschaltet hat), ist die Ressource dann wieder verfügbar. Die Verwendung solcher Schlingen verursacht jedoch Probleme bei der Anwendung einiger analytischer Methoden [La86, Lu06]. Es empfiehlt sich daher Schlingen durch zusätzliche Stellen und Transitionen, wie in Abbildung 5.7 dargestellt, zu eliminieren und die Petri-Netze bei Bedarf durch logische Transitionen zu ergänzen. Schlingenfreie Netze werden auch als reine Netze bezeichnet [La86, Re85]. Die zusätzlichen Stellen und Transitionen sind Hilfselemente und ohne weitere Semantik. Weitere Muster, die die Verfügbarkeit von Ressourcen abbilden, können durch Erweiterung der entsprechenden Netzteile anhand weiterer Transitionen und Stellen oder je nach Anforderung auch durch bestimmte Netzvarianten abgebildet werden.

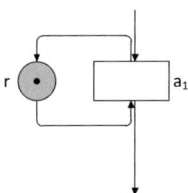

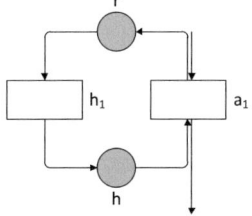

Abbildung 5.6: Ressourcenintegration in Petri-Netze

Abbildung 5.7: Schlingenfreie Ressourcenintegration in Petri-Netze

Um beispielsweise die Dauer einer Ressourcenbelegung abzubilden, müssen zeitbehaftete Netze genutzt werden [MC+84, MB+87, RF+91, CM99]. Verfügbarkeitszeiträume lassen sich dann in zeitbehafteten Netzvarianten sowie die explizite Modellierung eines Zeitgebers modellieren, siehe hierzu auch [Ob90, Ri86].

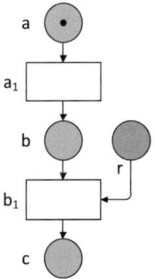

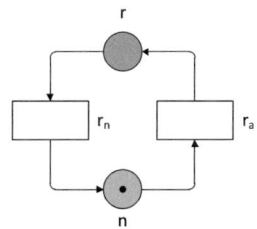

Abbildung 5.8: Ressourcenintegration in Petri-Netze – Stellenspezifische Modellierung

Abbildung 5.9: Ressourcenintegration in Petri-Netze – Verfügbarkeitsmodellierung

In Netzvarianten, die die Hierarchisierung der Netzmodelle unterstützen, kann das Verhalten und die Verfügbarkeit der Ressourcen durch Verfeinerungen dargestellt werden (vergleiche Abbildung 5.9). Diese detaillierte Integration von Ressourcen einer Typklasse kann in einem höheren Netz modelliert werden, indem eine Stelle durch Typisierung auf eine bestimmte Ressourcenklasse festgelegt und diese Stelle durch ein stellenberandetes Teilnetz verfeinert wird, siehe Abbildung 5.8. Sofern komplexe Eigenschaften von Ressourcen betrachtet werden, ist es in vielen Fällen auch erforderlich, dass die verwendete Petri-Netz-Variante Multimengen unterstützt – dies ist beispielsweise bei NR/T-Netzen der Fall [Ob96a]. Wie sich anhand der nachfolgenden Muster zeigen wird, vereinfachen höhere Petri-Netze die Integration von Ressourcen.

5.1.4 Ressourcenmodellierung in UML

Die Modellierung von geschäftsprozessrelevanten Ressourcen durch einen entsprechenden Modelltyp ist in der UML nicht vorgesehen. Die UML umfasst jedoch durch das Konzept der Klassendiagramme (siehe Abbildung 3.2) einen mächtigen und generellen Ansatz zur Modellierung statischer Aspekte von objektorientierten Systemen [BR+05, GH+05, MR+02, Oe09, OM10c, OM10d]. Klassendiagramme können grundsätzlich zur Abbildung von Ressourcen verwendet werden. Durch die ebenfalls von der OMG spezifizierte MDA können Klassendiagramme außerdem durch Transformation in andere Sprachen überführt werden [OM03, OM05, OM08b].

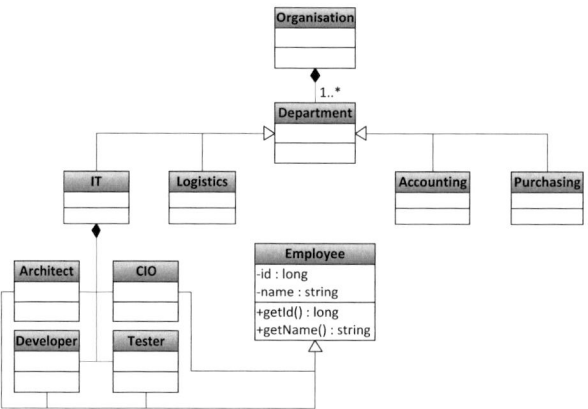

Abbildung 5.10: Ressourcenmodellierung in einem UML Klassendiagramm

In Abbildung 5.10 wird exemplarisch die Modellierung einer Organisation mit Hilfe eines UML Klassendiagrammes [OM10d] dargestellt. Die Organisation wird als Klasse dargestellt, die aus mindestens einer Abteilung (*Department*) besteht. In dem Beispiel werden weiterhin vier Abteilungsklassen (*IT*, *Logistics*, *Accounting* und *Purchasing*) modelliert. Auf weitere Details wurde verzichtet, lediglich die IT-Abteilung wird als Komposition von Angestellten (*Architect*, *CIO*, *Developer* und *Tester*) modelliert, die jeweils vom Typ *Employee* sind. Ähnliche Detaillierungen sind für die anderen Abteilungen ebenfalls denkbar. Angestellte gehören der Oberklasse *Employee* an, in deren Darstellung auch versinnbildlicht wird, dass eine UML-Klasse auch durch Attribute und Methoden detailliert beschrieben werden kann. In dem Beispiel in Abbildung 5.10 werden lediglich zwei Attribute (*id* und *name*) sowie Methoden (*getId* und *getName*), die den Zugriff auf deren konkrete Wertbelegung ermöglichen, dargestellt. Attribute und Methoden können durch deren Sichtbarkeit einschränkend definiert oder durch die Nutzung der OCL [OM10b] weiter präzisiert werden. Zur weiteren Diskussion von UML Klassendiagrammen, sowie deren Eigenschaften sei an dieser Stelle auf [St05b, Oe09] verwiesen. Konkrete Ressourcen und deren aktueller Zustand zu einem bestimmten Zeitpunkt, also beispielsweise Mitarbeiter vom Typ *Architect*, werden durch die UML Klassendiagramme nicht beschrieben, hierzu können ergänzend UML Objektdiagramme genutzt werden [OM10d]. Dies ist beispielhaft in Abbildung 5.11 verdeutlicht.

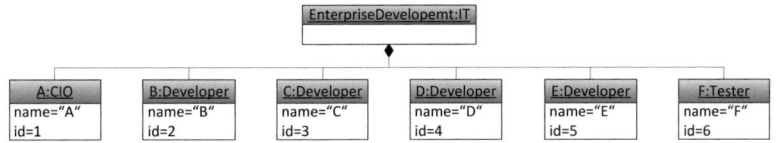

Abbildung 5.11: Ressourcenmodellierung in einem UML Objektdiagramm

Um die modellierten Ressourcen in Geschäftsprozessbeschreibungen einzubinden, wird in Aktivitätsdiagrammen zwischen dem Kontrollfluss und dem Objektfluss unterschieden. Die Integration der erstellten statischen Klassen und Objektmodelle kann abhängig von der Art der Aktivitätsdiagramme in unterschiedlicher Weise erfolgen. Die Objekte können durch die Verwendung von Parametersätzen (*ParameterSet*), Pins (*InputPins* und *OutputPins*), sowie Objektknoten (*ObjectNodes*) in Aktivitäten integriert werden. In Abbildung 5.12 werden diese Konzepte beispielhaft dargestellt.

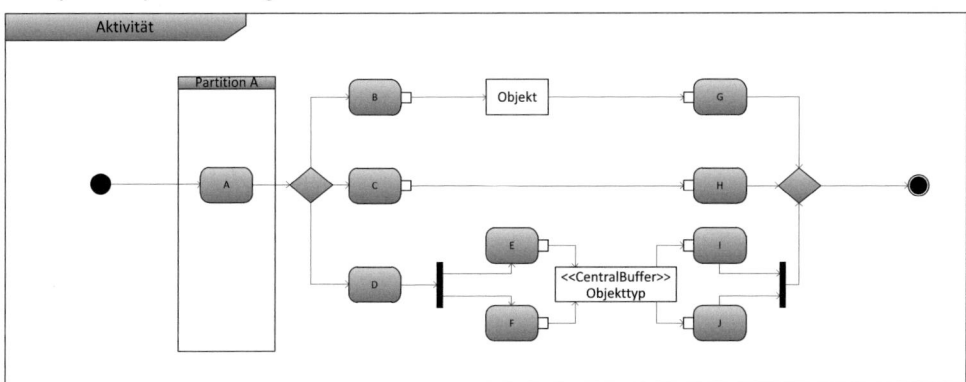

Abbildung 5.12: Integration von Ressourcen in UML-Aktivitätsdiagramme

Zusätzlich zu den oben genannten Möglichkeiten der Integration von Ressourcen (Objekten) in die UML-Aktivitätsdiagramme ist in Abbildung 5.12 auch eine Aktivitätspartition (*Partition A*) dargestellt. Aktivitätspartitionen sind vergleichbar mit den Bahnen in BPMN, sie stellen einen Mechanismus zur Gruppierung von Aktionen dar und können zur Darstellung von Organisationseinheiten oder Akteuren genutzt werden [OM10c, OM10d, OM11a], ihre Semantik bleibt allerdings ähnlich wie in der BPMN nur ungenau spezifiziert. In Abbildung 5.12 sind ergänzend die genannten Möglichkeiten zur Integration des Objektflusses dargestellt, zwischen den Aktionen B und G wird ein Objekt, das übergeben wird und als Ausgabe des Pins von B und Eingabe des Pins von G dient, explizit dargestellt. Die Aktionen C und H sind auf ähnliche Weise verknüpft, allerdings wird hier das Objekt, das ausgetauscht werden soll, nicht explizit dargestellt. Stattdessen erfolgt die Spezifikation über die Eigenschaften der Pins und ist der graphischen Darstellung nicht zu entnehmen. Im unteren Teil des Modells wird noch ein spezieller Objektknoten (*CentralBufferNode*, [OM10d]) demonstriert, der als

Zwischenpuffer für Objekte dienen kann. Zur Laufzeit können über die dargestellten Objektflussvarianten jeweils nur Objekte verarbeitet werden, die der Modellspezifikation entsprechen, z.B. Auftragsobjekte, die in einem gesonderten UML Klassendiagramm dargestellt werden.

Bei den Objekten handelt es sich um Instanzen von Klassen, die grundsätzlich Ressourcen im Sinne der Definition 2.13 und Abschnitt 4.2 darstellen können. Die Modellierung der statischen Struktur in der UML und die Abbildung des Objektflusses in den UML-Aktivitätsdiagrammen sind jedoch nicht präzise genug spezifiziert, um Ressourcenzuweisungen detailliert zu beschreiben und die nachfolgend vorgestellten Muster geeignet abzubilden. Beispielsweise ist unklar, in welcher Beziehung ein Objekt oder eine Partition zur Aktion steht, siehe hierzu Abschnitt 5.2. Anstelle dieses generellen Ansatzes der UML können spezielle, domänenspezifische Sprachen eine bessere Modellierungsunterstützung bieten. Solche Sprachen können hierbei auf UML [OM10d, OM11a] oder dem übergeordneten MOF-Standard [OM06b, OM08b] basieren und Ressourcen in einer klassendiagrammähnlichen Notation abbilden. Ein solcher Ansatz wurde auch in Kapitel 4 zur Definition einer Sprache zur Modellierung von Ressourcen gewählt.

5.2 Muster zur Ressourcenzuweisung

In diesem Abschnitt werden Muster zur Ressourcenzuweisung vorgestellt und die Modellierungssprachen hinsichtlich der Unterstützung dieser Muster bewertet. Im Unterschied zu anderen bekannten Arbeiten [Ho99, RA+05, Mu04], die ähnliche Muster skizzieren, wird von konkreten Allokationsstrategien, die zur Laufzeit von einem Geschäftsprozess-Managementsystem umgesetzt werden müssen, abstrahiert. Auch ob die Aufgaben im Pull- oder Push-Verfahren [Mu04, RA08] zugewiesen werden, ist auf der Musterebene noch transparent. Aus diesem Grund bietet sich die Möglichkeit, die Muster rein in Bezug auf die untersuchten Sprachen und damit plattformunabhängig zu bewerten. Als Ausgangspunkt der nachfolgend formulierten Muster werden insbesondere die in [RA+05] vorgestellten Muster, unter Abstraktion der vorgenannten Aspekte, wiederverwendet und erweitert.

Die vorgestellten Muster lassen sich untereinander kombinieren. Sowohl die Kombination als auch die einzelnen Muster können, sofern zu viele Eigenschaften von den Ressourcen gefordert werden, auch Anforderungen definieren, die durch keine vorhandene Ressource erfüllt werden können. Sofern dieser Fall eintritt, ist zu prüfen, ob die Geschäftsprozessmodelle überspezifiziert oder die Anforderungen gerechtfertigt sind und wie diese aufgelöst werden können. Die Beantwortung dieser Fragestellung ist allerdings eine analytische Aufgabe, die nicht Teil der Muster ist, sondern getrennt untersucht werden sollte. Weitere Ausführungen hierzu finden sich in Kapitel 8. Die Muster werden vergleichbar zu Mustern aus der Softwareentwicklung [AT+08, BM98, Er08, FB+04, Fo02, GH+05, KA+06] beschrieben, jedes Muster wird hierzu zunächst durch eine Beschreibung dargestellt und danach durch ein Beispiel illustriert. Darauffolgend wird die modellierungstechnische Verwendung des Musters beschrieben und auf ähnliche Muster verwiesen. Abschließend wird bezüglich jedes Musters auf die Unterstützung in den vorgestellten Sprachen eingegangen.

5.2.1 Ablaufbasierte Ressourcenzuweisung

Beschreibung: Die Zuordnung von Aufgaben zu Ressourcen erfolgt ablauforientiert; das bedeutet, dass Entscheidungen über die Auswahl von Ressourcen in Abhängigkeit der Kontrollflussverlaufs getroffen werden.

Beispiel: Sofern Aufgabe A zum n-ten Mal ausgeführt wird, muss sie von genau einem Benutzer, der der Position P_C zugeordnet ist, ausgeführt werden. Andernfalls von genau einem Benutzer, der Position P_B zugeordnet ist.

Verwendung: Dieses Muster ermöglicht eine auf den Verlauf und Zustand von Geschäftsprozessinstanzen angepasste Allokation von Ressourcen. Zumeist wird das Muster mit anderen Zuweisungsmustern kombiniert; das bedeutet, dass die in Kombination genutzten Muster durch das ablaufbasierte Muster erweitert werden. Das Muster ist ein Spezialfall der historienbasierten Ressourcenzuweisung, da es sich ausschließlich auf die Historie in einem Geschäftsprozess (den konkreten Kontrollflussverlauf) bezieht.

Verwandte Muster: Historienbasierte Ressourcenzuweisung

Unterstützung: Dieses Muster kann in BPMN und UML-Aktivitätsdiagrammen durch die zusätzliche Annotation von OCL-Ausdrücken [OM10b] integriert werden. In BPMN kann das Muster zusätzlich partiell durch die Verwendung von schleifenbasierten Aufgaben (*Loop* und *Multi Instance Sub-Process* [OM08a, OM09, OM11c]) und den dort integrierten Bedingungen abgebildet werden. In Petri-Netzen, die Kanten- oder Transitionsinschriften unterstützen, können hierzu spezielle Wächterausdrücke definiert werden (vergleiche [AH02, DF+97, GL83, JK09, Ob96a, Re85]).

5.2.2 Alternative Ressourcenzuweisung

Beschreibung: Dieses Muster kann nicht alleinstehend genutzt werden, sondern ergänzt andere Muster. Es beschreibt die Alternative Zuordnung von Ressourcen (auf Basis von anderen Mustern) in besonderen Situationen.

Beispiel: Aufgabe A muss von einem Benutzer, der der Position P_B zugeordnet ist, ausgeführt werden. Sofern Ereignis E eintritt, ist die Aufgabe an einen Benutzer, der der Rolle R_c zugeordnet ist, zu übergeben.

Verwendung: Dieses Muster ermöglicht die Veränderung der Ressourcenzuweisung in besonderen Fällen, z.B. wenn Ausnahmefälle eintreten oder Rahmenbedingungen der Ausführung nicht eingehalten werden. Insbesondere ist es dadurch möglich, Eskalationsmaßnahmen zu beschreiben und in den Geschäftsprozessmodellen zu integrieren. Das Muster kann daher als Spezialisierung des Musters zur substitutionalen Ressourcenzuweisung betrachtet werden; während das verwandte Muster eine alternative Ressourcenanforderung beschreibt, beschreibt die alternative Ressourcenzuweisung dies nur situationsbezogen und im Sinne einer Weitergabe der Ausführungsverantwortung der beschriebenen Aufgabe.

Verwandte Muster: Substitutionale Ressourcenzuweisung

Unterstützung: Die Modellierungssprache muss die Modellierung von Ereignissen, die die Bearbeitung von Aufgaben unterbrechen können, unterstützen. Dies ist in BPMN und UML-Aktivitätsdiagrammen möglich. In BPMN können hierzu Ereignisse zur Behandlung von bestimmten Situationen genutzt werden (siehe Abbildung 5.13). In UML-Aktivitätsdiagrammen können hierzu unterbrechbare Regionen (*Interruptible Region*), vergleiche [OM10d], genutzt werden. In beiden Fällen wird die weitere Bearbeitung als alternativer Kontrollflusspfad abgebildet. In der vorangegangenen Abbildung geschieht dies beispielsweise durch das Abbruchereignis des transaktional erweiterten Sub-Prozesselements und die anschließende Ausführung der Aufgabe F mit nachfolgender Beendigung des Geschäftsprozesses. Als Variante hierzu ist eine Definition durch Ausdrücke (z.B. prädikatenlogische Ausdrücke), die die neue Zuordnung und das Ereignis beschreiben, denkbar. Erweiterungen in beiden Sprachen können auf der Basis von OCL beschrieben werden, siehe auch [WD+08].

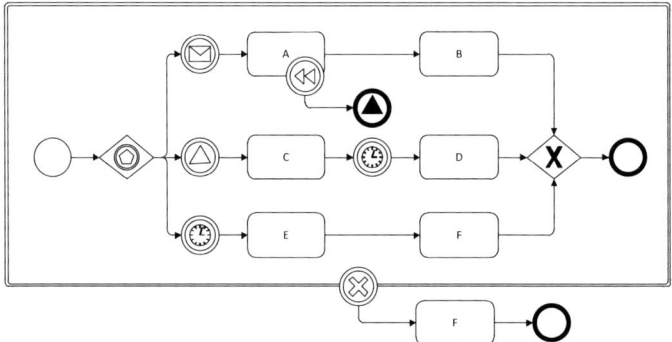

Abbildung 5.13: Modellierung von Ereignissen in BPMN

5.2.3 Autorisierungsorientierte Ressourcenzuweisung

Beschreibung: Die autorisierungsorientierte Ressourcenzuweisung basiert auf den Rechten, die Ressourcen zugeordnet sind. Das bedeutet, dass die Ressourcenauswahl auf Ressourcen eingeschränkt wird, denen mindestens die festgelegten Rechte eingeräumt wurden.

Beispiel: Aufgabe A muss von einem Benutzer, der über das Recht R_B verfügt, ausgeführt werden.

Verwendung: Dieses Muster ermöglicht die Modellierung der Einhaltung von organisatorischen oder rechtlichen Sicherheitsbestimmungen. Neben allgemeinen Vorschriften und Gesetzen lassen sich hierdurch insbesondere Bestimmungen des Datenschutzes (z.B. nach [Ba00, Da10]) garantieren. Das Muster erweitert die positionsbasierte Zuweisung, Ressourcenzuweisungen sind daher feingranularer definierbar. Zusätzlich zu den Rechten können Rechtestufen beschrieben werden, um die Rechte zu skalieren. Letzteres ist beispielsweise in IT-Betrieben oder auch in der Benutzerverwaltung von IT-Systemen anzutreffen.

Verwandte Muster: Positionsbasierte Ressourcenzuweisung

Unterstützung: Diese Art der Zuweisung wird in den vorgestellten Modellierungssprachen nicht explizit adressiert. In BPMN und UML kann eine Redefinition der Bahnen (Pools, Lanes und Partitionen) zur Abbildung des Musters genutzt werden, dies geht allerdings zulasten der Eindeutigkeit der Semantik (vergleiche auch Abschnitt 5.2.11). Darüber hinaus ist in beiden Sprachen eine Erweiterung durch OCL-Ausdrücke [OM10b] denkbar. Eine ähnliche Möglichkeit zur Integration dieses Musters kann in Petri-Netzen auf der Basis von Kantenoder Transitionsinschriften erfolgen, vergleiche [GL83, JK09, LO03, Ob96a, Wi08, WP08].

5.2.4 Direkte Ressourcenzuweisung

Beschreibung: Bei der direkten Ressourcenzuweisung werden den Aufgaben konkrete Ressourcen zugewiesen. Die Ausführung einer Aufgabe ist folglich ausschließlich von dieser Ressource durchzuführen.

Beispiel: Aufgabe A darf ausschließlich durch Ressource R_B ausgeführt werden.

Verwendung: Dieses Muster ermöglicht die direkte Zuordnung von konkreten Ressourcen zu einer Aufgabe, zur Laufzeit besteht daher kein Spielraum zur Auswahl einer Ressource aufgrund von weiteren Kriterien. Vorteilhaft ist dies, wenn Vorgaben, beispielsweise Kontrollmechanismen, bestimmte Ressourcen als Aufgabenträger erfordern. Nachteilig ist bei diesem Muster, dass es zur Laufzeit Engpässe verursachen kann, wenn Ressourcen zeitweise nicht verfügbar sind – beispielsweise aufgrund weiterer Zuordnungen im gleichen Geschäftsprozess oder anderen Geschäftsprozessen. Das Muster sollte daher nur eingesetzt werden, wenn dies unbedingt erforderlich ist (vergleiche [RA+05]).

Verwandte Muster: Autorisierungsorientierte Ressourcenzuweisung, Limitationale Ressourcenzuweisung

Unterstützung: Das Muster wird prinzipiell von allen Modellierungssprachen unterstützt. In BPMN kann es durch die Modellierung von Pools und Lanes abgebildet werden, wenn diesen konkrete Ressourcen zugeordnet werden. Problematisch bleiben hierbei die ungenaue Definition der Bedeutung von Pools und Lanes und die fehlende Modellierungsmöglichkeit von Ressourcen in BPMN. Alternativ kann die Zuordnung auch über die Eigenschaften von Aufgaben erfolgen, siehe Abschnitt 5.1.1. In BPMN 2.0 soll zusätzlich die Auswahl von Ressourcen aufgrund von Ausdrücken ermöglicht werden (siehe Resource Assignment in [OM10a, OM11c]). In erweiterten EPK kann dieses Muster durch die Verknüpfung konkreter (in anderen Modellsichten abgebildeter) Ressourcen mit Funktionen dargestellt werden – beispielsweise durch Verknüpfung von Personen mit Funktionen (siehe Abbildung 5.4). Bei den Petri-Netzen ist zwischen Netzen mit typisierten und untypisierten Marken zu unterscheiden, in beiden Fällen kann das Muster abgebildet werden. In Netzen mit untypisierten Marken ist eine Stelle für jede konkrete Ressource zu modellieren, andernfalls ist die Ressource durch einen eindeutigen Ausdruck (Kanten- und Transitionsinschrift) auszuwählen. Im Fall der UML-Aktivitätsdiagramme können konkrete Ressourcen entweder ähnlich der BPMN durch Partitionen oder durch die Verwendung von Pins in Kombination mit Einschränkungen (siehe [Sc07, OM10b, OM10d]) ausgewählt werden. Partitionen unterliegen allerdings einer vergleichbar unklaren Definition wie die Pools und Lanes der BPMN.

5.2.5 Fähigkeitsbasierte Ressourcenzuweisung

Beschreibung: Die Zuordnung von Aufgaben zu Ressourcen wird auf Basis von Fähigkeiten definiert. Die Ausführung einer Aufgabe wird dann auf Ressourcen eingeschränkt, die über diese Fähigkeiten verfügen. Da Fähigkeiten auch Kenntnisse inkludieren können (siehe Abschnitt 4.6.3.7), kann dieses Muster unter Umständen auch eine kenntnisbasierte Ressourcenzuweisung beinhalten.

Beispiel: Aufgabe A darf durch eine Ressource R ausgeführt werden, sofern diese über die Fähigkeit F_B mit Fähigkeitslevel L_5 verfügt.

Verwendung: Dieses Muster ermöglicht die fähigkeitsorientierte Auswahl von Ressourcen zur Durchführung von Aufgaben. Das Muster lässt sich gut in Kombination mit der kenntnisbasierten und der kompetenzbasierten Ressourcenzuweisung nutzen. Ähnlich wie die beiden verwandten Muster ermöglicht es die Analyse von vorhandenen und zu erwerbenden Fähigkeiten. Auch bei der Auswahl von neuen oder anzuwerbenden Ressourcen kann das Muster als Entscheidungsgrundlage dienen. Sofern es sich um personelle Ressourcen handelt, kann auf Basis der untersuchten Geschäftsprozesse auch ermittelt werden, ob und welche Weiterbildungsmaßnahmen erforderlich sind [DO+10, HB+10].

Verwandte Muster: Kenntnisbasierte Ressourcenzuweisung; Kompetenzbasierte Ressourcenzuweisung

Unterstützung: Die fähigkeitsbasierte Ressourcenzuweisung wird aufgrund der eingeschränkten Ressourcenmodellierung der vorgestellten prozessorientierten Sprachen nicht explizit unterstützt. Mögliche Erweiterungskonzepte werden in Abschnitt 5.2.8 beschrieben.

5.2.6 Historienbasierte Ressourcenzuweisung

Beschreibung: Die Zuordnung von Aufgaben zu Ressourcen wird entsprechend vergangener Zuordnungen vorgenommen. Entscheidungen über die Auswahl von Ressourcen werden in Abhängigkeit des geschäftsprozessübergreifenden Kontrollflussverlaufs getroffen.

Beispiel: Sofern Aufgabe A durch eine Ressource R bereits mindestens n Mal ausgeführt wurde, kann sie dieser Ressource zugeordnet werden.

Verwendung: Dieses Muster ermöglicht eine auf den Verlauf und Zustand aller aktuellen und abgearbeiteten Geschäftsprozessinstanzen angepasste Allokation von Ressourcen. Vorteilhaft ist hierbei, dass Erfahrungswerte in die Allokation von Ressourcen einbezogen werden können. Diese Information ändert sich während der Ausführung und muss daher durch entsprechende Managementinstrumentarien verwaltet werden. Sofern das Muster Erfahrungen von Ressourcen berücksichtigt, ist zu beachten, dass diese bei Aufgaben, die bislang nicht oder nur teilweise ausgeführt wurden, erst nach einer gewissen Zeitspanne vorhanden sind. Eine quantitative oder qualitative Verbesserung der Ausführung der Geschäftsprozesse tritt daher mitunter erst nach einer *Aufwärmphase* (vergleiche [PK05, Sc10a]) ein. Das Muster lässt sich mit anderen Mustern (außer der ablauforientierten Zuweisung) kombinieren.

Verwandte Muster: Ablaufbasierte Ressourcenzuweisung; Kenntnisbasierte Ressourcenzuweisung

Unterstützung: Die Historie der Bearbeitung von Aufgaben muss in den genutzten Ressourcenmodellen integriert und in der Geschäftsprozessmodellierungssprache genutzt werden können. Aufgrund der eingeschränkten Integration einer solchen ressourcenorientierten Sprache – explizit ist dies nur in den EPK vorgesehen [KN+92, Sc06] – ist für eine Unterstützung dieses Musters in allen Fällen eine Spracherweiterung erforderlich.

5.2.7 Kenntnisbasierte Ressourcenzuweisung

Beschreibung: Die Zuordnung von Aufgaben zu Ressourcen erfolgt durch die Spezifikation der Kenntnisse von Ressourcen. Ressourcen können demnach die Ausführung von Aufgaben übernehmen, sofern sie über die richtigen Kenntnisse in entsprechendem Umfang verfügen.

Beispiel: Aufgabe A darf durch eine Ressource R ausgeführt werden, sofern diese über die Kenntnis K_B mit mindestens dem Kenntnislevel L_3 verfügt.

Verwendung: Dieses Muster ermöglicht die kenntnisbasierte Auswahl von Ressourcen. Wie auch mit Hilfe der verwandten Muster werden dadurch Ansprüche an die qualitative Bearbeitung von Aufgaben definiert und Analysen ermöglicht [SW10]. Die kenntnisbasierte Ressourcenzuweisung kann vermeiden, dass personelle Ressourcen mit Aufgaben konfrontiert werden, deren Abarbeitung ihnen fremd ist. Neben dem qualitativen Aspekt dieses Musters können daher auch quantitative Aspekte adressiert werden, z.B. können lange Einarbeitungsaufwände reduziert werden. Aus Sicht der Ressourcenmodellierung ist zu beachten, dass die Bearbeitung von Aufgaben den Kenntnisstand von Ressourcen beeinflussen kann [BB+07, HB+08, HB+10, RK+11].

Verwandte Muster: Fähigkeitsbasierte Ressourcenzuweisung; Historienbasierte Ressourcenzuweisung; Kompetenzbasierte Ressourcenzuweisung

Unterstützung: Die kenntnisbasierte Ressourcenzuweisung wird aufgrund der eingeschränkten Ressourcenmodellierung der vorgestellten prozessorientierten Sprachen bislang nicht explizit unterstützt. Mögliche Erweiterungskonzepte werden in Abschnitt 5.2.8 beschrieben.

5.2.8 Kompetenzbasierte Ressourcenzuweisung

Beschreibung: Die Zuordnung von Aufgaben zu Ressourcen wird auf Basis der Kompetenzen von Ressourcen spezifiziert. Die Ausführung einer Aufgabe wird an das Vorhandensein von Kompetenzen gebunden. Da Kompetenzen auch Fähigkeiten und Kenntnisse enthalten können (siehe Abschnitt 4.3.4), werden durch dieses Muster unter Umständen weitere Eigenschaften implizit gefordert.

Beispiel: Aufgabe A darf durch eine Ressource R ausgeführt werden, sofern diese über die Kompetenzen K_B mit Kompetenzlevel L_1 und K_C mit Kompetenzlevel L_3 verfügt.

Verwendung: Dieses Muster ermöglicht die kompetenzorientierte Auswahl von Ressourcen, hierdurch werden Ansprüche an die qualitative Bearbeitung von Aufgaben definiert. Durch den Einsatz dieses Musters können Analysen durchgeführt werden, die vorhandene und erforderliche Kompetenzen präzise ermitteln und hierdurch die Ableitung von Handlungsempfehlungen ermöglichen [OS10]. Darüber hinaus erfordert die organisationsübergreifende Ausführung von Geschäftsprozessen die Auswahl kompetenter Partner, die Aufgaben oder Teilprozesse übernehmen. Der Einsatz dieses Musters ermöglicht fundierte Auswahlentscheidungen in solchen Partnernetzwerken [CA08, SW10].

Verwandte Muster: Fähigkeitsbasierte Ressourcenzuweisung; Kenntnisbasierte Ressourcenzuweisung; Rollenbasierte Ressourcenzuweisung

Unterstützung: Die kompetenzbasierte Ressourcenzuweisung wird aufgrund der eingeschränkten Ressourcenmodellierung der vorgestellten prozessorientierten Sprachen nicht explizit unterstützt. Alle Sprachen müssen grundsätzlich durch eine geeignete Sprache zur Modellierung von Ressourcen erweitert werden, siehe Kapitel 4. Erweiterungen in BPMN und UML-Aktivitätsdiagrammen sind auf der Basis von OCL-Annotationen möglich, vergleiche [OS10]. Petri-Netze können diese Ressourcenzuweisung durch Ausdrücke und spezielle Typisierung der Marken realisieren.

5.2.9 Limitationale Ressourcenzuweisung

Beschreibung: Die Zuordnung von Aufgaben zu Ressourcen ist ausschließlich auf Basis einer definierten Kombination von Faktoreigenschaften zulässig, andere Eigenschaften können diese nicht ersetzen.

Beispiel: Aufgabe A kann durch eine Ressource R ausgeführt werden, sofern diese die Eigenschaften E_1, E_2 und E_3 besitzt.

Verwendung: Dieses Muster ermöglicht die Definition von Einschränkungen bezüglich der Ressourcenauswahl dahingehend, dass die gestellten Anforderungen genau einzuhalten sind. Das bedeutet, dass bei der Ressourcenzuweisung keine Alternativen zugelassen werden, ebenso wenig ist die partielle Erfüllung der gestellten Anforderungen ausreichend für die Zuweisung von Ressourcen zu den korrespondierenden Aufgaben. Das Muster beschreibt daher limitationale Ressourceneigenschaften, zur Laufzeit und wirkt einschränkend auf die Ressourcenauswahl, damit steht es dem Komplementärmuster gegenüber. Das Muster ist nicht eigenständig einsetzbar, es zählt daher zu den Ergänzungsmustern und ist in Kombination mit anderen Mustern anzuwenden.

Verwandte Muster: Direkte Ressourcenzuweisung; Substitutionale Ressourcenzuweisung (Komplementärmuster)

Unterstützung: Da dies ein Ergänzungsmuster ist, kann nicht generell beantwortet werden, ob es bezogen auf die Modellierungssprachen unterstützt wird. Dies ergibt sich vielmehr daraus, mit welchen anderen Mustern die limitationale Ressourcenzuweisung kombiniert wird und ob diese Muster von der Modellierungssprache unterstützt werden.

5.2.10 Ortsabhängige Ressourcenzuweisung

Beschreibung: Die Zuordnung von Aufgaben zu Ressourcen wird auf Basis räumlicher Verteilung spezifiziert. Die Ausführung einer Aufgabe wir daran gebunden, welche Ressourcen in der lokalen Umgebung verfügbar sind.

Beispiel: Aufgabe A darf durch eine Ressource R ausgeführt werden, sofern sich diese innerhalb einer maximalen Entfernung E zum Ort O der Ausführung befindet.

Verwendung: Dieses Muster ermöglicht die Definition von räumlichen Einschränkungen bezüglich der Ausführung von Aufgaben. Das Muster beschreibt nicht die Entscheidung darüber, dass eine Aufgabe nur an einem bestimmten Ort ausgeführt wird, sondern vielmehr die Tatsache, dass eine Aufgabe nur von lokal verfügbaren Ressourcen ausgeführt werden soll. Hierdurch lassen sich Transportkosten abbilden und kontrollieren. Das Muster kann eingesetzt werden, um Nachhaltigkeitsaspekte in den Geschäftsprozessmodellen zu hinterlegen.

Verwandte Muster: Keine

Unterstützung: Die ortsabhängige Modellierung der Ressourcenzuweisung wird von keiner Sprache vollständig unterstützt. In Petri-Netzen ist die Abbildung durch spezielle Markierungen, also auf Basis der Typisierung der Marken, vorstellbar. Für BPMN existieren Ansätze zur Spracherweiterung, um ortsabhängige Ressourcenzuweisungen zu ermöglichen, siehe auch [AG+08, DS+09, XJ07]. Für UML-Aktivitätsdiagramme sind ähnliche Erweiterungen denkbar.

5.2.11 Positionsbasierte Ressourcenzuweisung

Beschreibung: Die Zuordnung von Aufgaben zu Ressourcen erfolgt über die Einschränkung auf bestimmte Positionen (oder eine Position). Dies bedeutet, dass alle Ressourcen, die diesen Positionen in einer Organisation zugeordnet sind, auch diese Aufgabe ausführen können und dürfen.

Beispiel: Aufgabe A muss von genau einem Benutzer, der der Position P_B zugeordnet ist, ausgeführt werden.

Verwendung: Dieses Muster ermöglicht die dynamische Allokation von Ressourcen. Alle Ressourcen die den gewählten Position zugeordnet sind, sind Kandidaten zur Ausführung der Aufgabe. Da zumeist mehrere Ressourcen einer Position zugeordnet werden, können Engpässe vermieden werden. Nachteilig ist, dass bei dieser Zuordnungsform aktuelle Veränderungen (z.B. der Status der Geschäftsprozesse oder Änderungen in der Projekt- und Marktsituation) nicht reflektiert werden.

Verwandte Muster: Autorisierungsorientierte Ressourcenzuweisung, Rollenbasierte Ressourcenzuweisung

Unterstützung: Die positionsbasierte Ressourcenzuweisung kann in BPMN und den UML-Aktivitätsdiagrammen durch Pools sowie Lanes (BPMN) und Partitionen (UML) abgebildet werden. Da diese aber auch Rollen und andere Bedeutungen einnehmen können, wird bei einer Vermengung dieser Konzepte die Benutzerfreundlichkeit (besonders die Einfachheit und Anschaulichkeit der Modelle) herabgesetzt. Auch die automatisierte Transformation in ausführbare Modelle leidet hierunter. Abhilfe können in BPMN 2.0 eventuell Ausdrücke zur Ressourcenauswahl (siehe *Resource Assignment* [OM10a, OM11c]) schaffen. UML-Aktivitätsdiagramme können durch die Integration von OCL-Ausdrücken [OM10b] erweitert werden. In EPK existiert keine explizite Erweiterung, die Funktionen auch Positionsdefinitionen zuordnet. Dies liegt daran, dass die Erweiterungen, insbesondere die von Scheer vorgeschlagenen Organigramme [Sc99b] keine Unterscheidung zwischen Rollen und Positionen treffen. Petri-Netze unterstützen dieses Muster nicht explizit, eine Modellierung könnte aber ähnlich der Integration der rollenbasierten Ressourcenzuweisung erfolgen.

5.2.12 Rollenbasierte Ressourcenzuweisung

Beschreibung: Die Zuordnung von Aufgaben zu Ressourcen erfolgt über die Einschränkung auf bestimmte Rollen (oder eine Rolle). Dies bedeutet, dass alle Ressourcen, die diesen Rollen zugeordnet sind, auch diese Aufgabe ausführen können.

Beispiel: Aufgabe A muss von genau einem Benutzer, der den Rollen R_B und R_C zugeordnet ist, ausgeführt werden.

Verwendung: Dieses Muster kann verwendet werden, wenn zur Laufzeit dynamisch entschieden werden soll, welche konkrete Ressource die Ausführung einer Aufgabe übernehmen soll. Der Vorteil hierbei ist, dass mehrere Ressourcen einer Rolle zugeordnet werden können und hierdurch Engpässe, die aufgrund einer direkten Ressourcenzuweisung entstehen, vermieden werden können. Rollen können hierbei organisatorische Gegebenheiten abbilden oder auch kontextbezogen (z.B. eine Rolle innerhalb eines Projektes oder bezogen auf bestimmte Geschäftsprozesse) modelliert werden. Hierdurch lässt sich die Auswahl der möglichen Ressourcen erweitern oder auch einschränken. Letzteres ist eine Erweiterung gegenüber der positionsbasierten Ressourcenzuweisung, die strikt an die Organisationshierarchie gebunden ist. Im Idealfall werden Rollen auf der Basis von Kompetenzen, Fähigkeiten und Kenntnissen vergeben [AK01, Mu04, RA+05, RA08] – in den meisten Fällen wird dies jedoch nur implizit angenommen.

Verwandte Muster: Autorisierungsorientierte Ressourcenzuweisung; Kompetenzbasierte Ressourcenzuweisung; Positionsbasierte Ressourcenzuweisung

Unterstützung: Die rollenbasierte Ressourcenzuweisung wird grundsätzlich von allen Sprachen adressiert. In BPMN und den UML-Aktivitätsdiagrammen werden hierzu wiederum vornehmlich Pools sowie Lanes (BPMN) und Partitionen (UML) genutzt. Problematisch ist hierbei die Spezifikation mehrerer Rollen, die zur Ausführung von einer Aufgabe erforderlich sind. Hierzu müssen die Bahnen in beiden Sprachen bei Bedarf auch als Rollenkombinationen modelliert werden, was zu zusätzlichen Bahnen führt. Alternativ können die Bahnen in einigen Fällen auch in Matrixform angeordnet werden, allerdings steht auch dies der Übersichtlichkeit der Modelle entgegen. In EPK können Funktionen anstelle von konkreten Ressourcen auch Rollendefinitionen zugewiesen werden (siehe Abbildung 5.4). Petri-Netze unterstützen dieses Muster nicht explizit, hier können Rollen durch Stellen oder durch Eigenschaften typisierter Marken abgebildet werden. Zur Auswahl ist anschließend die entsprechende Stelle mit der Transition, die die Aufgabe repräsentiert, zu verbinden oder eine entsprechende typisierte Marke durch einen Ausdruck auszuwählen – die Markierung der Stellen unterstützt hierbei idealerweise Multimengen (siehe [Ob96a]).

5.2.13 Substitutionale Ressourcenzuweisung

Beschreibung: Die Zuordnung von Aufgaben zu Ressourcen kann auf Basis mehrerer definierter Kombinationen von Faktoreigenschaften vorgenommen werden. Dies bedeutet, dass sich eine definierte Faktorkombination – bezogen auf den Geschäftsprozess – nicht limitational auswirkt, somit durch andere Kombinationen ersetzt werden kann.

Beispiel: Aufgabe A kann durch eine Ressource R ausgeführt werden, sofern diese die Eigenschaften E_1, E_2 und E_3 oder die Eigenschaften E_1 und E_4 besitzt.

Verwendung: Dieses Muster ermöglicht die Definition von alternativen Eigenschaften, die bei der Ressourcenzuweisung zu berücksichtigen sind. Die Eigenschaften werden hierbei durch ein anderes Muster ausgedrückt, beispielsweise als Anforderungen an Kompetenzen oder Rollen. Wie auch das Komplementärmuster ist die substitutionale Ressourcenzuweisung daher als Ergänzungsmuster zu verstehen. Im Gegensatz zum Komplementärmuster erhöht dieses Muster die Flexibilität der Ressourcenzuweisung zur Laufzeit.

Verwandte Muster: Alternative Ressourcenzuweisung; Limitationale Ressourcenzuweisung (Komplementärmuster)

Unterstützung: Da dies ein Ergänzungsmuster ist, kann nicht generell beantwortet werden, inwieweit es auf die Modellierungssprachen bezogen unterstützt wird. Ähnlich dem Komplementärmuster ergibt sich dies je nachdem, mit welchen anderen Mustern die substitutionale Ressourcenzuweisung kombiniert wird. Zusätzlich einschränkend muss die Modellierungssprache in diesem Zusammenhang die Definition von Alternativen erlauben. Letzteres scheint im Rahmen der neu definierten Ressourcenzuweisung auf der Basis von Ausdrücken in BPMN (siehe *Expression Assignment* [OM10a, OM11c]) möglich zu werden. In einigen Petri-Netz-Varianten ist eine derartige Ressourcenauswahl ebenfalls auf der Basis von Ausdrücken möglich, beispielsweise durch die Spezifikation prädikatenlogischer Ausdrücke in Pr/T-Netzen [Ge87, GH+94].

5.2.14 Zeitbasierte Ressourcenzuweisung

Beschreibung: Ressourcen sollen Aufgaben in einem definierten zeitlichen Rahmen ausführen. Das Muster kann auf zwei unterschiedliche Arten ausgeprägt werden. Einerseits ist es möglich, den Zeitpunkt für die Durchführung von Aufgaben zu definieren, andererseits kann auch die Dauer der Durchführung eingeschränkt werden.

Beispiel: Aufgabe A ist nach Ablauf der Zeitspanne Z_1 auszuführen; Ressourcen die dann verfügbar sind, können die Ausführung übernehmen.

Aufgabe B muss innerhalb der Zeitspanne Z_2 durchgeführt werden. Ausschließlich Ressourcen, die die Aufgabe innerhalb der geforderten Zeit durchführen können, dürfen der Aufgabe zugewiesen werden.

Verwendung: Dieses Muster ermöglicht quantitative Einschränkungen bezüglich der Ressourcenzuweisung, die sich direkt auf die Durchlaufzeiten der modellierten Geschäftsprozesse auswirken. Das Muster wird meist nicht alleinstehend, sondern in Kombination mit anderen Mustern genutzt.

Verwandte Muster: Historienbasierte Ressourcenzuweisung

Unterstützung: Die Modellierung zeitbasierter Entscheidungen (beider Typen) ist in BPMN durch zeitbehaftete Ereignisse (*Timer* als *Start*, *Intermediate* oder *End Event* [OM09, OM11c]) möglich. Die Unterscheidung der beiden Typen birgt in BPMN allerdings die inhärente Gefahr für Modellierungsfehler, die Unterschiede der beiden Typen werden in Abbildung 5.14 illustriert. Während das zeitbasierte Ereignis an Aufgabe A eine Ausnahme darstellt, die eintritt, sobald eine definierte Zeitspanne überschritten wurde, stellt das Ereignis nach Aufgabe C einen Zeitraum dar, der abgewartet werden muss, bevor Aufgabe D bearbeitet werden kann. In den EPK existiert kein Mechanismus zur Abbildung dieses Musters, hier wird nur grundlegend davon gesprochen, dass die Bearbeitung von Funktionen Zeit benötigt. In einigen Petri-Netz-Varianten wird dieses Muster ebenfalls unterstützt; insbesondere geeignet sind in diesem Zusammenhang zeitbehaftete Netzvarianten, siehe [CM99, CR85, HV85, MB+87, MB+98, PV+99, Ra74, RF+91, Ri86, St05a, WD+85, WZ08]. Die UML-Aktivitätsdiagramme unterstützen die zeitbehaftete Ressourcenzuweisung bedingt. Einerseits können Signale genutzt werden, um externe Zeitgeber zu integrieren. Andererseits können Aktionen (*Actions*) um Zeitereignisse (siehe *TimeEvent* [OM10d]) erweitert werden, sodass diese nur zu bestimmten Zeitpunkten ausgeführt werden können. Allen Modellierungssprachen fehlt allerdings eine geeignete Form der Ressourcenmodellierung, die die Verfügbarkeit der Ressourcen integriert. Als Modellierungssprache könnte hierzu die in Kapitel 4 vorgestellte Sprache integriert werden.

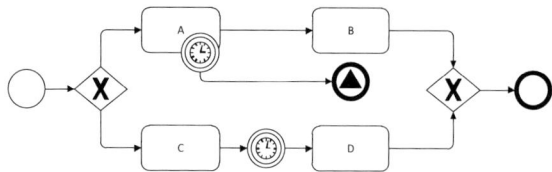

Abbildung 5.14: Zeitbasierte Zuweisungstypen in BPMN

5.3 Fazit

Keine der untersuchten Modellierungssprachen unterstützt derzeit alle vorgestellten Muster. Insbesondere die Muster zur fähigkeitsbasierten, kenntnisbasierten und kompetenzbasierten Ressourcenzuweisung werden momentan nicht hinreichend unterstützt. Insgesamt fällt auf, dass die EPK wenige Muster zwar sehr gut unterstützen (wie die direkte und rollenbasierte Zuweisung), andere Muster dafür aber nur rudimentär oder gar nicht abdecken können. Dennoch weist ARIS als umspannendes Konzept der EPK einige interessante Konzepte, insbesondere verschiedene Modellsichten auf. BPMN und UML können die Muster in vielen Fällen durch die Ergänzung von OCL-Ausdrücken abdecken, allerdings fehlt es beiden Sprachen an einer einheitlichen Modellierung der Ressourcen. In der BPMN Spezifikation wird dies sogar explizit vernachlässigt, indem davon gesprochen wird, dass die Ressourcenmodellierung nicht Aufgabe der BPMN ist und auch keine Empfehlung für eine Sprache zur Modellierung von Ressourcen vorgeschlagen wird. Als gebräuchliche Notation für Ressourcen haben sich in der Praxis in beiden Sprachen Bahnen durchgesetzt; diese sind zur Modellierung von Ressourcen jedoch nur eingeschränkt tauglich und aufgrund ihrer unklaren Semantik nicht geeignet um Ressourcenzuweisungsmechanismen zu unterstützen. Darüber hinaus erschwert die Nutzung von Bahnen auch die Analyse und Operationalisierbarkeit der Modelle. Im Bereich der Petri-Netze können verschiedene Muster durch unterschiedliche Varianten höherer Petri-Netze abgedeckt werden, jedoch deckt keine Netzvariante alle Anforderungen der Muster vollständig ab.

Derzeit existieren einige Spracherweiterungen, die die Unterstützung einzelner Muster ermöglichen [OA07b, We07]. Diese Erweiterungen sind allerdings meist domänenspezifisch und finden keine verbreitete Anwendung. Ebenso fehlt ihnen ein geeigneter Mechanismus zur Modellierung der Ressourcen. Um künftig analytische Untersuchungen der Geschäftsprozessmodelle inklusive der Bewertung von Ressourcenzuweisungen zu ermöglichen, empfiehlt sich daher die Erweiterung einer formalen Sprache, beispielsweise einer Variante höherer Petri-Netze. Da auch die Petri-Netz-Varianten nicht alle Muster und im Hinblick auf diese Arbeit insbesondere nicht die fähigkeits-, kenntnis- sowie kompetenzorientierten Muster adressieren können, empfiehlt sich die Vereinigung verschiedener Ansätze. Insbesondere die Kombination zeitbehafteter und typisierter Netzvarianten erscheint in diesem Zusammenhang vielversprechend. Eine dementsprechende Modellierungssprache wird im nachfolgenden Kapitel vorgestellt.

6 Geschäftsprozessorientiertes Ressourcenmanagement

In diesem Kapitel soll den vorangegangenen Untersuchungen entsprechend ein Ansatz für das geschäftsprozessorientierte Ressourcenmanagement vorgestellt werden. Zunächst wird aufgezeigt, welche Vorteile sich hieraus ergeben können. Daran anknüpfend werden Anforderungen an das geschäftsprozessorientierte Ressourcenmanagement hergeleitet und zur Entwicklung geeigneter Modellierungsverfahren genutzt. Im Blickpunkt steht hierbei die Entwicklung einer formalen Sprache zur Modellierung von Geschäftsprozessen unter besonderer Berücksichtigung der einzusetzenden Ressourcen. Wie bereits in Kapitel 4, sollen auch in diesem Kapitel personelle Ressourcen besondere Beachtung in der Modellierung finden.

6.1 Verbesserungspotentiale

Das Management der zur Ausführung von Geschäftsprozessen erforderlichen Ressourcen ist ein entscheidender Beitrag zur effizienten Ausführung von Geschäftsprozessen [AK+03, DS99, Mu99b, Mu04, OL+09, OS10]. Besonders der zeitgleiche Zugriff verschiedener Akteure auf eine Ressource sowie der Zugriff auf eine räumlich oder zeitlich nicht verfügbare Ressource muss durch Geschäftsprozess-Management-systeme verhindert und geregelt werden können [Ob96a, PD+08]. Die Grundlage hierfür bilden Modelle von Ressourcen und Geschäftsprozessen [DO+10]. Durch steigende Vernetzung der Unternehmen, neue Arbeitsformen und -techniken und generell der Durchführung organisationsübergreifender Geschäftsprozesse, nimmt die Komplexität des Ressourcenmanagements zu [BB+05, DE+97, DJ+07, DS99, HS+99, RA08]. Die folgenden Eigenschaften von Ressourcen (beispielsweise Arbeitnehmer, Fertigungsanlagen, Geschäftsprozessobjekte oder Werkstoffe) sind daher für das Management relevant:

- Die Anzahl der Ressourcen; diese ist bei Großunternehmen alleine durch die Anzahl der Beschäftigten bereits beträchtlich, jedoch selbst bei kleineren und mittelständischen Unternehmen können große Mengen an Ressourcen auftreten, wenn alle notwendigen Arbeitsmittel einbezogen werden sollen.

- Der Zugriff auf die Ressourcen kann Regeln unterworfen sein; dies können unternehmenseigene Geschäftsregeln, gesetzliche Bestimmungen oder auch sicherheitsrelevante Aspekte sein, deren Einhaltung zu gewährleisten ist.

- Die Ressourcen können über verschiedene Unternehmen verteilt sein; dies kann dazu führen, dass nur eingeschränktes Wissen oder nur ein begrenztes Zugriffsrecht über diese Ressourcen vorhanden ist.

- Die Fähigkeiten der Ressourcen variieren; selbst bei gleichartigen Ressourcen können die Fähigkeiten stark unterschiedlich ausgeprägt sein, dies kann sich beispielsweise in der Ausführungszeit für zugewiesene Aufgaben ausdrücken.

- Ressourcen können den Zugriff auf weitere Ressourcen implizieren; dies kann zum Beispiel durch den Zugriff auf eine Ressource, die Teil einer anderen Ressource oder Einheit ist, bedingt sein. Hieraus können zusätzliche Kostenfaktoren entstehen.

- Der aktuelle Zustand und die Verfügbarkeit der Ressourcen muss überwacht und beschrieben werden; insbesondere die Allokation nicht verfügbarer oder bereits überlasteter Ressourcen muss verhindert werden. Dies bedingt auch die Überwachung von aktuellen Geschäftsprozessinstanzen im Hinblick auf die aus den momentan zu bearbeitenden und möglichen, künftigen Aufgaben resultierenden Anforderungen.

- Die Lokalisierung der Ressourcen entscheidet über deren Einsatz; weltweit verteilte Projektteams stellen eine besondere Herausforderung dar. Insbesondere in der Softwareentwicklung nimmt die räumliche Verteilung von Projektteams auch Einfluss auf die Verfügbarkeit von Ressourcen [CC05, XL+10].

Die zuvor genannten Gründe erfordern, dass die Modellierung von Geschäftsprozessen neben der Prozesssicht auch durch eine Ressourcensicht und dementsprechende Modelle ergänzt werden (vergleiche Kapitel 4). Derartige Ressourcenmodelle umfassen relevante Ressourcen, den Organisationsaufbau und zur Laufzeit auch deren aktuellen Belegungszustand. Zur Modellierung solcher Modelle ist eine geeignete Sprache wie die zuvor vorgestellte Resource Modeling Language (RML) erforderlich. Ein integrierter Ansatz zur Modellierung von Geschäftsprozessen und Ressourcen sollte zur Ermöglichung erweiterter Untersuchungen auch die im vorigen Kapitel eingeführten Muster unterstützen.

Die Verknüpfung von Ressourcen- und Geschäftsprozessmodellen ermöglicht eine Reihe von weiterführenden Untersuchungen, die bei der jeweils isolierten Modellbetrachtung und Analyse nicht möglich sind. Insbesondere können Kapazitätsuntersuchungen aufdecken, ob ausreichend Ressourcen zur Durchführung der Geschäftsprozesse vorhanden sind (z.B. unter besonderen Lastsituationen). Dies setzt allerdings voraus, dass bekannt ist oder abgeschätzt werden kann, in welchen zeitlichen Abständen modellierte Geschäftsprozesse instanziiert werden und welchen Aufwand die definierten Aufgaben erzeugen. Weiterhin sind aus Sicht der Geschäftsprozessmodellierung auch alternative Kontrollflusspfade relevant. In diesem Zusammenhang muss entweder modellierbar sein, mit welcher Wahrscheinlichkeit ein alternativer Pfad genommen wird oder es ist eine Regel als Grundlage für die Entscheidung zu definieren. Neben quantitativen Analysen können auch qualitative Aspekte untersucht werden. Das bedeutet, dass analysierbar ist, ob die vorhandenen Ressourcen über die richtigen Eigenschaften verfügen, um eine hohe Qualität der Ergebnisse des Geschäftsprozesses zu garantieren. In diesem Zusammenhang kann eine Kompetenz-Differenz-Analyse (Competence-Gap-Analysis [CH+07]) durchgeführt werden, anhand derer ermittelt werden kann, inwieweit Anforderungen an Kompetenzen, Fähigkeiten und Kenntnisse erfüllt werden (vergleiche Abschnitt 8.3). Diese Art der Untersuchung setzt aber voraus, dass die Anforderungen bereits bekannt sind. In der Praxis ist dies unter Verwendung gängiger Modellierungs- und Dokumentationsmethoden oftmals nicht der Fall oder die Erhebung der Anforderungen erfordert einen hohen Aufwand (z.B. durch Expertenbefragungen) und ist darüber hinaus häufig mit einer hohen Unsicherheit verbunden. Aufgrund der Kombination der beiden Modellierungsarten können die Anforderungen aus den nachfolgend vorgestellten, erweiterten Geschäftsprozessmodellen formal ermittelt werden. Derartige qualitative Untersuchungen können dann als Grundlage für Handlungsempfehlungen dienen, beispielsweise Empfehlungen zu Weiterbildungsmaßnahmen oder Neurekrutierungen von Ressourcen. Sofern Kernkompetenzen [Bo10, Ja98, Oe03, WS+05, YZ09] ermittelt werden, lässt sich außerdem folgern, welche Ressourcen besonders bedeutend für eine Organisation sind.

Weiterhin ist es dann möglich, über die Auslagerung bestimmter (Teil-) Geschäftsprozesse zu entscheiden. Diese Möglichkeiten werden im weiteren Verlauf in Kapitel 8 erneut aufgegriffen und vertiefend diskutiert.

6.2 Anforderungen an das geschäftsprozessorientierte Ressourcenmanagement

Im Weiteren soll eine formale Sprache zur Modellierung von Geschäftsprozessen und relevanter Ressourcen definiert werden. Aus funktionaler Sicht soll die Modellierungssprache die Integration von RML-Instanzen (siehe Abschnitt 4.6) ermöglichen. Hierdurch wird sichergestellt, dass sie geeignet ist, geschäftsprozessrelevante Eigenschaften von Ressourcen zu adressieren und bestehende Ressourcenmodelle wieder zu verwenden. Grundsätzlich gelten daher ähnliche Anforderungen, wie bereits zuvor in Abschnitt 4.4 für RML definiert. In Bezug auf die Modellierung und Analyse von Geschäftsprozessen sind insbesondere formale Eigenschaften von Belang. Zur ressourcenorientierten Bewertung der Geschäftsprozessmodelle sollte die Sprache außerdem die in Kapitel 5 vorgestellten Muster zur Ressourcenzuweisung abbilden können; zumindest sollte es möglich sein, die Muster abzubilden, die untersucht werden sollen. Im Weiteren werden daher insbesondere die Muster zur fähigkeits-, kenntnis-, kompetenz-, positions- und rollenbasierten Ressourcenzuweisung adressiert. Eine Unterscheidung zwischen limitationaler und substitutionaler Ressourcenzuweisung ist auf Basis der im weiteren Verlauf vorgestellten Ressourcen-Netze ebenfalls möglich. Außerdem werden in Abschnitt 6.3.2 Möglichkeiten zur Modellierung der orts- und zeitbasierten Ressourcenzuweisung aufgezeigt.

Aus Sicht des Modellierers spielt selbstverständlich weiterhin die Benutzerfreundlichkeit eine Rolle, die jedoch formalen Analysen entgegenstehen kann [Ju07]. Aus diesem Grund wird nachfolgend neben einer formalen Definition noch eine vereinfachte Modellierungssprache definiert, die jedoch eine Rückführung auf formalere Modelle erlaubt. Aufgrund der genannten Schwerpunkte in Bezug auf die Analyse der Modelle sollen nachfolgend wichtige Anforderungen, die zur Konstruktion der Modellierungssprache herangezogen werden, hervorgehoben werden (vergleiche auch [FL03]).

Sprachspezifikation (A1): Die Konzepte der Modellierungssprache, deren Zusammenhänge und assoziierten Regeln sollen eindeutig definiert werden. Hierzu bieten sich formale Modellspezifikationen an, die eine klare Syntax und Semantik der Modellierungssprache definieren [AK+03, NP+06, WK04].

Analysierbarkeit (A2): Gemäß der Sprachspezifikation erstellte Geschäftsprozessmodelle sollen die Durchführung von Analysen unterstützen. Hierbei ist die Prüfung der syntaktischen Korrektheit der Modelle ebenso zu prüfen, wie auch weitergehende Analysen (beispielsweise die Beantwortung von Fragen der Last für einzelne Ressourcen oder Ressourcengruppen in konkreten Situationen). Aus Sicht der Geschäftsprozessmodellierung sollte es auch möglich sein, strukturelle Eigenschaften der Modelle prüfen zu können [BP+07, EH08, Me08].

Simulierbarkeit (A3): Die Simulation [PK05, Sh78] von erstellten Geschäftsprozessmodellen soll möglich sein. Dies ist von Interesse, wenn Experimente und Messungen in der Realität zu langsam, zu schnell, zu gefährlich, unmöglich oder wirtschaftlich nicht angemessen wären. Ferner kann bei komplexen Prozessen die Grenzen analytischer Methoden und Beschreibungen überschritten werden, sodass es erforderlich wird, Simulation als Methode zur Validierung von Modelleigenschaften zu nutzen.

Operationalisierbarkeit (A4): Abgesehen von der Simulation und Analyse müssen modellierte Geschäftsprozesse auch innerhalb von Ausführungsumgebungen wiederverwendbar sein. Die Sprache sollte daher die methodische Überführung der Modelle in ausführbare Repräsentationen oder deren Integration in solche unterstützen.

6.3 Ressourcen-Netze

In diesem Abschnitt werden Ressourcen-Netze vorgestellt. Ressourcen-Netze sind eine Variante höherer Petri-Netze, die die Integration von Ressourcen in die Modellierung von Geschäftsprozessen gewährleisten. Zunächst sollen die Ressourcen-Netze formal hergeleitet werden, daran anknüpfend wird auch die Integration von zeitlichen und örtlichen Einschränkungen auf die Ressourcenauswahl (vergleiche Abschnitt 5.2.10 und 5.2.14) diskutiert. Abschließend wird eine vereinfachte Notation der Ressourcen-Netze eingeführt, um die Modellierung aus Anwendersicht zu erleichtern.

6.3.1 Formale Definition

Um die Anforderungen der zu formulierenden Netzvariante zu verdeutlichen, sollen zur formalen Herleitung der Netzdefinition zunächst die zu integrierenden Objekte (Ressourcen, konkret die Menge der personellen Ressourcen HR) betrachtet werden. Anschließend wird die Definition der Ressourcen-Netze formal beschrieben. Zur Ableitung der formalen Beschreibung der Objekte in Ressourcen-Netzen soll zunächst das in Kapitel 4 vorgestellte Metamodell zur Abbildung von (personellen) Ressourcen (siehe Abschnitt 4.6.4) hinsichtlich seiner Struktur analysiert werden. Gemäß dem konstruierten Metamodell können personelle Ressourcen die folgenden Eigenschaften aufweisen:

- besitzen genau einen Allokationszustand, bestehend aus
  - einem der Zustände unused, ready, occupied, waiting, blocked oder failed,
  - der Eigenschaft isSchedulable (entweder wahr oder falsch) sowie
  - einer utilization, also einer Angabe des Auslastungsgrades in Prozent.
- haben 1 bis n_{or} (organisatorische) Rollen,
- haben 0 bis n_{pr} (prozessbezogene) Rollen,
- haben 0 bis n_{oe} zugeordnete Organisationseinheiten,
- haben 0 bis n_g zugeordnete Gruppen,
- haben 0 bis n_p zugeordnete Projekte,
- haben 0 bis n_{pv} zugeordnete, vergangene Projekte,
- haben 0 bis n_v Vorgesetzte,
- haben 0 bis n_u Untergebene,
- haben 0 bis n_d Stellvertreter,
- haben 0 bis n_k Kenntnisse mit zugeordneten Leveln,
- haben 0 bis n_s Fähigkeiten mit zugeordneten Leveln und
- haben 0 bis n_c Kompetenzen mit zugeordneten Leveln.

Diese Eigenschaften sind für jede Ressource über die Zeit veränderlich, ebenso kann die Anzahl der Eigenschaften über die Zeit Veränderungen unterliegen. Sei HR die Menge der personellen Ressourcen. Für einen Zeitpunkt und bezogen auf $hr \in HR$ kann dies wie folgt beschrieben werden:

- Sei A die Menge der möglichen Allokationszustände für hr (zeitunabhängig), mit
$$A \quad = \quad (\{0,1,2,3,4,5\} \times \{0,1\} \times \{0,1,2, ... ,100\})$$

  Hierbei werden die Zustände wie folgt abgebildet: unused = 0, ready = 1, occupied = 2, waiting = 3, blocked = 4, failed = 5 sowie die Wahrheitswerte der Eigenschaft isSchedulable durch wahr = 1 und falsch = 0. Die prozentuale Auslastung wird in Werten von 0 bis 100 angegeben.

- Sei OR die Menge organisatorischer Rollen, PR die Menge prozessbezogener Rollen, OE die Menge der Organisationseinheiten, G die Menge der Gruppen, P die Menge der Projekte, PV die Menge der vergangenen Projekte, V die Menge der Vorgesetzten, U die Menge der Untergebenen und D die Menge der Stellvertreter. Sei $X \neq \emptyset$ eine der vorgenannten Mengen, dann beschreibt ein Element aus
$$X^* \quad = \quad 2^X \text{ die Zuordnung von } hr \text{ zu Elementen aus } X$$

- Sei K die Menge der Kenntnisse, S die Menge der Fähigkeiten, C die Menge der Kompetenzen. Sei $Y \neq \emptyset$ eine der Mengen K, S, C, dann beschreibt ein Element aus
$$Y^* \quad = \quad 9^Y \text{ die zu } hr \text{ zugeordnete Niveaustufe zu Elementen aus } Y$$

Ist eine Eigenschaft für eine personelle Ressource nicht vorhanden oder gegeben, so wird (abgesehen von A) auf 0 abgebildet, andernfalls auf 1. Im Fall der Kompetenzkonzepte werden vorhandene Niveaustufen durch 1 bis 8 abgebildet (Level nach EQF [EU08d]). Ein Element $hr \in HR$ lässt sich dann mit Hilfe der Relation Γ der beschriebenen Eigenschaften formulieren als:

$$hr \in \Gamma: \Gamma \subseteq A \times OR^* \times PR^* \times OE^* \times G^* \times P^* \times PV^* \times V^* \times U^* \times D^* \times K^* \times S^* \times C^*$$

Dies soll anhand von Abbildung 6.1 (RML-Modell) beispielhaft für eine fiktive Organisation dargestellt werden. Nachfolgend werden Eigenschaften der Ressource *Member A* detailliert (siehe Abbildung 6.2) beschrieben. Der zur Modellierung eingesetzte Modelleditor wird im weiteren Verlauf der Arbeit ebenfalls detailliert diskutiert (siehe Abschnitt 7.1 und Abschnitt 7.3). Die hier aufgegriffenen Kompetenzen, Fähigkeiten und Kenntnisse sind Standardelemente nach dem European e-Competence Framework [EU08b, EU10b], das 36 Kompetenzen, zugehörige Fähigkeiten und Kenntnisse beschreibt. Sind Fähigkeiten und Kenntnisse durch eine Kompetenz bereits impliziert, so werden diese im Eigenschaftsdialog des Modelleditors (Abbildung 6.2) nur dann zusätzlich angezeigt, wenn die Ressource abweichende Eigenschaften aufweist. Eine solche Abweichung kann durch zusätzliche Fähigkeiten und Kenntnisse oder auch nur höhere Niveaustufen als die aufgrund der zugrunde liegenden Kompetenz geforderten entstehen. Die Ressource *Member A* ist außerdem ein Element der Menge HR und kann daher in Tupel-Darstellung angegeben werden (siehe Tabelle 6.1). Um die Integration dieser Ressourcenstrukturen in die Geschäftsprozessmodellierung zu gewährleisten, werden nachfolgend die Ressourcen-Netze definiert (siehe Definition 6.1).

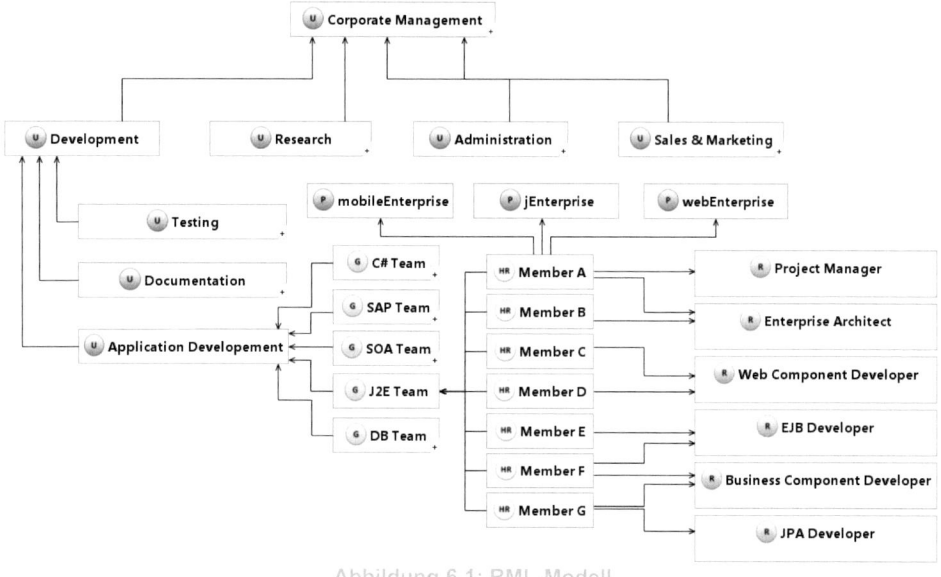

Abbildung 6.1: RML-Modell

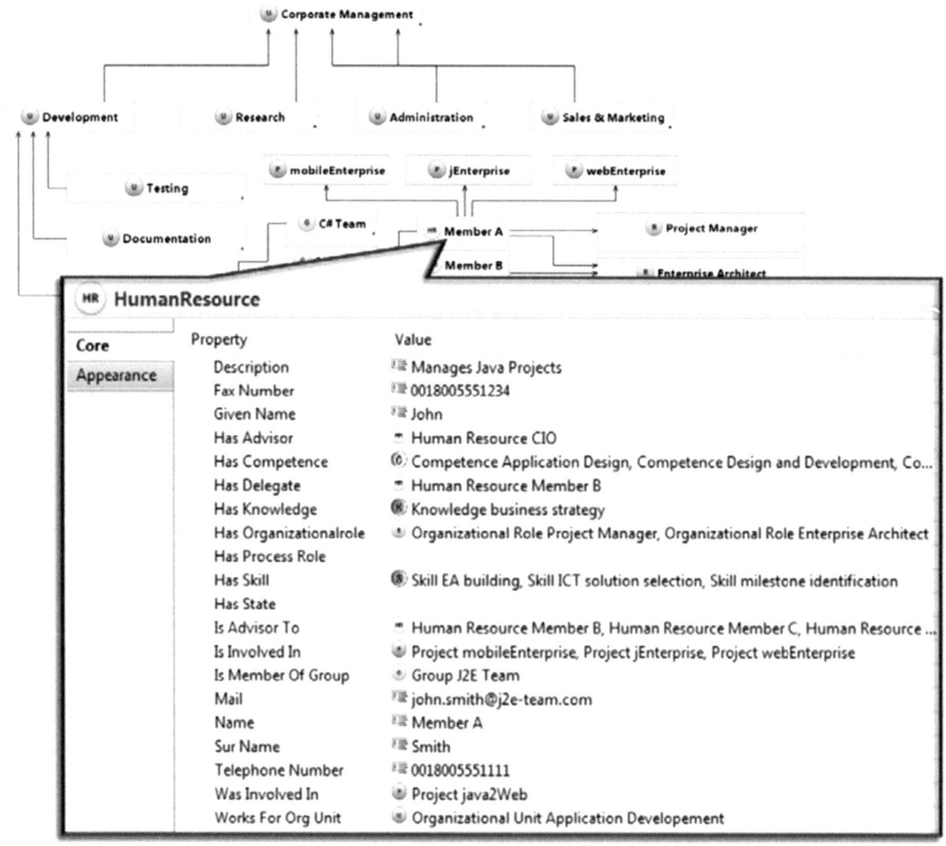

Abbildung 6.2: RML-Modell mit eingeblendeten Eigenschaften

Bezug zu	Eigenschaftsausprägung für *Member A*
A	$(1 \times 1 \times 80)$
OR^*	$(1,1,0,0,0,0)$
PR^*	$(0,0,0,0,0,0)$
E^*	$(0,0,0,0,0,0,0,1)$
G^*	$(0,0,0,1,0)$
P^*	$(1,1,1,0)$
PV^*	$(0,0,0,1)$
H^*	$(1,0,0,0,0,0,0,0)$
H^*	$(0,0,1,1,1,1,1,1)$
H^*	$(0,0,1,0,0,0,0,0)$
K^*	$(0,0,0,0,0,0,0,0,0,0,0,0,6,0,0,0,0,0,0,0,0,0,0,0,0,0,0,0,0,0,0,0,0,0,$ $0,0,0,0,0,0,0,0,0,0,0,0,0,0,0,0,0,0,0,0,0,0,0,0,0,0,0,0,0,0,0,0,0,0,0)$
S^*	$(0,0,3,0,0,0,0,0,0,0,0,0,5,0,0,0,0,0,0,0,0,0,0,4,0,0,0,0,0,0,0,0,0,0,0,0,0,$ $0,0,0,0,0,0,0,0,0,0,0,0,0,0,0,0,0,0,0,00,0,0,0)$
C^*	$(0,0,0,0,0,6,0,0,7,0,0,0,0,0,0,0,0,0,0,0,0,0,0,0,0,0,0,0,0,3,0,0,4,0,0,0)$

Tabelle 6.1: Tupel-Darstellung einer Ressource aus HR

In Abbildung 6.1 ist anhand des Plus-Zeichens in einigen Organisationseinheiten (*OrganizationalUnit*) und einigen Gruppen (*Group*) zu erkennen, dass weitere Modellelemente im Modell enthalten aber in der Darstellung ausgeblendet sind. Die Tupel-Darstellung in Tabelle 6.1 basiert vereinfachend nur auf den abgebildeten Modellelementen sowie den beiden durch die Eigenschaften (in Abbildung 6.2) referenzierten Elementen (*CIO* und *java2Web*). Sofern sehr viele Sachverhalte modelliert wurden, erweist sich die Tupel-Darstellung als unhandlich (vergleiche Tabelle 6.1), insbesondere können einzelne Ressourcen viele Nullwerte enthalten. Um diesem Faktum in der Darstellung und den Beschriftungen der Ressourcen-Netze Rechnung zu tragen, soll für die Mengen $OR^*, PR^*, E^*, G^*, P^*, PV^*, H, K^*, S^*, C^*$ folgende abkürzende Schreibweise eingeführt werden, um von Null verschiedene Ausprägungen darzustellen:

$$(MengenBezeichnung_{Index}: Wert)$$

Die Menge S lässt sich in Bezug zu der in Tabelle 6.1 dargestellten Ressource daher auch wie folgt darstellen:

Bezug zu	Eigenschaftsausprägung für *Member A*
S^*	$\left((S_2: 3), (S_{11}: 5), (S_{21}: 4)\right)$

Tabelle 6.2: Vereinfachte Tupel-Darstellung für RML-Instanzen

In den folgenden Beispielen zu den nachfolgend definierten Ressourcen-Netzen und Ressourcen-Netz-Systemen wird diese vereinfachte Notation der Tupel-Darstellung über den HR-Mengen genutzt, um die Anforderungen an die Marken (die in den RML-Instanzen modellierten Ressourcen) zu formulieren. Verglichen mit den bereits beschriebenen S/T-Netzen (vergleiche [Re85, Lu06] erweitern die Ressourcen-Netze diese durch die Integration von Objekten (Ressourcen). Nach Definition 6.1 nutzen Ressourcen-Netze hierzu spezielle Stellen, die Ressourcenstellen. Diese enthalten (in Ressourcen-Netz-Systemen, siehe Definition 6.2) komplexstrukturierte Marken, deren Struktur sich aus den korrespondierenden Ressourcenmodellen (RML-Instanzen) ergibt und die zur Integration in die Ressourcen-Netze in die weiter oben beschriebene Tupel-Darstellung überführt werden können (vergleiche Tabelle 6.1 und Tabelle 6.2). Weiterhin wird die Beschriftung adjazenter Kanten, die die Ressourcenstellen in die Netze integrieren, erweitert sowie eine Inschrift in die korrespondierenden Transitionen definiert. Die Inschriften der Transitionen können ähnlich wie in anderen Varianten höherer Petri-Netze als Wächterausdrücke genutzt werden (vergleiche hierzu auch [GL79, Ge87, GH+94, IS04, Je97a, Je97b, JK09, LO03, Re85]).

Durch Transitionsinschriften und Kantenbeschriftungen wird es möglich, die Ressourcen in den Ablauf der auf Basis von Ressourcen-Netzen definierten Geschäftsprozesse zu integrieren. Die Transitionsinschriften ermöglichen hierbei die Einschränkung der Auswahl möglicher Ressourcen. Eine gültige Belegung β der adjazenten Kanten einer Transition muss die Transitionsinschrift erfüllen; das bedeutet, dass der Funktionswert von Σ unter einer gültigen Belegung 1 ergibt (siehe Definition 6.3, vergleiche auch [GL79, Re85]).

Definition 6.1 Ressourcen-Netz

Ein Ressourcen-Netz RN ist ein Tupel $RN = (S, R, T, F, K, W, \Phi, \Sigma, \Upsilon)$ für das gilt:

i. S ist eine endliche Menge von Stellen,

ii. R ist eine endliche Menge von Ressourcenstellen,

iii. T ist eine endliche Menge von Transitionen,

iv. Weiterhin gilt: $T \cap S = \emptyset$, $T \cap R = \emptyset$, $S \cap R = \emptyset$ und $T \cup S \cup R \neq \emptyset$,

v. F ist die Flussrelation (Menge der Kanten), es gilt: $F \subseteq F_1 \cup F_2$ mit $F_1 = (S \times T) \cup (T \times S)$ und $F_2 = (R \times T) \cup (T \times R)$,

vi. Ressourcen-Netze sind schlingenfrei $\Leftrightarrow \cdot t \cap t \cdot = \emptyset$,

vii. $K: S \to \mathbb{N} \cup \{\infty\}$ definiert eine (möglicherweise unbeschränkte) Kapazität für jede Stelle,

viii. $W: F_1 \to \mathbb{N} \setminus \{0\}$ definiert ein Kantengewicht für jede Kante aus F_1,

ix. Φ ist eine Abbildung, die einer Kante aus F_2 eine Kantenbeschriftung zuweist. Beschriftungen sind endliche Mengen an Funktionen von HR nach $\{0,1\}$,

x. Σ ist die Menge möglicher Transitionsinschriften. Eine Transitionsinschrift ist ein n-Tupel von Funktionen über HR nach $\{0,1\}$,

xi. $\Upsilon: T \to \Sigma$ ist eine Abbildung, die jeder Transition $t \in T$ eine Inschrift aus Σ zuordnet.

Durch Kantenbeschriftungen können Anzahl und Eigenschaften der benötigten Ressourcen definiert werden. Kantenbeschriftungen beschreiben die Menge zulässiger Ressourcen (siehe Abbildung 6.3). Für $k \in F_2 : \Phi(k) = \{f_1, f_2, ..., f_n | f_i : HR \to \{0,1\}\}$ heißt $x \in HR$ f_i-zulässig (erfüllt diesen Teil der Kantenbeschriftung): $\Leftrightarrow f_i(hr) = 1$. Dementsprechend heißt eine Belegung β von Ressourcen $(x_1, x_2, ..., x_n) \in HR^n$ Φ-zulässig $: \Leftrightarrow f_i(x_j) = 1$ für $i, j = 1, ..., n$. Durch die Transitionsinschriften können zusätzliche Bedingungen (etwa dass die Ressourcen einer Belegung auch unterschiedliche Elemente aus HR sind, dies entspricht dem Vier-Augenprinzip [RA+05]) formuliert werden. Dementsprechend ist β $\Upsilon(t)$-zulässig (erfüllt die Transitionsinschrift): $\Leftrightarrow \Upsilon(t)(x_1, x_2, ..., x_n) = 1$. Sind für eine Ressourcenbelegung die Transitionsinschrift und adjazente Kantenbeschriftungen zulässig, dann ist die Ressourcenbelegung eine gültige Auswahl von Ressourcen. Bedingungen durch Kantenbeschriftungen im Nachbereich können Veränderungen der Ressourceneigenschaften oder das Erzeugen von Ressourcen beschreiben. Dies ist ebenfalls ein wichtiger Aspekt der Ressourcen-Netze, hierdurch können beispielsweise Rekrutierungs-, Aus- und Weiterbildungsprozesse abgebildet werden (vergleiche das in Abbildung 6.4 dargestellte Ressourcen-Netz-System – vereinfachend sind dort die Eigenschaften der Marken nicht integriert).

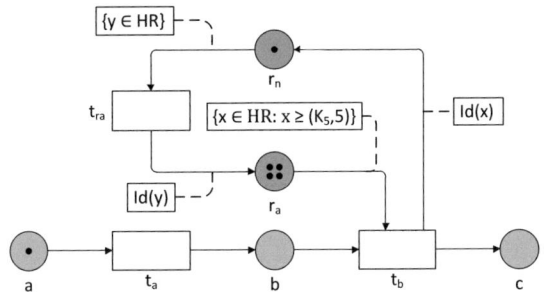

Abbildung 6.3: Verfügbarkeitsmuster in Ressourcen-Netze

Sofern keine speziellen Anforderungen erhoben oder nur genau eine Marke entnommen oder abgelegt wird, kann von der expliziten Darstellung der Kantenbeschriftungen und - gewichte abgesehen (vergleiche Abbildung 6.3) werden. Im in Abbildung 6.3 dargestellten Beispiel wird zur Durchführung der Aufgabe, die mit Transition t_b verknüpft ist, genau eine Ressource benötigt, die über eine Kompetenz *Application Design* mindestens auf Kompetenzniveaustufe 5 ($x \in HR: x \geq (K_5, 5)$) verfügt (die zuvor beschriebene Ressource *Member A* könnte diese Aufgabe demnach durchführen). Nach Durchführung der Aufgabe ist die Ressource zunächst nicht verfügbar (Ressourcenstelle r_n), eine Veränderung der Kompetenzeigenschaften der Ressource wird nicht vorgenommen ($Id(x)$). Nach dem Schaltvorgang einer weiteren Transition t_{ra} sind nicht verfügbare Ressourcen anschließend wieder verfügbar. Um konkrete RML-Instanzen in das Netz zu integrieren und deren Veränderungen zu untersuchen, muss das Ressourcen-Netz zu einem Ressourcen-Netz-System (Definition 6.2) erweitert werden.

Definition 6.2 Ressourcen-Netz-System

Ein Ressourcen-Netz-System RNS ist ein Tupel $RNS = (S, R, T, F, K, W, \Phi, \Sigma, Y, M_0)$ für das gilt:

   i. $(S, R, T, F, K, W, \Phi, \Sigma, Y)$ ist ein Ressourcen-Netz RN ohne isolierte Elemente.

   ii.   Eine Markierung M von RNS wird durch die Abbildungen

             $f: S \rightarrow \mathbb{N}_0$ und

             $g: R \rightarrow HR^n$

      beschrieben. $\forall s \in S$ gilt $f(s) \leq K(s)$. f weist jeder Stelle eine Anzahl von Marken zu, g jeder Ressourcenstelle eine Menge von Elementen aus HR zuweist.

   iii.   Die Anfangsmarkierung M_0 ist die initiale Markierung von RNS.

Marken in R stellen Instanzen von RML dar, während die Marken in S nicht weiter voneinander unterschieden werden sollen (vergleiche auch [GL81]). Sofern erweiterte Analysen die Unterscheidung der Marken aus S erfordern, kann die Netzdefinition gemäß der Petri-Netz-Theorie erweitert werden. Hierdurch können andere Varianten höherer Petri-Netze in Ressourcen-Netze integriert werden. Beispielsweise können XML-Netze [LO03] genutzt werden, um die Modellierung überbetrieblicher Geschäftsprozesse zu unterstützen. Einige Erweiterungsmöglichkeiten werden anschließend in Abschnitt 6.3.3 aufgezeigt.

$$I_S = \begin{pmatrix} 1 & 0 & 0 \\ 0 & 1 & 0 \end{pmatrix} \qquad I_r = \begin{pmatrix} \varepsilon & y \in HR \\ x \in HR: x \geq (K_5, 5) & \varepsilon \end{pmatrix} \qquad I_{ra} = \begin{pmatrix} 0 & 1 \\ 1 & 0 \end{pmatrix}$$

$$O_S = \begin{pmatrix} 0 & 1 & 0 \\ 0 & 0 & 1 \end{pmatrix} \qquad O_r = \begin{pmatrix} Id(y) & \varepsilon \\ \varepsilon & Id(x) \end{pmatrix} \qquad O_r = \begin{pmatrix} 1 & 0 \\ 0 & 1 \end{pmatrix}$$

Tabelle 6.3: Input- und Output-Matrizen des Ressourcen-Netzes aus Abbildung 6.3

Für einige weiterführende Untersuchungen kann es hilfreich sein, die Flussrelation in Matrix-schreibweise zu überführen. Analog zu den in vielen Fällen eingeführten Definitionen von Eingabe- (*Input Matrix*) und Ausgabematrix (*Output Matrix*) ergeben sich im Falle der Res-sourcen-Netze die vier Matrizen:I_s, O_s, I_r, O_r. Hierbei sind I_s, O_s die Matrizen über den Ele-menten der Relation F_1, also die üblichen Ein- und Ausgabematrizen der S/T-Netze und I_r, O_r die Matrizen über den Elementen der Relation F_2, also die spezifischen Kantenbe-schriftungen der Ressourcen-Netze. Sofern lediglich die Menge der von einer Transition benötigten und bereitgestellten Ressourcen, nicht aber die exakte Kantenbeschriftung, rele-vant ist, kann dies ähnlich zu den Matrizen I_r, O_r durch die vereinfachten Matrizen I_{ra}, O_{ra} ausgedrückt werden (illustriert die Matrizen für das Beispiel aus Abbildung 6.3).

Innerhalb von Abbildung 6.4 wird auch eine Weiterbildungsmaßnahme beschrieben. Diese wird durch die Transition t_b abgebildet. Ersichtlich wird dies durch die Kantenbeschriftung der Kante von t_b zu r_n; die Ressource, die diese Transition ausführt, erhält gemäß der Kantenbeschriftung nach der Durchführung von t_b eine weitere Kenntnis $(K_7, 3)$ – sofern diese Kenntnis bereits vorhanden oder stärker ausgeprägt ist, ändert sich diese Ei-genschaft der Ressource nicht.

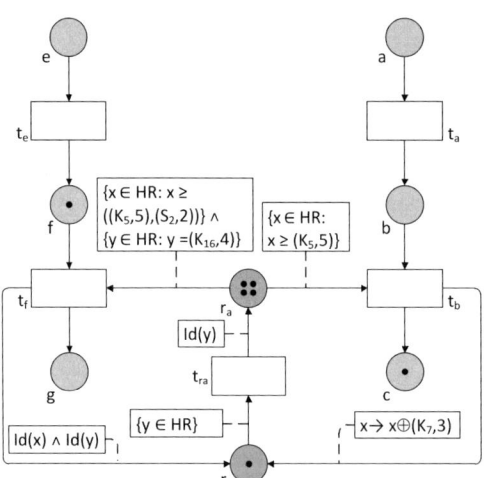

Abbildung 6.4: Ressourcen-Netz-System inklusive Weiterbildungsmaßnahme

Der Definition der Ressourcen-Netze folgend ist eine erweiterte Schaltregel zu formulieren (Definition 6.3), sodass diese für Marken der Stellen aus S der Schaltregel der S/T-Netze entspricht – sieht man davon ab, dass die Betrachtung von Schlingen nicht in die Schaltregel integriert ist. Bezüglich der Marken der Ressourcenstellen wird die Schaltregel entsprechend erweitert, sodass die formulierten Einschränkungen erfüllt werden müssen, sofern eine Transition aktiviert ist. Sind im Vorbereich einer Transition keine Ressourcenstellen enthalten, so wird durch Σ (gemäß Definition 6.1) keine weitere Einschränkung definiert.

Definition 6.3 Schaltregel in Ressourcen-Netz-Systemen

Sei $RNS = (S, R, T, F, K, W, \Phi, \Sigma, \Upsilon, M_0)$ ein Ressourcen-Netz-System.

i. Eine Transition $t \in T$ heißt M-aktiviert, falls unter einer Markierung M gilt:

$$\forall s \in S, s \in \cdot t \qquad M(s) \geq W(s,t)$$

$$\forall s \in S, s \in t \cdot \qquad M(s) \leq K(s) - W(t,s)$$

$$\forall r \in R, r \in \cdot t \,\exists \beta: \qquad \beta \text{ ist } \Phi\text{-zulässig und } \Upsilon(t)(\beta) = 1$$

ii. Eine M-aktivierte Transition t kann nach M' schalten (kurz: $M[t > M')$.

iii. Ein Schaltvorgang von M nach M' verändert Anzahl und Art der Marken in S und R wie folgt:

$$M'(s) = \begin{cases} M(s) - W(s,t) & \text{falls } s \in \cdot t \setminus t \cdot \\ M(s) + W(t,s) & \text{falls } s \in t \cdot \setminus \cdot t \\ M(s) & \text{sonst} \end{cases}$$

$$M'(r) = \begin{cases} M(r) - \beta & \text{falls } r \in \cdot t \setminus t \cdot \\ M(r) + \beta & \text{falls } r \in t \cdot \setminus \cdot t \\ M(r) & \text{sonst} \end{cases}$$

mit $r \in R$ und $s \in S$.

Fall $r \in \cdot t \cap t \cdot \vee s \in \cdot t \cap t \cdot$ ist im Kontext der Schaltregeldefinition nicht gesondert zu betrachten, da in der Definition der Ressourcen-Netze (siehe Definition 6.1) gefordert wurde, dass diese schlingenfrei sind. Den Übergang von einer Markierung M in eine Markierung M', der durch das Schalten einer Transition t_l hervorgerufen wird, wird im Weiteren durch $M[t_l\rangle M'$ notiert (vergleiche Punkt ii der obigen Definition). Sofern eine Markierung M' aus einer Markierung M heraus durch das Schalten einer Folge σ von Transitionen erreicht werden kann, wird dies durch $M \xrightarrow{\sigma} M'$ notiert. Die Betrachtung von Schaltvorgängen in Ressourcen-Netzen ist insbesondere in Bezug auf die Ressourcenstellen interessant. Gemäß Punkt i (in Definition 6.3) sind nur Belegungen gültig, die zulässig sind, also für die die durch die Kantenbeschriftungen und die Transitionsinschrift formulierten Bedingungen gültig sind. Die durch die Belegung β ausgewählten Ressourcen werden den Ressourcenstellen im Vorbereich entnommen und im Nachbereich hinzugefügt (vergleiche Abbildung 6.4). Es ist aber auch möglich, dass Ressourcen entnommen, aber nicht im Nachbereich hinzugefügt werden, hierdurch können beispielsweise Verbrauchsprozesse oder im personellen Bereich Entlassung, Kündigung oder Ruhestand modelliert werden. Zur allgemeinen Integration von (nicht-personellen) Ressourcen gemäß dem in Abschnitt 4.6 vorgestellten Metamodell ist lediglich die Definition der Menge HR so zu erweitern, dass auch andere, durch RML darstellbare Ressourcen abgebildet werden können. Die weiteren Betrachtungen im Rahmen dieser Arbeit sollen jedoch besonders die Eigenschaften personeller Ressourcen untersucht werden, weshalb diese Erweiterung gegenwärtig nicht expliziert wird.

6.3.2 Eigenschaften von Ressourcen-Netzen

Nachfolgend werden einige Definitionen von Eigenschaften der Ressourcen-Netze formuliert, die im Rahmen der Analyse und Simulation von Ressourcen-Netzen von Bedeutung sind. Wie bei anderen Petri-Netz-Varianten werden hierzu Eigenschaften, die die Struktur der Ressourcen-Netze betreffen, definiert. Dies betrifft auch Eigenschaften, die in Abhängigkeit der Markierung eines Ressourcen-Netz-Systems zu bewerten sind. Einige Begrifflichkeiten (*Structural Conflict Relation, Equal Structural Conflict, Coupled Conflict Relation, Coupled Conflict Set, Effective Conflict Relation und Effective Conflict Set*) der nachfolgenden Definitionen sind aufgrund ihrer semantischen Ähnlichkeit an Definitionen im Bereich der GSPN angelehnt und werden durch gleiche oder ähnliche Benennungen kenntlich gemacht (vergleiche [Ba01, MB+95]).

Definition 6.4 Struktureller Konflikt (*Structural Conflict Relation*)

Zwei Transitionen t_l und t_m befinden sich in einem (allgemeinen) strukturellen Konflikt SC, wenn sie eine gemeinsame Stelle im Vorbereich besitzen, also:
$$< t_l, t_m >\in SC \Rightarrow \cdot t_l \cap \cdot t_m \neq \emptyset \text{ alternative Schreibweise: } t_l \, SC \, t_m$$

Diese Relation ist reflexiv und symmetrisch, nicht aber transitiv. Hierbei kann zwischen einem strukturellen Kontrollflusskonflikt und einem strukturellen Ressourcenkonflikt differenziert werden:

    i. Ein struktureller Kontrollflusskonflikt (*Structural Flow Conflict*) SFC liegt vor, wenn
$$t_l \, SC \, t_m \wedge \forall p \in \cdot t_l \cup \cdot t_m : p \in S$$
    ii. Ein struktureller Ressourcenkonflikt (*Structural Resource Conflict*) SRC liegt vor, wenn
$$t_l \, SC \, t_m \wedge \forall p \in \cdot t_l \cup \cdot t_m : p \in R$$

Ein gleichwertiger Konflikt (*Equal Structural Conflict*) EQC liegt vor, wenn zwei Transitionen alle Stellen im Vorbereich teilen, also:
$$< t_l, t_m >\in EQC \Rightarrow \cdot t_l = \cdot t_m \Rightarrow < t_l, t_m >\in SC$$

Die transitive Hülle von SC wird als konsekutiver Konflikt (*Coupled Conflict Relation*) bezeichnet, diese Relation partitioniert die Menge der Transitionen des Netzes in konsekutiver Konfliktmengen (*Coupled Conflict Sets*).

Definition 6.5 Konsekutive Konfliktmenge (*Coupled Conflict Set*)

Eine Konfliktmenge über den Transitionen eines Ressourcen-Netzes ergibt sich aus der transitiven Hülle über der Relation SC. Hierbei kennzeichnet $CCS(t)$ die konsekutive Konfliktmenge, die t beinhaltet. Analog zu Definition 6.4 lassen sich konsekutive Kontrollfluss- und Ressourcenkonfliktmengen folgern.

Konfliktmengen spielen bei der Untersuchung und der Auflösung von Konflikten eine wichtige Rolle; strukturelle Konflikte können zu effektiven Konflikten (zur Laufzeit) führen, stellen jedoch kein hinreichendes Kriterium dar. Aus diesem Grund sollen nachfolgend noch einige Eigenschaften in Bezug zu Ressourcen-Netz-Systemen beschrieben und definiert werden.

Letztere können zur Analyse konkreter Geschäftsprozessinstanzen sowie zur Auflösung von Konfliktsituationen während der Simulation von Ressourcen-Netzen genutzt werden. Im Weiteren sei $E(M)$ die Menge der aktivierten Transitionen unter einer Markierung M.

Definition 6.6 Aktivierungsgrad (*Enabling Degree*)

Der Aktivierungsgrad ED einer Transition t eines Ressourcen-Netzes unter einer Markierung M wird durch die Abbildung $ED: T \times [S \to \mathbb{N}] \times [R \to HR] \to \mathbb{N}$ beschrieben. Der Aktivierungsgrad ist k, also $ED(t, M) = k$ falls t unter M aktiviert ist und

$$\forall s \in {}^\bullet t, M(s) \geq k \cdot I_s(s, t) \text{ und}$$
$$\forall r \in {}^\bullet t, M(r) \geq k \cdot I_r(r, t) \text{ und}$$
$$\exists r \in {}^\bullet t, M(r) < (k + 1) \cdot I_r(r, t) \vee \exists s \in {}^\bullet t, M(s) < (k + 1) \cdot I_s(s, t).$$

Anschaulich gesprochen entspricht der Aktivierungsgrad einer aktivierten Transition daher der minimal vorhandenen Anzahl von Marken in Stellen (und Ressourcenstellen) des Vorbereichs. In Abbildung 6.3 ist der Aktivierungsgrad der Transition t_b daher 1 (die Stelle b enthält nur eine Marke). $E(M)$ und den Aktivierungsgrad der Transitionen betrachtend, lassen sich nachfolgend effektive Konflikte und konsekutive effektive Konfliktmengen für Ressourcen-Netze definieren.

Definition 6.7 Effektiver Konflikt (*Effective Conflict Relation*)

Ein effektiver Konflikt besteht unter einer Markierung M zwischen zwei Transitionen t_m und t_l (mit $t_l \neq t_m$) falls:

$$M[t_l\rangle M' \wedge ED(t_m, M) > ED(t_m, M')$$

Dieser effektive Konflikt wird auch als $t_l EC(M) t_m$ notiert.

Informell bedeutet dies, dass sich zwei Transitionen unter einer Markierung M in einem effektiven Konflikt befinden, sofern das Schalten der einen Transition den Aktivierungsgrad der anderen Transition reduziert. Ähnlich zu den Definitionen im Bereich der stochastischen Netzvarianten lassen sich auf Basis dieser Definition und unter Betrachtung kausaler Zusammenhänge auch indirekte effektive Konflikte definieren (vergleiche Definition 10 in [Ba01] sowie [CM+93, MB+98]). Da nachfolgend jedoch Simulation als bevorzugtes Mittel zur Untersuchung von Ressourcen-Netzen eingesetzt und außerdem eine wahrscheinlichkeitsbasierte Konfliktresolution (anstelle von Prioritäten und Zeitgebern) genutzt werden, erfolgt diese Definition nicht im Rahmen dieser Arbeit.

Definition 6.8 Effektive Konfliktmenge (*Effective Conflict Set*)

Eine effektive Konfliktmenge ECS bezüglich einer Transition t unter einer Markierung M wird durch die Bildung der transitiven Hülle über der Relation effektiver Konflikte gebildet. Hieraus ergibt sich eine Partitionierung der Menge T bezüglich der Markierung M des Ressourcen-Netz-Systems.

Es sei nochmals angemerkt, dass ein effektiver Konflikt an das Ressourcen-Netz-System gebunden und von der Markierung abhängig ist, ein struktureller Konflikt jedoch das Ressourcen-Netz betrifft. Das Vorhandensein eines strukturellen Konflikts ermöglicht einen effektiven Konflikt, stellt im Allgemeinen jedoch keine hinreichende Bedingung zur Entstehung eines effektiven Konflikts dar. Es sei denn, der strukturelle Konflikt ist auch ein gleichwertiger Konflikt. Die Analyse der Konfliktmengen ist später bei der Berechnung von Schaltwahrscheinlichkeiten und während der Simulation der Ressourcen-Netze von Interesse (siehe Kapitel 8).

6.3.3 Erweiterung um orts- und zeitbezogene Aspekte

Zur Abbildung der Ressourcenzuweisungsmuster zur ortsabhängigen und zeitbasierten Ressourcenzuweisung können die Ressourcen-Netze erweitert werden. Mögliche Erweiterungen, die die Abbildung der Muster (siehe Abschnitt 5.2.10 und 5.2.14) gewährleisten, werden nachstehend vorgestellt und diskutiert. Vor der Betrachtung zeitlicher Aspekte sollen dabei ortsabhängige Betrachtungen fokussiert werden.

Zur Abbildung orteinschränkender Ressourcenzuweisungen gemäß dem in Abschnitt 5.2.10 definierten Muster können Ortsinformationen an Ressourcenstellen gebunden werden. Transitionen, die verschiedene ortsgebundene Ressourcenstellen miteinander verbinden, symbolisieren daher eine Bewegung von Ressourcen, zum Beispiel einen Transportvorgang. Solch ein ortsbezogener Einsatz von Ressourcen und deren lokale Verschiebung (Transport) werden in Abbildung 6.5 beispielhaft dargestellt (die Kantenbeschriftungen wurden zur Wahrung der Übersichtlichkeit ausgeblendet). In diesem Beispielprozess sind die Kernbestandteile des zu betrachtenden Geschäftsprozesses grau unterlegt, die ortsgebundenen Ressourcenstellen sind r_1, r_2 und r_3. Die lokale Verschiebung wird durch die Transitionen t_{r1}, t_{r2} und t_{r3} abgebildet, weiterhin ist das bereits in Abbildung 6.3 dargestellte Verfügbarkeitsmuster enthalten (jeweils in der Umgebung der Stellen n_1 und n_2). Weiterhin ist dem Beispiel zu entnehmen, dass die Ressourcen von den zugeordneten Orten r_1 nach r_2 nach r_3 und anschließend erneut nach r_1 verschoben werden können, prozessseitig werden jedoch nur Ressourcen an den Orten r_1 und r_2 genutzt.

Die Beschreibung der Orte kann auf der Basis von geodätischen Daten geschehen. Die Darstellung dieser Daten kann in verschiedenen Formaten erfolgen; in der Seefahrt erfolgt die Angabe eines Ortes beispielsweise durch die Unterteilung der geographischen Breite und Länge in Grad und Minuten, genauere Ortsangaben können z.B. in Universal Transverse Mercator Koordinaten (UTM), Military Grid Reference System (MGRS) auch UTM-Referenzsystem (UTMREF) oder dem Gauß-Krüger-Koordinaten-system dargestellt werden (vergleiche [GJ08, Ka05]. Exemplarisch soll nachfolgend die Ortsangabe in UTM beschrieben werden. UTM unterteilt die Erde in Zonen und bildet diese mittels Projektion in ein kartesisches Koordinatensystem ab [DM89]. UTM-Koordinaten U lassen sich wie folgt darstellen:

$$U = \left\{ \left(\left((A, B, .., Y, Z) \setminus (I, O) \right) \times (1,2,...,60) \right) \times (100000, 100001, .., 899999) \right.$$
$$\left. \times (0,1,...,10000000) \right\}$$

Die Teilmenge $((A, B, .., Y, Z) \setminus (I, O)) \times (1,2,...,60)$ bezeichnet die UTM-Zone. Die Buchstaben geben hierbei an, wie weit südlich oder nördlich die Zone liegt. Die Südpolregion erhält die Buchstaben A und B, die Nordpolregion die Buchstaben Y und Z. Die folgende Zahl kennzeichnet eine der 60 jeweils 6° breiten Zonen. Die Nummerierung der Zonen erfolgt von West nach Ost. Innerhalb der Zone wird ein Ort durch den Ost- oder Rechtswert und den Nord- oder Hochwert genau markiert. Die Ostwerte liegen hierbei zwischen 100000 und 899999 und die Nordwerte zwischen 0 und 10.000.000, beide Werte werden in Metern bemessen. Die Ostwerte werden hierbei relativ zum jeweiligen Mittelmeridian der Zone angegeben, die Nordwerte relativ zum Äquator – der auf der Nordhalbkugel den Nordwert Null erhält, auf der Südhalbkugel wird die Null dem Südpol zugewiesen, um negative Zahlenwerte zu vermeiden.

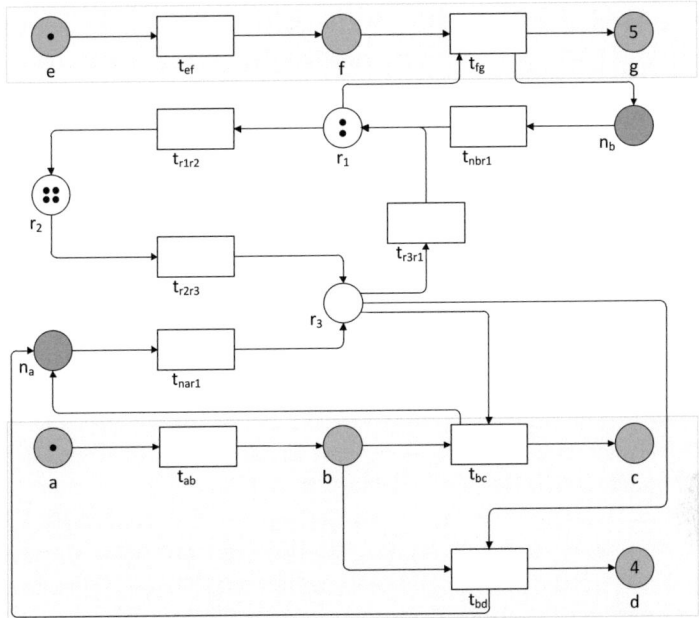

Abbildung 6.5: Ortsbezogener Einsatz von Ressourcen

Eine Erweiterung der Ressourcen-Netze um ortsbezogene Angaben kann dann entsprechend der folgenden Definition geschehen. Hierbei erfolgt die Zuordnung der Orte durch die Verknüpfung mit entsprechenden Ressourcenstellen.

Definition 6.9 Ortsbezogenes Ressourcen-Netz

Ein ortsbezogenes Ressourcen-Netz oRN ist ein Tupel $oRN = (S, R, T, F, K, W, \Phi, \Sigma, \Upsilon, U, O)$ für das gilt:

i. $RN = (S, R, T, F, K, W, \Phi, \Sigma, \Upsilon)$ ist ein Ressourcen-Netz.
ii. U ist eine Menge von Koordinaten in UTM-Format.
iii. $O: R \rightarrow U$ ist eine Abbildung, die den Ressourcenstellen eine Lokation im Sinne einer Koordinatenangabe über U zuweist.

Um die Integration der durch das Muster definierten Einschränkungen bei der Ressourcenauswahl zu ermöglichen, müssen die entsprechenden Transitionen mit Ressourcenstellen verknüpft werden, die die gewünschte lokale Umgebung beschreiben. Dem Muster folgend können hierdurch Untersuchungen der Nachhaltigkeit oder die Optimierung von Wegstrecken untersucht werden. Diese Art der Integration setzt allerdings voraus, dass die Ortsinformationen zum Zeitpunkt der Modellierung bereits bekannt sind. Das bedeutet, dass für jeden möglichen Ort von Ressourcen auch eine entsprechende Ressourcenstelle zu modellieren ist. Dynamische Änderungen der möglichen Orte würden eine erweiterte Netzdefinition erfordern. Dies kann bedingen, dass die Ortsinformation den Ressourcen, also den Marken des ortsbezogenen Ressourcen-Netzes, zugeordnet wird. Konsequenterweise ist in letzterem Fall auch eine Erweiterung der Schaltregel von Nöten. Alternativ könnten künftig auch Konzepte, wie sie beispielsweise in [DS+09, XJ07] vorgestellt werden, in die Ressourcen-Netze integriert werden.

Zeitliche Aspekte gemäß dem in Abschnitt 5.2.14 definierten Muster spielen in der betrieblichen Praxis eine Rolle bei der Bewertung, ob Aufgaben oder Geschäftsprozesse aufgrund zeitlicher Einschränkungen überhaupt durchgeführt werden können. Konkret bedeutet dies, dass zum Einen zu einem Zeitpunkt nicht beliebig viele Aufgaben von einer Ressource ausgeführt werden können (in RML dargestellt durch die Eigenschaft *AllocationState*, siehe Abschnitt 4.6.2.2) und zum Anderen, dass die zeitliche Verfügbarkeit von Ressourcen in vielen Fällen eingeschränkt ist (z.B. Wochenarbeitszeit eines Arbeitnehmers; in RML dargestellt durch die Eigenschaft *Capacity*, siehe Abschnitt 4.6.4.12). Eine formale Definition zeitlicher Strukturen sowie die Betrachtung möglicher Messungenauigkeiten und Vergröberungen von Zeitstrukturen soll in dieser Arbeit nicht diskutiert werden, hierzu sei auf [Ob90] verwiesen. Entscheidend für die weiteren Betrachtungen ist jedoch die Möglichkeit zur Modellierung zeitlicher Bedingungen und Abhängigkeiten, die die Umsetzung des in Abschnitt 5.2.14 vorgestellten Musters gewährleisten. Mögliche Ansätze zur Integration zeitlicher Aspekte bestehen daher grundsätzlich in einer Erweiterung der Ressourcen-Netze gemäß den typischen zeitbehafteten Erweiterungen von Petri-Netzen. In den vergangenen Jahrzehnten wurden diesbezüglich zahlreiche Konzepte zur Einbeziehung von Zeitinformationen in Petri-Netze vorgeschlagen; die unterschiedlichen Ansätze werden stark durch die spezifischen Anwendungsbereiche beeinflusst. Zusammenfassend lassen sich hierbei folgende grundlegende Paradigmen zur Beschreibung zeitlicher Aspekte in Petri-Netzen unterscheiden:

- Zeitbehaftete Stellen – zeitliche Aspekte werden den Stellen eines Netzes in Form von Verzögerungen (Wartedauern der erzeugten Marken) zugeordnet. Hieraus resultiert, dass eine Marke, die in einer Ausgabe-Stelle erzeugt wird, einer Transition erst zur Verfügung steht, nachdem eine bestimmte Zeitspanne abgelaufen ist.
- Zeitbehaftete Marken – den Marken werden Zeitinformationen zugeordnet. Der Zeitstempel einer Marke gibt an, wann ein Übergang (die Aktivierung einer Transition durch diese Marke) möglich ist. Der Zeitstempel kann beim Feuern einer Transition erhöht werden.
- Zeitbehaftete Kanten – die Zuordnung von Zeitaspekten zu den Kanten eines Netzes kann mit einer Reisezeit verglichen werden, d.h. die Marken, die entlang einer Kante traversieren, stehen einer Transition erst nach Ablauf einer vorgegebenen Zeitspanne zur Verfügung.
- Zeitbehaftete Transitionen – zeitliche Aspekte von Transitionen werden zumeist dann genutzt, wenn diese als Aktivitäten innerhalb eines Systems aufgefasst werden. In vielen Fällen ist dies semantisch so zu verstehen, dass eine Aktivität durch die Aktivierung einer Transition gestartet und durch das Feuern einer Transition beendet wird.

Eine umfassende Betrachtung aller Ansätze zur Integration von Zeitaspekten in Petri-Netze würde den Rahmen dieser Arbeit überschreiten. An dieser Stelle sei aber auf [CR83, CR85, GK+95, HV85, MB+95, MF76, Ra74, RH80, Si78, St05a, WD+85, Zu80] verwiesen. Nachfolgend wird eine Erweiterung auf Basis von zeitbehafteten Transitionen gewählt und umgesetzt.

Diesbezüglich ist darauf hinzuweisen, dass zeitbehaftete Transitionen gemäß unterschiedlichen Feuerstrategien schalten können. Dies kann durch einen Drei-Phasen-Schaltvorgang oder einen Ein-Phasen-Schaltvorgang geschehen. Gemäß dem Drei-Phasen-Schaltvorgang werden die Marken in den Stellen des Vorbereichs zunächst entfernt, dann verstreicht die festgelegte Zeitspanne und anschließend werden die Marken in den Stellen des Nachbereichs erzeugt. Bei einem Ein-Phasen-Schaltvorgang werden die Marken erst nach Ablauf der festgelegten Zeitspanne von den Stellen des Vorbereichs konsumiert und in den Stellen des Nachbereichs erzeugt (der Schaltvorgang unterliegt daher zwar einer zeitlichen Restriktion, kann selbst aber als atomar angesehen werden). Während der dreiphasige Schaltvorgang in Bezug auf die Ausführung einer Aktivität zunächst naheliegend erscheint, ist der einphasige aus analytischer Sicht zu bevorzugen. Letzteres begründet sich durch die Tatsache, dass atomare Schaltvorgänge die grundlegenden Eigenschaften eines nicht zeitbehafteten Netzes erhalten (beispielsweise können Erreichbarkeit und Invarianten weiterhin unverändert untersucht werden [Ba01]). Aus diesem Grund wird nachfolgend eine Netzvariante entwickelt, deren Verhalten den (G)SPN [MB+87, MB+98, MC+84] ähnlich ist, jedoch keine absoluten Prioritäten beinhaltet. Die Integration zeitlicher Aspekte soll daher im Weiteren in Anlehnung an [Ba01, Zu80] erfolgen, hierzu wird nachfolgend die Definition der Ressourcen-Netze entsprechend erweitert (siehe Definition 6.10).

X erlaubt die Definition einer zeitlich, stochastischen Komponente eines Ressourcen-Netzes, der zugeordnete Wert entspricht hierbei der erwarteten Verzögerung (Bearbeitungsdauer) einer Transition (Aktivität) eines zeitbehafteten Ressourcen-Netzes. Das Verhalten einer zeitbehafteten Transition kann daher durch die gedankliche Verknüpfung der Transition mit einem lokalen Zeitgeber [Ba97, Ri86, Ob90] verdeutlicht werden. Sofern eine Transition für einen Schaltvorgang ausgewählt wurde, wird dieser Zeitgeber initialisiert und heruntergezählt bis er Null erreicht, danach schaltet die Transition. Die resultierende Schaltverzögerung wird in Definition 6.10 als exponentialverteilt definiert, da sich die Exponentialverteilung aufgrund ihrer Eigenschaften (insbesondere der Gedächtnislosigkeit) besonders zur Modellierung von zeitlichen Verhalten eignet, vergleiche [Mo82, MB+95]. Diese Definition entspricht weitgehend den Konzepten den stochastischen (*Stochastic Petri Nets*) und generalisierten stochastischen (*Generalized Stochastic Petri Nets*) Petri-Netzen. Die Definition von Prioritäten zur Konfliktbewältigung entfällt in zeitbehafteten Ressourcen-Netzen jedoch zu Gunsten der Abbildung Ψ und der Berechnung von Schaltwahrscheinlichkeiten auf Basis von Ψ (siehe Definition 6.13). Gemäß den Wahrscheinlichkeiten kann im Bedarfsfall auch eine konkrete Priorisierung (wie für die nichtzeitbasierten Transitionen in GSPN, vergleiche [Ba01, MB+98]) vorgenommen werden – hierzu ist jedoch die Berücksichtigung von Markierungen und erweiterter Konfliktmengen (vergleiche [Ba01], Definition 14 in Abschnitt 5.1) und einer entsprechenden Modellierung (der Werte $\Psi(p,t)$) erforderlich, sodass eine eindeutige Priorisierung möglich ist. Nachfolgend soll die Entscheidung über das Schalten einer Transition rein stochastisch entschieden werden, weshalb keine absolute Prioritätszuordnung vorgenommen werden soll. Der Ausschluss des Falles von $\Psi(p,t) = 0$ ist in dieser Hinsicht keine Einschränkung, da eine Kante, deren Wahrscheinlichkeitswert 0 ist, stattdessen als das Nichtvorhandensein einer solchen Kante aufgefasst werden kann. Darüber hinaus soll folgende abkürzende Notation gelten: Sofern in einem Netz die Kanten, die den Nachbereich einer Stelle p beschreiben, keine expliziten Werte notiert werden, ist die Wahrscheinlichkeit einer Kante $1/p$ (alle Pfade sind daher gleichwahrscheinlich).

Definition 6.10 Zeitbehaftetes Ressourcen-Netz

Ein zeitbehaftetes Ressourcen-Netz zRN ist ein Tupel $zRN = (S, R, T, F, K, W, \Phi, \Sigma, Y, X, \Psi)$ für das gilt:

i. $RN = (S, R, T, F, K, W, \Phi, \Sigma, Y)$ ist ein nicht-zeitbehaftetes Ressourcen-Netz.

ii. $X: T \rightarrow \mathbb{R}_0^+$ ist eine Abbildung, die jeder Transition einen positiv reellen Zahlenwert zuordnet. Dieser Wert entspricht dem Erwartungswert einer exponentialverteilten Zufallsvariable und repräsentiert die Schaltverzögerung der Transition. Sofern einer Transition der Wert Null zugeordnet wird, handelt es sich um eine nicht-zeitbehaftete Transition, andernfalls ergibt sich folgende Wahrscheinlichkeitsdichte

$$f(x) = \begin{cases} \dfrac{1}{X(t)} \, e^{\frac{-x}{X(t)}} & x \geq 0 \\ 0 & x < 0 \end{cases}$$

Hierbei ist $X(t)$ der zeitliche Erwartungswert, Transition t zugeordnet wird.

iii. $\Psi: F \rightarrow I$, mit $I = \{x \in \mathbb{R}: 0 < x \leq 1\}$ ist eine Abbildung, die jeder Kante aus F eine Wahrscheinlichkeit zuordnet. Hierbei gilt für $t_i \in T$ und $p \in S \cup R$:

$$\sum_{(p,t_i) \in F} \Psi(p, t_i) = 1$$

Allgemeinen (hier für Stellen der Menge S) ist es nicht relevant, welche Marke für einen Schaltvorgang ausgewählt wurde. Sofern Ressourcen von dieser Auswahl betroffen sind, kann jedoch sowohl die Reihenfolge als auch die ausgewählte Ressource von Bedeutung sein – es sei nochmals darauf hingewiesen, dass dies eine Marke in einer Stelle aus R ist. Um eine Verbesserung der Ressourcendisposition zu erreichen, ist es daher sinnvoll, den Kanten der Menge F_2 keine unterschiedlichen Wahrscheinlichkeiten zuzuordnen und stattdessen ausschließlich deren Kanteninschriften zur Auswahl von Ressourcen zu definieren. Sofern eine Ressource mehrere Kanteninschriften von Transitionen erfüllt, die zum gleichen Zeitpunkt aktiviert sind, ist eine übergeordnete Entscheidung zur Auswahl zu treffen. Dies wird in Abschnitt 8.3 erneut aufgegriffen und detailliert diskutiert. Bevor nachfolgend die Berechnung von Schaltwahrscheinlichkeiten aufgegriffen wird, soll nachfolgend zunächst und analog zu Definition 6.2 ein zeitbehaftetes Ressourcen-Netz-System definiert werden.

Definition 6.11 Zeitbehaftetes Ressourcen-Netz-System

Ein zeitbehaftetes Ressourcen-Netz-System $zRNS$ ist ein Tupel $zRNS = (S, R, T, F, K, W, \Phi, \Sigma, Y, X, \Psi, M_0)$ für das gilt:

i. $(S, R, T, F, K, W, \Phi, \Sigma, Y, M_0)$ ist ein Ressourcen-Netz-System RNS (gemäß Definition 6.2).

ii. X und Ψ sind die entsprechenden Abbildungen eines zeitbehafteten Ressourcen-Netzes gemäß Definition 6.10.

Die eingeführten zeitlichen Spezifikationen schränken die Ressourcen-Netze nicht generell ein – beispielsweise ist die Betrachtung der Schaltvorgänge nebenläufiger Transitionen zunächst nicht weiter eingeschränkt – im Konfliktfall jedoch ist eine Definition zur Entscheidung des weiteren Schaltverhaltens notwendig. Im Falle der bekannten stochastischen Netzvarianten (vergleiche [BK06, MC+84, WD+85]) werden die definierten zeitlichen Bedingungen und Prioritäten (für nicht-zeitbehaftete Transitionen) zur Entscheidung über das Schaltverhalten genutzt. Dies ist auch darin begründet, dass Schaltvorgänge in diesen Netzvarianten als atomar und aktivierte Transitionen im gegenseitigen Wettbewerb (*Race Condition*) betrachtet werden. Andere Netzvarianten (wie die *Timed Petri Nets* [Zu80]) nutzen eine Vorauswahl der aktivierten Transitionen. Im Fall der Ressourcen-Netze soll die Entscheidung über Schaltvorgänge im Konfliktfall ebenfalls durch Auswahl auf der Basis von Wahrscheinlichkeiten entlang der Kanten erfolgen. Hierdurch wird die zeitliche Bedingung von der Entscheidung entkoppelt. Eine Modellierung von zusätzlichen, priorisierten und nichtzeitbehafteten Transitionen zur Modellierung des Entscheidungsverhaltens der zRN und $zRNS$, wie im Falle der GSPN [MB+95, MB+98], ist daher nicht erforderlich. Insbesondere wird hierbei keine globale Systemkenntnis benötigt, um einzelne Schaltwahrscheinlichkeiten und Markierungsabhängigkeiten (*Marking Dependency*) zu berechnen (bezüglich GSPN sei auf die Abschnitte 6.4, 8.1, 8.2 und 8.3 in [Ba01] verwiesen).

Definition 6.12 Schaltwahrscheinlichkeiten in zeitbehafteten Ressourcen-Netzen

Sei $zRNS = (S, R, T, F, K, W, \Phi, \Sigma, Y, X, \Psi, M_0)$ ein zeitbehaftetes Ressourcen-Netz-System, dann gilt für die Schaltwahrscheinlichkeit einer aktivierten Transition t unter der Markierung M:

   i.   Die Aktivierungsrate $\propto (t, m)$ der Transition ist:

$$\propto (t, m) = ED(t, M) \prod_{p_j \in (p_j, t)} \Psi(p_j, t)$$

   ii.   Die Schaltwahrscheinlichkeit der Transition einer effektiven Konfliktmenge ECS

$$w(t, m) = \frac{\propto (t, m)}{\sum_{t_i \in ECS} \propto (t_i, m)}$$

Gemäß der Definition der Schaltwahrscheinlichkeiten in zeitbehafteten Ressourcen-Netzen werden jeweils die Transitionen einer Konfliktklasse (gleiche effektive Konfliktmenge, ECS) gemeinsam analysiert. Hierbei ist zu beachten, dass gemäß der Definition die Summe der Schaltwahrscheinlichkeiten einer effektiven Konfliktmenge ECS Eins ergibt, also:

$$\sum_{t_i \in ECS} w(t, m) = 1$$

Sofern die Schaltwahrscheinlichkeit nur in Abhängigkeit des allgemeinen (nicht ressourcenbezogenen) Kontrollflusses getroffen werden soll, kann die Abbildung Ψ auch auf Kanten der Menge F_1 eingeschränkt werden. In diesem Fall ist die Auswahl der Ressourcen und damit verbunden die Aktivierung einer Transition ausschließlich aufgrund der Kantenbeschriftung (der Kanten aus F_2) sowie gegebenenfalls definierter Auswahlregeln (vergleiche Abschnitt 8.3) zu treffen. Die Ressourcenauswahl wird dann ausschließlich bezüglich der Aktivierung von Transitionen betrachtet und geht nicht in die Berechnung der Schaltwahrscheinlichkeit ein. Sofern der Aktivierungsgrad einer Transition zu einem Zeitpunkt größer als eins ist ($ED(t, M) > 1$), ist darüber hinaus von Interesse, wie sich dies in der Abfolge der Schaltvorgänge niederschlägt. Grundsätzlich lassen sich hier drei Varianten des Schaltverhaltens (vergleiche die ursprünglichen Definitionen in Abschnitt 6.6 in [Ba01]) unterscheiden:

1. **Einfache Bearbeitung** (*Single Server Characteristics*): Die Transition schaltet zunächst (zu dem jeweiligen Zeitpunkt) nur genau einmal und kann nach dem Schaltvorgang (Ablauf der Verzögerung) erneut schalten, sofern sie weiterhin aktiviert ist – der Aktivierungsgrad hat hierbei also keine weitere Bedeutung.

2. **Mehrfache Bearbeitung** (*Multiple Server Characteristics*): Die Transition kann mehrfach parallel ausgeführt werden. Eine Obergrenze wird durch ihren Parallelitätsgrad definiert. Sofern der Aktivierungsgrad den Parallelitätsgrad übersteigt, wird die Transition zunächst entsprechend dem Parallelitätsgrad geschaltet. Sobald mindestens ein Zeitgeber das Ende von Schaltvorgängen (für mindestens eine Aktivität) indiziert, können erneut Schaltvorgänge initiiert werden bis die Obergrenze (also der Parallelitätsgrad) erreicht wird.

3. **Unlimitierte Bearbeitung** (*Infinite Server Characteristics*): Sobald die Transition aktiviert ist, wird für diese auch der Schaltvorgang gemäß dem Aktivierungsgrad ausgelöst und es werden entsprechend viele Zeitgeber initialisiert.

Im Fall der Ressourcen-Netze wird die Bearbeitung von Transitionen zunächst grundsätzlich als unlimitiert erachtet. Sofern Ressourcenstellen (Stellen der Menge R) enthalten sind, liegt im Allgemeinen eine Einschränkung in Form einer einfachen oder mehrfachen Bearbeitung gemäß den Kantenbeschriftungen und den vorhandenen Ressourcen vor. Insbesondere können im Konfliktfall übergeordnete Entscheidungsregeln den Grad der Parallelität einschränken (vergleiche Abschnitt 8.3). In diesem Zusammenhang ist zu erwähnen, dass die Auswahl der Marken aus den Stellen (aus der Menge S) nicht weiter von Bedeutung ist, da diese Marken nicht voneinander unterschieden werden können. Die Ressourcen (die Marken der Ressourcenstellen) hingegen lassen sich voneinander unterscheiden. Selbst wenn unterschiedliche Ressourcen die Anforderungen einer Kanteninschrift erfüllen können, kann es dennoch entscheidend sein, welche Ressource ausgewählt wird. Letzteres lässt sich durch einen einfachen Konfliktfall verdeutlichen (siehe Abbildung 6.6).

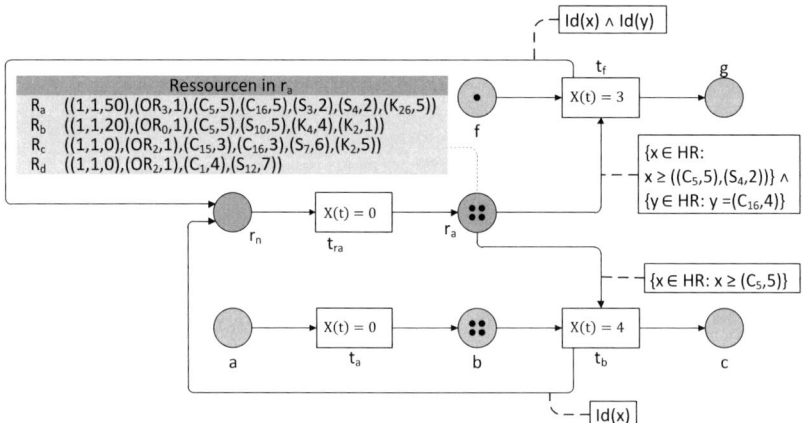

Abbildung 6.6: Ressourcenkonflikt in zeitbehafteten Ressourcen-Netzen

Im obigen Beispiel kann die Transition t_b sowohl von Ressource R_1, als auch von Ressource R_2 ausgeführt werden; sofern Ressource R_1 gewählt wird, kann allerdings Transition t_f (beide Transitionen befinden sich in der gleichen effektive Konfliktmenge, $t_f EC(M) t_b$) vorerst nicht mehr ausgeführt werden. Es kann also zu einem Zeitpunkt durchaus eine Relevanz besitzen, welche Ressource gewählt wird. Unabhängig davon können auch weitere Regeln zur Ressourcenauswahl bestehen, beispielsweise kann eine Regel Fairness hinsichtlich gleichmäßiger Aufgabenverteilung umsetzen. Einen Ansatz zur Verbesserung (lokale Optimierung) der Ressourcenverteilung hinsichtlich der Qualität (gemessen an den vorhandenen und geforderten Kompetenzen) wird in Abschnitt 8.3 vorgestellt. Exemplarisch sollen die zeitbehafteten Ressourcen-Netze (siehe Abbildung 6.7) anhand eines umfangreicheren Beispiels in Bezug zu den in Abschnitt 6.3.2 formulierten Eigenschaften gesetzt und einige für die Simulation der Netze relevante Aspekte aufgezeigt werden. Das zeitbehaftete Ressourcen-Netz aus Abbildung 6.7 bildet durch die Ressourcenstellen r_a und r_n sowie der Transition t_{ra} ein zentralisiertes Ressourcenmanagement (inklusive Verfügbarkeitsmuster, vergleiche Abbildung 6.3) ab. Die Zuweisung von Ressourcen zu Aktivitäten erfolgt in diesem Ressourcen-Netz-System durch die Entnahme der Marken in der Ressourcenstelle r_a und das anschließende Zurücklegen in die Ressourcenstelle r_n gemäß den Kantenbeschriftungen (Schlingen sind per Definition ausgeschlossen, vergleiche Definition 6.1). Dem modellierten zeitbehafteten Ressourcen-Netz entsprechend stehen die Ressourcen unmittelbar nach der Durchführung einer Aktivität wieder zur Verfügung (befinden sich in Ressourcenstelle r_a), dies ergibt sich, da die Transition t_{ra} nicht zeitbehaftet ist und die einzige Transition in der umgebenden effektiven Konfliktmenge ist. In Tabelle 6.4 werden Eigenschaften des Ressourcen-Netz-Systems in Abhängigkeit zur jeweiligen Markierung aufgeführt.

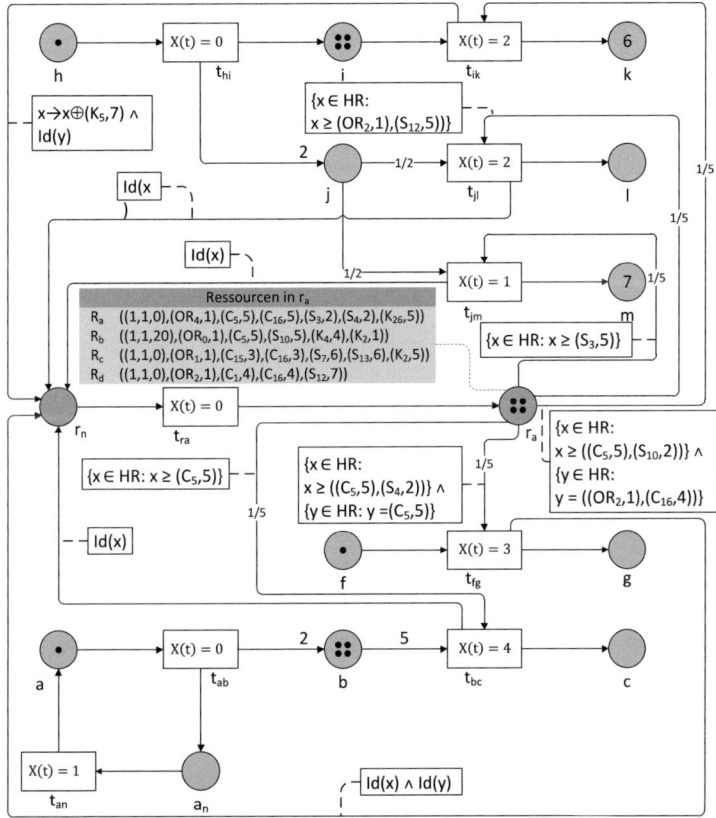

Abbildung 6.7: Zeitbehaftetes Ressourcen-Netz mit zentraler Ressourcenstelle

Mark-ierung	Effektive Konfliktmenge	Aktivierungs-grade	Aktivierungs-raten	Schaltwahr-scheinlichkeiten
M_0	$ECS_1 = \{t_{ab}\}$	$ED(t_{ab}) = 1$	$\alpha(t_{ab}, M_0) = 1$	$w(t_{ab}, M_0) = 1$
	$ECS_2 = \{t_{hi}\}$	$ED(t_{hi}) = 2$	$\alpha(t_{hi}, M_0) = 1$	$w(t_{ab}, M_0) = 1$
	$ECS_3 = \{t_{bc}, t_{fg}, t_{ik}\}$	$ED(t_{bc}) = 2$ $ED(t_{fg}) = 1$ $ED(t_{ik}) = 1$	$\alpha(t_{bc}, M_0) = \frac{2}{5}$ $\alpha(t_{fg}, M_0) = \frac{1}{5}$ $\alpha(t_{ik}, M_0) = \frac{1}{5}$	$w(t_{bc}, M_0) = \frac{1}{2}$ $w(t_{fg}, M_0) = \frac{1}{4}$ $w(t_{ik}, M_0) = \frac{1}{4}$
M_1	$ECS_1 = \{t_{an}\}$	$ED(t_{an}) = 1$	$\alpha(t_{an}, M_0) = 1$	$w(t_{an}, M_0) = 1$
	$ECS_2 = \{t_{jl}\}$	$ED(t_{jl}) = 1$	$\alpha(t_{jl}, M_0) = 1$	$w(t_{jl}, M_0) = 1$
M_2	$ECS_1 = \{t_{ab}\}$	$ED(t_{ab}) = 1$	$\alpha(t_{ab}, M_0) = 1$	$w(t_{ab}, M_0) = 1$
M_3	$ECS_1 = \{t_{an}\}$	$ED(t_{an}) = 1$	$\alpha(t_{an}, M_0) = 1$	$w(t_{an}, M_0) = 1$
M_4	$ECS_1 = \{t_{ab}\}$	$ED(t_{ab}) = 1$	$\alpha(t_{ab}, M_0) = 1$	$w(t_{ab}, M_0) = 1$
	$ECS_2 = \{t_{ra}\}$	$ED(t_{ra}) = 1$	$\alpha(t_{ra}, M_0) = 1$	$w(t_{ra}, M_0) = 1$
M_5	$ECS_1 = \{t_{an}\}$	$ED(t_{an}) = 1$	$\alpha(t_{an}, M_0) = 1$	$w(t_{an}, M_0) = 1$
	$ECS_2 = \{t_{jl}\}$	$ED(t_{jl}) = 1$	$\alpha(t_{jl}, M_0) = 1$	$w(t_{jl}, M_0) = 1$
M_6	$ECS_1 = \{t_{ab}\}$	$ED(t_{ab}) = 1$	$\alpha(t_{ab}, M_0) = 1$	$w(t_{ab}, M_0) = 1$
M_7	$ECS_1 = \{t_{an}\}$	$ED(t_{an}) = 1$	$\alpha(t_{an}, M_0) = 1$	$w(t_{an}, M_0) = 1$
M_8	$ECS_1 = \{t_{ab}\}$	$ED(t_{ab}) = 1$	$\alpha(t_{ab}, M_0) = 1$	$w(t_{ab}, M_0) = 1$
	$ECS_2 = \{t_{ra}\}$	$ED(t_{ra}) = 3$	$\alpha(t_{ra}, M_0) = 3$	$w(t_{ra}, M_0) = 1$
	$ECS_3 = \{t_{bc}, t_{fg}, t_{ik}\}$	$ED(t_{bc}) = 2$ $ED(t_{fg}) = 1$ $ED(t_{ik}) = 1$	$\alpha(t_{bc}, M_0) = \frac{2}{5}$ $\alpha(t_{fg}, M_0) = \frac{1}{5}$ $\alpha(t_{ik}, M_0) = \frac{1}{5}$	$w(t_{bc}, M_0) = \frac{1}{2}$ $w(t_{fg}, M_0) = \frac{1}{4}$ $w(t_{ik}, M_0) = \frac{1}{4}$
M_9	$ECS_1 = \{t_{an}\}$	$ED(t_{an}) = 1$	$\alpha(t_{an}, M_0) = 1$	$w(t_{an}, M_0) = 1$

Tabelle 6.4: Eigenschaften des Ressourcen-Netz-Systems aus Abbildung 6.7

Verglichen mit dem nachfolgenden zeitlichen Schaltdiagramm (siehe Abbildung 6.8) fällt auf, dass manche Markierungen scheinbar zeitgleich koexistieren, dies ist durch das Vorhandensein von nicht zeitbehafteten Transitionen zu erklären, wodurch eine Folgemarkierung bereits zu dem jeweils beobachten Zeitpunkt eintreten kann. Dies gilt beispielsweise für den Schaltvorgang der Transition t_{ab}. Dieser löst eine Folgemarkierung aus, unter der die Transition t_{an} aktiviert ist, t_{an} kann dann zeitlich gesehen gleichzeitig zu t_{ab} schalten. Sofern in einer effektiven Konfliktmenge mehrere Transitionen enthalten sind (beispielsweise in ECS_3 unter M_0), entscheidet die gemäß den Schaltwahrscheinlichkeiten berechnete Verteilung darüber, welche Transition schalten wird. Gemäß der Verteilung wird ein Zufallsexperiment durchgeführt, das zur Auswahl von Transitionen genutzt wird. Dies ist mit der Zuordnung von Prioritäten vergleichbar (wie bei den GSPN, vergleiche Abschnitt 8.3.2 in [MB+95]). Sofern nach Durchführung des Zufallsexperiments und (gedanklicher) Entfernung von Marken im Vorbereich einer Transition weitere Transitionen der effektiven Konfliktmenge aktiviert sind, wird das Zufallsexperiment so lange wiederholt, bis keine Transition der effektiven Konflikt-menge mehr schaltbereit ist. Nach Ablauf der Schaltverzögerung werden dann die (reser-vierten) Marken den Stellen des Vorbereichs der effektiven Konfliktmenge entnommen und den Kantenbeschriftungen folgend dem Nachbereich hinzugefügt.

Das nachfolgende Schaltdiagramm illustriert die Schaltverzögerungen der Transitionen und deren Abhängigkeiten (kausale Zusammenhänge) gemäß der in Tabelle 6.4 gewählten Mar-kierungsfolge. Aus Gründen der Übersichtlichkeit wurden die Abhängigkeiten, die zwischen Schaltvorgängen der Transitionen t_{ab} und t_{bc} bestehen können, nicht eingezeichnet. Weiter-hin sind vereinfachend alle Schaltverzögerungen dem Erwartungswert entsprechend einge-tragen, während diese gemäß der Netzdefinition exponentialverteilt sind.

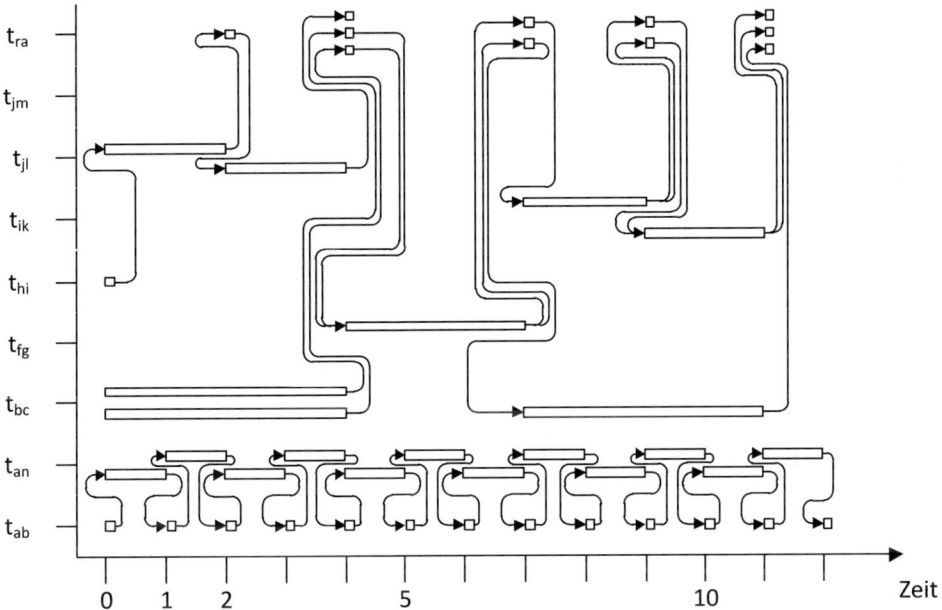

Abbildung 6.8: Schaltdiagramm für das zeitbehaftete Ressourcen-Netz aus Abbildung 6.7

Zusammenfassend kann die den Transitionen zugewiesene Schaltverzögerung – bezogen auf die Ressourcen-Netze – als Bearbeitungsdauer für die Durchführung der durch die Tran-sitionen beschriebenen Aufgaben aufgefasst werden. Die Konfliktauflösung wird in den Res-sourcen-Netzen stochastisch realisiert, Ressourcenstellen und adjazente Kanten können überdies mit Kantenbeschriftungen versehen werden, die eine deterministische Ressour-cenauswahl zulassen. Die Schaltregel für zeitbehaftete Ressourcen-Netze entspricht der Schaltregel für Ressourcen-Netze (siehe Definition 6.3) ergänzt um die besonderen Bedin-gungen, die sich aus der Integration der Zeitbehaftung (Schaltverzögerungen) und der Schaltwahrscheinlichkeiten ergeben. Sofern die Ressourcenauswahl durch die Kantenbeschriftungen nicht eindeutig gegeben sind, ist die Auswahl der konkreten Ressourcen (Marke der Ressourcenstelle) zunächst wahlfrei, an dieser Stelle ist die Integration übergeordneter Regeln (z.B. Scheduling-Strategien) sinnvoll, siehe hierzu auch Kapitel 8. Wie bereits weiter oben gezeigt wurde, kann ein Ressourcen-Netz mit anderen, bekannten Petri-Netz-Varianten, durch die Erweiterung der Tupel-Definition, kombiniert werden. Hierdurch können dann auch andere Marken in die Betrachtung integriert werden, ohne dass diese explizit als Ressource im Sinne von Kapitel 4 interpretiert werden. Fraglich ist in diesem Fall allerdings, ob es hierbei zu einer Vermengung der Darstellung gleicher Konzepte mit unterschiedlichen Modellelementen kommt. Eine Trennung wäre anhand der Unterscheidung aktiver und passiver Ressourcen möglich, wonach aktive Ressourcen im Sinne von Definition 6.1 in die Netz-Modellierung und passive Ressourcen durch andere Konzepte (z.B. als Marken in beliebigen Stellen der Netze) repräsentiert werden. Die konkrete Klärung dieser Fragestellung hängt von der Erweiterung der Netzdefinition sowie den zu modellierenden Sachverhalten ab, kann also nicht allgemein beantwortet werden.

6.3.4 Vereinfachte Ressourcen-Netze

Um die Darstellung und Modellierung der in den Abschnitten 6.3.1 und 6.3.3 dargestellten Sachverhalte zu vereinfachen, wird nachfolgend eine weitere Definition der Ressourcen-Netze vorgestellt, die eine abstraktere und fachanwenderfreundlichere Modellierung unterstützt. Hierdurch werden zwei unterschiedliche Punkte adressiert; zum Einen wird die Benutzerfreundlichkeit erhöht (da die Modelle deutlich kleiner und übersichtlicher werden), zum Anderen werden die Ressourcenmodelle (siehe Kapitel 4) in die Modellierung integriert (dies entspricht dem Konzept der Wiederverwendung von Modellen). Die in Abschnitt 6.3.3 vorgestellten Erweiterungen werden hierbei auf zeitliche Aspekte eingeschränkt. Durch die nachfolgenden Veränderungen sind einige gängige Petri-Netz-Analysen nicht mehr möglich, ohne die Netze, auf die zuvor vorgestellten Ressourcen-Netze zurückzuführen. Diese Abbildung ist jedoch einfach durchführbar, wodurch auch die vereinfachten Netze letztendlich analysier- und simulierbar werden. Um die diskutierte Vereinfachung zu erreichen, werden die Ressourcen-Netze wie folgt redefiniert:

Definition 6.13 Vereinfachtes zeitbehaftetes Ressourcen-Netz

Ein vereinfachtes, zeitbehaftetes Ressourcen-Netz vRN ist ein Tupel $vRN = (S, T, F, K, W, \Upsilon, X, \Psi)$ für das gilt:

- i. S ist eine endliche Menge von Stellen,
- ii. T ist eine endliche Menge von Transitionen,
- iii. Weiterhin gilt: $T \cap S = \emptyset$ und $T \cup S \neq \emptyset$,
- iv. F ist die Flussrelation und beschreibt die Menge der Kanten, es gilt: $F \subseteq (S \times T) \cup (T \times S)$,
- v. Ressourcen-Netze sind schlingenfrei $\Longleftrightarrow \cdot t \cap t \cdot = \emptyset$,
- vi. $K : S \rightarrow \mathbb{N} \cup \{\infty\}$ definiert eine Kapazität für jede Stelle,
- vii. $W : F \rightarrow \mathbb{N} \setminus \{0\}$ definiert ein Kantengewicht für jede jede Kante aus F,
- viii. Υ ist eine Abbildung, die jeder Transition aus T eine Ressourceninschrift zuordnet. Eine Ressourceninschrift ist eine endliche Menge aus Funktionspaaren (g, h), mit $g : HR \rightarrow \{0,1\}$ und $h : HR \rightarrow HR$,
- ix. X und Ψ sind Abbildungen gemäß Definition 6.10.

Für $t \in T$: $Y(t) = \{(g_1, h_1), (g_2, h_2), \dots, (g_n, h_n) | g_i: HR \rightarrow \{0,1\}, h_i: HR \rightarrow HR\}$ heißt eine personelle Ressource $x \in HR$ (g_i, h_i)-zulässig: $\Leftrightarrow g_i(x) = 1$. Dementsprechend heißt eine Belegung β von Ressourcen $(x_1, x_2, \dots, x_n) \in HR^n$ Y-zulässig: $\Leftrightarrow g_i(x_j) = 1$ für $i, j = 1, \dots, n$. Durch g_i wird somit eine Restriktion zulässiger Ressourcen über HR definiert. Dies beschreibt die Auswahl von Ressourcen, die die zugeordnete Aufgabe durchführen können. Sofern durch h_i nicht eine Abbildung auf die Identität erfolgt, beschreibt die Ressourceninschrift darüber hinaus auch eine Eigenschaftsveränderung (beispielsweise einen Erkenntnisgewinn durch eine Weiterbildungsmaßnahme). Analog zu den bisherigen Definitionen entspricht eine Transition mit leerer Ressourceninschrift einer Aufgabe, für die kein Ressourcenbedarf deklariert wird (dies können beispielsweise logische Operationen sein, vergleiche Abschnitt 3.2.1 in [MB+95]). Gemäß den vorangegangenen Definitionen aus Abschnitt 6.3.1 entspricht dies einer Transition (eines Ressourcen-Netzes) ohne Ressourcenstellen in der Umgebung. Ein vereinfachtes Ressourcen-Netz-System leitet sich aus der obigen Definition wie folgt her:

Definition 6.14 Vereinfachtes Ressourcen-Netz-System

Ein vereinfachtes Ressourcen-Netz-System $vRNS$ ist ein Tupel $vRNs = (S, T, F, K, W, Y, X, \Psi, M_0)$ für das gilt:

    i. $(S, T, F, K, W, Y, X, \Psi)$ ist ein vereinfachtes Ressourcen-Netz vRN ohne isolierte Elemente.

    ii. Die Anfangsmarkierung ist eine Abbildung $M_0: S \rightarrow \mathbb{N}_0$, die jeder Stelle eine Anzahl von Marken zuweist.

Aus dieser vereinfachten Definition ergibt sich auch eine vereinfachte Definition der Schaltregel in den vereinfachten Ressourcen-Netzen (siehe Definition 6.15). Ein vereinfachtes Ressourcen-Netz kann aus einem Ressourcen-Netz unter Ausschluss der Modellierung von Ressourcenstellen und der Integration von Kantenbeschriftungen der Kanten aus F_2 in die Transitionsinschriften gewonnen werden. Dies hat primär zwei Konsequenzen:

1. Die Geschäftsprozessmodelle werden kleiner (siehe hierzu Abbildung 6.9 und Abbildung 6.10) und somit für den Modellierer leichter verständlich und analysierbar.

2. Die Ressourcen werden nicht mehr als Marken in den Netzen abgebildet. Das bedeutet, dass das Verhalten des abzubildenden Systems nicht vollständig durch das Netz beschrieben wird. Letzteres ist ein Problem, das grundsätzlich auch bei zeitbehafteten Netzvarianten auftreten kann (siehe hierzu auch [Ba97]). Im Falle der Ressourcen kann dennoch eine vollständige analytische Untersuchbarkeit (unter Abstraktion der generellen Komplexität analytischer Verfahren, vergleiche [AH+00, Ba01, EN94, Es98]) hergestellt werden, indem die vereinfachten Ressourcen-Netze auf Ressourcen-Netze zurückgeführt werden.

Da die Ressourcen in vereinfachten Ressourcen-Netzen nicht durch Marken abgebildet werden, kann dieses durch die Vorstellung eines (oder mehrerer, zentraler) Modellrepositories ausgeglichen werden, auf das immer dann zugegriffen wird, wenn eine Transition aufgrund der Inschrift Ressourcen zur Durchführung (entspricht der Aktivierung und dem anschließenden Schaltvorgang) erfordert. Das Modellrepository enthält und verwaltet dann Instanzen von RML. Zugriffe auf und Veränderungen (der Zustände) von Ressourcen müssen daher extern verwaltet werden, vergleiche [Ad09]. Sofern dies notwendig ist, können auch mehrere Modellrepositories referenziert werden, dies entspricht dann unterschiedlichen Ressourcenstellen in einem Ressourcen-Netz (vergleiche Abbildung 6.5). Die Referenzierung unterschiedlicher Repositories kann durch Bezug zu unterschiedlichen HR Mengen modelliert werden. Die Integration der Ressourcen ist daher deklarativ. Das vereinfachte Ressourcen-Netz beschreibt die Anforderungen an die benötigten Ressourcen, ohne diese explizit abzubilden (vergleiche hierzu Abbildung 6.9)

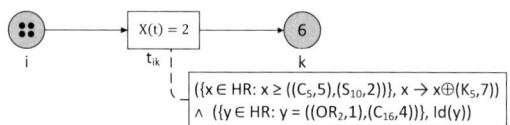

Abbildung 6.9: Deklaration des Ressourceneinsatzes in vRN

Die eingeführte Vereinfachung durch den Verzicht der expliziten Modellierung der Ressourcenstellen durch den Verweis auf ein Repository, das die Ressourcen beinhaltet, schlägt sich auch in einer vereinfachten Schaltregel (Definition 6.15) nieder. Die Berechnung der Schaltwahrscheinlichkeiten (vergleiche Definition 6.12) bleibt hiervon unberührt, allerdings ist die Berechnung der effektiven Konfliktmengen abweichend, da für die Bestimmung des Aktivierungsgrades auch die vorhandenen Ressourcen referenzierter Modellrepositories beachtet werden müssen. Die Analyse der modellierten Stellen des vereinfachten Ressourcen-Netzes genügt demnach nicht, um den Aktivierungsgrad zu ermitteln. Generell kann davon ausgegangen werden, dass Ressourcendeklarationen bezüglich eines Modellrepositories die gleiche Ressourcenstelle im zugehörigen zeitbehafteten Ressourcen-Netz referenzieren.

Nachfolgend sollen die genannten Vereinfachungen noch anhand eines Beispiels verdeutlicht werden, hierzu wird das in Abbildung 6.7 dargestellte zeitbehaftete Ressourcen-Netz in ein vereinfachtes Ressourcen-Netz überführt (siehe Abbildung 6.10). Es fällt hierbei auf, dass das Netz in drei Partitionen (a, b, c) untergliedert wird, die auch als eigenständige, zunächst unabhängige Netze aufgefasst werden können. Dennoch stehen Transitionen dieser Netze aufgrund des Ressourcenzugriffs in genau der gleichen Weise in Konflikt wie das ursprüngliche zeitbehaftete Ressourcen-Netz aus Abbildung 6.7 miteinander.

Definition 6.15 Schaltregel in vereinfachten Ressourcen-Netz-Systemen

Sei $vRNS$ ein vereinfachtes Ressourcen-Netz-System und β eine Belegung von Ressourcen auf Basis des (der) RML-Repositories.

  i.   Eine Transition $t \in T_{RNS}$ heisst M-aktiviert, falls unter einer Markierung M gilt:

$$\forall s \in \cdot t \qquad M(s) \geq W_{RNS}(s, t)$$

$$\forall s \in t \cdot \qquad M(s) \leq K_{RNS}(s) - W_{RNS}(t, s)$$

$$\exists \beta \in HR^n \qquad \beta \text{ ist } \Upsilon\text{-zulässig für } t$$

  ii.   Eine M-aktivierte Transition t kann nach M' schalten (kurz: $M[t > M']$).

  iii.   Ein Schaltvorgang von M nach M' verändert Anzahl und Art der Marken in S wie folgt:

$$M'(s) = \begin{cases} M(s) - W(s,t) & \text{falls } s \in \cdot t \setminus t \cdot \\ M(s) + W(t,s) & \text{falls } s \in t \cdot \setminus \cdot t \\ M(s) & \text{sonst} \end{cases}$$

Es kann daher abschließend festgehalten werden, dass vereinfachte Ressourcen-Netze für den Anwender leichter modellierbar sind. Dies ergibt sich aus der Tatsache, dass der Modellierer die Ressourcenstellen nicht explizit beschreiben und in das Netz integrieren muss. Anstelle der Kanteninschriften adjazenter Ressourcenkanten genügt die einfache Deklaration in einer Transitionsinschrift. Andererseits ist festzuhalten, dass die analytische Untersuchung der Netze hierdurch nicht vereinfacht werden kann, da Transitionen in unterschiedlichen vereinfachten Ressourcen-Netzen aufgrund ihrer deklarierten Ressourcenanforderungen miteinander in Konflikt stehen können.

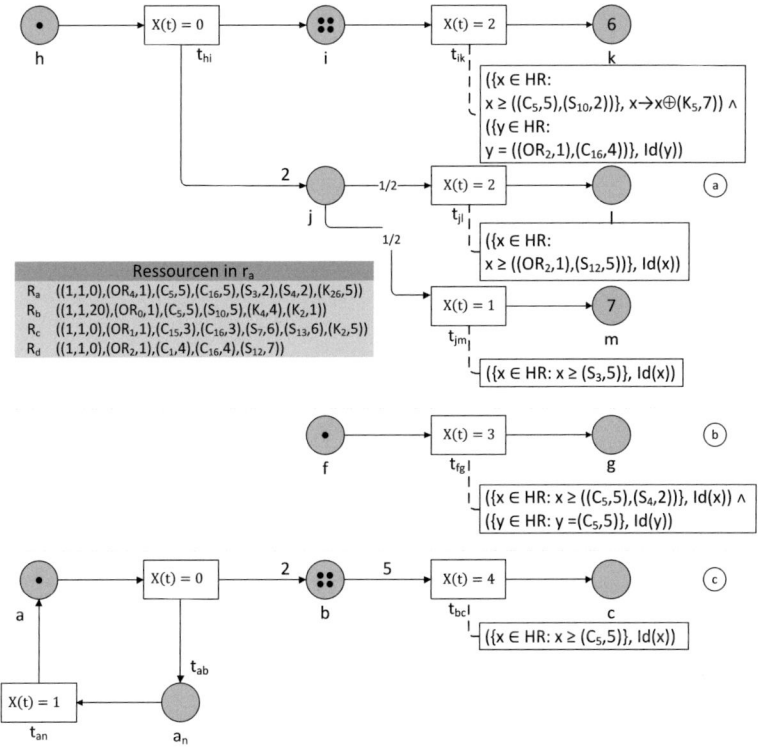

Abbildung 6.10: Nebenläufiger Ressourceneinsatz in vereinfachten Ressourcen-Netzen

7 Die Modellierungs- und Analyseumgebung RAvEN

Zur Unterstützung der Evaluation der in der Arbeit vorgestellten theoretischen Konzepte wurde eine Modellierungs- und Analyseumgebung entwickelt, die in diesem Kapitel näher vorgestellt werden soll. Die Umgebung wird im Weiteren auch als *Resource Analysis Environment* (RAvEN) bezeichnet. RAvEN besteht aus einer Reihe von eclipse Plug-Ins [GB05, RE+09, SF+04, WH+08], die entweder eigenständig oder in Kombination mit der Modellierungsumgebung Horus Business Modeller [Sc10a, SV+10] eingesetzt werden können. In den folgenden Unterabschnitten werden zunächst zwei Modelleditoren zur Modellierung von kompetenzbezogenen (vergleiche 4.6.3) sowie organisations- und personalbezogenen Konzepten (vergleiche 4.6.4) vorgestellt. Daran anschließend folgt die Beschreibung von Erweiterungen eines Modelleditors zur Modellierung von vereinfachten Ressourcen-Netzen. Abschließend wird dies durch die Darstellung der ebenfalls entwickelten Simulationsumgebung für vereinfachte Ressourcen-Netze abgerundet.

7.1 Modellgetriebene Softwareentwicklung der Modelleditoren

Wie bereits erwähnt, sind die Modelleditoren, die das in Kapitel 4 vorgestellte Metamodell zur Modellierung von Ressourcen umsetzen – und dadurch im Endeffekt dem Endanwender eine konkrete Syntax zur Abbildung der durch das Metamodell definierten Sachverhalte bereitstellen – auf der Basis modellgetriebener Softwareentwicklung konstruiert. Die hierzu erstellten ecore-Metamodelle, die RML beschreiben, dienen als Ausgangsbasis, um unter Zuhilfenahme des *Graphical Modeling Framework* (GMF, [Gr09, PW11b]) die Modelleditoren zu erzeugen. Der Ablauf der modellgetriebenen Entwicklung wird in Abbildung 7.1 durch ein BPMN-Modell wiedergegeben. Zunächst werden Metamodelle konstruiert, die Modelleditoren generiert und erweitert (diesbezüglich werden Details in Abbildung 7.2 dargestellt). Nach einer anschließenden Testphase erfolgt eine Entscheidung, ob das Produkt konfiguriert und ausgeliefert werden soll oder eine erneute Metamodell- und Modelleditoranpassung vorgenommen werden soll.

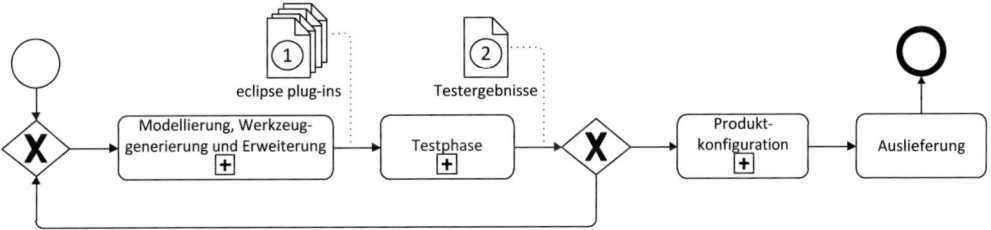

Abbildung 7.1: Überblick des Softwareentwicklungsprozesses der Modelleditoren

Prinzipiell können die Modelleditoren hierbei mehrfach erneut generiert und angepasst werden, sofern Änderungen am Metamodell (in diesem Fall dem RML-Metamodell) vorgenommen werden oder die Editoren weiterentwickelt werden sollen. Diese Variante der Software entwicklung ermöglicht die Sicherstellung der Umsetzung von Metamodellvorgaben auf der Ebene der Modelleditoren. Daraus folgt, dass die Vorgaben und Einschränkungen des Metamodells durch den Modelleditor vollständig und korrekt umgesetzt werden [SB+08].

Das in Abbildung 7.2 dargestellte *Domain Model* (1) ist das in Kapitel 4 beschriebene Metamodell im ecore-Format. Das *Graphical Definition Model* (2) dient der Definition der graphischen Elemente innerhalb eines Modelldiagramms, hierzu wird eine *Figure Gallery* erzeugt, die die definierten Elemente beinhaltet. Prinzipiell können die definierten graphischen Elemente von verschiedenen Modelleditoren wiederverwendet werden, hierzu kann aus dem Kontextmenü eines *Graphical Definition Model* die Option *Generate Figures Plug-In* ausgewählt werden (vergleiche [Gr09]). Als weiteres zu definierendes Modell wird das *Tooling Definition Model* konstruiert, um eine passende Werkzeugpalette für die definierten, graphischen Modellelemente zu erzeugen. Nachdem diese drei Modelle erzeugt wurden, muss ein *Mapping Model* (4) erstellt werden, dies ist das zentrale Modell zur Generierung der Modelleditoren. Das *Mapping Model* kombiniert hierzu das Metamodell (1) mit der Definition der konkreten Syntax (2 und 3), auf Basis des *Mapping Models* können dann auch Plausibilitätsprüfungen durchgeführt werden, um die erstellten Modelle und deren Kombination zu validieren (vergleiche Abschnitt 4.2 in [Gr09] und [WW11c]). Anschließend kann das *Generator Model* (5) generiert werden, hierbei wird durch das Framework Zusatzinformation zur Generierung des benötigten Quellcodes erzeugt – das *Generator Model* ist daher mit dem *EMF Genmodel* [Mc10, SB+08] vergleichbar. Zusätzlich können vordefinierte Schablonen (auf Basis der *Xpand Template Language*, siehe Abschnitt 6.2 in [PT+07]) genutzt werden, um die Generierung des Editor-Codes zu individualisieren. Die Individualisierung des generierten Editor-Codes erlaubt es, neben verschiedenen Konfigurationen auch die Bedienungsführung zu ändern und zusätzliche Funktionalität hinzuzufügen. Die Modelleditoren werden schließlich durch die generierten und gegebenenfalls angepassten Plug-Ins bereitgestellt (siehe 6 und 7 in Abbildung 7.2).

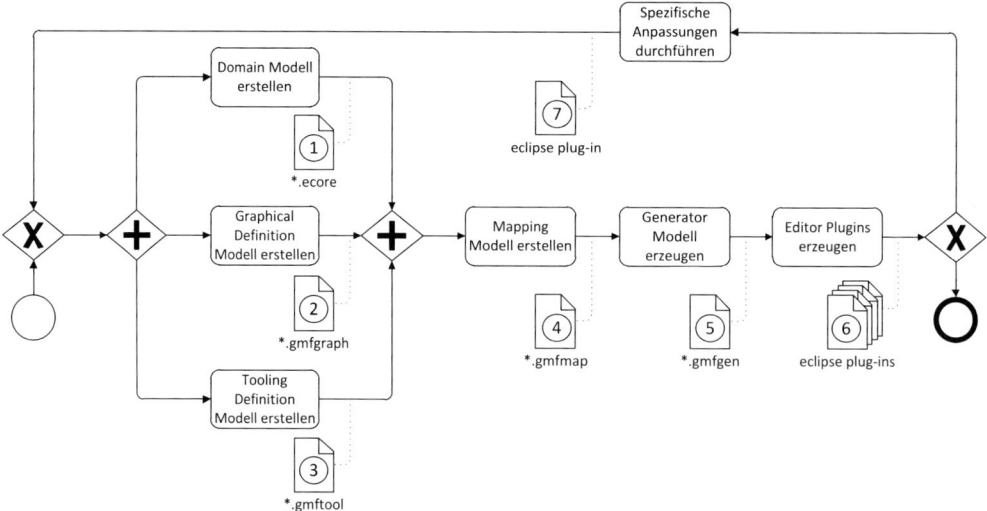

Abbildung 7.2: Modellgetriebene Softwareentwicklung der Modelleditoren

Die im Rahmen der modellgetriebenen Entwicklung (Abbildung 7.2) entstehenden Modelle und der entsprechende Quellcode (zur Bereitstellung von passenden Modelleditoren) erfolgt in Form von sogenannten eclipse Plug-Ins [GB05]. Die konstruierten Plug-Ins werden in Tabelle 7.1 beschrieben. Der Platzhalter * steht hierbei für den Namen des Metamodellteils, der jeweils den Namen des Basis-Plug-Ins definiert.

Zur Anpassung der Modelleditoren können einerseits die Modelle (1, 2, 3, 4 und 5) modifiziert und der entstehende Quellcode erneut generiert werden, um die Änderungen abbilden zu können. Andererseits stellt GMF verschiedene Mechanismen zur Erweiterung und Anpassung der Modelleditoren bereit. Die einfachste Möglichkeit ist die Änderung des generierten Quellcodes und die anschließende Markierung dieser Änderungen (hierzu wird die Annotation @generated NOT genutzt). Diese Option beeinflusst jedoch die erneute Quellcode-Generierung, da in diesem Fall die markierten Methoden nicht mehr überschrieben werden. Aus diesem Grund ist hierbei darauf zu achten, dass diese Anpassungsvariante nach Möglichkeit nur für Methoden genutzt wird, die nicht die Eigenschaften des Metamodells selbst betreffen. Andernfalls werden deren Änderungen nicht mehr automatisch durch den Modelleditor reflektiert, sofern dieser nach einer Metamodelländerung neugeneriert wird. Eine elegantere Variante zur Anpassung von Modelleditoren wird durch den *Extension-Point*-Mechanismus [GB05, WW11d] bereitgestellt. Die von GMF und den generierten Plug-Ins bereitgestellten Erweiterungspunkte können zur Erstellung zusätzlicher Plug-Ins genutzt werden (diese werden im Fall der entwickelten Modelleditoren als *.extensions bezeichnet, siehe 7 in Abbildung 7.2). Der Vorteil dieser Variante ist die Unabhängigkeit der Erweiterung oder Modifikation von generierten Bestandteilen der Modelleditoren; Methoden können einfach überschrieben werden und sind von einer Änderung der Modelle und anschließender Regenerierung der Modelleditoren vollständig separiert.

Weiterhin besteht die Möglichkeit, die Erzeugung der Editoren direkt zu beeinflussen. Wie bereits weiter oben erwähnt, nutzt GMF intern Xpand [PT+07, SV+07], um den Quellcode zu erzeugen; daher besteht die Möglichkeit die Quellcode-Generierung durch eigene Schablonen (*Templates*) zu beeinflussen. Hierzu sei auf die Schnittstelle org.eclipse.gmf.codegen verwiesen, zur Anpassung der Templates kann die Schnittstelle als Projekt in den eclipse Workspace importiert werden (vergleiche Abschnitt 4.6.6 in [Gr09]). Sofern die Modelleditoren auch als Bestandteil der Modellierungsumgebung Horus erzeugt werden sollen, kann die in Abbildung 7.2 dargestellte Generierung (7) wiederholt durchgeführt werden. Sofern die Horus-Variante der Modelleditoren bereitgestellt werden soll, werden angepasste Xpand-Templates genutzt, um die generierten Plug-Ins zu individualisieren; im Fall der Erzeugung von Modelleditoren, die als Einzelanwendung bereitgestellt werden, werden bislang keine angepassten Xpand-Templates genutzt, jedoch wäre dies auch hierfür denkbar.

Plug-In-Name	Beschreibung
*	Dies ist jeweils das Basis-Plug-In; hierin werden die beschriebenen Modelle konstruiert und abgelegt. Weiterhin wird in diesem Plug-In auch der Quellcode zur Bearbeitung des Domainmodells (1) erzeugt. Dieser Quellcode dient der Verwaltung von Modellinstanzen gemäß Metamodell.

Plug-In-Name	Beschreibung
*.diagram	In diesem Plug-In wird der Quellcode des graphischen Modelleditors zur Erzeugung der Modelldiagramme erzeugt. Die Generierung erfolgt durch GMF auf der Basis von XPand [Gr09].
*.edit	Dieses Plug-In dient der Bearbeitung der Modelle auf Basis des Modellcodes das Basis-Plug-Ins. Das Plug-In enthält hierbei nur Quellcode, der unabhängig von der Benutzerschnittstelle ist und wird durch das EMF-Edit Framework [SB+08] erzeugt.
*.editor	Dieses Plug-In stellt einen einfachen Modelleditor bereit und dient der Bearbeitung der Modelle. Zur Bearbeitung der Modelle wird das Plug-In *.edit genutzt. Das Plug-In enthält Quellcode, der die Benutzerschnittstelle definiert und wird durch das EMF-Edit Framework [SB+08] erzeugt.
*.extensions	Dieses Plug-In (7) wird nicht automatisiert erzeugt, vielmehr ist es eine spezifische Erweiterung des *.diagram Plug-Ins, das die Erweiterung der Modelleditoren unabhängig von der modellgetriebenen Softwareentwicklung ermöglicht. In diesem Fall dient das Plug-In vornehmlich der Integration der Modelleditoren in Horus.
*.tests	Dieses Plug-In enthält verschiedene Unit-Tests [Re09, Ma08] auf Basis des Frameworks JUnit [Li05]. Das Plug-In wird automatisch erzeugt und beinhaltet standardisierte Tests zur Validierung des Quellcodes zur Modellbearbeitung. Im Rahmen der Entwicklung der Editoren werden diese Testfälle durch weitere Tests ergänzt, um die Qualität der erzeugten Modelleditoren zu sichern (siehe Anhang B).

Tabelle 7.1: Plug-In Übersicht

7.2 Modellierung von Kompetenzkonzepten durch COMMEdit

Die Modellierung der Kompetenzkonzepte, die in Abschnitt 4.6.3 anhand des Metamodells eingeführt wurden, wird durch den Modelleditor *Competence Modeling Editor* (COMMEdit) unterstützt. Dieser Modelleditor wurde durch modellgetriebene Softwareentwicklung [Sc07, SV+07] auf Basis des eclipse Modeling Frameworks [SB+08] und des Graphical Modeling Frameworks [PW11b] konzipiert. Die Entwicklung des Modell-editors erfolgte hierbei gemäß dem in Abbildung 7.2 vorgestellten Entwicklungszyklus über mehrere Iterationen hinweg – insbesondere bedingt durch die mehrfache Erweiterung des in Kapitel 4 vorgestellten Metamodells und der Integration in die Modellierungsumgebung Horus.

Das Basis-Plug-In des Modelleditors ist das Plug-In `de.raven.rml.competences` (siehe Abbildung 7.3), hier befinden sich die in Abschnitt 7.1 beschriebenen Modelle zur modellgetriebenen Entwicklung des Modelleditors sowie das Teil-Metamodell COMM (siehe Abschnitt 4.6.3). Wie zuvor bereits dargestellt, werden die weiteren zur Bereitstellung des Modelleditors notwendigen Plug-Ins auf Basis dieses Plug-Ins und der enthaltenen Modelle generiert. Notwendige Modifikationen werden daher zunächst an den Modellen vorgenommen und dann durch erneute Generierung im Modelleditor reflektiert. Die Generierung der GMF-spezifischen Plug-Ins der Modelleditoren erfolgt hierbei mehrfach, um unterschiedliche Zielplattformen zu bedienen. Als Zielplattform ist die Einzelanwendung der Modelleditoren sowie die Integration in das Werkzeug Horus Business Modeller [Sc10a] zu erachten.

Zur Generierung der Einzelanwendung erfolgt die Generierung gemäß der Standard-Templates von GMF, im Fall der Integration in Horus werden einige Templates dynamisch eingebunden (siehe Anhang A). Weitere nicht durch Generierung erzeugte Bestandteile des Modelleditors befinden sich im Plug-In `de.raven.rml.competence.extensions`. Das Plug-In beinhaltet im Besonderen Erweiterungen, die die Persistierung im Rahmen von Horus betreffen. Die im Rahmen der Modellgetriebenen Softwareentwicklung entstehenden Plug-Ins, die den Modelleditor COMMEdit bilden, sowie deren Abhängigkeiten untereinander, sind in Abbildung 7.3 dargestellt. Die Beschriftungen entsprechen der jeweiligen Plug-In-Id, dies entspricht der Bezeichnung zur Auflösung von Abhängigkeiten. Das Plug-In `de.raven.rml.competences` bildet das in Tabelle 7.1 beschriebene Basis-Plug-In, hierin sind die Metamodelle, Modelle und der Modellcode enthalten.

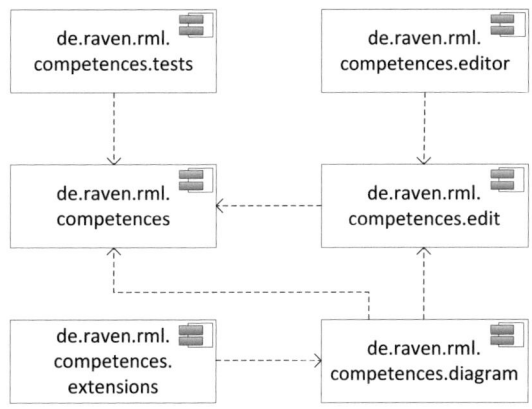

Abbildung 7.3: Abhängigkeiten der Komponenten von COMMEdit

Nachfolgend gibt Tabelle 7.2 einen Überblick über die Umsetzung des Metamodells COMM (vergleiche Abschnitt 4.6.3), in der Tabelle werden lediglich die grafischen Elemente dargestellt, die auf der Zeichnungsfläche des Modelleditors wieder zu finden sind. Entsprechend dem Metamodell verfügen diese Modellelemente allerdings über eine Vielzahl von Eigenschaften, die im Modelleditor nicht graphisch veranschaulicht werden können. Diese Eigenschaften werden in sogenannten Eigenschaftsansichten (*Properties View*, [GB05]) dargestellt (siehe Abbildung 7.4).

Modellelement	Konkrete Syntax	Metamodellelement
Competence	© Competence	Competence (siehe Abschnitt 4.6.3.12)
CompetenceEvidence	E evidence	CompetenceEvidence (siehe Abschnitt 4.6.3.10)
CompetenceLevel	L competenceLevel	CompetenceLevel (siehe Abschnitt 4.6.3.11)
WorkArea	WA workarea	WorkArea (siehe Abschnitt 4.6.3.8)

Modellelement	Konkrete Syntax	Metamodellelement
Weight (C)	w weight	Weight (siehe Abschnitt 4.6.3.12)
Skill	(S) Skill	Skill (siehe Abschnitt 4.6.3.7)
SkillLevel	L skilllevel	SkillLevel (siehe Abschnitt 4.6.3.6)
Weight (S)	w weight	Weight (siehe Abschnitt 4.6.3.12)
Knowledge	(K) Knowledge	Knowledge (siehe Abschnitt 4.6.3.5)
KnowledgeLevel	L knowledgelevel	KnowledgeLevel (siehe Abschnitt 4.6.3.4)
NumericValueType	NV 5	NumericValueType (siehe Abschnitt 4.6.3.2)
Connection	⟶	Abbildung aller durch Assoziationen der Metamodellelemente erlaubten Beziehungen (Abschnitt 4.6.3)

Tabelle 7.2: COMM-Notation in COMMEdit

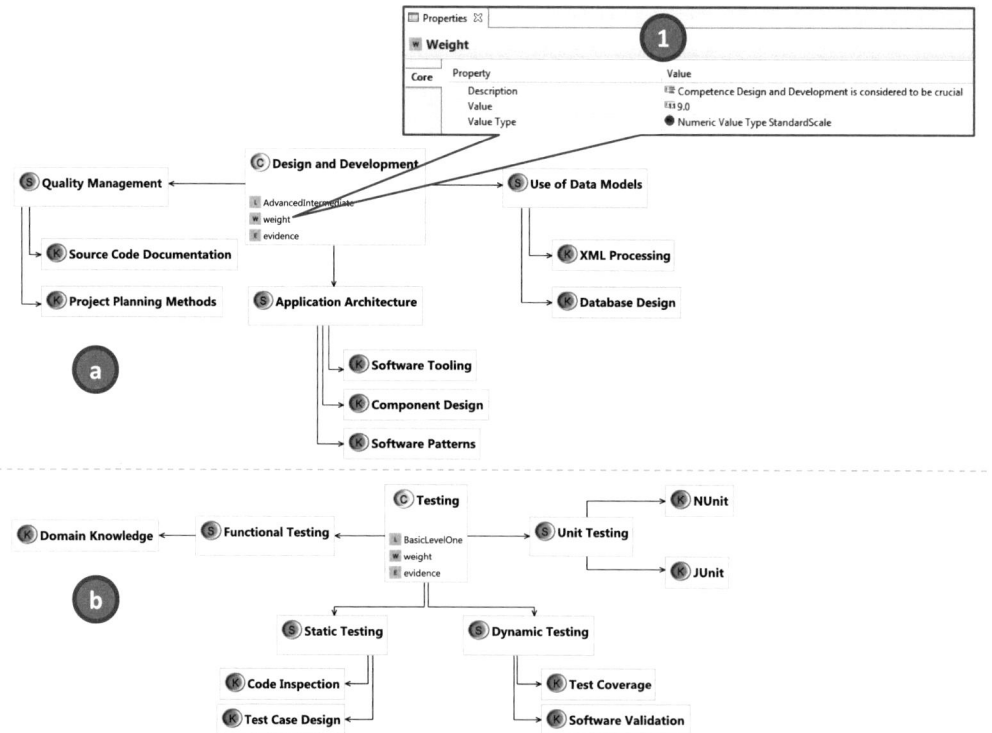

Abbildung 7.4: Beispiel eines Kompetenzmodells in COMMEdit

In Abbildung 7.4 werden Ausschnitte von Kompetenzmodellen dargestellt, es handelt sich hierbei um COMM-Instanziierungen, angelehnt an das European e-Competence Framework [EU08b, EU10a, EU10b]. Details auf Fähigkeits- und Kenntnisebene sind Erweiterungen zu dem European e-Competence Framework. Die Abbildung stellt zwei Kompetenzen und zugehörige (erforderliche) Fähigkeiten sowie Kenntnisse dar, beispielsweise erfordert die Kompetenz *Design and Development* die Fähigkeiten *Architecture Application, Use of Data Models* und *Quality Management*. In Teil a der Abbildung 7.4 wird weiterhin eine Eigenschaftsansicht durch die Darstellung der Eigenschaften des Gewichts einer Kompetenz (*Design and Development*) veranschaulicht. Der Abbildung kann entnommen werden, dass das Modellelement Gewicht (*Weight (C)*) in einem Teilbereich (*Compartment*) des Modellelements Kompetenz enthalten ist und über weitere Eigenschaften verfügt (siehe 1 in der obigen Abbildung).

7.3 Modellierung von Ressourcen durch HRMMEdit

Wie der zuvor vorgestellte Modelleditor COMMEdit, so ist auch der Modelleditor zur Modellierung personeller und organisatorischer Ressourcen (*Human Resource Modeling Editor*, HRMMEdit) auf Basis von modellgetriebener Softwareentwicklung konstruiert und bildet das in Abschnitt 4.6.4 eingeführte Metamodell ab. Gemäß dem Metamodell müssen in HRMMEdit auch Modellelemente aus Modellinstanzen von COMMEdit referenziert werden können. Dies wird durch die Referenzierung des Metamodells COMM durch das Metamodell HRMM erreicht. Die anschließende Generierung von entsprechendem Modellcode reflektiert dies dann im Modelleditor. Das Basis-Plug-In des HRMM Modelleditors ist das Plug-In `de.raven.rml.humanresources` (siehe Abbildung 7.5). Vergleichbar zu dem Modelleditor COMMEdit befinden sich hier die in Abschnitt 7.1 beschriebenen Modelle zur modellgetriebenen Entwicklung des Modelleditors sowie das Teil-Metamodell HRM (siehe Abschnitt 4.6.4). Die Generierung der weiteren Plug-Ins erfolgt analog zu dem in den Abschnitten 7.1 und 7.2 vorgestellten Vorgehen.

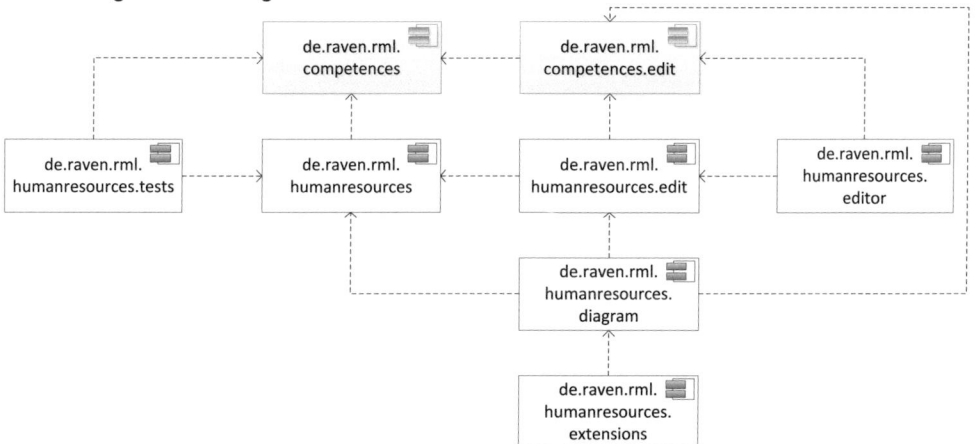

Abbildung 7.5: Abhängigkeiten der Komponenten von HRMMEdit

Als Resultat entstehen die in Abbildung 7.5 dargestellten Plug-Ins; grauunterlegt sind die wiederverwendeten COMMEdit Plug-Ins. Dass HRMMEdit einige Abhängigkeiten zu COMMEdit beinhaltet, ist dadurch begründet, dass gemäß den Metamodellen Modellreferenzen auf COMM-Modellinstanzen ermöglicht werden müssen. Diese Assoziationsbeziehung ist auf dem Modellelement HumanResource definiert, das aus dem Metamodell RMM geerbt und in HRMM durch weitere Eigenschaften dekoriert wird (siehe Abschnitt 4.6.4.12). Die Darstellung der Assoziationsbeziehung durch HRMMEdit wird in Abbildung 7.6 dargestellt.

In Abbildung 7.6 wird die RML-Darstellung einer HRMM Modellinstanz auf Basis von HRMMEdit dargestellt. In der Abbildung sind personelle Ressourcen im Rahmen einer Organisationsstruktur (beschrieben durch eine Organisationseinheit, Gruppen und Rollen) zu sehen. Die Plus-Zeichen einiger Rollen und Gruppen (in Abbildung 7.6) verdeutlichen, dass einige Modellelemente zu Gunsten einer übersichtlichen Darstellung ausgeblendet wurden. Ebenfalls kenntlich gemacht sind die Eigenschaften (siehe 1 und 2) einer Ressource und einer Rolle. Unter der Rubrik *Competences* der Eigenschaftsansichten sind assoziierte Modellelemente aus einer COMM Modellinstanzen referenziert.

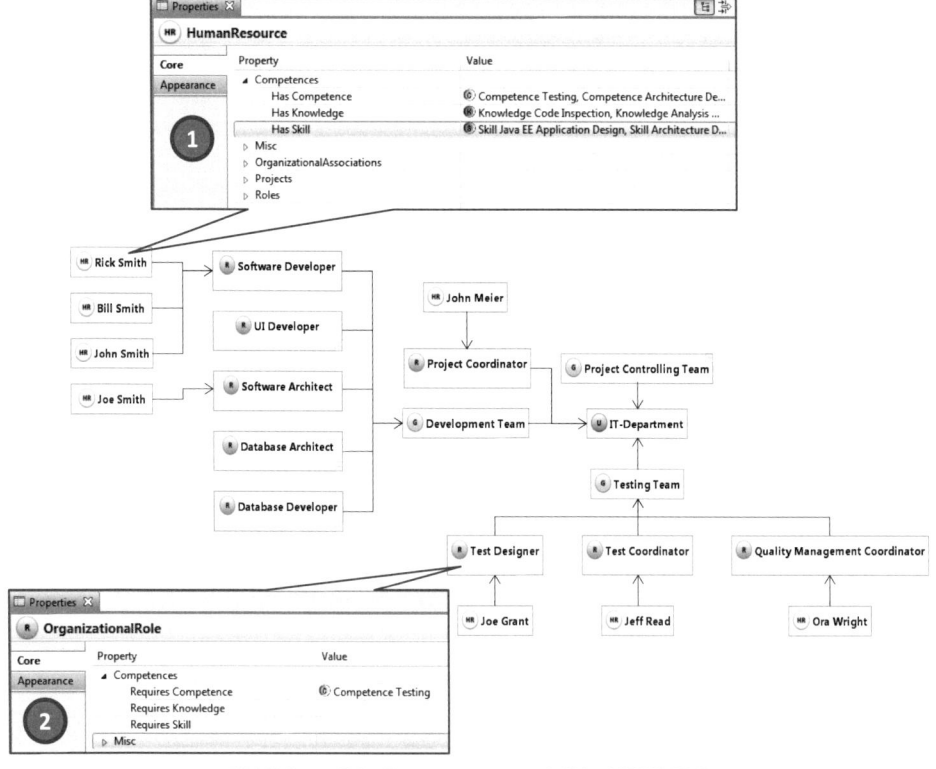

Abbildung 7.6: Ressourcenmodell in HRMMEdit

In der Eigenschaftsansicht der personellen Ressource *Rick Smith* (1) werden deren Kompetenzeigenschaften hervorgehoben (weitere Eigenschaftsmerkmale, die unter den Rubriken *Misc*, *Organizational-Associations*, *Projects* und *Roles* verwaltet wurden, sind in dieser Darstellung ausgeblendet). Die Kompetenz *Testing*, die die personelle Ressource *Rick Smith* innehat, ist beispielsweise eine Anforderung der Rolle *Test Designer* (siehe Eigenschaftsansicht 2). Hieraus lässt sich bereits erkennen, dass die zuvor vorgestellte explizite Modellierung dieser Konzepte einen zusätzlichen Erkenntnisgewinn darstellt, der im Rahmen verschiedener Analysen, insbesondere der Aufgabenverteilung, vorteilhaft genutzt werden kann (vergleiche Kapitel 8).

Modellelemente referenzieren zu können, muss zunächst die entsprechende COMM Modellinstanz in HRMMEdit geladen werden. Die konkrete Syntax von HRMMEdit wird in Tabelle 7.3 verdeutlicht. Alle nicht aufgeführten Metamodelleigenschaften werden im Modelleditor durch Eigenschaftsdialoge der Modellelemente abgebildet, dies bedeutet, dass diese Eigenschaften textuell in Form von Name-Wert-Paaren dargestellt werden (dies trifft insbesondere auch auf die Verknüpfungen zu COMM zu, vergleiche Abbildung 7.6).

Modellelement	Konkrete Syntax	Metamodellelement
HumanResource	HR Human	HumanResource (siehe Abschnitt 4.6.4.12)
OrganizationalUnit	U Unit	OrganizationalUnit (siehe Abschnitt 4.6.4.10)
Group	G Group	OrganizationalGroup (siehe Abschnitt 4.6.4.18)
OrganizationalRole	R Role	OrganizationalRole (siehe Abschnitt 4.6.3.7)
CommunicationPath	CP communicationPath	CommunicationPath (siehe Abschnitt 4.6.4.1)
Duty	D duty	Duty (siehe Abschnitt 4.6.4.3)
Privilege	Pr priviledge	Privilege (siehe Abschnitt 4.6.4.2)
Project	P Project	Project (siehe Abschnitt 4.6.4.11)
Connection	⟶	Abbildung aller in Abschnitt 4.6.4 durch Assoziationen der Metamodellelemente erlaubten Beziehungen.

Tabelle 7.3: HRM-Notation in HRMMEdit

7.4 Modelleditor für vereinfachte Ressourcen-Netze VRNEdit

Neben den vorgestellten Modelleditoren zur Abbildung von Ressourcen- und Kompetenzkonzepten ist ein weiterer Modelleditor Bestandteil der Analyseumgebung RAvEN. Dieser Editor (VRNEdit) dient der Modellierungsunterstützung der bereits vorgestellten vereinfachten Ressourcen-Netze (siehe Definition 6.13). Der Modelleditor für vereinfachte Ressourcen-Netze basiert auf Netzeditoren, die auch in KIT-Horus [PW11d] eingesetzt werden. Die bestehenden Modelle der dort genutzten Petri-Netz-Editoren wurden zu diesem Zweck zunächst übernommen, vereinfacht und dann um die Charakteristika der vereinfachten Ressourcen-Netze erweitert.

Der Modelleditor besteht aus den eclipse Plug-Ins `de.raven.rml.vrnet.editor` und `de.raven.rml.vrnet.expressions`. Die Abhängigkeiten der Plug-Ins werden in Abbildung 7.7 verdeutlicht. Das Plug-In `de.raven.rml.vrnet.expressions` setzt die Formulierung von Auswahlausdrücken (zur Deklaration von Ressourcenbedingungen) um. Aus diesem Grund bestehen Abhängigkeiten zu den Plug-Ins (`de.raven.rml.human-resources` und `de.raven.rml.competences`), die die RML-Metamodelle beinhalten.

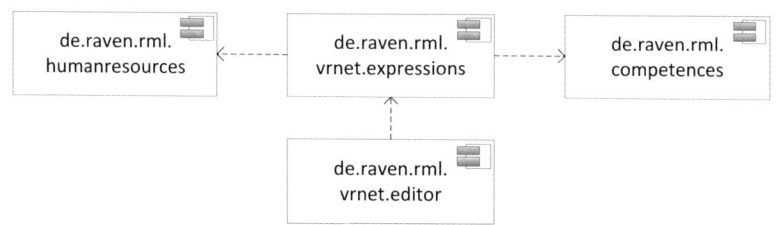

Abbildung 7.7: Komponentenarchitektur – Modelleditor für vereinfachte Ressourcen-Netze

Die in Kapitel 7 beschriebenen Bedingungen zur Auswahl der Ressourcen in einem vereinfachten Ressourcen-Netz werden in dieser Implementierung durch die Definition von Ausdrücken in *Object Constraint Language* definiert. Die *Object Constraint Language* (OCL, [OM06c, OM10b]) ist eine von der OMG standardisierte Sprache zur Spezifikation von Ausdrücken über MOF-konformen Modellen [WK04]. OCL ist eine deklarative Sprache, neben der Definition von Einschränkungen wird sie auch als Anfragesprache genutzt – vergleichende Untersuchungen und Transformation in die Structured Query Language (SQL, [IS08a]) finden sich in [AB01, HW+07, WK04]. Die Weiterentwicklung der OCL ist geprägt durch die modellgetriebene Softwareentwicklung (insbesondere die nebenläufige Entwicklung des *Query/View/Transformation*-Ansatzes (QVT), [OM08b]). Ein OCL-Ausdruck kann als boolescher Ausdruck ausgewertet werden; ist der Ausdruck für Modellelemente nicht erfüllt (also der Ausdruck als falsch bewertet), so ist die entsprechende Modelleigenschaft verletzt und das Modell ungültig. Für den Modelleditor zur Modellierung vereinfachter Ressourcen-Netze bedeutet dies, dass nur Ressourcenbelegungen gültig sind, für die die Auswertung von den Transitionen zugeordneten Ausdrücken wahr ergibt. OCL unterscheidet drei Arten von Ausdrücken (diese gelten jeweils für den definierten Kontext – vergleiche Abschnitt 3.1.3 in [WK04]):

- **Invarianten**: werden durch das Schlüsselwort *inv* eingeleitet und müssen zu jedem Zeitpunkt erfüllt sein.
- **Vorbedingungen**: werden durch das Schlüsselwort *pre* eingeleitet und müssen vor der Durchführung einer Aktivität (hier einer Transition eines vereinfachten Ressourcen-Netzes) gültig sein.
- **Nachbedingungen**: werden durch das Schlüsselwort *post* eingeleitet und sind nach Abschluss einer Aktivität (wiederum einer Transition) gültig.

Die Abbildung Υ aus Definition 6.13 ordnet jeder Transition eine Menge aus Funktionspaaren (g, h) zu, die sich als Vor- und Nachbedingungen in OCL abbilden lassen. Hieraus resultiert, dass die Ressourcenbedingung in VRNEdit als Vor- und Nachbedingung ausgedrückt wird und außerdem die Definition von Invarianten in diesem Fall entfällt. Sofern h als Identitätsabbildung definiert wird (vergleiche $Id(y)$ in Abbildung 7.8), ist die explizite Definition einer Nachbedingung nicht erforderlich. Nachbedingungen spezifizieren zumeist Weiterbildungsaspekte, also die Definition neuer Eigenschaften der Ressourcen (vergleiche die Veränderung der Ressource x in Abbildung 7.8 und Abbildung 7.10).

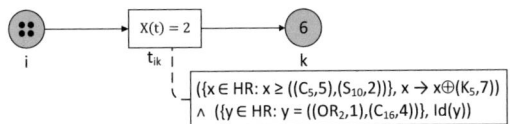

Abbildung 7.8: Ausschnitt aus Teilnetz a in Abbildung 6.10

Verglichen mit den in Abschnitt 6.3.4 eingeführten Ausdrücken kann die Nutzung von OCL zu längeren Auswahlausdrücken führen. Dies ist darin begründet, dass die OCL-Ausdrücke ausgehend von einem Kontext (siehe [WK04]) definiert werden und daher eine Navigation zu dem entsprechenden Modellelement erfolgen muss – in diesem Fall wird der Kontext durch eines der Metamodellelemente `Resource`, `HumanResource`, `Competence`, `Skill` oder `Knowledge` gebildet.

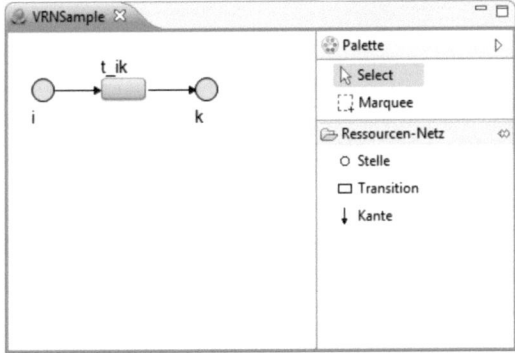

Abbildung 7.9: Ressourcen-Netz-Darstellung in VRNEdit

Durch diese Kontexteinschränkung können Bedingungen über den Metamodellelementen definiert werden (dies wird durch Navigation erreicht – siehe hierzu auch [WK04]). Die Bedingungen müssen durch Modellelemente (mindestens ein Modellelement) einer konkreten Modellinstanz erfüllt werden. In diesem Fall sind diese Modellelemente konkrete Ressourcen (RML Modellelemente), die zur Ausführung von Transitionen ausgewählt (zur Durchführung einer Aufgabe genutzt) werden sollen. Abbildung 7.8 zeigt einen Ausschnitt aus Abbildung 6.10. Dieser wird in Abbildung 7.9 in der Zeichnungsfläche von VRNEdit abgebildet. Die Eigenschaften der Transition, insbesondere die Ressourcenbedingung, werden in Abbildung 7.10 verdeutlicht. Im oberen Bereich der Abbildung wird der entsprechende Auswahlausdruck anhand der OCL-Vorbedingung hervorgehoben.

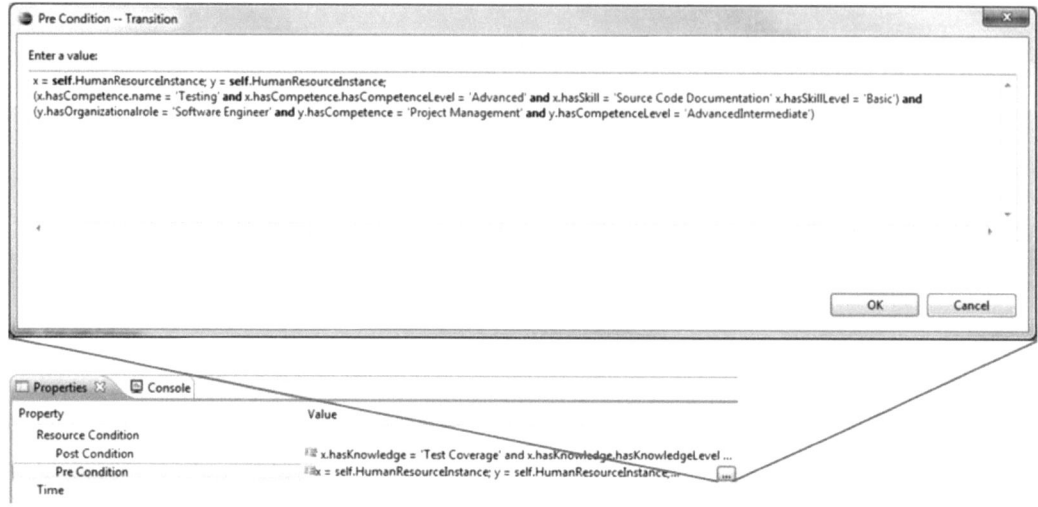

Abbildung 7.10: Eigenschaften der Transition t_{ik}

7.5 Simulationsumgebung MILAN

Wie bereits beschrieben, kann die Bewertung von Modellen auf der Basis von Simulations-experimenten erfolgen. Dies ist zu empfehlen, wenn Experimente und Messungen in der Realität nicht zu rechtfertigen sind (da sie beispielsweise zu langsam, zu schnell, zu gefähr-lich oder unmöglich sind) oder bei komplexen Prozessen die Grenzen analytischer Verfahren überschritten werden [Fu90, PK05, WR+10]. Im Rahmen von Simulationsexperimenten wird das zeitliche Ablaufverhalten von (modellierten) Systemen abgebildet, protokolliert und an-schließend interpretiert [PK05, VD96]. Basierend auf den Simulationsergebnissen können bestehende Systeme iterativ verbessert werden (beispielsweise auf Basis von Handlungs-empfehlungen durch einen effizienteren Ressourceneinsatz). Im Rahmen dieser Arbeit wur-de daher eine Simulationsumgebung (MILAN) entwickelt, die die Simulation von Ressour-cen-Netzen unterstützt. Die Simulation basiert auf den zuvor vorgestellten Ressourcenmo-dellen und den vereinfachten Ressourcen-Netzen (vergleiche Kapitel 4 und 6). Ebenso wie die in den Abschnitten 7.2, 7.3 und 7.4 vorgestellten Modelleditoren ist auch die Simulation-sumgebung Bestandteil von RAvEN. Diese kann als integrierter Bestandteil der Modellie-rungsumgebung Horus [SV+10] oder als eigenständige Komponente genutzt werden. Nach-folgend soll zunächst die Simulation als Methode zur Untersuchung von Geschäftsprozessen (vergleiche auch Abschnitt 2.2.3) beleuchtet und anschließend die implementierte Kompo-nente vorgestellt werden. Die Architektur der nachfolgend vorgestellten Simulationsumge-bung stellt eine Spezialisierung der in [Sc10a] vorgestellten Simulationskomponente dar.

7.5.1 Simulation von Geschäftsprozessen

Simulation ist ein Instrument, das Erkenntnisse über das Verhalten von Systemen (im Rah-men dieser Arbeit der modellierten Geschäftsprozesse auf Basis von Ressourcen-Netzen und Ressourcenmodellen) verbessern kann [DF+97, Fu90, Fu93, HR98, Le05, Na93, NR+05, RF+91]. In der Literatur wird Simulation bezogen auf die jeweilige Anwendungsdomäne differenziert betrachtet. Gemeinsam ist diesen Betrachtungen jedoch die Auffassung, dass Simulation reale Systeme (Problemstellungen) abbildet und deren Verhalten virtuell nachbildet, um weitere Erkenntnisse zu erlangen:

„The process of describing a real system and using this model for experimentation, with the goal of understanding the system's behaviour or to explore alternative strategies for its operation." [Sh75]

Die Durchführung von Simulationsexperimenten kann nach [PK05] genutzt werden, Erkenntnisse über das reale System zu gewinnen. Ebenfalls allen Definitionen gemeinsam ist die, dass Simulation auf der Basis von Modellen, die die zu simulierenden Systeme beschreiben, durchgeführt wird (vergleiche Definition 2.7). Hieraus resultiert auch, dass Simulation immer von der Realität abstrahiert [VD96]. Der Abstraktionsgrad (auch Detaillierungsgrad) ist hierbei Maß der Abbildungsgenauigkeit, wiedergespiegelt durch das Modell, das der Simulation zu Grunde liegt. Je höher der Abstraktionsgrad, desto geringer sind Detaillierungsgrad und Aufwand für die Modellierung; andererseits wird dadurch die Interpretation der Simulationsergebnisse erschwert. Bei erhöhtem Abstraktionsgrad können Fragestellungen unter Umständen nicht mehr durch Simulationsergebnisse beantwortet werden, da relevante Parameter nicht mehr im Modell reflektiert sind (vergleiche [Me08, VD96, VD03]). In Anlehnung an [PK05] kann es daher sinnvoll sein, schrittweise verfeinerte Modelle oder Teilmodelle (beispielsweise durch die hierarchische Modellierung von Geschäftsprozessen) zu entwerfen. Im Gegensatz zu realen Experimenten und analytischen Verfahren kann die Simulation, unter Voraussetzung geeigneter Modellierung, auch zur Auswertung sehr umfangreicher Systeme genutzt werden [Fu90, Fu93]. Die Auswertung der Simulationsergebnisse kann Aufschluss über Zusammenhänge der einzelnen Systemparameter geben und zur Entwicklung von Handlungsstrategien genutzt werden [Na93, NR+05].

7.5.1.1 Begriffsdefinitionen

Die nachfolgenden Begriffsdefinitionen erweitern und präzisieren die Ausführungen aus Abschnitt 2.2.3. und werden im Rahmen der Architekturbeschreibung, der Eigenschaften der Simulationsumgebung sowie der späteren Durchführung von Simulationsexperimenten (siehe Kapitel 8) aufgegriffen. Hierzu soll zunächst Definition 2.8 aufgegriffen und präzisiert werden:

Definition 7.1 Simulationsexperiment

Ein Simulationsexperiment ist die empirische Untersuchung des Systemverhaltens (abstrahiert durch das Simulationsmodell) über eine bestimmte Zeitspanne unter der Vorbedingung festgelegter Eingabedaten (*Input*). Das Simulationsexperiment erzeugt anschließend Ausgabedaten (*Output*), die Rückschlüsse auf das Systemverhalten ermöglichen.

Im Verlauf der Simulation werden Simulationsexperimente wiederholt unter systematischen Parametervariationen durchgeführt. Ein Simulationsexperiment kann mehrere Simulationsläufe beinhalten. Letzteres dient der Stabilisierung der ermittelten Ergebnisse und der Vermeidung von zu starken Gewichtungen von Schwankungen (wie diese in der Einschwingphase von Simulationsexperimenten auftreten können [PK05]). Auf Basis der Ausgabedaten und der zeitlichen Entwicklung der Änderung von zuvor festgelegten Zustandsgrößen des Simulationsmodells (Simulationsergebnis) erfolgt anschließend eine Ergebnisauswertung der Simulationsergebnisse; diese umfasst typischerweise mehrere Schritte:

- Datenaufbereitung,
- Ergebnisinterpretation und
- Bewertung von Varianten.

Ergebnisauswertungen können hinsichtlich einzelner Simulationsläufe oder auch über mehrere Simulationsläufe hinweg sowie für einzelne Modellelemente oder das gesamte Modell durchgeführt werden. Nach einer Datenaufbereitung setzt die Ergebnisinterpretation die Ergebnisdaten in Beziehung zu den Einflussgrößen (zum Beispiel bestimmte Ereignisse). Im Rahmen der Ergebnisinterpretation werden Ursachen der erzielten Ergebnisse ermittelt. Eine allgemeine exakte Vorgehensweise zur Interpretation der Ergebnisse existiert hierbei allerdings nicht, vielmehr sind die Interpretationen abhängig von der zu untersuchenden Fragestellung und dem betrachteten System, sowie weiteren Rahmenbedingungen.

Die Ergebnisinterpretation basiert demnach auf den protokollierten Zustandsänderungen in Bezug zu deren zeitlichem Verlauf. Relevante Konzepte sind in diesem Zusammenhang Aktivitäten, Ereignisse, Messzeitpunkte, Attribute und Modellzustände. Zustandsänderungen werden in diesem Zusammenhang durch Ereignisse ausgelöst. Ereignisse sind atomare, nicht weiter zerlegbare Geschehnisse, die eine Zustandsänderung nach sich ziehen und dabei selbst keine Zeit verbrauchen; Ereignisse begrenzen Aktivitäten.

Definition 7.2 Modellzustand

Ein Modellzustand beschreibt die Wertbelegung der beobachteten Zustandsgrößen und Attribute aller Modellelemente (Systemelemente) zu einem Simulationszeitpunkt t.

Spezielle Zustände sind der Anfangszustand, der die Initialisierung des Systems vor der Simulationsdurchführung beschreibt, und der Endzustand, der die Belegung der Werte nach der durchgeführten Simulation darstellt.

Als Aktivität werden (bezogen auf die Simulation) alle zeitbehafteten Vorgänge bezeichnet. Aktivitäten werden damit nach [PK05] durch ein Anfangs- und ein Endereignis begrenzt, das Endereignis hat dann wiederum einen Zustandsübergang zur Folge. Eine Zustandsänderung bedingt im Allgemeinen die Änderung von Attributen der Modellelemente (ein Attribut ist eine veränderbare Eigenschaft eines Modellelements).

Definition 7.3 Messzeitpunkt

Messzeitpunkte sind Zeitpunkte (bezogen auf die Simulationszeit) zu denen, während der Simulation Simulationsergebnisdaten ermittelt werden. Zu einem Messzeitpunkt wird dann jeweils der Wert der zu beobachtenden Ergebnisgrößen sowie die Änderung dieser Größen oder das Eintreten bestimmter Ereignisses aufgezeichnet.

Aus Sicht der Simulationsumgebungen müssen derartige Vorgänge, die den Modellzustand beeinflussen, beobachtet werden, in vielen Simulationsumgebungen geschieht dies zu zeitdiskreten Zeitpunkten. Die Simulationsumgebung überwacht die Modelländerungen daher zu gegebenen Zeitpunkten, den Messzeitpunkten (auch als Schrittgröße bezeichnet). Beobachtete Modelländerungen, Ereignisse und Aktivitäten werden hierbei protokolliert, sodass nachfolgend eine Ergebnisinterpretation ermöglicht wird.

Definition 7.4 Simulationsdaten

Simulationsdaten bilden den Oberbegriff aller Daten (Informationen), die bezogen auf ein Modell vor, nach und während den Simulationsexperimenten von Bedeutung sind.

Simulationsdaten bilden daher die Grundlage der Durchführung von Simulationsexperimenten und der Ergebnisinterpretation [Sh78, Zi01]. Simulationsdaten können weiter differenziert werden in:

- **Eingabedaten (Inputdaten):** Daten, die der Initialisierung eines Modells zur Durchführung von Simulationsexperimenten dienen. Diese Daten lassen sich aus den Modellen (Systemdaten) und der zu beantwortenden Fragestellung ableiten.
- **Experimentdaten:** Umfassen alle Daten eines Experiments inklusive aller dazugehörigen Simulationsläufe.
- **Interne Modelldaten:** Dies sind Daten die die einzelnen Modellelemente betreffen (inklusiver der Attributwerte).
- **Simulationsergebnisdaten (Ausgabedaten):** Diese Daten geben Auskunft über Zustandsänderungen, die während der Simulationsexperimente eingetreten sind. Die Simulationsergebnisdaten werden typischerweise während der Durchführung von Simulationsexperimenten aufgenommen, protokolliert und anschließend interpretiert.

7.5.1.2 Simulationsmethoden

In Abhängigkeit der zu untersuchenden Szenarien wurden unterschiedliche Simulationsmethoden entwickelt [Ba98, PK05, VD96], deren Untergliederung in Bezug zu den beobachteten Zustandsänderungen steht. Generell wird zunächst unterschieden, ob die Simulationszeit kontinuierlich oder diskret voranschreitet – daher werden auf oberster Granularitätsstufe zeit- und ereignisgesteuerte Simulationsmethoden unterschieden.

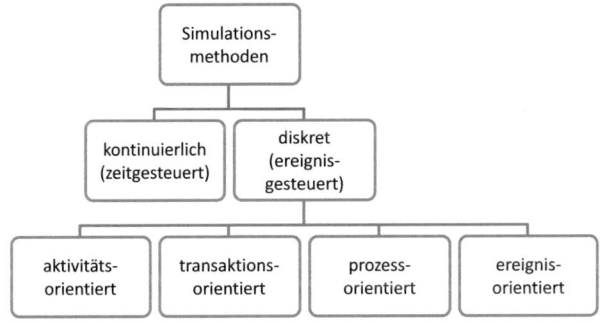

Abbildung 7.11: Klassifikation von Simulationsmethoden (nach [VD96])

Während bei der zeitgesteuerten (kontinuierlichen) Simulation davon ausgegangen wird, dass Simulationszeit und damit verbundene Zustände stetigen Änderungen unterliegen (wie dies beispielsweise bei chemischen Reaktionsprozessen der Fall ist), geht man bei der ereignisgesteuerten (diskreten) Simulation davon aus, dass sich der Modellzustand nur zu bestimmten Messzeitpunkten durch das Eintreten von Ereignissen verändert. Wie in Abbildung 7.11 verdeutlicht, wird die ereignisgesteuerte Simulationsmethode wiederum in ereignis-, aktivitäts-, prozess- oder transaktionsorientiert untergliedert. Im Rahmen dieser Arbeit wird die diskret-ereignisgesteuerte, prozessorientierte Simulation als Methode zur Simulation von Geschäftsprozessen eingesetzt und durch die Simulationsumgebung implementiert.

7.5.1.3 Simulationsverfahren

Simulation wird im Rahmen dieser Arbeit als iteratives Verfahren aufgefasst. Dies gewährleistet aussagekräftige Ergebnisse, deren Interpretation sinnvolle Handlungsempfehlungen ermöglicht. Das umgesetzte Simulationsverfahren, dessen Ergebnisse in Kapitel 8 vorgestellt werden, untergliedert sich in die in Abbildung 7.12 dargestellten Phasen. Alle Phasen können hierbei in weitere Phasen untergliedert werden. Da dies im Rahmen der Simulation insbesondere für die Durchführungsphase von Belang ist, wurde diese Phase in der Abbildung genauer dargestellt.

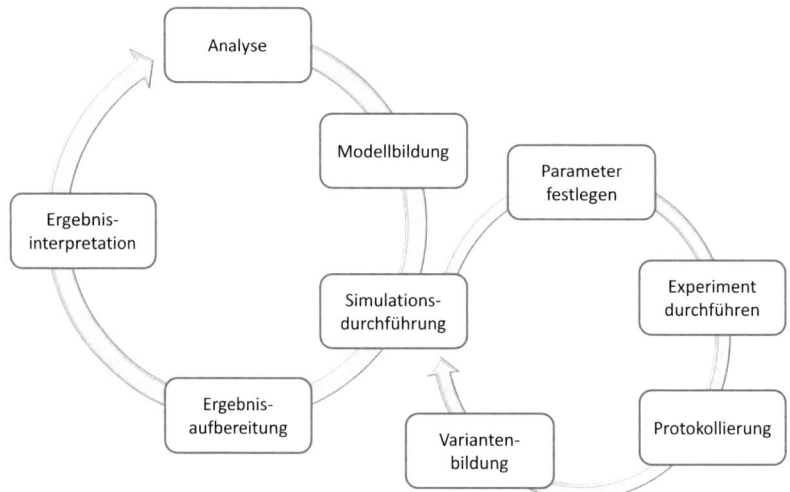

Abbildung 7.12: Iteratives Simulationsverfahren

Die in Abbildung 7.12 abgebildeten Phasen lassen sich wie folgt charakterisieren:

1. **Analyse**: Identifikation des zu untersuchenden Systems und Aufbereitung der relevanten Systemparameter. Dies beinhaltet die Festlegung zu beobachtender Messgrößen (wie durchschnittliche Kosten von Geschäftsprozessen)

2. **Modellbildung**: Auf Basis der Analyseresultate erfolgt eine Modellbildung. Die erzeugten Modelle stellen das zu simulierende System aus Sicht der Simulationsumgebung dar. Insbesondere können daher auch nur Parameter untersucht werden, die abgebildet wurden. In dieser Phase ist es daher von Belang, das richtige Abstraktionsniveau zu finden, auf dessen Basis die Simulation erfolgen soll – nicht modellierte Eigenschaften werden nicht simuliert und können falsche Rückschlüsse bedingen (vergleichbar ist dies mit Reduktionsalgorithmen zur Unterstützung analytischer Verfahren, siehe auch [DV05, Es94, WV+09a]).

3. **Simulationsdurchführung**: In dieser Phase werden die Simulationsexperimente durchgeführt, dies bedingt eine entsprechende Parametrisierung der Modelle. Während der Durchführung der Simulation erfolgt die Beobachtung der definierten Messgrößen zu ebenfalls definierten Zeitintervallen. Alle anfallenden Ergebnisdaten werden hierbei durch die Simulationsumgebung protokolliert. Bei Bedarf kann in dieser Phase direkt die Bildung von Modellalternativen zur erneuten Simulation genutzt oder das Modell auf der Basis einer geänderten Parametrisierung in einem Simulationsexperiment untersucht werden.

4. **Ergebnisaufbereitung**: In dieser Phase werden die Simulationsdaten zunächst zur Interpretation vorbereitet und Messgrößen einander in einem Vergleich von Ist- und Sollwerten gegenübergestellt. Weiterhin erfolgt in dieser Phase auch eine Validierung des Simulationsmodells (üblicherweise durch den Vergleich der Simulationsergebnisse mit bereits bekannten Trainingsdaten – vergleiche [RB+02, WR+10] – des realen Systems).

5. **Ergebnisinterpretation**: Abschließend werden im Rahmen der Ergebnisinterpretation Rückschlüsse gezogen und gegebenenfalls Handlungsmaßnahmen initiiert. Sollten die erzielten Erkenntnisse den gesetzten Maßstäben noch nicht genügen, so kann das Simulationsverfahren erneut begonnen werden. Die bislang erzielten Erkenntnisse und Ergebnisse können dann als Eingabe für den erneuten Ablauf der Simulationsdurchführung dienen (z.B. bei der Parametrisierung der Simulationsexperimente).

Die Simulation kann also zyklisch durchgeführt werden, hierbei werden die gewonnenen Erkenntnisse zur Durchführung erneuter Simulationsexperimente genutzt. Vor der Durchführung erneuter Simulationsexperimente werden zumeist entweder die Simulationsmodelle oder die Parametrisierung der Simulationsexperimente, entsprechend den zuvor erzielten Ergebnissen, angepasst (Variantenbildung, vergl. auch [DO+97a, DO+97b, PK05, RB+02]). Die Simulation dient der Validierung von Modelleigenschaften und ist kein analytisches Verfahren, das zur Berechnung von optimalen Ergebnissen genutzt werden kann. Die erzielten Verbesserungen können daher als bestmögliche Ergebnisse unter gegebenen Bedingungen, auf Basis von iterativen Modellmodifikationen, verstanden werden.

7.5.2 Architektur der Simulationsumgebung

Die nachfolgend vorgestellte Simulationsumgebung (Simulationssystem) soll, auf Basis der zuvor vorgestellten Konzepte, die Simulation von vereinfachten Ressourcen-Netzen ermöglichen. Wie auch bereits die zuvor vorgestellten Komponenten kann diese einzeln, in Kombination mit den bereits illustrierten Komponenten oder auch als integrierter Bestandteil der Werkzeugumgebung Horus Business Modeller eingesetzt werden.

In Abbildung 7.13 ist die Plug-In-Architektur der Simulationsumgebung dargestellt, die implementierten Plug-Ins sind als UML-Komponenten dargestellt (siehe Abschnitt 8.3.1 in [OM10d]). Die grau schraffierten Komponenten wurden bereits in den vorangegangenen Kapiteln vorgestellt. Die beiden Service-Komponenten (`de.raven.rml.resource.service` und `de.raven.rml.vrnet.service`) bilden die Schnittstelle zu den Modellierungskomponenten. Ihre Aufgabe besteht darin, vorhandene Modelle einzulesen und den Zugriff auf Modellinstanzen zur Laufzeit der Simulation zu regeln. Der Ressourcendienst nutzt ein zweistufiges Allokationsverfahren zur Ressourcenzuweisung (durch Trennung von Selektion und Allokation), dies wird auch in der Literatur vorgeschlagen [Ad09, DE+97].

Die Verwendung der OSGi-Plattform (vergleiche [WH+08]) zur Implementierung stellt einen besonderen Mehrwert dar, da die entwickelten Dienste hierdurch nicht nur als Dienstleistungskomponenten der Simulationsumgebung zur Verfügung stehen, sondern vielmehr auch in anderen OSGi Umgebungen wiederverwendet werden können (besipeilsweise in einer unabhängig entwickelten Workflow-Engine).

Die verbleibenden Komponenten

- `de.raven.rml.simulation.core,`
- `de.raven.rml.simulation.distribution,`
- `de.raven.rml.simulation.gui,`
- `de.raven.rml.simulation.desmoj,`
- `de.raven.rml.simulation.desmoj.test` und
- `de.raven.rml.simulation.test`

bilden die Simulationsumgebung. Das Simulationsmodell (eine der Simulationsumgebung angepasste Klassenarchitektur der Ressourcen-Netze) wird in der Kernkomponente `de.raven.rml.simulation.core` umgesetzt. Der Zugriff auf die genannten Dienstleistungskomponenten erfolgt daher einerseits aus der Kernkomponente sowie aus der Laufzeitkomponente `de.raven.rml.simulation.desmoj` heraus. Das Modell, das durch die Kernkomponente bereitgestellt wird, beinhaltet bereits die Parametrisierung des Simulationsmodells. Die Parametrisierung erfolgt über die Benutzerschnittstelle (bereitgestellt durch die im Weiteren vorgestellte Komponente `de.raven.rml.simulation.gui`, siehe Abschnitt 7.5.3.1). Die Laufzeitkomponente regelt dann auf Grundlage des bereitgestellten Modells die Durchführung des Simulationsexperiments sowie die anschließende Protokollierung der Simulationsdaten (insbesondere der Ergebnisdaten).

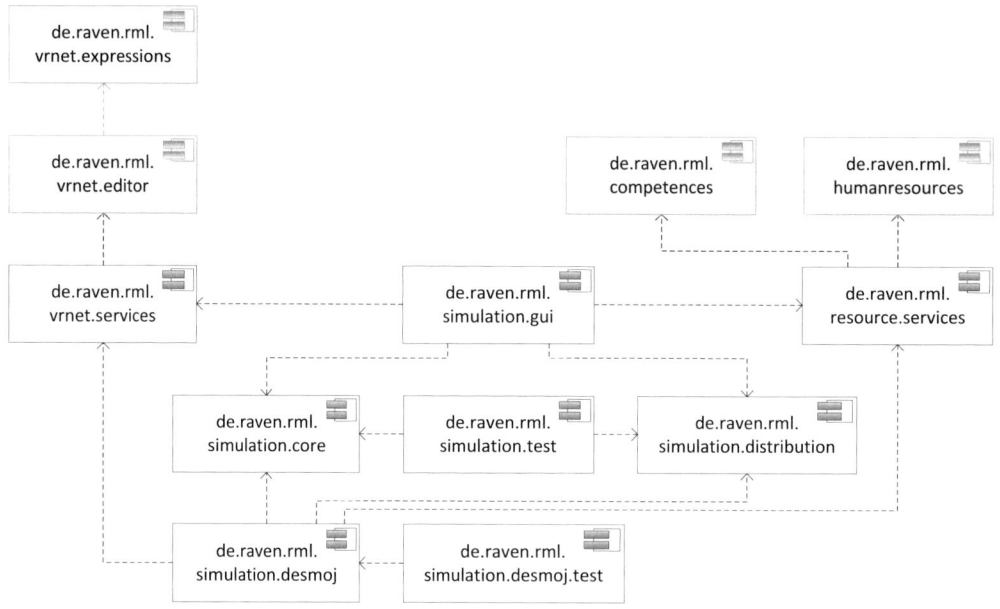

Abbildung 7.13: Architektur Simulationsumgebung

Die Implementierung der Laufzeitkomponente basiert auf dem Simulations-Framework DesmoJ [PK05]. Die Erweiterung des Frameworks ist ausschnittweise in Abbildung 7.14 dargestellt. Das DesmoJ-Framework ist auf die Erweiterung durch konkrete Simulationskomponenten ausgerichtet (bereits in DesmoJ vorhandene Klassen sind in der Abbildung grau unterlegt). Die implementierte Laufzeitumgebung setzt zur Erweiterung auf eine diskrete, prozessorientierte Simulationsmethode, weshalb die Klasse `SimProcess` von DesmoJ erweitert wird. Die Initialisierung der Simulation erfolgt durch die Klasse `SimulationEngine`, diese konfiguriert wiederum den `SimulationExecutor`. Die anschließende Kontrolle der Durchführung des gesamten Simulationsexperiments obliegt der Klasse `Simulation-Executor`, diese Klasse kontrolliert neben dem Ablauf auch das Laden und die Parametrisierung der ausgewählten vereinfachten Ressourcen-Netz-Systeme. Hierzu instanziiert der `SimulationExecutor` jeweils einen `VRNetGenerator` pro Ressourcen-Netz-System und stellt diesem die gewählten Parameter zur Verfügung. `SimulationExecutor` wird von `Model` abgeleitet und bildet dadurch die Basisinfrastruktur der Simulationsdurchführung (beispielsweise durch die Bereitstellung von Scheduling-Mechanismen, Warteschlangen oder Simulationszeitverwaltung).

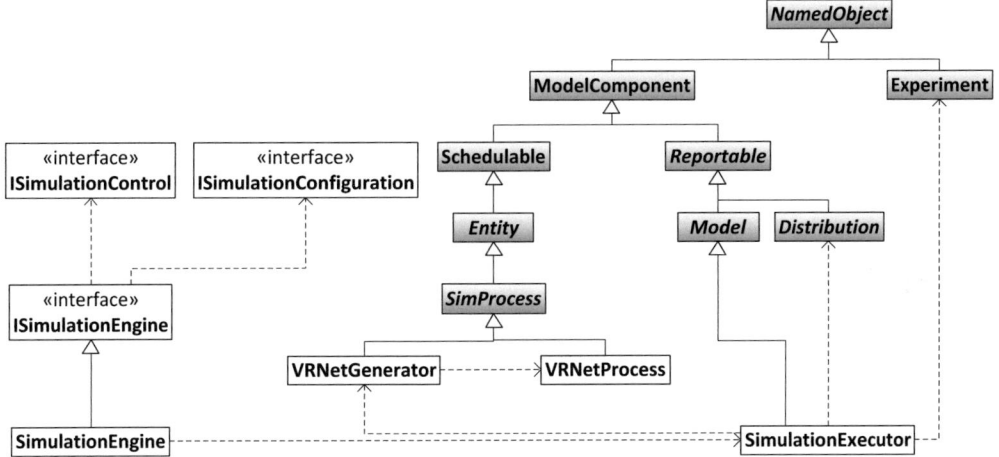

Abbildung 7.14: Laufzeitkomponente – Ausschnitt DesmoJ Erweiterung

Die Klasse `VRNetGenerator` überwacht hierbei ein Ressourcen-Netz-System mit gegebener Anfangsmarkierung. Zur Instanziierung konkreter Geschäftsprozessinstanzen generiert `VRNetGenerator` zur Laufzeit Instanzen der Klasse `VRNetprocess`. Durch die gewählte Architektur erlaubt die Simulationsumgebung die gleichzeitige Simulation von verschiedenen Geschäftsprozessmodellen (in diesem Fall Ressourcen-Netz-Systeme), die jeweils wiederum zu einem Zeitpunkt mehrfach instanziiert sein können. Alle Instanzen konkurrieren um gemeinsame Ressourcen (hierbei handelt es sich um die deklarierten Ressourcen der vereinfachten Ressourcen-Netze, die nicht überschneidungsfrei definiert sein müssen, vergleiche Abschnitt 6.3). Während der Simulation einer Geschäftsprozessinstanz ist jeweils zu entscheiden, ob eine Aufgabe instanziiert und zugeteilt werden kann. Diese Entscheidung lagert der `VRNetprocess` an die (nicht abgebildete) Komponente `VRNetFireManager` aus. Die letztgenannte Komponente prüft zunächst, ob alle Vor- und Nachbedingungen gemäß der Schaltregel von vereinfachten Ressourcen-Netzen erfüllt sind. Die Entscheidung, ob alle deklarierten Ressourcen verfügbar sind und allokiert werden können, wird in diese ausgelagert. Aufgrund dieser Architektur erfolgt eine Anfrage an die Dienstleistungskomponente `de.raven.rml.resource.service` (vergleiche die in [Ad09] vorgeschlagene Architektur). Sofern Vor-, Nach- und Ressourcenbedingung erfüllt sind, wird die Aufgabe instanziiert und die entsprechende Aktivität ausgeführt. Die Dauer der Durchführung wird auf

Basis der in dem jeweiligen vereinfachten Ressourcen-Netz angegebenen Verteilung berechnet (hierzu dient die von DesmoJ bereitgestellte Verteilungsklasse, die zu Beginn durch den `SimulationExecutor` parametrisiert wurde).

Die Distributions-Komponente `de.raven.rml.simulation.distribution` kapselt die Implementierung konkreter stochastischer Verteilungen (bereitgestellte Klassen von DesmoJ) innerhalb der Laufzeitkomponente und bietet eine Schnittstelle zur Benutzerschnittstelle. Letzteres ist erforderlich, da einerseits die Angaben zur Parametrisierung auf der Ebene der Benutzerschnittstelle durchgeführt werden muss (und hierbei Verteilungen angegeben werden) und andererseits eine modulare und erweiterbare Architektur angestrebt wird. Durch die vorgenommene Kapselung wird es zu einem späteren Zeitpunkt ohne großen Aufwand möglich, die Laufzeitkomponente der Simulationsumgebung auszutauschen oder eine weitere Laufzeitkomponente für vergleichende Untersuchungen hinzuzufügen. Es sei noch angemerkt, dass das DesmoJ-Framework derzeit nicht unverändert genutzt wird, zur Protokollierung wurden die Klassen des Pakets `desmoj.extensions.xml.report` und einige Nachrichtenklassen erweitert, sodass es möglich wurde, das nachfolgend vorgestellte Protokollformat bereitzustellen.

Die Entwicklung der Simulationsumgebung erfolgte testgetrieben (siehe auch [Ko07, SM+08]), daher enthalten die beiden Testkomponenten (`de.raven.rml.simulation.desmoj.test` und `de.raven.rml.simulation.test`) wie die bereits zuvor beschriebenen Test-Plug-Ins Unit-Tests, um die Softwarequalität (vergleiche [BC98, ED07, FP97, Ka02, Li05]) zu sichern und die Korrektheit der Simulationsumgebung zu validieren. Eine ausführlichere Beschreibung der durchgeführten Tests findet sich in Anhang B.

7.5.3 Simulationsverfahren für Ressourcen-Netze

Die beschriebene Simulationsumgebung für Ressourcen-Netze wird im Rahmen des in Abschnitt 7.5.1.3 vorgestellten Verfahrens eingesetzt. Die Durchführung von Simulationsexperimenten erfolgt nach dem dargestellten Vorgehen (Abbildung 7.15). Nach einer Parametrisierung (inklusive der Auswahl der zu simulierenden Geschäftsprozessmodelle) werden die Modelle von der Simulationsumgebung geladen, ein Simulationsexperiment durchgeführt und anschließend die Protokolldaten aufbereitet. In den folgenden Abschnitten werden weitere Eigenschaften der Simulationsumgebung beschrieben; hierzu wird die Parametrisierung, Experimentdurchführung und die Ergebnisprotokollierung eingehend betrachtet.

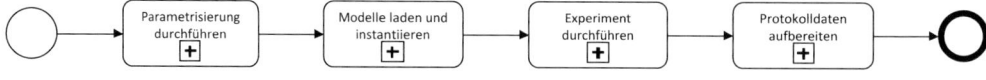

Abbildung 7.15: Simulationsdurchführung

Die entwickelte Simulationsumgebung ermöglicht die gleichzeitige Simulation mehrerer Geschäftsprozessmodelle sowie zugeordneter Ressourcen (vergleiche Abschnitt 6.3.4). Jedes gewählte Geschäftsprozessmodell kann mehrfach instanziiert werden, dies geschieht auf Basis von Wahrscheinlichkeitsverteilungen, die die Ankunftsrate festlegen. Die Einstellung der erforderlichen Simulationsparameter erfolgt über die nachfolgend vorgestellte Benutzerschnittstelle. Im Rahmen der durchgeführten Tests werden diese Parameter pro Test für ein Simulationsexperiment festgelegt (vergleiche Anhang D). Die zur Simulation genutzten Simulationsmodelle integrieren folgende Eigenschaften ausgewählter Netze und Ressourcen:

- Ausgangssituation der Ressourcen (modellierter Belegungszustand),
- Anfangsmarkierungen der gewählten Netze,
- Instanziierungshäufigkeit der gewählten Netze,
- Wahrscheinlichkeiten bei Entscheidungen (gemäß Netzverteilungen),
- Aufwand (in Abhängigkeit angegebener Verteilungen) für
  - Bearbeitungszeit (pro Transition),
  - Wertschöpfung (pro Transition),
  - Kosten (pro Transition, in Abhängigkeit der gewählten Ressource) und
- Qualität (pro Transition, gemessen an den Fähigkeiten der gewählten Ressource).

Die Qualität wird hierbei nach einem in Kapitel 8 vorgestellten Verfahren berechnet. Ein Netz wird solange simuliert, solange es weitere aktivierte Transitionen besitzt oder das vorgesehene Ende des Simulationsexperiments erreicht ist (vergleiche Abschnitt 7.5.3.1). In den folgenden Unterabschnitten wird zunächst die Parametrisierung auf Basis der implementierten Benutzerschnittstelle (`de.raven.rml.simulation.gui`) vorgestellt, danach wird die Durchführung der Simulation beschrieben und abschließend die Protokollierung und Ergebnisauswertung veranschaulicht.

7.5.3.1 Parametrisierung der Simulation

Gleichzeitige Simulation mehrerer Geschäftsprozessmodelle bedeutet, dass einerseits mehrere Geschäftsprozessmodelle zur Simulation ausgewählt werden können, andererseits ein Geschäftsprozessmodell in Abhängigkeit der Simulationskonfiguration auch mehrfach instanziiert werden kann. Der Anfangszustand einer solchen Instanz wird durch die Anfangsmarkierung des Geschäftsprozessmodells (also des Ressourcen-Netzes) bestimmt. Während der Durchführung eines Simulationsexperiments ist die Ausführung von Aktivitäten der Geschäftsprozessinstanzen an die vorhandenen Ressourcen gebunden. Instanzen (eines Modells oder verschiedener Modelle) konkurrieren daher um gemeinsam genutzte Ressourcen. Bei der Allokation von Ressourcen spielen sowohl deren Auslastung, als auch die gestellten Anforderungen eine Rolle (vergleiche Kapitel 8).

Die Parametrisierung eines Simulationsexperiments erfolgt anhand der Benutzerschnittstelle (`de.raven.rml.simulation.gui`), die in Abbildung 7.16 und Abbildung 7.17 dargestellt wird. Die Parameter lassen sich hierbei in die Kategorien: konfigurierbar auf Netzebene, konfigurierbar auf Experimentebene und voreingestellt klassifizieren. Voreingestellte Parameter (beispielsweise die Protokollierung von Mitarbeiterauslastungen) werden durch die Laufzeitumgebung vorgegeben und nicht durch die Benutzerschnittstelle adressiert (vergleiche hierzu auch Abschnitt 7.5.3.3). Für jedes ausgewählte Netz (siehe Auswahlfeld a in Abbildung 7.16) lassen sich folgende Einstellungen (siehe Konfigurationsbereich b in Abbildung 7.16) vornehmen:

- Beschreibung: Dies dient lediglich der Eintragung von Kommentaren, die bei der Auswertung wiederverwendet werden können.
- Simulationstiefe: gibt das maximale Detailniveau an, d.h. die Hierarchieebene, die noch in die Simulation von hierarchischen Netzen inkludiert wird. Diese Einstellung entfällt für die Ressourcen-Netze, da bislang keine Hierarchisierung definiert ist (vergleiche Abschnitt 6.3).

- Die maximale Anzahl von Schaltvorgängen (dies entspricht den ausgeführten Aktivitäten), bevor eine Geschäftsprozessinstanz im Rahmen des Simulationsexperiments beendet wird.

- Instanziierungshäufigkeit (auch Ankunftsrate): Dieser Parameter bestimmt, in welchen Zeitintervallen neue Instanzen der Geschäftsprozessmodelle durch `VRNetGenerator` erzeugt werden. Der Parameter wird entweder durch

  - konstante Werte (Zeitintervall) oder durch eine
  - Verteilung v (unterstützt werden Exponentialverteilung, Erlang-Verteilung, Normalverteilung und Poisson-Verteilung) beschrieben.

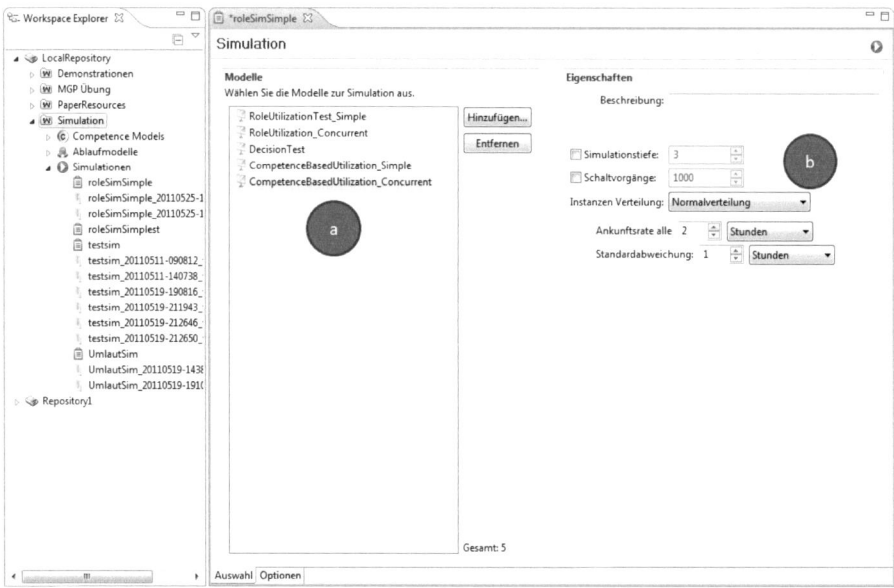

Abbildung 7.16: Benutzerschnittstelle der Simulation – Auswahldialog

Ferner können einige Parameter für das Simulationsexperiment insgesamt festgelegt werden, diese werden in Abbildung 7.17 dargestellt, im Detail sind dies:

- Zeitraum des Simulationsexperiments: Durch die Festlegung eines Start- und Endzeitpunktes wird die Dauer des Simulationsexperiments bestimmt (vergleiche Bildbereich a der Abbildung).

- Einstellung der Protokollierungsstufe: Die Laufzeitkomponente der Simulationsumgebung ermöglicht die Protokollierung auf vier verschiedenen Stufen (*Trace*, *Report*, *Debug* und *Error*). Die Protokollierungsstufen werden aus dem genutzten DesmoJ-Framework abgeleitet (vergleiche [PK05]). Zusätzlich kann der Zeitraum der Protokollaufzeichnung auf einen Bruchteil des gewählten Zeitraumes des Simulationsexperiments eingeschränkt werden. Letzteres ist hilfreich, um zeitliche Phasen zu untersuchen, in denen besondere Ereignisse (z.B. Lastsituationen) analysiert werden sollen, da in diesem Fall die Größe der Protokolldatei klein gehalten und die Auswertung vereinfacht werden kann.

- Falls in den zu simulierenden Netzen zeitverzögernde Parameter nicht explizit gesetzt wurden, können diese als Standardwerte nachträglich über die Konfiguration eingetragen werden (vergleiche Bildbereich c der Abbildung 7.17).

Nach erfolgter Parametrisierung kann ein Simulationsexperiment ausgeführt werden (durch Betätigung des entsprechenden Startknopfes – der grüne Pfeil in Abbildung 7.16 und Abbildung 7.17). Erstellte Simulationsparametrisierungen können außerdem gespeichert und später erneut wiederverwendet oder angepasst werden. Nach Abschluss eines Simulationsexperiments werden die erstellten Ausgabedateien direkt im Teilbereich *Workspace Explorer* angezeigt (zur eindeutigen Identifikation erhalten die Bezeichnungen der Ausgabedateien zusätzlich noch einen Zeitstempel).

Einige Parameter (beispielsweise die Ausführungsrate eines Geschäftsprozesses) werden auf der Basis von Wahrscheinlichkeitsverteilungen festgelegt und während der Simulation berechnet. Hieraus ergibt sich, dass auch bei gleicher Konfiguration unterschiedliche Ergebnisse erzielt werden können. Aus diesem Grund kann das wiederholte Ausführen – unter gleichbleibender Konfiguration – die Genauigkeit von Simulationsergebnissen verbessern [NR+05, PK05]. Weiterhin können hierdurch Schwankungen sowie Extrema erkannt werden. Ungeachtet dessen ist die Veränderung von Parametern und Modellen erforderlich, um Alternativen (beispielsweise Modellveränderungen) zu evaluieren.

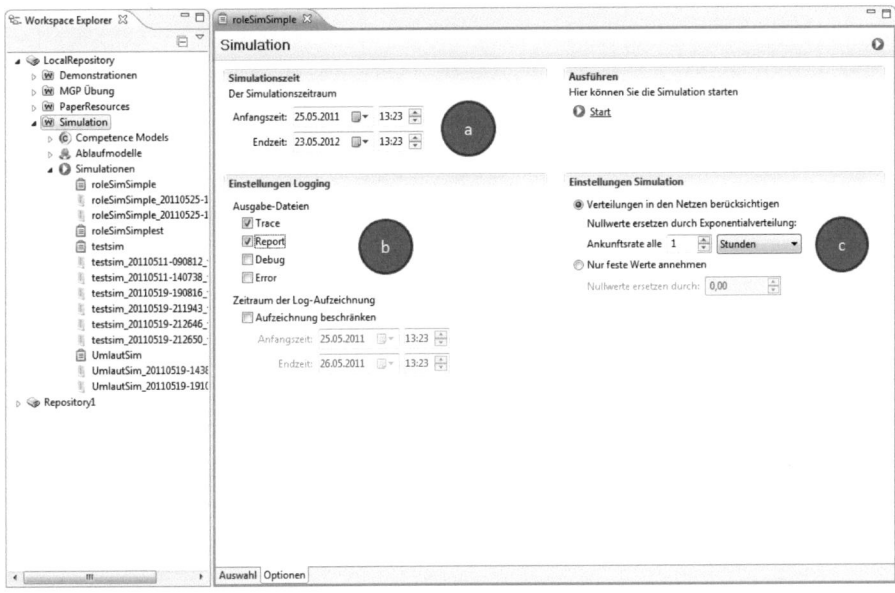

Abbildung 7.17: Benutzerschnittstelle der Simulation – Optionsdialog

7.5.3.2 Simulationsdurchführung

Die Simulationsdurchführung erfolgt auf Basis der gewählten Modelle und der Parametrisierung. Die einzelnen Schritte zur Durchführung eines Simulationsexperiments werden in Abbildung 7.18 wiedergegeben (dies ist die Erweiterung des in Abbildung 7.15 dargestellten Sub-Prozesses *Experiment durchführen*). Das dargestellte Verfahren wird nebenläufig von der Simulationsumgebung auf alle (aktiven) Instanzen der gewählten Geschäftsprozessmodelle angewendet, sodass beispielsweise zu einem Simulationszeitpunkt der Aktivierungsgrad von Transitionen verschiedener Ressourcen-Netze ermittelt wird.

Zur Durchführung eines Simulationsexperiments werden zunächst die Aktivierungsgrade exklusive der Ressourcenbedingung (siehe Definition 6.6) aller Transitionen (instanziierten Ressourcen-Netze) auf Basis der Anfangsmarkierung ermittelt. Zu späteren Simulationszeitpunkten wird anstelle der Anfangsmarkierung die erreichte Markierung zur Berechnung genutzt. Sofern aktivierte Transitionen (gemäß Topologie) vorhanden sind, wird als nächstes eine Transition (gemäß den durch das Ressourcen-Netz vorgegebenen Verteilungen) ausgewählt. Anschließend wird die Ressourcenbedingung analysiert und eine Anfrage an den Dienst zur Ressourcenverwaltung (vergleiche `de.raven.rml.resource.service` in Abbildung 7.13) abgesetzt. Der Dienst allokiert entsprechende Ressourcen, sofern diese verfügbar sind, andernfalls liefert er eine entsprechende Fehlermeldung zurück. Sofern die Ressourcenanfrage erfolgreich ist, wird die Transition gefeuert. Die Überprüfung des Aktivierungsgrads erfolgt also mehrstufig, hierdurch entsteht eine flexible, modulare Anwendungsarchitektur.

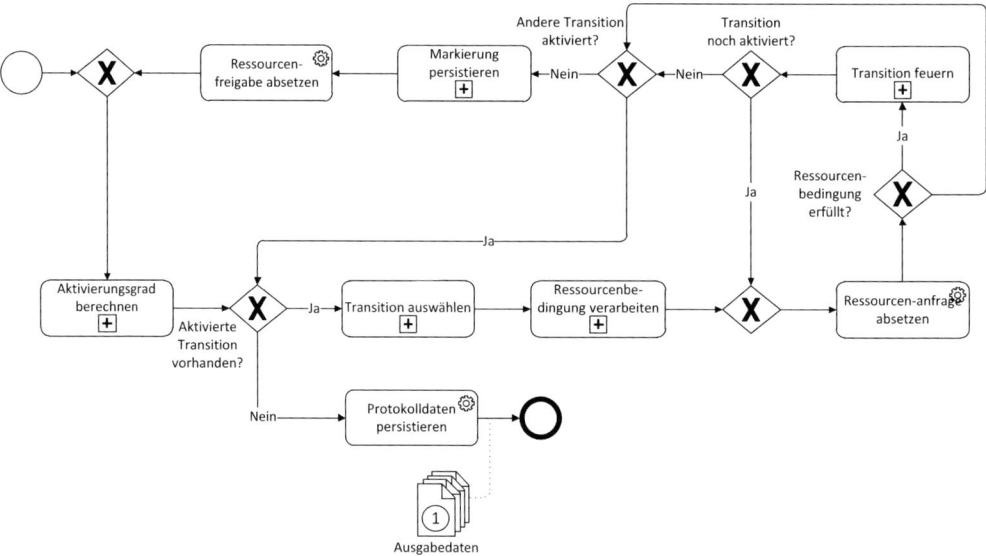

Abbildung 7.18: Durchführung Simulationsexperiment

Nachdem eine Transition erfolgreich geschaltet wurde, kann sie erneut (auch zum gleichen Simulationszeitpunkt) schalten, falls die Aktivierungsbedingungen (nach Definition 6.6) weiterhin erfüllt ist. Die hierbei im Nachbereich erzeugten Marken werden zunächst nicht persistiert, sondern nur vorgemerkt und gehen erst nach der Persistierung in die Berechnung des Aktivierungsgrades ein. Falls die Transition nicht mehr aktiviert ist, wird eine andere aktivierte Transition ausgewählt. Sofern keine weitere Transition aktiviert ist, wird die Markierung persistiert. Anschließend werden der nächste Simulationszeitpunkt berechnet und die bislang belegten Ressourcen wieder freigegeben. Veränderungen der Ressourceneigenschaften (vergleiche Abbildung 6.4) werden mit der Freigabe an den Ressourcendienst übergeben. Anschließend wird der Aktivierungsgrad erneut auf Basis der Topologie berechnet. Sobald für alle Instanzen der gewählten Ressourcen-Netze keine Transition mehr aktiviert ist, wird die Simulation beendet und die bislang erhobenen Simulationsdaten werden persistiert.

7.5.3.3 Simulations-Reporting

Die Auswertung von durchgeführten Simulationsexperimenten erfolgt auf Basis protokollierter Ausgabedaten [VD96]. Protokolldaten basieren sowohl auf konfigurierbaren als auch auf voreingestellten Parametern. Welche Daten in einer Protokolldatei enthalten sind, ist abhängig von den vier verschiedenen Stufen (*Trace*, *Report*, *Debug* und *Error*). Während die Stufe *Debug* für interne Auswertungen der Simulationsumgebung dient (beispielsweise Test und Validierung von neuen Scheduling-Algorithmen), enthält die Stufe *Error* Fehlermeldungen, die beispielsweise zum Abbruch eines Simulationsexperiments geführt haben. Die beiden zur Auswertung genutzten Protokollierungsstufen sind *Trace* und *Report*; diese sollen daher nachfolgend verdeutlicht werden. Protokollierung erfolgt in Form von XML-Dateien; aus Gründen der Übersichtlichkeit werden nachfolgend nicht die Schemata der Dateien, sondern die enthaltenen Elemente skizziert.

Ein Bericht (Protokolldaten der Stufe *Report*) enthält die in Listing 7.1 abgebildeten Elemente. Neben einer allgemeinen Beschreibung enthält ein Bericht Informationen über Warteschlangen und Verteilungen (`Queues` und `Distributions`). Zu jeder Warteschlange wird deren durchschnittliche, minimale und maximale Größe sowie Verweildauer der enthaltenen Modellelemente protokolliert. Weiterhin werden der Füllstand und die Entnahmestrategie nach Ende des Simulationsexperiments wiedergegeben. Im Fall der Wahrscheinlichkeitsverteilungen werden Art der Verteilung, deren Parameter, initiale Belegungen (der sogenannte `Seed`) und Anzahl der erzeugten Zufallsvariablen protokolliert.

```xml
<?xml version="1.0" encoding="UTF-8"?>
<report experiment="ExperimentName" model="ModelName">
  <param name="Description">...</param>
  <reporter type="Queues|Distributions">
    <item name="Queue|DistributionName">
      <param name="name">value</param>
      ...
      <param name="name">value</param>
    </item>
    ...
    </item>
  </reporter>
  <reporter type="Queues|Distributions">
    ...
  </reporter>
  ...
</report>
```

Listing 7.1: Report Protokoll – XML-Format

Die Protokolldatei, die die meisten Informationen bezüglich des zeitlichen Verlaufs des Simulationsexperiments enthält, ist in der Stufe *Trace* enthalten. Das *Trace*-Format wird in Listing 7.2 verdeutlicht. Im *Trace* werden zunächst alle Modellelemente (gewählte Ressourcen-Netze und über den Ressourcendienst verfügbare personelle Ressourcen) aufgelistet (dies ist in den Elementen `diagrams` und `resources` enthalten). Anschließend folgt die Protokollierung der ausgeführten Schaltvorgänge (den Aktivitäten der Geschäftsprozessinstanzen, durch das Element `firingEvent`).

Durch das `firingEvent`-Element werden Detailinformationen zur Durchführung von Aktivitäten protokolliert. Neben den genutzten personellen Ressourcen zur Durchführung werden auch deren Startzeitpunkt, die Dauer und die Kosten protokolliert. Durch die Elemente `preplace` und `postplace` wird gleichzeitig die Markierungsänderung nach der Durchführung einer Aktivität (schalten einer Transition eines simulierten vereinfachten Ressourcen-Netzes) protokolliert. Letzteres ermöglicht es, die Simulation graphisch durch Anzeige des vereinfachten Ressourcen-Netzes und der Markierungsänderung darzustellen (vergleiche *Token Game Animation* in vielen Petri-Netz-Werkzeugen [WW11e]). Die Auswertung der *Trace*-Informationen von Simulationsexperimenten erfolgt im nachfolgenden Kapitel. Künftig ist die Erweiterung der Simulationsumgebung durch eine Komponente zur (teil-) automatisierten Bewertung von Simulationsergebnissen geplant (hierbei können typische Auswertungswerkzeuge integriert werden, vergl. [Cr07, Fa07, Li08, Pa07]).

```xml
<?xml version="1.0" encoding="UTF-8"?>
<p:trace ...>
  <p:diagrams>
     <p:diagram netturi="..." name="..." id="3" />
     <p:diagram neturi="..." name="..." id="8">
     ...
  </p:diagrams>
  <p:resources>
     <p:humanresource name="Meier" resourcedbid="4351"
        resourceuri="uri\meier.employee_def"
        roleuri="uri\administrator.role_def"
        roledbid="2147483647" id="2" />
     <p:humanresource name="Meier" resourcedbid="265"
     ...
  </p:resources>
  <p:firingEvent processInstance="0" transitionId="t23396348"
     diagramid="1" processingTime="2" arrivalTime="1"
     costs="1.0">
     <humanresource workload="0" processrole="owner" id="0" />
     <preplace tokens="0" placeid="p28490615" tchange="1" />
     <postplace tokens="1" placeid="p22980255" tchange="2" />
  </p:firingEvent>
  <p:firingEvent processInstance="0" transitionId="t11672852"
  </p:firingEvent>
  ...
</p:trace>
```

Listing 7.2: Trace Protokoll – XML-Format

8 Evaluation des Ressourcenmanagements

In diesem Kapitel werden die vorgestellten Konzepte bewertet, dies erfolgt hinsichtlich der gestellten Anforderungen (vergleiche Abschnitt 4.4 und 6.2). Die Sprachkonzeption von RML wird darüber hinaus durch Benutzerumfragen validiert. Ferner werden die Ressourcen-Netze gemäß den in Abschnitt 5.2 formulierten Mustern bewertet und auf ihre Semantik überprüft. Abschließend werden außerdem Algorithmen zur verbesserten Ressourcenallokation vorgestellt und mit Hilfe der in Abschnitt 7.5 vorgestellten Simulationskomponente untersucht.

8.1 Bewertung der Ressourcenmodellierungssprache RML

Die Anforderungen an Sprachen zur Modellierung von Ressourcen wurden in Abschnitt 4.4 detailliert vorgestellt. Diese werden nachfolgend in Bezug zu RML (vergleiche Abschnitt 4.6) gesetzt, um eine Bewertung zu ermöglichen. Darüber hinaus wurde eine Benutzerumfrage durchgeführt, um die Vollständigkeit der Sprachspezifikation und die Benutzerfreundlichkeit detailliert bewerten zu können. Die Ergebnisse der Umfrage werden nachfolgend diskutiert, weitere Detailinformationen befinden sich in Anhang E.

8.1.1 Formalisierung der Sprachspezifikation

Nach Anforderung FS1 (Sprachspezifikation) sollen die Modellelemente eindeutig definiert und Widersprüchlichkeiten vermieden werden. Zu diesem Zweck wurde RML durch ein MOF-konformes Metamodell (im ecore-Format, vergleiche [SB+08]) definiert. Die Präzisierung der Sprachbeschreibung erfolgte weiterhin durch die Ergänzung von Bedingungen in Form von OCL-Ausdrücken [OM10b].

Die geforderte Unabhängigkeit (FS2) der Modellierungssprache ist durch das MOF-konforme Metamodell ebenso erfüllt, wie auch die Analysierbarkeit (FS3) der Modelle. Eine syntaktische Korrektheitsprüfung wird durch die in den Abschnitten 7.2 und 7.3 vorgestellten Modelleditoren umgesetzt. Eine weitere Analysemöglichkeit besteht in der Ausführung einer Validierung (durch den Aufruf des Befehls *Validate* im Kontextmenü der Modelleditoren). Derzeit werden die Modelleditoren außerdem bereits durch eine Persistierung auf Basis von EMF-Teneo [WW11g, Gr09] erweitert; durch die hieraus resultierende Speicherung der Modelle in einer Datenbank ergibt sich die Möglichkeit für weitere Analysen auf Basis von SQL-Anfragen (beispielsweise die Prüfung von Eigenschaften in einem Modellrepository und damit gleichzeitig über mehrere Modelle hinweg).

Simulierbarkeit (FS4) und Operationalisierbarkeit (FS5) der Modelle wird durch deren Integration in die vereinfachten Ressourcen-Netze erreicht. Eine mögliche Anfragesprache, die die deklarative Beschreibung von Ressourcenallokationen ermöglicht, wird auf Basis von OCL bereits durch die Implementierung der Modelleditors für vereinfachte Ressourcen-Netze (vergleiche Abschnitt 7.4) aufgezeigt. Letzteres demonstriert außerdem die Wiederverwendbarkeit (FS6) der RML-Modelle, deren Eigenschaften zur Deklaration der Ressourcenallokation genutzt werden.

RML ist darüber hinaus interoperabel (FS7) und transformierbar (K1). Dies ist darauf zurückzuführen, dass die Sprachspezifikation gängige Konzepte aus anderen Ansätzen zur Beschreibung von Ressourcen (vergleiche [AK+03, DS99, HB+06, Mu99a, Mu04, RA+05, RA08, Sc01, SN+97], 4.6.2 und 4.6.4) und Kompetenzen (vergleiche Abschnitt 4.3 und 4.6.3) integriert.

8.1.2 Benutzerfreundlichkeit

Die Modellierungssprache integriert anwendungsnahe Beschreibungskonzepte (B1). Aus diesem Grund werden einerseits bekannte Hierarchiekonzepte der Organisationsmodellierung und die Beschreibung von Eskalationsmechanismen ermöglicht, andererseits werden Kompetenzkonzepte (vergleiche Abschnitt 4.3) ergänzt und in die Modellierung (auf Basis der Referenzierung von COMM-Modellinstanzen) integriert. Der grundsätzliche Aufbau der konkreten Syntax ist an bekannte Konzepte der UML angelehnt, sodass die Einarbeitungszeit für Fachanwender, die bereits Erfahrungen mit gängigen Modellierungssprachen gesammelt haben, gering ausfällt.

Die Anschaulichkeit (B2) der Sprache wird neben der Ähnlichkeit zu statischen UML-Diagrammen auch durch die Nutzung von Piktogrammen unterstützt, die die Semantik der Modellelemente versinnbildlichen. Eine genaue Abgrenzung von RML hinsichtlich der Einfachheit (B3) ist im Rahmen dieser Bewertung nicht abschließend möglich. Letzteres resultiert aus der unklaren Quantifizierbarkeit von Anzahl und Komplexität der Modellelemente, die noch als einfach gelten; auch ist diese Anforderung konträr zur Anwendungsnähe. In konkreten Szenarien ist es jedoch möglich, durch die modellgetriebene Softwareentwicklung der Modelleditoren, die RML unterstützen, einzelne Sprachbestandteile ein- oder auszublenden. Das Resultat sind folglich Modelle mit höherem oder geringerem Detailniveau (zu beachten ist allerdings, dass Modelleditoren, die ein geringeres Detailniveau unterstützen, nicht alle Modelle von Editoren, die höhere Detailniveaus ermöglichen, verarbeiten können). Die konkrete Syntax von RML, die exemplarisch bereits in Abschnitt 4.6 vorgeschlagen und durch den Modelleditor implementiert wird, erfüllt die Anforderung nach Visualisierbarkeit (B4). Die Ausdrucksmächtigkeit (B5) von RML ist der Domäne (Modellierung von Ressourcen und deren Eigenschaften) entsprechend angepasst und unterstützt gängige Konzepte zur Organisationsmodellierung (siehe 4.6.4), Klassifikation von Ressourcen (vergleiche Abschnitt 4.2 und die möglichen Unterklassen von *Resource* in Abschnitt 4.6.2) und der Integration von Kompetenzkonzepten (siehe Abschnitt 4.6.3).

8.1.3 Ressourcen-Klassifikationen und Standards

Die Basisarchitektur des RML-Metamodells (siehe Abschnitt 4.6.3) zielt bereits auf die Erweiterbarkeit (K1) durch weitere Konzepte ab. Zu diesem Zweck werden verschiedene in der Literatur bekannte Ressourcenklassen (siehe [Gu83, Ke88]) bereitgestellt und können später durch detaillierte Teilmetamodelle erweitert werden (im Rahmen dieser Arbeit wird die Erweiterbarkeit bereits durch Konzepte zur Modellierung personeller Ressourcen und die Teilmetamodelle COMM und HRMM demonstriert).

Die Transformierbarkeit (K1) von RML leitet sich einerseits aus der Interoperabilität und der Integration bekannter Konzepte (die durch Abbildungsvorschriften verlustfrei in andere Sprachen überführt werden können) ab, andererseits kann die Konformität zu MOF genutzt werden, um Modelltransformationen im Sinne von [OM03, OM05] zu spezifizieren. Abbildungsregeln in einen Standard (HR-XML, [HR07]) werden beispielhaft in Anhang C aufgezeigt.

8.1.4 Geschäftsprozessrelevante Ressourceneigenschaften

Als wichtigste Anforderung an eine Sprache zur Ressourcenmodellierung ist in Bezug zum Geschäftsprozessmanagement die Möglichkeit der Allokation modellierter Ressourcen (G1) zu erachten. Diese Anforderung impliziert auch die Simulierbarkeit (FS4) sowie Operationalisierbarkeit (FS5) und wird daher bereits durch die Möglichkeit zur Deklaration von Ausdrücken zur Ressourcenallokation adressiert. Weiterhin unterstützt RML die Abbildung von Eigenschaften, deren Wertebelegungen zur Laufzeit den konkreten Zustand in Bezug zur Auslastung widerspiegeln (siehe beispielsweise 4.6.2.2 und 4.6.4.6).

Kommunikationsstrukturen (G2) werden in RML durch die Beschreibung von Kommunikationspfaden (siehe 4.6.4.1) ermöglicht, während die Organisationsstrukturen (G3) durch die Untergliederung von organisatorischen Einheiten (siehe 4.6.4.10), Untergebenen- und Vorgesetztenbeziehungen sowie durch organisatorische Positionen (siehe 4.6.4.9) personeller Ressourcen reflektiert werden. Sofern in einem konkreten Anwendungsfall keine Unterscheidung zwischen Rollen und Positionen gewünscht wird, kann das Konzept der Positionen auch durch Rollen abgebildet werden (siehe 4.6.4.7; auch wenn dies in der Praxis des Öfteren geschieht, ist dies aus formaler Sicht nicht wünschenswert, vergleiche [Mu04]). In Bezug zur Ausdrucksmächtigkeit (B5) und Erweiterbarkeit (K1) wurde bereits die durch RML gegebene Klassifikation (gemäß [Gu83] und Abschnitt 4.2) diskutiert. Hierdurch wird schließlich auch die Forderung nach einer Taxonomie (G4) hinsichtlich verschiedener Ressourcenklassen umgesetzt.

8.1.5 Bewertung der Sprachkonzeption

Zur Bewertung der Sprachkonzeption wurde ferner eine Benutzerbefragung durchgeführt, durch die die Sinnhaftigkeit der Elemente der Modellierungssprache durch Anwender bewertet werden soll. Die Umfrage wurde online durchgeführt, nachfolgend soll die Bewertung der zentralen Modellelemente aus COMM und HRMM aufgezeigt werden. Ausführliche Umfragedetails inklusive aller gestellten Fragen werden in Anhang D aufgeführt. Die Umfrage wurde nach Vorgaben in [Bu10, Sc10b] konzipiert, durchgeführt und ausgewertet.

In Abbildung 8.1 wird der prozentuale Nutzungsgrad verschiedener Modellierungssprachen in Bezug auf die Ressourcenmodellierung aggregiert dargestellt. Es fällt auf, dass in vielen Fällen keine der genannten Sprachen genutzt wird; in diesen Fällen wurden zumeist domänenspezifische Sprachen oder die Verwaltung der Ressourcen in Tabellendarstellung genutzt. Die insgesamt vielfach geringe Nutzung von Ressourcenmodellen im Bereich der Geschäftsprozessmodellierung ist auf die in vielen Sprachen unzureichende Modellierungsunterstützung zurückzuführen, vergleiche hierzu Kapitel 5.

Unter den genutzten Konzepten sind derzeit Rollen (11) und Ist-Teil-Von-Beziehung (4) die meistgenutzten Konzepte, dies ist jedoch folgerichtig, da diese Konzepte von den gängigen Ressourcenmodellierungssprachen unterstützt werden. Die Nutzungshäufigkeiten der Konzepte werden in Abbildung 8.2 im Überblick dargestellt. Die Nummern können den folgenden Konzepten zugeordnet werden: Aktuelle / vergangene Projekte (1); Eskalationspfade (2); Fähigkeiten (3); Ist-Teil-Von-Beziehung (4); Kenntnisse (5); Kommunikationspfade (6); Kompetenzen (7); Organisationseinheiten (8); Positionen (organisatorisch) (9); Ressourcenklassen (10); Rollen (11); Stellvertreterregelung (12); Verfügbarkeit (Lokation) (13); Verfügbarkeit (Zeitlich) (14); Vorgesetzten-/ Untergebenenbeziehung (15); Zustand (Allokation) (16).

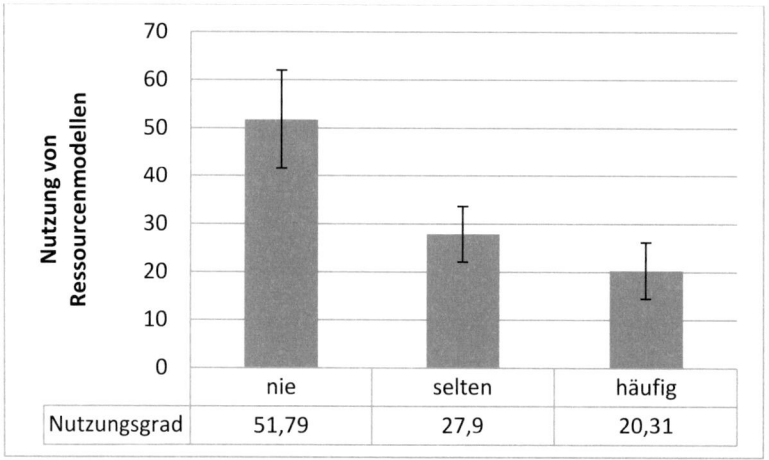

Abbildung 8.1: Nutzungsgrad der Ressourcenmodellierung

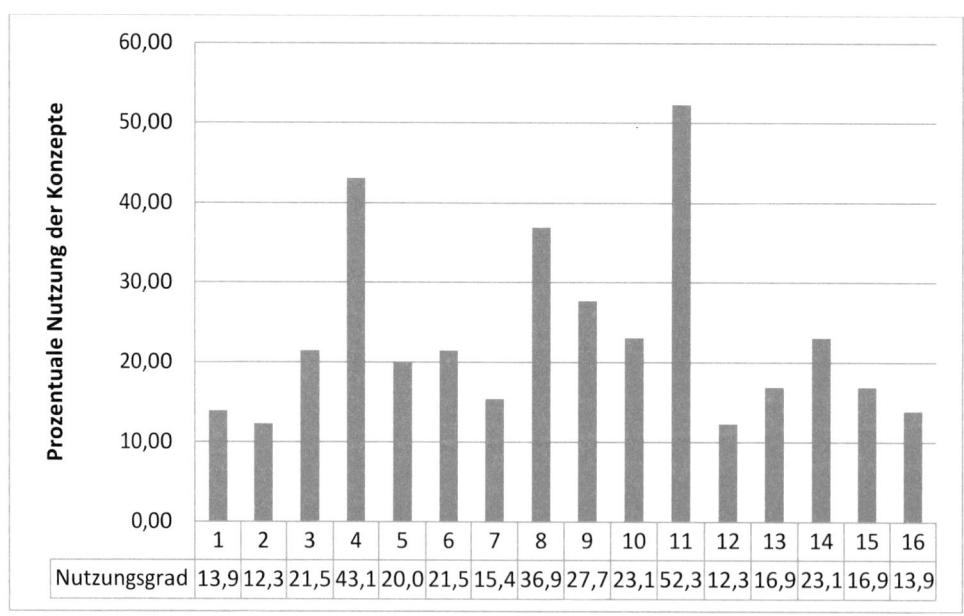

Abbildung 8.2: Nutzungsgrad der Modellierungskonzepte

Abschließend soll die Bewertung der Wichtigkeit von Ressourcenmodellierungskonzepten zusammenfassend dargestellt werden. Abbildung 8.3 verdeutlicht dies für organisatorische Konzepte sowie die in Kapitel 4 vorgestellten Kompetenzkonzepte. Die Bewertung erfolgte ordinalskaliert (hierbei stellt der Wert 5 die höchste und 1 die geringste Bedeutung dar). Sicherlich auch aufgrund der Nutzungshäufigkeit wird das Konzept der Rolle als sehr wichtig angesehen (über 42 % der Befragten bestätigen dies). Es fällt allerdings auch auf, dass die Kompetenzkonzepte, obgleich in vielen Sprachen nicht oder nur rudimentär integriert, als insgesamt ebenfalls sehr wichtig wahrgenommen werden. Verglichen mit dem Konzept der Rolle wird die Modellierung von Kompetenz in den Kategorien wichtig (4) und sehr wichtig (5), gar als bedeutender bewertet.

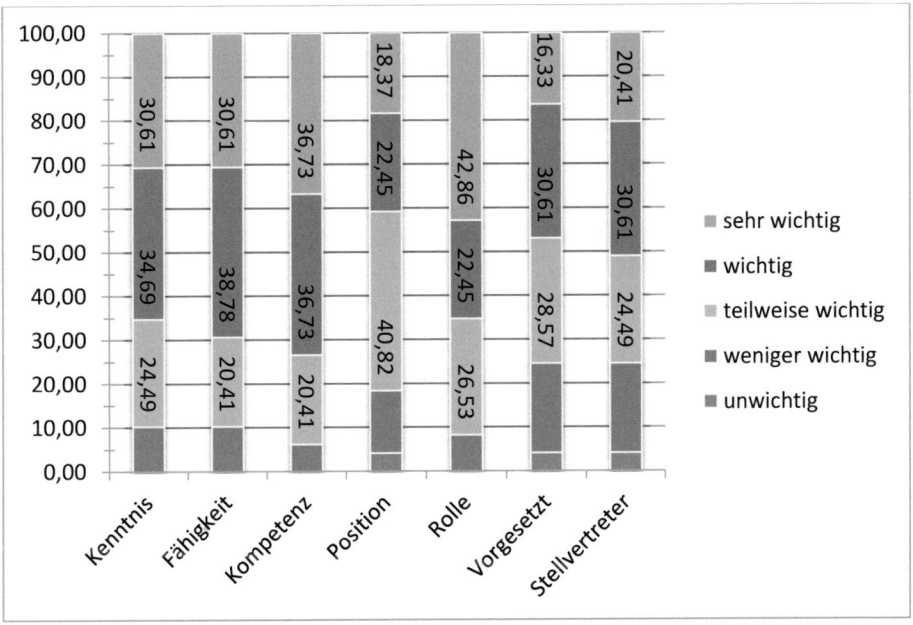

Abbildung 8.3: Konzeptbewertung

8.1.6 Schlussfolgerungen für die Ressourcenmodellierung

Die konstruierte Modellierungssprache RML kann die gestellten Anforderungen hinsichtlich der Sprachspezifikation und Formalisierung erfüllen. Ihre Simulierbarkeit und Operationalisierbarkeit wird durch die Integration in Ressourcen-Netze und deren Simulation durch die Simulationsumgebung RAvEN nachgewiesen. Eine Klassifikation der Ressourcen (wie in Abschnitt 4.2 gefordert) wird durch das Teilmetamodell RMM (siehe Abschnitt 4.6.2) erreicht. Auch wenn im Rahmen dieser Arbeit ausschließlich personelle Ressourcen und organisatorische Strukturen durch weitere Teilmetamodelle konkretisiert werden, ist die spätere Erweiterbarkeit zur Detaillierung der übrigen Ressourcenklassen gegeben und kann analog vorgenommen werden. Die Transformierbarkeit der Sprache wird im Anhang aufgezeigt – diese konzeptionelle Abbildung kann durch Transformationsspezifikationen implementiert werden.

Hinsichtlich der Benutzerfreundlichkeit der Sprache bleibt festzuhalten, dass bekannte Sprachkonzepte integriert wurden, um die Erlernbarkeit einfach zu gestalten. Insbesondere die Anlehnung an bekannte Formen und Konzepte aus dem Bereich der UML sollte hierbei unterstützend wirken. Genaue Abschätzungen in diesem Bereich sind allerdings erst nach weiteren Untersuchungen und der Durchführung von Benutzerakzeptanztests (vergleiche [Bl99, IS02, IS08b, Ko07, Ma01, TA08]) möglich. Die grafische Visualisierung der Modelle wird gemäß der durchgeführten Umfrage als positiv bewertet, so wünschen über 93 % der Befragten diese Darstellung.

Die Integration der in Kapitel 4 vorgestellten Kompetenzkonzepte wird, gemäß der durchgeführten Umfrage, von einer breiten Mehrheit der Anwender gewünscht. Hieraus ergibt sich die Wichtigkeit der Umsetzung dieser Konzepte im Rahmen der Sprachspezifikation, welche in Abschnitt 4.6.3 explizit vorgenommen und in Abschnitt 4.6.4 in die Modellierung personeller Ressourcen eingebunden wird.

8.2 Bewertung der Ressourcen-Netze

Die Bewertung der Ressourcen-Netze (gemäß Definition 6.10 und Definition 6.11) erfolgt Anforderungsbasiert (siehe Abchnitt 8.2.1) und anhand der in Kapitel 5 vorgestellten Muster zur Allokation von Ressourcen (siehe Abchnitt 8.2.2). Darüber hinaus werden die Ressourcen-Netze mit anderen Varianten von Petri-Netzen verglichen und die Analysierbarkeit der vereinfachten Ressourcen-Netze untersucht.

8.2.1 Anforderungsbasierte Bewertung

Sprachspezifikation (A1): Die Konzepte der Modellierungssprache, deren Zusammenhänge und assoziierten Regeln sollen eindeutig definiert werden. Hierzu bieten sich formale Modellspezifikationen an, die eine präzise Syntax und Semantik der Modellierungssprache definieren [AK03, NP+06].

Analysierbarkeit (A2): Gemäß der Sprachspezifikation erstellte Geschäftsprozessmodelle sollen die Durchführung von Analysen unterstützen. Hierbei ist die syntaktische Korrektheit der Modelle zu prüfen. Darüber hinaus sollen weitergehende Analysen (beispielsweise die Beantwortung von Fragen der Last für einzelne Ressourcen oder Ressourcengruppen in konkreten Situationen) unterstützt werden. Aus Sicht der Geschäftsprozessmodellierung sollte es auch möglich sein, strukturelle Eigenschaften der Modelle prüfen zu können [Me08].

Simulierbarkeit (A3): Die Simulation [PK05, Sh78] von erstellten Geschäftsprozessmodellen soll möglich sein. Dies ist von Interesse, wenn Experimente und Messungen in der Realität zu langsam, zu schnell, zu gefährlich, unmöglich oder wirtschaftlich nicht angemessen wären sowie wenn bei komplexen Prozessen die Grenzen analytischer Methoden und Beschreibungen überschritten werden.

Operationalisierbarkeit (A4): Ressourcen-Netze können als Basis zur Transformation in ausführbare Spezifikationen genutzt werden. Auf Basis spezieller Implementierungen von Workflow-Managementsystemen (oder von Transformationsspezifikationen), kann die Ausführung auch direkt auf Basis der Ressourcen-Netze erfolgen.

8.2.2 Musterbasierte Bewertung

Die nachfolgend vorgestellten Abbildungen der Muster gelten gleichermaßen für vereinfachte Ressourcen-Netze (gemäß Definition 6.13 und Definition 6.14 sowie der Implementierung durch den Modelleditor VRNEdit); aus diesem Grund werden in den nachfolgenden Betrachtungen auch vereinfachte Ressourcen-Netze aufgegriffen.

8.2.2.1 Ablaufbasierte Ressourcenzuweisung

Zur vollständigen Unterstützung dieses Musters müssen die Kantenbeschriftungen (Transitionsinschriften) erweitert werden, da diese derzeit Ausdrücke über HR fokussieren. Der implementierte Modelleditor, der OCL-Ausdrücke zur Deklaration der Transitionsinschriften nutzt, ist allerdings nicht auf Ausdrücke über HR eingeschränkt, sodass hier auch OCL-Ausdrücke hinsichtlich des bisherigen Ablaufs spezifiziert werden könnten. Sofern diese Möglichkeit genutzt wird, ist es erforderlich, dass die Ausführungs- oder Simulationsumgebung diese Ausdrücke auswerten kann. Aus formaler Sicht kann das Muster vollständig durch die Integration unterscheidbarer Marken in den Stellen der Menge S der Ressourcen-Netze unterstützt werden (eine vergleichbare Bedingung wird beispielsweise in Abbildung 12.6 für die Nummerierung von Datenpaketen in [JK09] formuliert).

8.2.2.2 Alternative Ressourcenzuweisung

Die alternative Ressourcenzuweisung wird durch die Ressourcen-Netze partiell unterstützt. Einerseits können Kantenbeschriftungen über F_2 (Transitionsinschriften) genutzt werden, um Alternativen zu deklarieren (durch logische Oder-Verknüpfungen), andererseits können die Netze durch Kontrollflussverzweigungen Alternativen beinhalten. Es ist jedoch nicht möglich, die Unterbrechung von bereits begonnenen Aufgaben (Transitionen) zu modellieren, da der Schaltvorgang einer Transition atomar zu betrachten ist; dies ist ein allgemeines Problem in der Petri-Netz-Theorie (vergleiche [MB+95]). Als Alternative können Resultate von Schaltvorgängen unterschiedlich behandelt oder nebenläufige Transitionen (vergleiche den Cross-Talk-Algorithmus, dargestellt in Abschnitt 3.4 von [Re10]) genutzt werden, um Kompensationen im Sinne des Musters zu unterstützen. Letzteres erfordert gegenüber den Möglichkeiten von UML oder BPMN allerdings einen Mehraufwand, der durch den Modellierer zu erbringen ist.

8.2.2.3 Autorisierungsorientierte Ressourcenzuweisung

Da die zugrundeliegende Sprache zur Ressourcenmodellierung (RML) bereits die Konzepte der Rechte (siehe 4.6.4.2) und Pflichten (siehe 4.6.4.3) beinhaltet und die Kantenbeschriftungen (Inschriften der Transitionen) von Ressourcen-Netzen aus Abbildungen über HR (der Mengentheoretischen Formalisierung von RML) bestehen, wird dieses Muster vollständig unterstützt.

8.2.2.4 Direkte Ressourcenzuweisung

Durch die Deklaration der Ressourcenauswahl durch Abbildungen über HR lassen sich auch einzelne Elemente der Menge (personelle Ressourcen) direkt auswählen; hierdurch wird das Muster der direkten Ressourcenzuweisung implementiert.

8.2.2.5 Fähigkeitsbasierte Ressourcenzuweisung

Die fähigkeitsorientierte Auswahl von Ressourcen wird durch Kantenbeschriftungen (Transitionsinschriften), die Eigenschaften über der Menge S (Menge der Fähigkeiten) beinhalten, deklariert. Wie in anderen Fällen auch lässt sich diese Auswahl auch auf andere Eigenschaften von HR ausdehnen (vergleiche die Inschrift der Transition t_{fg} in Abbildung 6.10).

8.2.2.6 Historienbasierte Ressourcenzuweisung

Die historienbasierte Zuweisung ist objektbezogen. Das bedeutet, dass geprüft werden muss, ob eine Aufgabe durch ein Objekt (die Ressource) bereits ausgeführt wurde. Aus diesem Grund muss die Modellierungssprache RML Modellkonstrukte bereitstellen, die eine dementsprechende Auswertung ermöglichen. Derzeit ist dies auf Basis der RML jedoch nur bis auf Projektebene möglich. Eine künftige Erweiterung auf die Aufgabenebene ist jedoch denkbar, die Protokollierung der bereits abgearbeiteten Aufgaben sollte hierbei automatisch (z.B. durch ein GPMS) erfolgen.

8.2.2.7 Kenntnisbasierte Ressourcenzuweisung

Die Formulierung von Ausdrücken zur Ressourcenauswahl betrachtend, unterscheidet sich die kenntnisbasierte von der fähigkeitsbasierten Ressourcenzuweisung lediglich durch das theoretische Konzept (Kenntnis), das zur Auswahl genutzt wird. Dieses Muster wird daher durch Kantenbeschriftungen (Transitionsinschriften) unterstützt, die Abbildungen beinhalten, deren Quellmenge formale Symbole über K beinhaltet (vergleiche t_{ik} Transition in Abbildung 6.10).

8.2.2.8 Kompetenzbasierte Ressourcenzuweisung

Vergleichbar zur kenntnis- und fähigkeitsbasierten Ressourcenzuweisung wird dieses Muster durch die Bildung von Transitionsinschriften über der Menge C aus HR gebildet. Das Muster lässt sich hierbei mit anderen Mustern, wie den beiden vorgenannten, kombinieren (vergleiche Abbildung 6.7).

8.2.2.9 Limitationale Ressourcenzuweisung

Die limitationale Ressourcenzuweisung ergibt sich aus der Kombination von Abbildungen über verschiedenen Ressourceneigenschaften, die wiederum durch logische Und-Verknüpfungen miteinander verbunden sind (vergleiche die Kantenbeschriftung zwischen der Ressourcenstelle r_a der Transition t_{ik} in Abbildung 6.7).

8.2.2.10 Ortsabhängige Ressourcenzuweisung

Diese Art der Ressourcenzuweisung kann in Ressourcen-Netzen durch die Definition von ortsbezogenen Ressourcenstellen (siehe Definition 6.9) umgesetzt werden. Alternativ können die Eigenschaften der Marken und entsprechend auch die Möglichkeiten der Kantenbeschriftungen (Transitionsinschriften) erweitert werden (vergleiche Abschnitt 6.3.3).

8.2.2.11 Positionsbasierte Ressourcenzuweisung

Die positionsbasierte Ressourcenzuweisung wird in den Ressourcen-Netzen direkt durch Kantenbeschriftungen, die Abbildungen über der Menge P beinhalten, umgesetzt. Dieses Muster wird zumeist in Kombination mit der Auswahl über Rechteeigenschaften (limitational oder substitutional) genutzt und von Ressourcen-Netzen unterstützt.

8.2.2.12 Rollenbasierte Ressourcenzuweisung

Wie bereits in der Deklaration des Musters beschrieben, ähnelt die rollenbasierte Auswahl der Ressourcen der zuvor beschriebenen Auswahl über Positionen. Anstelle der Abbildung von Eigenschaften über der Menge P werden in diesem Fall Abbildungen über OR gebildet (vergleiche die Kantenbeschriftung zwischen r_a und t_{ik} in Abbildung 6.7). Durch die Ressourcen-Netze und die integrierte Menge der Ressourcen HR (die formale Kombination mit RML) ist weiterhin die Ausdehnung und (limitationale oder substitutionale) Kombination mit Auswahlformulierungen über Kompetenzkonzepten möglich, sodass die Ressourcenauswahl erweitert oder eingeschränkt werden kann.

8.2.2.13 Substitutionale Ressourcenzuweisung

Die substitutionale Ressourcenzuweisung bildet das Komplementärmuster zur limitationalen Zuweisung von Ressourcen; in Ressourcen-Netzen wird dieses Muster daher durch die Kombination von formalen Symbolen durch logische Oder-Verknüpfungen erreicht (vergleiche die Kantenbeschriftung zwischen und r_a und t_r in Abbildung 6.4).

8.2.2.14 Zeitbasierte Ressourcenzuweisung

Dieses Muster wird nicht durch die Kantenbeschriftungen sondern durch die den Transitionen zugeordneten zeitlichen Eigenschaften der Funktion X unterstützt. Es ist anzumerken, dass die zeitlichen Bedingungen, ähnlich wie bei den GSPN [MB+87], auf Basis von Wahrscheinlichkeitsverteilungen berechnet werden. Weiterhin können Varianten (in der Kontrollflussverzweigung) durch die Verteilungen von Wahrscheinlichkeiten über den Kanten (gemäß Ψ aus Definition 6.10) modelliert werden.

8.2.3 B/E-Semantik von Ressourcen-Netzen

Ressourcen-Netze können auf B/E-Netze abgebildet werden, alle bekannten Struktureigenschaften, die für B/E-Netzen gelten, bleiben daher erhalten. Prinzipiell sind somit auch alle entsprechenden Strukturanalysen möglich. Da die Objekte der Ressourcen-Netze (Ressourcen) über der Menge HR gebildet werden und diese wiederum aus Multi-Mengen besteht, ist es erforderlich, dass die Objekte über alle Merkmale und alle möglichen Merkmalseigenschaften entfaltet werden. Dies kann durch einfache Nummerierung der Merkmale und der Eigenschaften erfolgen. Im Ergebnis entsteht eine entsprechende Menge an Bedingungen (Stellen) für jedes Objekt. Wenn Zustandsänderungen der Objekte auch in der Netzstruktur sichtbar werden (vergleiche die Verfügbarkeit in Abbildung 6.3), so ist es erforderlich, dass für jedes Objekt auch dessen Zustand durch Stellen sichtbar gemacht wird.

Die beschriebene Abbildung soll nachfolgend in einem einfachen Beispiel (Abbildung 8.4) verdeutlicht werden. Hier sind zwei Objekte (Ressourcen) vorgegeben, deren Eigenschaften in Tabelle 8.1 dargestellt werden. Die Abbildung auf eine B/E-Repräsentation gemäß der oben beschriebenen Vorschrift wird in Abbildung 8.5 wiedergegeben. Der zweite in Abbildung 8.4 strukturell dargestellte Zustand (Nicht-Erreichbarkeit der Ressourcen r_n ist auf zusätzliche Bedingungen abzubilden, siehe Abbildung 8.6).

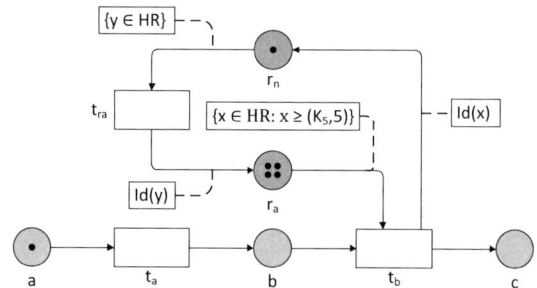

Abbildung 8.4: Vereinfachtes Beispiel (gemäß Abbildung 6.3)

Ressource	Eigenschaften der Ressourcen
A	$\left((S_1:3),(S_2:5)\right)$
B	$\left((S_1:4),(S_2:5)\right)$

Tabelle 8.1: Ressourcen zu Abbildung 8.4 (eingeschränkte Sicht)

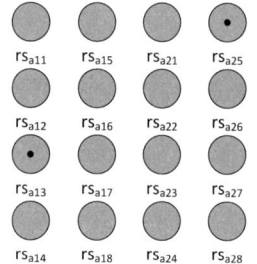

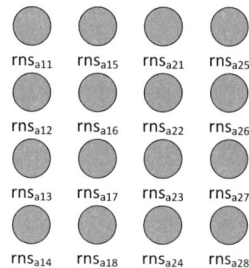

Abbildung 8.5: S/T-Repräsentation Ressource A

Abbildung 8.6: S/T-Repräsentation Ressource A (nicht verfügbar)

Um ein Ressourcen-Netz vollständig auf B/E-Netze abzubilden, genügt die oben beschriebene Vorschrift allerdings noch nicht. Da auch die Auswahlausdrücke mengenwertige Operatoren beinhalten können, müssen diese zusätzlich in binäre Operatoren (über den neuen Ressourcenbedingungen) überführt werden. Hierzu kann jeder mengenwertige Operator in die Konkatenation entsprechender binärer Operatoren überführt werden. Im Ergebnis wird eine Transition dann im B/E-Netz durch entsprechend viele Transitionen widergespiegelt. Für das obige Beispiel wird dies in Abbildung 8.7 wiedergegeben, hierbei wurde auf isolierte Elemente (Bedingungen, die nicht betrachtet werden) verzichtet.

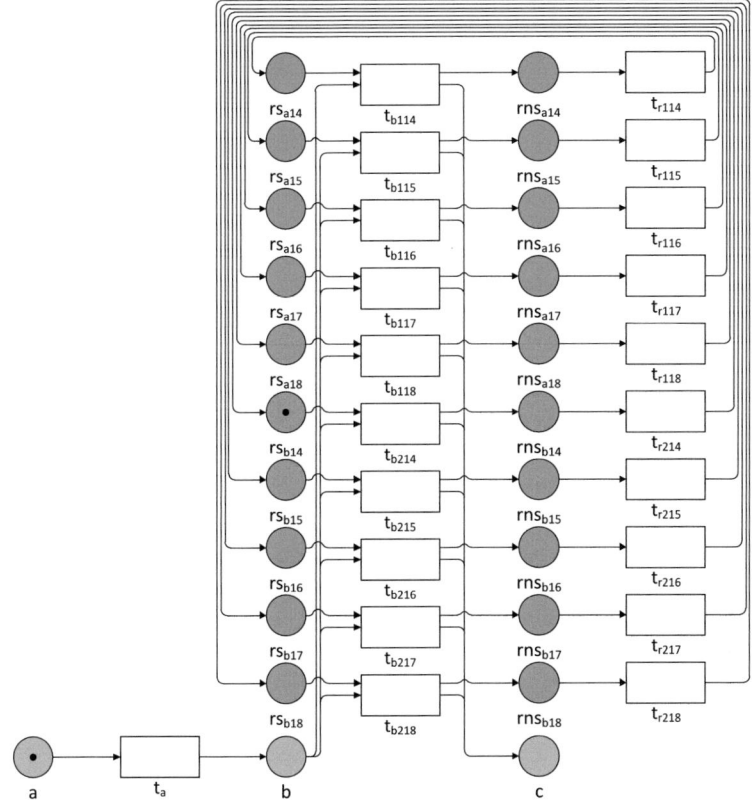

Abbildung 8.7: S/T-Netz ohne isolierte Elemente

8.2.4 GSPN-Semantik von zeitbehafteten Ressourcen-Netzen

Gemäß der im vorigen Abschnitt beschriebenen Vorschrift ist es bereits möglich, die Ressourcen-Netze auf B/E-Netze, somit also auch auf S/T-Netze, zurückzuführen. Betrachtet man nun zeitbehaftete Ressourcen-Netze und GSPN, so besteht eine Abbildung in eine GSPN-Struktur zum Einen in der Überführung von Ressourcen-Netzen in S/T-Netze, zum Anderen in der Überführung der zeitbehafteten Eigenschaften der Ressourcen-Netze in die entsprechenden GSPN-Funktionen.

Der erste Teil der Abbildung ist somit im vorigen Abschnitt beschrieben, der zweite Teil soll nachfolgend definiert werden. Die Zuordnung von Schaltverzögerungen auf Basis der Abbildung X (vergleiche Definition 6.10) stimmt direkt mit der Definition der GSPN überein, siehe [CM+93, MB+95]. Anders als bei den GSPN werden den Transitionen in Ressourcen-Netzen keine Prioritäten zugeordnet, stattdessen wird eine markierungsabhängige Aktivierungsrate $\propto (t, m)$ berechnet, aus der sich wiederum markierungsabhängige Schaltwahrscheinlichkeiten ergeben. Die Schaltwahrscheinlichkeiten lassen sich der Größe nach ordnen und dann auf natürliche Zahlen abbilden. Hierdurch ergibt sich eine Priorität pro Schaltwahrscheinlichkeit, die wiederum den Transitionen zugeordnet werden kann. Folglich können alle Modellelemente der zeitbehafteten Ressourcen-Netze in entsprechende Elemente und Abbildungen der GSPN transformiert werden. Somit kann jedem zeitbehafteten Ressourcen-Netz ein verhaltensgleiches GSPN zugeordnet werden. Ähnlich wie für die allgemeinen Ressourcen-Netze gilt daher auch für die zeitbehaftete Erweiterung, dass alle Analysen, die für die Klasse der GSPN möglich sind, auch für die entsprechenden zeitbehafteten Ressourcen-Netze durchgeführt werden können. Da die Überführung der komplexen Objekte allerdings auf dem in Abschnitt 8.2.3 vorgestellten Verfahren beruht, entstehen hierbei mitunter sehr umfangreiche Netzstrukturen.

8.2.5 Analyse vereinfachter Ressourcen-Netze

Die Analyse der vereinfachten Ressourcen-Netze erfordert zunächst deren Rückführung auf allgemeine Ressourcen-Netze. Vereinfachte Ressourcen-Netze stellen eine Abstraktion dar, die eine Vereinfachung für den Modellierer ermöglicht, indem die Ressourcenstellen nicht explizit modelliert werden müssen und gleichzeitig die Ressourcenauswahl von den Kantenbeschriftungen auf die Transitionen verlagert wird. Die Auswahl erfolgt über eine Menge von Ressourcen (spezifiziert durch ein Repository, vergleiche Abschnitt 6.3.4). Um diese impliziten Ressourcenstellen wieder in die Netzstruktur zu integrieren, ist es erforderlich, für jedes Repository eine entsprechende Ressourcenstelle einzufügen. Weiterhin ist es erforderlich, diese Ressourcenstellen erneut mit den entsprechenden Transitionen zu verbinden. Die hierbei entstehenden neuen Kanten müssen dann gemäß der Transitionsinschrift im vereinfachten Ressourcen-Netz durch entsprechende Kantenbeschriftungen ergänzt werden. Ein Beispiel für diese Abbildungen ist bereits durch die Netze in Abbildung 6.7 und Abbildung 6.10 gegeben.

8.2.6 Schlussfolgerung zu Musterbewertung und Semantik

Ressourcen-Netze unterstützen die vorgestellten Muster zur Zuweisung von Ressourcen. Die Muster zur Integration von Kompetenzkonzepten (fähigkeitsbasierte, kenntnisbasierte und kompetenzbasierte Ressourcenzuweisung) werden vollständig unterstützt und können mit anderen Mustern kombiniert werden, dies führt zu Vorteilen bei der Ressourcenzuweisung. Weiterhin lassen sich durch die Kantenbeschriftung (in vereinfachten Ressourcen-Netzen die Transitionsinschriften) alle Muster limitational oder substitutional definieren. Die ablaufbasierte und die alternative Ressourcenzuweisung werden durch die derzeitige Netzdefinition nur eingeschränkt unterstützt, können jedoch durch die skizzierten Erweiterungen vollständig abgebildet werden. Auch die ortsbezogene Ressourcenzuweisung kann durch Erweiterungen der Netzdefinition präzisiert werden (siehe Abschnitt 6.3.3).

Muster	BPMN 1.1 / 2.0	EPK	UML	Ressourcen-Netze
AbR	+	-	o	o
AlR	+	-	+	o
AuR	-	-	-	+
DiR	+	+	+	+
FäR	-	-	-	+
HiR	o / +	o	o	o
KeR	-	-	-	+

Muster	BPMN 1.1 / 2.0	EPK	UML	Ressourcen-Netze
KoR	-	-	-	+
LiR	+	+	+	+
OrR	-	-	-	o
PoR	-	+	-	+
RoR	o	+	o	+
SuR	o / +	o	o	+
ZeR	+	-	o	+

Tabelle 8.2: Vergleich der Musterunterstützung von Sprachen zur Geschäftsprozessmodellierung

In Tabelle 8.2 wird die Unterstützung der Muster im Vergleich dargestellt. Neben den Ressourcen-Netzen werden auch die bereits in Kapitel 5 vorgestellten Modellierungssprachen aufgeführt. Die Muster aus Abschnitt 5.2 werden zur Wahrung der Übersicht abgekürzt aufgeführt, die Abkürzungen stehen jeweils für die nachfolgenden Muster: AbR – Ablaufbasierte Ressourcenzuweisung; AlR – Alternative Ressourcenzuweisung; AuR – Autorisierungsorientierte Ressourcenzuweisung; DiR – Direkte Ressourcenzuweisung; FäR – Fähigkeitsbasierte Ressourcenzuweisung; HiR – Historienbasierte Ressourcenzuweisung; KeR – Kenntnisbasierte Ressourcenzuweisung; KoR – Kompetenzbasierte Ressourcenzuweisung; LiR – Limitationale Ressourcenzuweisung; OrR – Ortsabhängige Ressourcenzuweisung; PoR – Positionsbasierte Ressourcenzuweisung; RoR – Rollenbasierte Ressourcenzuweisung; SuR – Substitutionale Ressourcenzuweisung; ZeR – Zeitbasierte Ressourcenzuweisung.

Auffallend ist die gute Unterstützung der Muster zur ablaufbasierten und alternativen Ressourcenzuweisung der Sprachen BPMN und UML Aktivitätsdiagrammen, sofern auf eine geeignete Ressourcen-Modellierung, wie in Kapitel 4 vorgestellt, zurückgegriffen werden kann. Die Ressourcen-Netze können zur besseren Unterstützung durch die in den Abschnitten 8.2.2.1 und 8.2.2.2 genannten Erweiterungen ergänzt werden. Im Rahmen dieser Arbeit liegt der Fokus jedoch auf der Erweiterung durch Ressourcenmodelle und der Einbeziehung von Kompetenzkonzepten, daher erfolgt die Ergänzung der Netzdefinition hier nicht.

Neben der vergleichsweise stark ausgeprägten Unterstützung von Mustern zur Zuweisung von Ressourcen verfügen die Ressourcen-Netze auch über eine formale Grundlage. Dies zeigt sich insbesondere durch die Möglichkeiten im Bereich der Simulation und der analytischen Untersuchbarkeit. Letztere ist durch die Abbildbarkeit der Ressourcen-Netze auf B/E-Netze und die Abbildbarkeit der zeitbehafteten Ressourcen-Netze auf GSPN gegeben. Die detaillierte Diskussion analytischer Verfahren würde jedoch den Rahmen dieser Arbeit sprengen, sodass stattdessen auf [EH08, EN94, Es94, Es98, GV03, JK09, RF+93] verwiesen wird. Auch auf Grund des, im Falle der Ressourcen-Netze schnell anwachsenden Zustandsraums (vergleiche hierzu auch [An98, FK09, Kr10, SB+01, Wo07]) wird nachfolgend anstelle von analytischen Verfahren die Simulation als Methode zur Untersuchung der Netze genutzt.

8.3 Algorithmen zur Ressourcendisposition

Während der Ausführung oder Simulation von Geschäftsprozessen können zu einem Zeitpunkt mehrere Aufgaben instanziiert werden. Eine Aufgabe kann außerdem mehrfach instanziiert sein, sofern der korrespondierende Geschäftsprozess mehrfach instanziiert ist (vergleiche Definition 2.9, Definition 2.10 und Definition 2.11). Hieraus ergibt sich die Notwendigkeit, eine geeignete Ressourcendisposition – die Zuweisung von Ressourcen zu Aufgabeninstanzen – vorzunehmen. Die Disposition erfolgt entsprechend vorgegebener Strategien gemäß definierter Nebenbedingungen. Nachfolgend werden zwei Algorithmen zur Disposition vorgestellt, die unterschiedliche Strategien verfolgen. Voraussetzung für die vorgestellten Algorithmen ist die geeignete Verwaltung der Ressourcen auf Basis von Modellen, die zur Allokation genutzte Eigenschaften beinhalten. Die genutzten Modelle sind in diesem Fall RML-Instanzen. In den Geschäftsprozessmodellen – den Ressourcen-Netzen – werden Auswahlausdrücke formuliert, die die Zuweisung von Ressourcen bestimmen.

8.3.1 Kompetenzoptimale Ressourcenselektion

Der nachfolgend vorgestellte Algorithmus zur kompetenzoptimalen Ressourcenselektion (KORS) setzt die Formulierung von Anforderungs- und Kompetenzprofilen [Br09, Ju08, LP07, RK+11, SW10] voraus. Anforderungprofile können durch Auswahlausdrücke in Ressourcen-Netzen formuliert werden, die Kompetenzprofile ergeben sich hingegen aus den Eigenschaften von Ressourcen, die als RML-Instanzen modelliert wurden. KORS ist eine Weiterentwicklung des in [DO+10] vorgestellten Algorithmus (Selektionsalgorithmus zur effizienten Ressourcenallokation – SERA).

KORS besteht aus fünf Schritten, die ersten beiden Schritte bilden eine Modellvorverarbeitung. Die Vorverarbeitung besteht darin, einerseits die Relevanz von Aufgaben (Transitionen der Ressourcen-Netze) und andererseits eine Ressourcenvorauswahl zu Aufgaben zu berechnen. Die Relevanzberechnung der Aufgaben (1) erfolgt auf Basis einer korrigierten Version des in [FE+09] vorgestellten Algorithmus. Die Ressourcenvorauswahl (2) erfolgt pro Aufgabe, hierbei wird auf Ressourcen eingeschränkt, die zumindest über die geforderten Kompetenzen (ungeachtet des Kompetenzniveaus, vergleiche Abschnitt 4.3.3 und 4.6.3.11) verfügen. Weiterhin wird über den Anforderungs- und Kompetenzprofilen zu jeder gewählten Ressource ein Distanzmaß berechnet.

Gemäß SERA wird zunächst eine zulässige Lösung durch ein Eröffnungsverfahren [DD07, Do07, DS06] identifiziert, hierzu wird die Matrix-Minimum-Methode [Kl67] angewandt (3). Die ermittelte Lösung kann dann auf Optimalität überprüft werden (4); in diesem Fall wird hierzu der Dualitätssatz, nach Lemma von Farkas [Fa02] genutzt. Sofern eine nichtoptimale Lösung vorliegt, kann diese sukzessive verbessert und jeweils auf Optimalität geprüft werden (z.B. durch das MODI-Verfahren [FD56] oder die Stepping Stone Methode [CC54]). In KORS wird darauf verzichtet eine Ausgangslösung zu bestimmen, stattdessen wird die Lösung auf Basis des Algorithmus von Borůvka [Bo60] berechnet.

8.3.1.1 Modellvorverarbeitung

Die Relevanz α_i einer Aufgabe i kann auf Basis der Modellstruktur des Geschäftsprozessmodells berechnet werden. Die Grundlage hierfür bilden Geschäftsprozessmodelle in Form von Ressourcen-Netzen und ein Algorithmus, der durch [FE+09] inspiriert wurde. Das in [FE+09] vorgestellte Verfahren ist jedoch fehlerhaft, sobald Schleifen in den Geschäftsprozessmodellen auftreten. Daher wird nachfolgend eine Abwandlung des dort vorgestellten Verfahrens präsentiert.

Sei $zRN = (S, R, T, F, K, W, \Phi, \Sigma, Y, X, \Psi)$ ein zeitbehaftetes Ressourcen-Netz, dann ergeben sich die Relevanzen der Aufgaben ($r(t): t \in T$ und die der Stellen $r(p): p \in S \cup R$ wie folgt:

$$r(t) = \frac{\sum_{(p_i,t) \in F} r(p_i) \cdot \Psi(p_i, t)}{|\{(p_i, t): (p_i, t) \in F\}|}$$

$$r(p) = \begin{cases} 1 & \cdot p = \emptyset \\ \sum_{(t_i,p) \in F} r(t_i) \cdot \Psi(t_i, p) & sonst \end{cases}$$

Hierbei gelten die nachfolgenden Nebenbedingungen, für jede Stelle $p \in R \cup S$ gilt

$$\sum \Psi(p, t_i) = 1$$

Für jede Transition $t \in T$ gilt:

$$\Psi(t, p_i) = 1 \quad t \notin Zyklus$$
$$\Psi(t, p_i) = \varrho \quad (t, p_i) \in Zyklus$$
$$\Psi(t, p_i) = \beta \quad (t, p_i) \notin Zyklus, t \in Zyklus$$

Für die Parameter ϱ und β gilt $\varrho + \beta = 1$; dies verhindert, dass Relevanzwerte bei der Berechnung divergieren (dies würde im Verfahren von [FE+09] geschehen). Anschließend wird für jede Aufgabe i und Ressource j ein gewichteter Distanzvektor d_{ij} berechnet: $d_{ij} = \alpha_i \cdot v_{ij}$. Der einfache Distanzvektor v_{ij} ergibt sich hierbei wie folgt aus den Niveaustufen der Anforderungs- und Kompetenzprofile:

$$v_{ij} = \begin{cases} |A_{ik} - K_{jk}| \cdot c_k & K_{jk} > 0 \\ 8 \cdot c_k & K_{jk} = 0 \end{cases}$$

Hierbei entspricht A_{ik} der geforderten Niveaustufe von Kompetenz k für Aufgabe i und K_{jk} der entsprechenden Niveaustufe von Ressource j. Sofern eine geforderte Kompetenz nicht vorhanden ist ($K_{jk} = 0$), wird die Distanz maximiert (aus der Anzahl der Niveaustufen ergibt sich eine maximale Differenz von acht). Die Distanz kann zusätzlich mit dem Kompetenzgewicht c_k (vergleiche Abschnitt 4.6.3.3) multipliziert werden, um die Wichtigkeit der Anforderung besser zu berücksichtigen.

Zur späteren Durchführung der Zuweisung wird für jede, durch den Distanzvektor ausgedrückte Aufgaben-Ressourcen-Relation V_{ij} die Euklidische Norm berechnet:

$$V_{ij} = \|d_{ij}\|_2$$

8.3.1.2 Operative Berechnungen

Um realitätsnahe Zuweisungen zu ermöglichen, werden Kapazitäten eingeführt. Dies bezieht sich auf erforderliche (Aufgaben) und vorhandene (Ressourcen) Kapazitäten. Kapazitäten werden hier in Form natürlicher Zahlen beschrieben und können beispielsweise auf Auslastungsgrade oder Arbeitszeiten in Stunden abgebildet werden (vergleiche hierzu Abschnitt 4.6.4.17). Voraussetzung für die Zuweisung ist die Deckungsgleichheit der erforderlichen und vorhandenen Kapazitäten. Unterdeckungen können durch zusätzliche (logische) Hilfsaufgaben oder Ressourcen abgebildet werden. In der Praxis führt dies dann dazu, dass entweder Aufgaben zu einem bestimmten Zeitpunkt nicht bearbeitet werden können oder Ressourcen nicht vollständig ausgelastet werden, da ihnen lediglich logische Ressourcen zugewiesen werden.

Aufgabe Ressource	A1	A2	A3	Kapazität Ressource
R1	1,45	4	3	1
R2	3	72	0,25	1
R3	12	2	76	2
R4	2	3	2	1
Kapazität Aufgabe	1	3	1	

Tabelle 8.3: Aufgabenzuweisung als Optimierungsproblem

Unter Berücksichtigung der zuvor berechneten Distanzen lässt sich dies dann wie in Tabelle 8.3 dargestellt zusammenfassen. Hierdurch ergibt sich das nachfolgende Optimierungsproblem, bei dem die Zielfunktion z zu minimieren ist:

$$z = 1{,}45x_{11} + 4x_{12} + 3x_{13} + 3x_{21} + 72x_{22} + 0{,}25x_{23} + 12x_{31} + 2x_{32} + 76x_{33} +$$
$$2x_{41} + 3x_{42} + 2x_{43} + x_{51} + x_{52} + 3x_{53} + 5x_{61} + 6x_{62} + 0{,}5x_{63}$$

Hierbei gelten folgende Nebenbedingungen:

1. $1{,}45x_{11} + 4x_{12} + 3x_{13}$ $= 1$

2. $3x_{21} + 72x_{22} + 0{,}25x_{23}$ $= 1$

3. $12x_{31} + 2x_{32} + 76x_{33}$ $= 2$

4. $2x_{41} + 3x_{42} + 2x_{43}$ $= 1$

5. $1{,}45x_{11} + 3x_{21} + 12x_{31} + 2x_{41}$ $= 1$

6. $4x_{12} + 72x_{22} + 2x_{32} + 3x_{42}$ $= 3$

7. $3x_{13} + 0{,}25x_{23} + 76x_{33} + 2x_{43}$ $= 1$

8. $x_{ij} \geq 0$

Die Nebenbedingungen 1. bis 4. beziehen sich auf die angebotenen, die Bedingungen 5. bis 74. auf die erforderlichen Kapazitäten. Die letzte Bedingung besagt, dass eine Ressource nicht negativ allokiert werden kann. Das Problem lässt sich entweder exakt oder heuristisch lösen. Aufgrund der Komplexität der Problemstellung und der wiederholten Anwendung zur Allokation von Ressourcen, wird hier eine heuristische Lösung vorgeschlagen. Anstelle des in [DO+10] vorgeschlagenen MODI-Verfahrens [Zi08, ZS01] wird die Lösung durch eine abgewandelte Form des Algorithmus von Borůvka [Bo60, KN09] berechnet. Diese Wahl begründet sich durch die günstige Laufzeit des Algorithmus, die bei $O(|E| \log |V|)$ liegt. Der zu erzeugende Graph besteht aus Aufgaben und Ressourcen als Knoten und den ermittelten Distanzen als Kantengewichten. Kapazitäten können durch Vervielfachung korrespondierender Knoten abgebildet werden. Da der Graph im Allgemeinen nicht zusammenhängend ist, wird als Lösung ein (spezieller) minimal spannender Wald ermittelt, um dies in einen minimal spannenden Baum [KN09] zu überführen, können alle Aufgaben mit einer Aufgabenwurzel verbunden werden. Das Kantengewicht der entsprechenden Kanten wird dann auf null gesetzt. Um die Laufzeit des Algorithmus weiter positiv zu beeinflussen, kann außerdem eine obere Schranke für die berechneten Distanzen definiert werden, bis zu der Kanten in den Graphen eingetragen werden. Letzteres führt wiederum dazu, dass Aufgaben zu einem Zeitpunkt (zu dem eine Zuordnung vorgenommen werden soll) möglicherweise nicht ausgeführt werden können. Dies stellt jedoch keine Einschränkung, sondern vielmehr eine Möglichkeit dar, Lastsituationen zu untersuchen; beispielsweise kann in Simulationsexperimenten ermittelt werden, ab wann Unterdeckungen auftreten.

Als Alternative zum Algorithmus von Borůvka wurde, aufgrund der ebenfalls sehr guten Laufzeit, auch der Hopcroft-Karp Algorithmus [HK71] implementiert. Anstelle eines MST wird hierbei ein Matching berechnet, im Resultat steht jedoch auch eine optimale Zuweisung von Ressourcen zu Aufgaben. Dieses Verfahren soll jedoch nachfolgend nicht im Detail vorgestellt werden. In Abbildung 8.8 ist stattdessen der aus den beispielhaft in Tabelle 8.3 beschriebenen Zusammenhängen resultierende Graph abgebildet. Der Knoten A stellt das Wurzelobjekt dar, das lediglich hinzugefügt wurde, um einen minimalspannenden Baum (MST) als Berechnungsergebnis zu erhalten. Der erste Schritt des Algorithmus von Borůvka besteht daher immer aus der Verbindung der Aufgaben mit dem Wurzelknoten (siehe Abbildung 8.9). Die hervorgehobenen Kanten beschreiben die berechnete Ressourcenzuweisung. Die Zahl in Klammern beschreibt den Schritt, in dem die Zuordnung erfolgt ist. Der resultierende MST beschreibt dann die zu wählende Ressourcenzuweisung. Der Wurzelknoten ist hierbei lediglich ein Hilfsknoten zur Berechnung und findet keine weitere Berücksichtigung.

Abwandlung des Algorithmus von Borůvka

Input: Ein ungerichteter, zusammenhängender Graph G = (V, E)

Hier: Gegeben ist ein (bipartiter) Graph, $V = R \cup A$ (R ist die Menge der Ressourcen, A die Menge der Aufgaben). Um einen zusammenhängenden Graphen zu erhalten, werden alle Knoten aus A zusätzlich mit einem Wurzelknoten verbunden (Kantengewicht ist Null).

Output: Kantenmenge T_{MST} eines minimalspannenden Baums

Hier: Die Zuordnung zwischen Aufgaben und Ressourcen

1. $T_{MST} := \emptyset, V := \{V_1, \ldots, V_n\}$
2. Füge alle zu der Wurzel (Knoten A) adjazenten Kanten in T_{MST} ein.
3. Entferne den Wurzelknoten A
4. Solange $|T_{MST}| < n - 1$
5.   Für $k = 1, \ldots, m$ sei e_k eine Kante mit minimaler Distanz $V_{ij}(e)$
6.   Entferne die adjazenten Knoten
7. $T_{MST} := T_{MST} \cup \{e_1, \ldots, e_m\}$
8. T_{MST} ist ein minimalspannender Baum

Tabelle 8.4: Abwandlung des Algorithmus von Borůvka

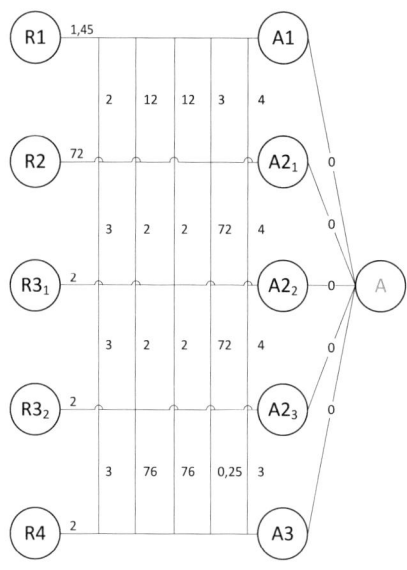

Abbildung 8.8: Zuordnungsgraph

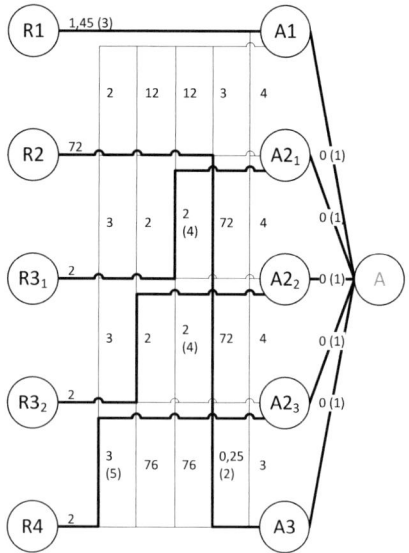

Abbildung 8.9: Berechneter MST

8.3.2 Kompetenzausgleichende Ressourcenselektion

Nachfolgend wird eine Modifikation des zuvor vorgestellten Algorithmus präsentiert. Anstelle einer kompetenzoptimalen Ressourcenselektion wird nun eine Zuordnung von Ressourcen zu Aufgaben angestrebt, die angleichend auf die Kompetenzniveaus aller involvierten Ressourcen wirkt (Kompetenzausgleichende Ressourcenselektion – KARS). Hierzu wird für jede Aufgabe eine Distanzobergrenze festgelegt (alternativ kann dies auch allgemein für alle Aufgaben erfolgen). Distanzen außerhalb dieser Obergrenze bleiben in der Zuordnung unberücksichtigt, bilden also keine Kante im Zuordnungsgraph. Anschließend wird die Zielfunktion maximiert (dies entspricht der Berechnung eines MSTs über den Kehrwerten der Distanzen als Kantengewicht – hierbei wird der Kehrwert des Distanzwerts 0 ebenfalls auf 0 abgebildet).

Die Veränderung der Distanzbewertung bewirkt, dass bevorzugt schwächere Ressourcen zugeordnet werden, während die Distanzobergrenze limitierend wirkt, sodass nicht beliebig unqualifizierte Ressourcen zugeordnet werden können. Im Ergebnis wird weiterhin garantiert, dass eine festgelegte Qualität nicht unterschritten wird. Darüber hinaus erfolgt eine Angleichung der Kompetenzniveaus der involvierten Ressourcen, da davon auszugehen ist, dass schwächere Ressourcen durch die zugewiesenen Aufgaben zusätzlich gefördert werden (siehe auch [HB+10, SK07]). Damit einhergehend werden Spitzen in den Kompetenzniveaus ausgeglichen, da die geförderten Ressourcen weitergebildet und damit höher qualifiziert werden. Für Unternehmen erweist sich diese Strategie als sinnvoll, um das mit dem Ausfall einzelner Ressourcen verbundene Risiko zu verringern [OS10].

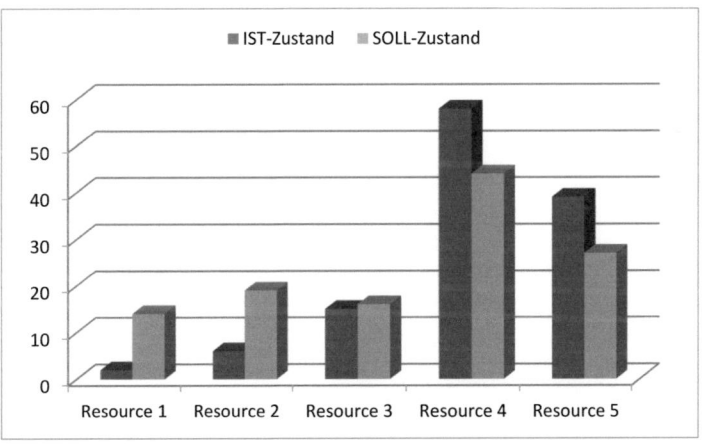

Abbildung 8.10: Vergleich der Ressourcenzuweisung

Diese Abwandlung des Zuweisungsalgorithmus wurde in Kooperation mit einem größeren Telekommunikationsdienstleister für dessen interne Ticketbearbeitung, die die Wartung eingesetzter Softwaresysteme sowie die Korrektur kleinerer Softwarefehler umfasst, evaluiert. Die Untersuchung wurde für ein Team von fünf Mitarbeitern durchgeführt. Zur Auswertung wurden zunächst 480 bereits abgearbeitete Tickets untersucht und bewertet, ferner die Kompetenzen der Teammitglieder modelliert. Anschließend wurden 120 weitere Tickets neu zugewiesen, um einen Vergleich zwischen der aktuellen und der angestrebten Zuweisungsstrategie zu erhalten. Die Ergebnisse der Allokation nach aktuellem und künftigem Verfahren sind in Abbildung 8.10 dargestellt. Es ist leicht erkennbar, dass nach aktuellem Stand die Ressourcen 4 und 5 überproportional belastet werden, dies ist auch auf den aktuellen Ausbildungsstand der Ressourcen zurückzuführen. KARS begünstigt hingegen die Zuweisung von Aufgaben an die Ressourcen 1 und 2 (vergleiche Abbildung 8.11), während Ressource 3 beinahe unverändert eingebunden ist. Dies ist auf die Wahl der Schranken der Distanzobergrenzen zurückzuführen. Im Ergebnis wird die Lernkurve der Ressourcen 1 und 2 beschleunigt und die Angleichung der Kompetenzniveaus direkt unterstützt. Als Nebeneffekt reduziert sich der explizit eingeplante Betreuungsaufwand (siehe auch [HB+08, HI09]).

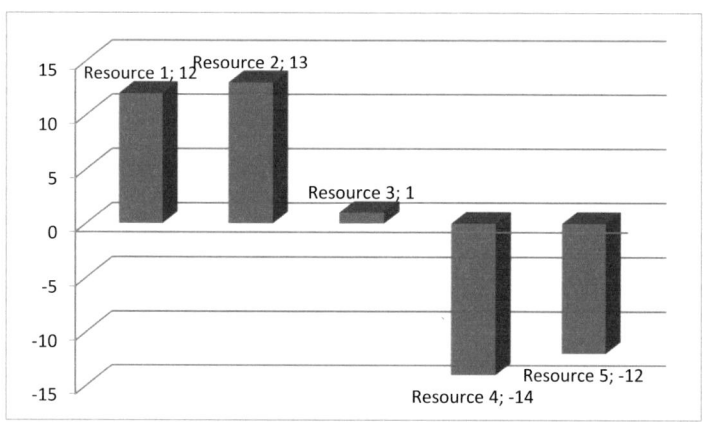

Abbildung 8.11: Veränderung der Zuweisung von Aufgaben an Ressourcen

8.4 Simulation von Ressourcen-Netzen

Die im Rahmen der Arbeit konzipierten Ressourcen-Netze werden in diesem Abschnitt genutzt, um Einflüsse spezifizierter Ressourcenzuweisungen zu untersuchen. Hierbei wird auch die durch die umgesetzten Zuweisungsmuster gewonnene Flexibilität gegenüber bisherigen Ansätzen bewertet. Zu diesem Zweck werden verschiedene Ressourcen-Netze unter Berücksichtigung gängiger Strukturmuster (vergleiche [AB+00, AH+03, BF+07, Wh04]) modelliert. Ferner werden die in Kapitel 5 diskutierten Muster zur Ressourcenzuweisung aufgegriffen und in verschiedenen Simulationsexperimenten bewertet. Der Fokus liegt in diesem Zusammenhang insbesondere auf den Unterschieden zwischen rollen-, positions-, kompetenz-, fähigkeits- und kenntnisbasierter Zuweisung.

Zur Spezifikation der Geschäftsprozessmodelle werden vereinfachte Ressourcen-Netze genutzt. Die Ressourcenzuweisung und die Notation zeitlicher Bedingungen wird nicht direkt im Modell dargestellt (wie dies in Kapitel 6 in der Fall ist), stattdessen werden die Zuweisungsausdrücke und Zeitbedingungen separat tabellarisch beschrieben – in den Netzmodellen werden Transitionen, denen Zuweisungsausdrücke zugeordnet werden, durch R gekennzeichnet. Die Trennung von Netz-Modellen und Zuweisungsausdrücken erfolgt, da die Zuweisungsausdrücke für die einzelnen Simulationsexperimente variiert werden, um unterschiedliche Effekte untersuchen zu können. Neben verschiedenen Ressourcenzuweisungsausdrücken werden in den Simulationsexperimenten auch die Anzahl vorhandener Ressourcen, deren Eigenschaften und die Instanziierung der Geschäftsprozessmodelle (Ressourcen-Netze) variiert. Die gewählten Parameter werden nachfolgend für jedes Simulationsexperiment getrennt beschrieben, um die Variantenbildung der Simulationsexperimente zu verdeutlichen.

Die in den Simulationsexperimenten genutzten Geschäftsprozessmodelle werden in Abbildung 8.12 bis Abbildung 8.16 dargestellt. Die abgebildeten Ressourcen-Netze sind gemäß folgender Konventionen modelliert und dargestellt:

- Netz-Modelle beinhalten je genau eine Quelle (Stelle Prozessstart ps) und genau eine Senke (Stelle Prozessende pe);
- Ressourcenzuweisungsausdrücke werden gesondert spezifiziert (tabellarisch);
- Zeitaspekte werden ebenfalls gesondert tabellarisch aufgeführt und sind nicht in den Netz-Modellen dargestellt;
- Transitionen (Aufgaben) die Ressourcen zur Durchführung erfordern, werden mit einem R gekennzeichnet;
- Transitionen, die logische Schritte beschreiben (Hilfstransitionen), erhalten eine nummerierte Indexbezeichnung;
- Transitionen, die den Kontrollfluss nebenläufig aufteilen (Und-Verzweigung), erhalten als Bezeichnung noch ein p in den Index.

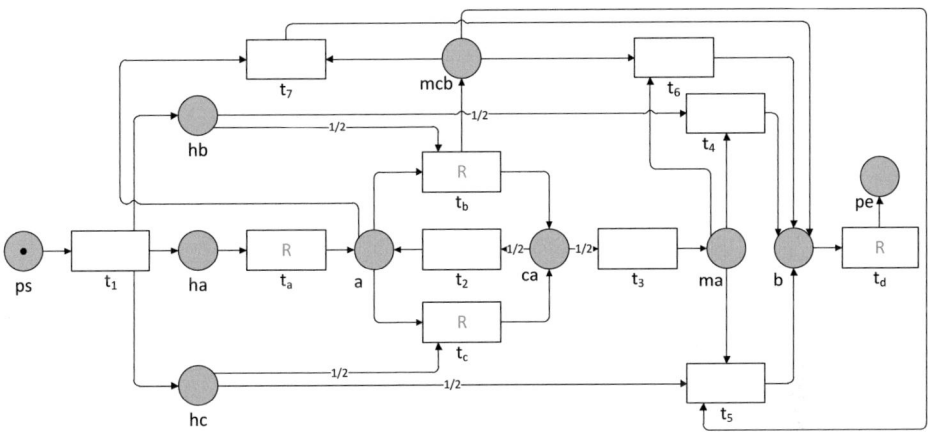

Abbildung 8.12: Prozessmodell – Mehrfachauswahl

Abbildung 8.12 bildet das bekannte Muster Mehrfachauswahl (Multi-Choice aus [AH+03]) als Ressourcen-Netz ab; hierdurch wird die Möglichkeit zu folgenden Bearbeitungsreihenfolgen (ohne Hilfstransitionen) eröffnet: $t_a t_b t_c t_d$, $t_a t_c t_b t_d$, $t_a t_b t_d$ oder $t_a t_c t_d$. Das in Abbildung 8.13 dargestellte Geschäftsprozessmodell integriert neben einer nebenläufigen Bearbeitung auch mehrere Auswahlentscheidungen, die darüber hinaus in mehreren Iterationen durchgeführt werden können. Die Möglichkeit der Iteration wird durch die Schleife zwischen den Stellen f und i respektive j erreicht.

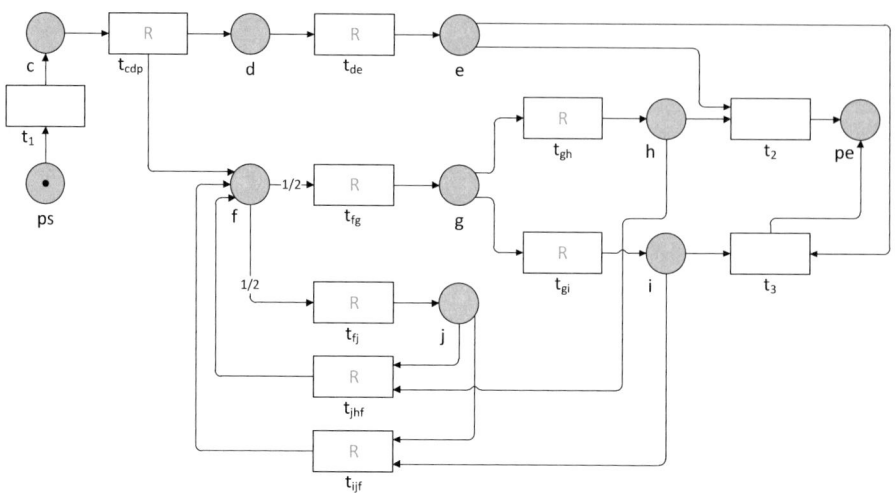

Abbildung 8.13: Prozessmodell – Auswahliteration

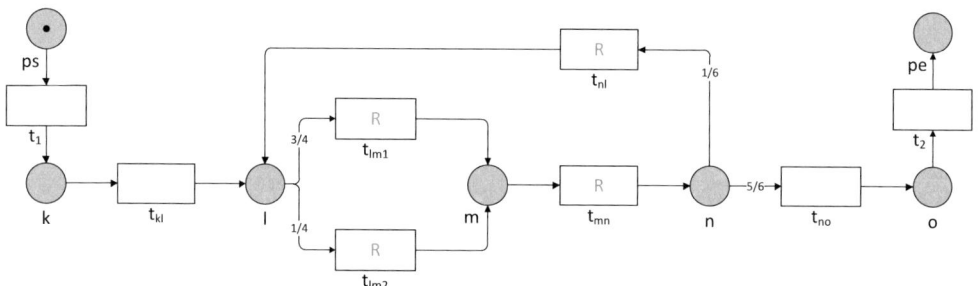

Abbildung 8.14: Prozessmodell – Auswahl und Wiedervorlage

In Abbildung 8.14 wird ein Geschäftsprozessmodell abgebildet, das zunächst eine Auswahlentscheidung, anschließend zwei Bearbeitungsschritte und schließlich eine erneute Entscheidung (entweder Abschluss der Bearbeitung oder eine erneute Wiedervorlage) beinhaltet. Derartige Geschäftsprozesse sind typisch für die Bearbeitung von Störungstickets (z.B. in der Softwareentwicklung oder während des Betriebs elektronischer Systeme). Das Geschäftsprozessmodell in Abbildung 8.15 beschreibt die nebenläufige Bearbeitung von drei verschiedenen Aufgaben (t_{qr}, t_{st} und t_{uv}). Das letzte zur Simulation genutzte Geschäftsprozessmodell (Abbildung 8.16) beschreibt schließlich die wiederholte Auswahlentscheidung zwischen der Ausführung der Aufgaben t_{xy} und t_{xz}.

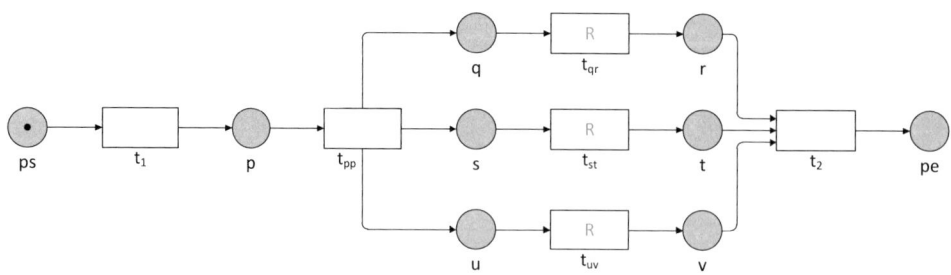

Abbildung 8.15: Prozessmodell – Nebenläufigkeit

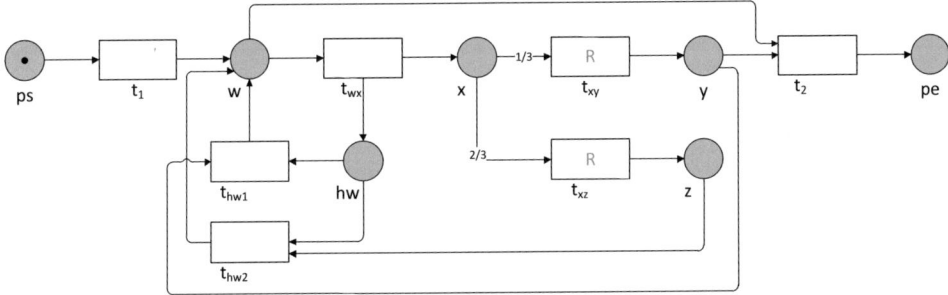

Abbildung 8.16: Prozessmodell – Wiederholte Auswahl

In Tabelle 8.5 werden die zeitlichen Bedingungen und Ressourcenzuweisungsausdrücke der Aufgaben (Transitionen der Ressourcen-Netze) beschrieben. In der Spalte *Dauer* werden die Erwartungswerte der Bearbeitungsdauer der jeweiligen Aufgabe aufgeführt. In der Spalte *Zuweisungsausdruck* befinden sich die Anforderungsspezifikationen der möglichen, ausführenden Ressourcen (Aufgabenträger). Nachfolgend werden die Ressourcenzuweisungsausdrücke nur dann erneut zu jedem Simulationsexperiment aufgeführt, sofern diese Varianten der Ausdrücke in Tabelle 8.5 darstellen. Jedes Simulationsexperiment basiert auf einer Hypothese, die durch das Experiment validiert werden soll. Als Grundlage für die Ressourcenauswahl dient das RML-Ressourcenmodell aus Abbildung 8.17. In der Abbildung wurde auf die grafische Darstellung von Organisationseinheiten, Gruppen und Positionen verzichtet. Die zugeordneten Kompetenzen und Rollen der Ressourcen werden in Tabelle 8.6 aufgelistet (anstatt mit *R_XX* werden die Ressourcen durch *Ressource X* bezeichnet).

Aufgabe	Dauer	Zuweisungsausdruck
t_a	4	$(\{x \in HR : x = (OR_2, 1)\}, Id(x))$
t_b	2	$(\{x \in HR : x = (OR_1, 1)\}, Id(x))$
t_c	1	$(\{x \in HR : x = (OR_3, 1)\}, Id(x))$
t_d	2	$(\{x \in HR : x = (OR_0, 1)\}, Id(x))$
t_{cdp}	1	$(\{x \in HR : x = (OR_2, 1)\}, Id(x))$
t_{de}	4	$(\{x \in HR : x \geq (C_2, 2), (C_6, 4)\}, Id(x))$
t_{fg}	2	$(\{x \in HR : x = (S_{13} : 4)\}, Id(x))$
t_{fj}	3	$(\{x \in HR : x \geq (C_3, 4), (S_2 : 3)\}, Id(x))$
t_{gh}	3	$(\{x \in HR : x = (OR_3, 1) \wedge x \geq (C_5, 4)\}, Id(x))$
t_{gi}	2	$(\{x \in HR : x \geq (OR_4, 1)\}, Id(x))$
t_{ijf}	1	$(\{x \in HR : x \geq (C_6, 4)\}, Id(x))$
t_{jhf}	1	$(\{x \in HR : x \geq (C_6, 4), (S_2, 1)\}, Id(x))$
t_{kl}	0,5	
t_{lm1}	4	$(\{x \in HR : x = (S_{13} : 4)\}, Id(x))$
t_{lm2}	1	$(\{x \in HR : x = (OR_4, 1)\}, Id(x))$
t_{mn}	2	$(\{x \in HR : x = (S_{13} : 4)\}, Id(x))$
t_{nl}	1	$(\{x \in HR : x \geq (C_5, 3)\}, Id(x))$
t_{no}	0,5	

Aufgabe	Dauer	Zuweisungsausdruck
t_{pp}	0,25	
t_{qr}	2	$(\{x \in HR: x \geq (S_{13}:4)\}, Id(x))$
t_{st}	1,5	$(\{x \in HR: x \geq (C_2, 2)\}, Id(x))$
t_{uv}	2	$(\{x \in HR: x = (OR_5, 1)\}, Id(x))$
t_{wx}	0,5	
t_{hw1}	0,5	
t_{hw2}	0,5	
t_{xy}	2	$(\{x \in HR: x \geq (K_{26}, 3)\}, Id(x))$
t_{xz}	1	$(\{x \in HR: x = (OR_2, 1) \wedge x \geq (S_1:3)\}, Id(x))$

Tabelle 8.5: Anforderungsprofile der Aufgaben

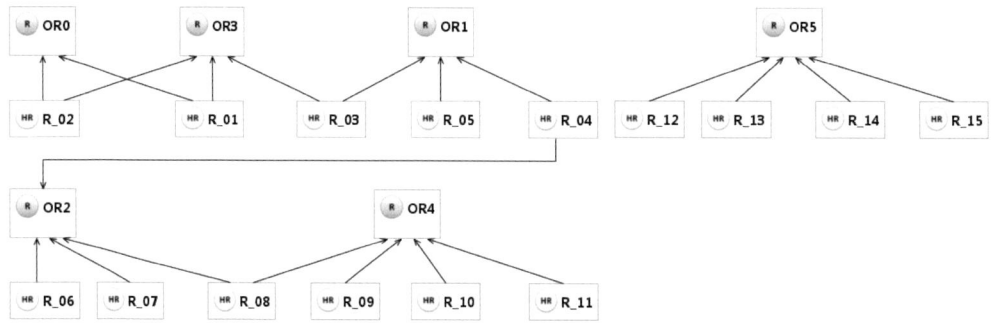

Abbildung 8.17: Reduziertes RML-Modell

Ressource	Eigenschaften*
Ressource 1	$((OR_0, 1), (OR_3, 1), (C_5, 5), (C_{16}, 5), (S_2:3), (S_{13}:5), (S_{21}:4), (K_{26}, 5))$
Ressource 2	$((OR_0, 1), (OR_3, 1), (C_5, 5), (C_1, 4), (S_{12}:6), (S_{20}:2), (K_2, 5))$
Ressource 3	$((OR_1, 1), (OR_3, 1), (C_2, 2), (C_6, 4), (S_1:1), (S_{10}:1), (S_{13}:3))$
Ressource 4	$((OR_1, 1), (OR_2, 1), (C_4, 7), (C_5, 7))$
Ressource 5	$((OR_1, 1), (C_5, 4), (S_{14}:4))$
Ressource 6	$((OR_2, 1), (C_5, 5), (S_1:3), (K_2, 7))$
Ressource 7	$((OR_2, 1), (C_7, 5))$
Ressource 8	$((OR_4, 1), (OR_2, 1), (C_5, 5), (S_4:3))$
Ressource 9	$((OR_4, 1), (C_3, 4), (C_6, 5), (S_2:3), (K_{12}, 5))$
Ressource 10	$((OR_4, 1), (C_3, 2), (C_6, 3), (S_2:1), (S_{13}:1))$
Ressource 11	$((OR_4, 1), (S_2:3), (K_{26}, 5)$
Ressource 12	$((OR_5, 1), (K_{17}, 3))$
Ressource 13	$((OR_5, 1), (C_3, 4), (S_2:4))$

Ressource	Eigenschaften*
Ressource 14	$((OR_5, 1), (S_{13}: 2), (K_{17}, 5))$
Ressource 15	$((OR_5, 1), (S_{13}: 2), (K_{17}, 5))$

Tabelle 8.6: Eigenschaften der Ressourcen aus

Die durch eine Rolle erforderten Kompetenzkonzepte werden in der nachfolgenden Tabelle beschrieben (Tabelle 8.7). In der Darstellung der Ressourcen sind nur die Kompetenzkonzepte aufgeführt, die die Ressourcen neben den durch die Rollen erforderten aufweisen. Der Vergleich zwischen den Kompetenzanforderungen der Rollen und den Kompetenzeigenschaften der Ressourcen dient in den anschließenden Simulationsexperimenten zur Validierung verschiedener Hypothesen. Die Hypothesen werden als zu überprüfende Vermutung für jedes Simulationsexperiment formuliert, sie spezifizieren vermutete Verbesserungen, die durch das Simulationsexperiment überprüft werden sollen. Die Simulationsexperimente werden jeweils über einen längeren Simulationszeitraum hinweg beobachtet. Die Instanziierungsrate der Geschäftsprozesse wird für jedes Simulationsexperiment variiert und auf Basis von Exponentialverteilungen spezifiziert. Zur Erhöhung der Konfidenz der Messwerte werden die Experimente für jede Variante wiederholt durchgeführt, um Schwankungen in einzelnen Simulationsläufen auszugleichen. Ferner wird aus diesem Grund ein längerer Simulationszeitraum gewählt, um kurzfristigen Abweichungen entgegenzuwirken.

Rolle	Erforderliche Kompetenzen
OR_0	$((C_2, 5), (C_3, 2), (C_4, 3))$
OR_1	$((C_1, 3), (C_4, 4), (C_5, 3), (C_6, 3))$
OR_2	$((C_3, 4), (C_6, 4))$
OR_3	$((C_3, 5), (C_4, 4), (C_7, 7))$
OR_4	$((C_{12}, 4), (C_{13}, 3))$
OR_5	$((C_{16}, 3), (C_{17}, 2))$

Tabelle 8.7: Kompetenzanforderungen der Rollen aus Abbildung 8.17

8.4.1 Simulation von Kompetenzzuweisungen

Nachfolgend soll die Flexibilität der Ressourcenzuweisung auf der Basis von Kompetenzkonzepten untersucht und mit der klassischen rollenbasierten Zuweisung verglichen werden.

Hypothese 1: Die explizite Modellierung von Kompetenzkonzepten führt zu Vorteilen in der Allokation von Ressourcen.

Durch die Definition der Zuweisungsausdrücke in den (vereinfachten) Ressourcen-Netzen kann eine präzise ausgeprägte Anforderungsdefinition erfolgen. Hierdurch können Engpässe, die durch Überspezifikation (wie das Fordern einer bestimmten Rolle, die gewünschte und weitere Kompetenzkonzepte inkludiert) entstehen würden, ausgeglichen werden.

Hypothese 2: Präzise Anforderungsdefinitionen für zuzuweisende Ressourcen können dazu genutzt werden, Engpässe zu vermeiden.

Zur Durchführung der Simulation wird als Experimentaufbau das Geschäftsprozessmodell in Abbildung 8.12 (Erwartungswert der Instanziierung variabel gemäß Variante) ausgewählt und zunächst gemäß den in Tabelle 8.5 beschriebenen Ressourcenzuweisungsausdrücken parametrisiert. Als *Variante 1* wird die im vorigen Abschnitt beschriebene Zuweisungsanforderung auf Rollenbasis simuliert. Als *Variante 2* wird anstelle der Zuweisungsanforderung auf Basis der Rolle OR_2 zunächst eine gleichwertige Anforderung durch die implizit erforderten Kompetenzkonzepte $((C_3, 4), (C_6, 4))$ formuliert. Als *Variante 3* wurde die Anforderung auf das Kompetenzkonzept $(C_3, 4)$ eingeschränkt. Als *Variante 4* wird *Variante 3* um eine weitere Ressource, die die Anforderung $(C_3, 4)$ erfüllt ergänzt. Jede Variante wird ferner unter unterschiedlichen Lastsituationen simuliert, hierbei wird der Erwartungswert der Instanziierung des Modells aus Abbildung 8.12 variiert. Die simulierten Ankunftsraten sind 10; 8; 4; 2; 1; 0,5 und 0,25 Tage für die erwartete Instanziierung.

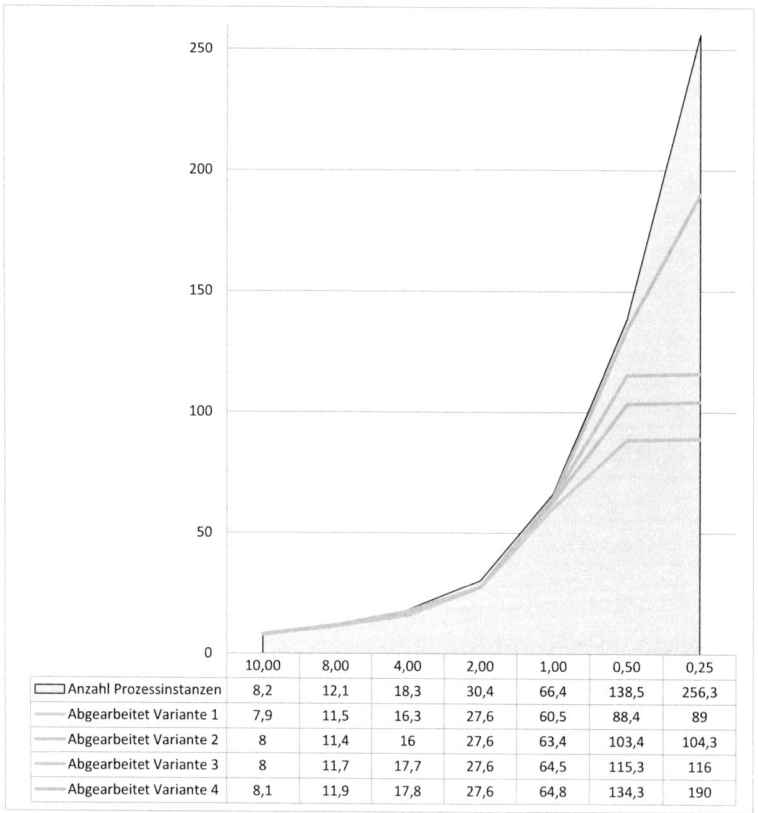

	10,00	8,00	4,00	2,00	1,00	0,50	0,25
Anzahl Prozessinstanzen	8,2	12,1	18,3	30,4	66,4	138,5	256,3
Abgearbeitet Variante 1	7,9	11,5	16,3	27,6	60,5	88,4	89
Abgearbeitet Variante 2	8	11,4	16	27,6	63,4	103,4	104,3
Abgearbeitet Variante 3	8	11,7	17,7	27,6	64,5	115,3	116
Abgearbeitet Variante 4	8,1	11,9	17,8	27,6	64,8	134,3	190

Abbildung 8.18: Abgearbeitete Prozessinstanzen

In Abbildung 8.18 und Abbildung 8.19 werden die Ergebnisse des Simulationsexperiments im Überblick dargestellt. Aus der Anzahl abgearbeiteter Prozessinstanzen lässt sich im direkten Vergleich der *Varianten 1, 2* und *3* erkennen, dass die präzisere Spezifikation der Anforderungen auf Kompetenzbasis Vorteile in der Allokation bietet, da sich hierdurch der Pool verfügbarer Ressourcen vergrößert. In Konsequenz erhöht sich die Anzahl der abgearbeiteten Geschäftsprozessinstanzen direkt. Abbildung 8.19 verdeutlicht gleichzeitig den Zusammenhang mit der Auslastung der Ressourcen, durch die verbesserte (gleichmäßigere)

Verteilung der Aufgaben sinkt auch die durchschnittliche Last der einzelnen Ressourcen (hier aufgeführt sind die durchschnittlichen Auslastungsgrade der Ressourcen, die den Anforderungen der Aufgabe t_a des Geschäftsprozesses aus Abbildung 8.12 entsprechen). Auslastungen über 1 signalisieren eine Überlastung; in diesem Fall die zusätzliche Zuweisung von Aufgaben bei gleichzeitiger vollständiger Auslastung der beobachteten Ressourcen. Während hierdurch die Aufgabenliste (work list, vergleiche [Ad09]) der Ressourcen wächst, steigt auch die Anzahl nicht abgearbeiteter Prozessinstanzen, sofern die Aufgaben nicht bis Ende des beobachteten Simulationszeitraums abgearbeitet werden können (dies ist in der gegebenen Lastsituation wiederum nicht möglich, vergleiche Experimentaufbau und Abbildung 8.18).

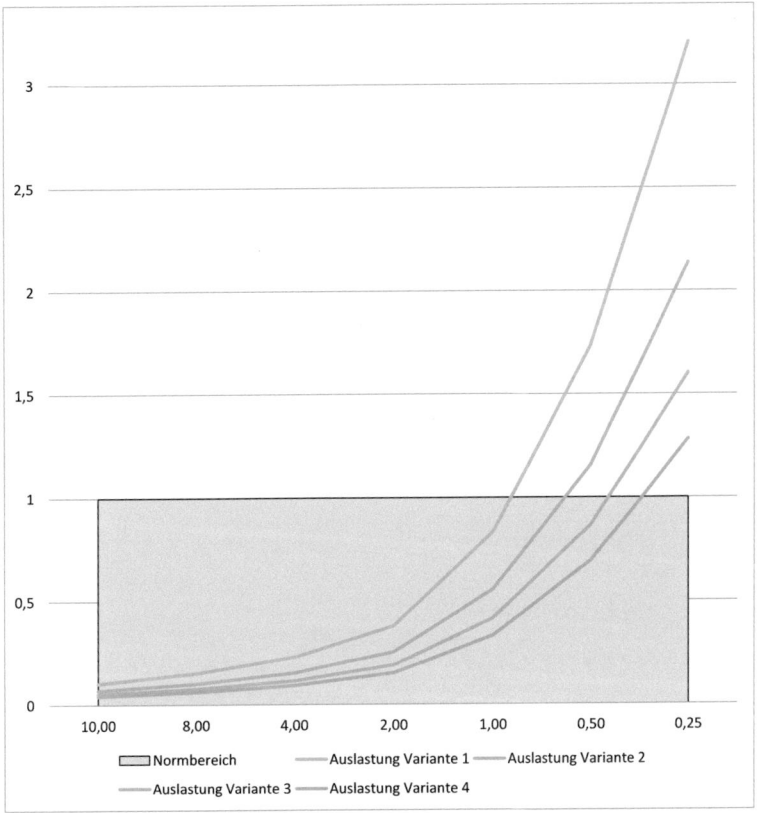

Abbildung 8.19: Durchschnittliche Ressourcenauslastung

8.4.2 Simulation qualifizierten Lastausgleichs

Der Einsatz höherqualifizierter Ressourcen erlaubt es, Aufgaben schneller und gleichzeitig qualitativ verbessert durchzuführen. Hieraus entstehen gleichzeitig Vorteile durch kürzere Bearbeitungszeiten, geringere Durchlaufzeiten und potenziell höhere Qualität. Dies kann in der Allokation allerdings nur dann gewinnbringend eingesetzt werden, wenn diese Information adäquat und explizit modelliert wurde.

> **Hypothese 3**: Die explizite Modellierung von Kompetenzkonzepten führt zu Vorteilen in der Allokation von qualifizierten Ressourcen.

Dieser bereits in Abschnitt 8.4.1 beobachtete Effekt soll in diesem Simulationsexperiment nicht wie zuvor isoliert, sondern im Zusammenspiel mehrerer Geschäftsprozesse untersucht werden. Hierzu wird als Experimentaufbau, die folgende Auswahl und Parametrisierung der Geschäftsprozessmodelle gewählt: Abbildung 8.12 (Erwartungswert der Instanziierung: 24 Stunden), Abbildung 8.13 (Erwartungswert der Instanziierung: 5 Tage), Abbildung 8.14 (Erwartungswert der Instanziierung: 48 Stunden), Abbildung 8.15 (Erwartungswert der Instanziierung 10 Tage) und Abbildung 8.16 (Erwartungswert der Instanziierung 4 Tage). Die Simulation wird gemäß den in Abschnitt 8.4 beschriebenen Zuweisungsausdrücken und Ressourcen durchgeführt. Als *Variante 1* wird die Instanziierung der Geschäftsprozesse aus Abbildung 8.15 (Erwartungswert der Instanziierung 48 Stunden) und Abbildung 8.16 (Erwartungswert der Instanziierung 24 Stunden) verändert, um eine höhere Last zu simulieren. *Variante 2* nutzt anstelle der Allokation durch die Rolle OR_2 die kompetenzbasierte Auswahl $((C_3, 4), (C_6, 4))$. In *Variante 3* werden schließlich *Variante 1* und *Variante 2* miteinander kombiniert. Als beobachteter Simulationszeitraum für das Experiment wird eine Simulationsdauer von einem halben Jahr gewählt.

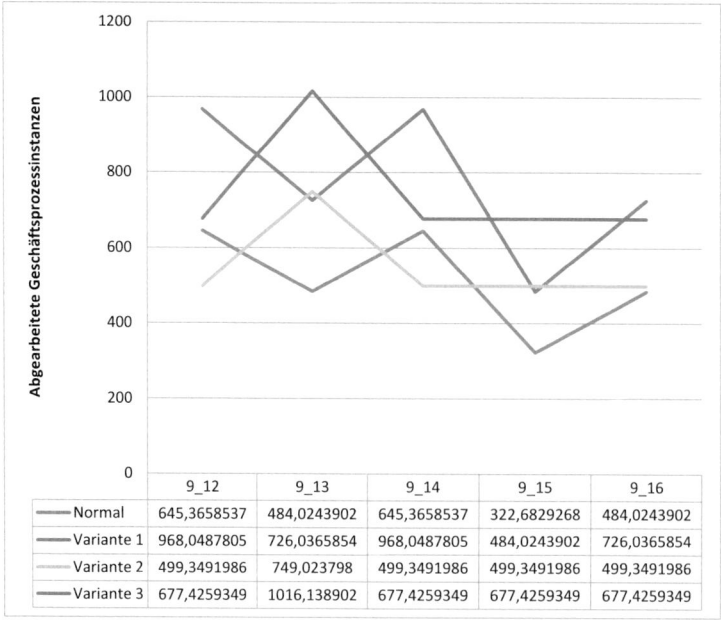

	9_12	9_13	9_14	9_15	9_16
Normal	645,3658537	484,0243902	645,3658537	322,6829268	484,0243902
Variante 1	968,0487805	726,0365854	968,0487805	484,0243902	726,0365854
Variante 2	499,3491986	749,023798	499,3491986	499,3491986	499,3491986
Variante 3	677,4259349	1016,138902	677,4259349	677,4259349	677,4259349

Abbildung 8.20: Abgearbeitete Prozessinstanzen (erweitertes Experiment)

Wie aus Abbildung 8.20 leicht ersichtlich ist, kann die Nutzung präziser, kompetenzbasierter Ressourcenzuweisungen die Durchlaufzeiten der Geschäftsprozesse vorteilhaft beeinflussen. Dieser Effekt fällt in *Variante 3* etwas geringer aus als in *Variante 2*. Dies ist auf die größere induzierte Last durch verkürzte Instanziierungsraten zurückzuführen und indiziert in diesem Fall einen zusätzlichen kapazitiven Bedarf an weiteren Ressourcen. Konkret sind dies insbesondere Ressourcen, die die Kompetenzen $\big((C_3, 4), (C_6, 4)\big)$ und $\big((C_3, 4), (C_6, 4)\big)$ vorweisen können. Eine Untersuchung geeigneter Kapazitäten erfolgt exemplarisch im nachfolgenden Experiment in Abschnitt 8.4.3. Die Differenz zwischen den rollenbasierten und den kompetenzbasierten Zuweisungsvarianten des Experiments sind nur durch die explizite Modellierung der entsprechenden Konzepte und daher aufgrund der RML-Sprachspezifikation möglich. Bei reduzierten Modellierungsmöglichkeiten und gleichzeitiger Verdeckung gewünschter Eigenschaften könnten diese nicht zur vorteilhaften Allokation genutzt werden (vergleiche auch [OS10]).

Eine interessante Detailinformation im Zusammenhang mit der Durchlaufzeit ist auch die Wartezeit einzelner Aufgaben (die Zeitspanne, die zwischen Aufgabeninstanziierung und Beginn der Bearbeitung entsteht). Diese Information kann im derzeitigen Protokollformat der Simulationsumgebung allerdings nicht direkt entnommen werden, stellt jedoch eine mögliche künftige Erweiterung dar.

8.4.3 Simulation von Kapazitätsanpassungen

Nachfolgend soll der Effekt von kapazitiven Anpassungen auf die Bearbeitungsdauer und entstehende Kosten untersucht werden. Die kapazitiven Anpassungen werden in Bezug zu unterschiedlichen Lastsituationen bewertet, sodass im Ergebnis Aussagen über erforderliche Ressourcenkapazitäten ermöglicht werden. Diese Aussagen sind jeweils für gleichartige Ressourcen, das bedeutet Ressourcen deren Eigenschaften bezüglich der Anforderungsprofile der bewerteten Geschäftsprozessaufgaben übereinstimmen, gültig.

> **Hypothese 4**: Kapazitive Änderungen beeinflussen Durchlaufzeiten und Kosten. In Abhängigkeit einer gegebenen Lastsituation ist ein Grenznutzen zu beobachten (ab einer bestimmten Kapazität tritt eine Sättigung ein).

Bereits im vorangegangenen Experiment wurde verdeutlicht, dass zusätzliche Kapazitäten erforderlicher Ressourcen Verbesserungen in der Durchlaufzeit erbringen können. Im nachfolgenden Experiment wurde der Geschäftsprozess aus Abbildung 8.14 (Erwartungswert der Instanziierung: 2 Stunden) ausgewählt. In diesem ergibt sich ein Engpass durch die Anforderung $(S_{13}: 4)$ der Aufgabe t_{mn}. Als *Variante 1* wird den verfügbaren Ressourcen daher zunächst eine weitere Ressource, die (ausschließlich) diese Anforderung erfüllt hinzugefügt. In *Variante 2* bis *Variante 8* wird jeweils eine weitere Ressource ergänzt, sodass schließlich in *Variante 8* (neben Ressource R_{01}) acht weitere Ressourcen verfügbar sind, die die gestellte Anforderung erfüllen. Als beobachteter Simulationszeitraum für das Experiment wird eine Simulationsdauer von einem Jahr gewählt.

Variante	Abgearbeitete Instanzen	Auslastungsgrad
Basis	380	7,5
Variante 1	764	3,7
Variante 2	1150	2,5
Variante 3	1532	1,87
Variante 4	1918	1,5
Variante 5	2300	1,25
Variante 6	2665	1,07
Variante 7	2779	0,93
Variante 8	2779	0,83

Tabelle 8.8: Überblick der Simulationsergebnisse (Kapazitätsanpassungen)

In Tabelle 8.8 werden die Simulationsergebnisse aggregiert veranschaulicht. In den Experimenten wurden durchschnittlich 2880 Instanzen erzeugt, den Ressourcen wurde eine durchschnittliche Arbeitsdauer von 8 Stunden pro Tag zugrunde gelegt. In der Tabelle werden die erfolgreich abgearbeiteten Instanzen und die Auslastung der Ressourcen (die über das Kompetenzkonzept $(S_{13}:4)$ verfügen) im Durchschnitt aufgeführt. Wie aus Tabelle 8.8 leicht erkennbar ist, besteht bis *Variante 4* eine deutliche Abweichung zwischen instanziierten und abgearbeiteten Geschäftsprozessinstanzen. Dies ist auf die gleichzeitige Überlastung der in Aufgabe t_{lm1} und t_{nm} angeforderten Ressourcen zurückzuführen (vergleiche Tabelle 8.8). Ab *Variante 6* tritt jedoch ein Sättigungseffekt ein, zusätzliche Ressourcen erzielen dann keinen deutlichen Mehrwert (im Sinne der Bearbeitung von Anfragen, also instanziierten Geschäftsprozessen); im Gegenteil ergibt sich hieraus ein negativer Effekt, da die nicht ausgelasteten Ressourcen einen Kostenfaktor aus Sicht der Organisation darstellen. Es ist daher sinnvoll, kapazitive Anforderungen genau zu prüfen und Ressourcen entsprechend vorzuhalten. Eine Alternative zur zusätzlichen Rekrutierung von Ressourcen stellt die Weiterqualifikation vorhandener Ressourcen dar. Sind beispielsweise vorhandene Ressourcen nicht vollständig ausgelastet, so kann deren weitere Qualifikation genutzt werden, um ihnen Aufgaben zuzuweisen, für die sie bislang nicht geeignet waren; gleichzeitig wird das Ausfallrisiko einzelner Ressourcen hierdurch herabgesetzt (vergleiche Abschnitt 8.3.2).

8.4.4 Simulation von Weiterbildungsentwicklungen

Sofern es möglich ist, Ressourcen, die die Anforderungen an Aufgaben nur partiell erfüllen, zuzuweisen, kann deren Weiterbildung gefördert werden [SW10]. In qualitäts- sowie zeitkritischen Geschäftsprozessen oder Aufgaben ist dies in der Praxis allerdings nicht oder nur eingeschränkt möglich.

> **Hypothese 5**: Die Zuweisung von Ressourcen, deren Fertigkeiten Anforderungen nur partiell erfüllen, führt zur deren direkter Weiterbildung. Gleichzeitig können Fertigkeiten angeglichen werden.

In Abhängigkeit des Projektumfelds ist es gegebenenfalls erforderlich, kurzfristig Aufwände in Kauf zu nehmen. Dies resultiert aus der Unterstützung unterqualifizierter Ressourcen in ihrer Trainingsphase, um diesen dennoch Aufgaben zuzuweisen (vergleiche [GK+08, HB+10, SK07]).

> **Hypothese 6**: Die Zuweisung unterqualifizierter Ressourcen erfordert zusätzliche Maßnahmen (Training), hierdurch entstehen zeitliche Verluste und zusätzliche Kosten in der Trainingsphase.

Die oben genannte Weiterqualifikation von Ressourcen zum Zweck des Lastausgleichs oder der Risikominderung von Ressourcenausfällen kann gemäß den Hypothesen 5 und 6 durch kurzfristigen zusätzlichen Aufwand (Trainingsmaßnahmen oder temporäre zeitliche Verzögerungen) langfristig zur schnelleren und verbesserten Bearbeitung der anfallenden Aufgaben dienen. Hierzu wurde folgender Experimentaufbau hinsichtlich der Instanziierung von Geschäftsprozessen genutzt: Abbildung 8.12 (Erwartungswert der Instanziierung: 24 Stunden), Abbildung 8.13 (Erwartungswert der Instanziierung: 5 Tage), Abbildung 8.14 (Erwartungswert der Instanziierung: 48 Stunden). Als beobachteter Simulationszeitraum wurde ein Jahr festgelegt. Als Variation wurden auch Ressourcen zugelassen, die die Anforderungen nur partiell erfüllen (also eine Aufgaben-Ressourcen-Relation V_{ij} größer Null aufweisen). Um die Simulation entsprechend für unterqualifizierte Ressourcen durchführen zu können, werden die erwarteten Bearbeitungszeiten b_{t*} dieser Ressourcen als

$$b_{t*} = (2,1 - \frac{1}{V_{ij}}) \cdot b_t \text{ (hierbei ist } b_t \text{ die ursprüngliche Bearbeitungsdauer)}$$

festgelegt; dies entspricht den Überlegungen zur Effizienz eingesetzter Ressourcen in [HB+08, HI09], wobei der dort formulierte Faktor durch V_{ij} ersetzt wurde. Es sei nochmals darauf hingewiesen, dass b_{t*} den erwarteten zeitlichen Aufwand gemäß Exponentialverteilung darstellt (vergleiche Abschnitt 6.3.3). Die Selektion aller zu einem Zeitpunkt benötigten Ressourcen wird gemäß dem in Abschnitt 8.3.1 vorgestellten Algorithmus vorgenommen. Gemäß [HB+10] können zusätzlich entstehende Kostenfaktoren beobachtet werden, in diesem Simulationsexperiment soll jedoch ausschließlich die zeitliche Komponente (und direkt damit verbundene Kosten) betrachtet werden. Dies begründet sich durch die schwierige a priori Berechnung einzelner Trainingsmaßnahmen (auch im Hinblick auf mögliche spezielle Angebote, die eine Organisation erhält). Zum Ende eines Zeitraums (im gewählten Simulationsexperiment jeweils ein Monat) werden die Qualifikationen der Ressourcen neu berechnet, hierbei wird der Wert der Aufgaben-Ressourcen-Relation wie folgt verringert:

$$V_{ij}^k = \left(1 - \min\left(1, \left(\frac{x}{c}\right)^{1/b}\right)\right) V_{ij}^{k-1}$$

Dies entspricht den Überlegungen in [HB+08]. Hierbei ist V_{ij}^k der neue Wert in Zeitraum k und V_{ij}^{k-1} der vormalige Wert der Aufgaben-Ressourcen-Relation. c entspricht der benötigten Zeit, um Experte hinsichtlich der gestellten Anforderungen zu werden; x der bislang für diese Aufgabe (Weiterbildung) verwendeten Zeitspanne und b dem genutzten Annäherungsmaß. Hierdurch ergibt sich eine höhere Kompetenz einer Ressource in Bezug zu den gestellten Anforderungen in Abhängigkeit zur Häufigkeit der Durchführung der Aufgabe, sofern die Anforderung nicht bereits zuvor vollständig abgedeckt werden konnte.

Nr.	Abgearbeitet (Monate 0-6)	Abgearbeitet (Monate 7-12)	Instanzen (Gesamt)	Abgearbeitet
9.12	112	118	253	230
9.13	18	23	49	41
9.14	56	57	125	113

Tabelle 8.9: Vergleich abgearbeiteter Instanzen

In einer späteren Erweiterung könnte dies durch einen Malus für die Nichtdurchführung von Aufgaben – bezogen auf gestellte und vorgewiesene Kompetenzen – ergänzt werden. Ist eine Ressource langfristig in einem anderen Bereich tätig, kann hierdurch ein resultierender Kompetenzverlust abgebildet werden (vergleiche [HB+10]). Aus Tabelle 8.9 ist erkennbar, dass die Durchlaufzeiten im zweiten Abschnitt aufgrund der Weiterqualifikation der Ressourcen sinken. Dieser Effekt wird in Tabelle 8.10 am Beispiel von Aufgabe t_{fg} detailliert betrachtet.

Zeitraum (Monat)	Durchschnittliche Dauer
1	2,490
2	2,402
3	2,344
4	2,263
5	2,256
6	2,211
7	2,182
8	2,177
9	2,145
10	2,127
11	2,127
12	2,099

Tabelle 8.10: Durchschnittliche Bearbeitungsdauer der Aufgabe t_{fg}

8.5 Schlussfolgerungen aus den Simulationsexperimenten

Die durchgeführten Simulationsexperimente erlauben verglichen mit bisherigen Ansätzen die Bewertung des Mehrwerts, der durch die Ressourcen-Netze und die integrierte Modellierung der Ressourcen sowie Ressourcenzuweisungsausdrücke (Anforderungsspezifikationen) entsteht. Der Mehrwert resultiert primär aus der präzisen Modellierung der Ressourcen und der Ressourcenzuweisungsausdrücke, die in anderen Modellierungssprachen derzeit nicht möglich sind (vergleiche Abschnitt 8.1 und 8.2).

Aufgrund der Modellierung mit Ressourcen-Netzen kann die Zuweisung der Ressourcen flexibel spezifiziert werden, hierdurch resultiert die Möglichkeit entstehende Engpässe durch Überspezifikation zu vermeiden (Simulationsexperimente in 8.4.1 und 8.4.2). Garantiert werden kann dies im Allgemeinen allerdings nicht, da bei der Modellierung auch komplexe Zuweisungsausdrücke spezifiziert werden können, deren Erfüllbarkeit in der Praxis nicht oder nur erschwert möglich ist (insbesondere in Bereichen hochanspruchsvoller Aufgabenbeschreibungen – beispielsweise in der Spitzenforschung – kann dies auftreten). Unter Auswahl einer entsprechenden Zuweisungsstrategie kann die Weiterbildung der Ressourcen direkt auf Basis der modellierten Geschäftsprozesse und somit den Anforderungen der Organisation unterstützt werden. Hierbei entstehen möglicherweise kurzfristig zusätzliche Kosten und zeitliche Aufwände, langfristig können die Kompetenzniveaus hierdurch aber angeglichen und das Risiko des Ausfalls einzelner Ressourcen gemindert werden.

Durch die Simulationsexperimente konnte ferner ermittelt werden, dass die kapazitive Erhöhung gleichartiger Ressourcen einem Grenznutzen unterliegt, sofern sich die Lastsituation (entsprechender Aufgaben) nicht verändert. Unter einer gegebenen Lastsituation und Berücksichtigung der auszuführenden Geschäftsprozesse kann die Durchführung von Simulationsexperimenten außerdem dazu genutzt werden, um Kernkompetenzen (solche Kompetenzen, die für die Durchführung der Geschäftsprozesse eine besondere Bedeutung besitzen, [Bo10, Ja98, YZ09]) zu ermitteln – zur Bewertung sind künftig weitere Metriken zu spezifizieren. Hierdurch können gezielt Maßnahmen angestoßen werden, um diese Kompetenzen verstärkt vorzuhalten. In Abhängigkeit der Simulationsergebnisse können dies Weiterbildungsmaßnahmen oder zusätzliche Ressourcenrekrutierungen sowie eine Kombination beider Maßnahmen darstellen. Sofern möglich, könnte alternativ zur Weiterbildung oder Rekrutierung eine Aufgabenänderung (z.B. durch Aufteilung in Teilaufgaben) erfolgen, um die gestellten Anforderungen zu reduzieren. Dies ist allerdings nicht gemeinhin entscheidbar, sondern im Einzelfall zu überprüfen. Eine weitere Forschungsarbeit könnte die Frage untersuchen, welche Kriterien eine Aufspaltung in Teilaufgaben ermöglicht und ob diese angesichts vorhandener Ressourcen sinnvoll ist.

9 Abschließende Bewertung und Ausblick

In dieser Arbeit konnte nachgewiesen werden, dass die gezielte Erweiterung bekannter Konzepte der Ressourcenmodellierung und deren Integration in die Geschäftsprozessmodellierung, verglichen mit bisherigen Ansätzen, eine flexiblere Zuweisung von Aufgaben (Allokation) ermöglicht. Im Besonderen konnte verdeutlicht werden, dass die kombinierte Personalplanung und Geschäftsprozessmodellierung beiderseitige Vorteile erzeugen kann. Zur Modellierung der Ressourcen und Kompetenzen können bereits bestehende Kompetenzmodelle der Personalabteilungen genutzt werden, andererseits können diese Kompetenzmodelle und -profile an die tatsächlichen, aus den Geschäftsprozessen resultierenden Bedürfnisse angepasst werden. Die angepassten Kompetenzmodelle können dazu genutzt werden, erforderliche Kompetenzen zu identifizieren und die Anwerbung neuer personeller Ressourcen gezielt zu verbessern oder auch Weiterbildungsmaßnahmen des vorhandenen Personals auf die Kernaufgaben der Unternehmen auszurichten. Im Rahmen des Geschäftsprozessmanagements erweisen sich explizit modellierte Kompetenzkonzepte als vorteilhafte Erweiterung im Sinne der Zuweisung von Aufgaben. Durch die hieraus resultierende, flexible Zuweisung der Aufgaben können Engpässe vermieden und Weiterbildungspotentiale (auf Basis durchzuführender Geschäftsprozesse) identifiziert werden.

Zur Umsetzung der Forschungsziele ergaben sich zwei wesentliche Herausforderungen: einerseits die Identifikation oder Konstruktion einer geeigneten Sprache zur Modellierung von Ressourcen und andererseits deren Integration in die Geschäftsprozessmodellierung. Zur Unterstützung der integrierten Ressourcenmodellierung wurde aufbauend auf den ermittelten theoretischen Grundlagen die Resource Modeling Language (RML) konstruiert (siehe Kapitel 4). Diese Modellierungssprache unterstützt nicht nur die Klassifikation von Ressourcen nach Gutenberg (vergleiche [Gu83]), sondern erweitert geprägt durch die Fokussierung personeller Ressourcen diese durch Detailinformationen. Insbesondere ist hierbei die Kopplung von Kompetenzkonzepten mit durch RML beschriebenen Ressourcen hervorzuheben. Aus Sicht des Geschäftsprozessmanagements werden derartige Konzepte vielfach implizit gefordert, insbesondere das Konzept organisatorischer Rollen ist hieran geknüpft; eine explizite Modellierung bleibt bislang allerdings unberücksichtigt (vergleiche [DS99, Mu99a, Mu04, OL+09, RA+05, We07]). Die explizite Modellierung dieser Konzepte (mit Fokus auf methodischer und fachlicher Kompetenz) bietet jedoch verbesserte Möglichkeiten zur Allokation, die folglich bei bisherigen Ansätzen ungenutzt bleiben. In Kapitel 8 konnte dies durch Musterbewertung und Simulationsexperimente belegt werden.

Die RML-Sprachspezifikation berücksichtigt Aspekte der Formalisierung, Simulierbarkeit und Operationalisierbarkeit. Bekannte Sprachkonzepte werden hierbei integriert und auf die zusätzlichen explizit modellierbaren Konzepte übertragen, um die Erlernbarkeit und Verständlichkeit der Sprache zu begünstigen. Gemäß einer zusätzlich durchgeführten Anwenderbefragung erachten deutlich über 65 % der Befragten die zusätzlichen Kompetenzkonzepte der Sprache als wichtig oder sehr wichtig in Zusammenhang mit der Ressourcenmodellierung. Durch die Integration von RML in die in Kapitel 6 vorgestellten Ressourcen-Netze wird auch deren Integration in das Geschäftsprozessmanagement erreicht. In RML beschriebene Ressourcen werden innerhalb der Ressourcen-Netze als Marken repräsentiert und können durch Zuweisungsausdrücke selektiert werden. Diese Kombination ermöglicht zur Laufzeit konkrete Entscheidungen über die Durchführung von Aufgaben. Zur Selektion können alle möglichen Eigenschaften von RML-Instanzen in den Zuweisungsausdrücken verwendet werden. Hierdurch resultiert eine ausgeprägte und flexible Möglichkeit zur Beschreibung von Ressourcenzuweisungen, da RML deutlich ausdrucksmächtiger ist als die gängigen Ressourcenmetamodelle im Bereich des Geschäftsprozessmanagements.

Als besonderer Faktor im Rahmen der Ressourcenzuweisung zeichnen sich wiederum die Kompetenzkonzepte aus, die es ermöglichen, bislang implizit (über Rollen oder Positionen) formulierte Anforderungen zu explizieren. Eine Darstellung dieser Anforderungen durch zusätzliche Rollen wäre zwar grundsätzlich möglich, ist aber aus mehreren Gründen nicht sinnvoll: Zum Einen würde dies das Konzept des Separation of Concerns (SoC) konterkarieren, zum Anderen wäre die entsprechende Vielfachheit an Rollen und Zuordnungen von Ressourcen nur schwer handhabbar und für den Benutzer nur bedingt nachvollziehbar (schließlich ist die reine Betrachtung der Menge von Rollen aus kombinatorischer Sicht bereits ein Problem für den Modellierer und die spätere Modellanalyse). Die durch die explizite Anforderungsspezifikation gewonnene Flexibilität in der Zuweisung sowie Möglichkeiten zur kompetenzbasierten Risikominimierung wurden in den Abschnitten 8.3 und 8.4 aufgezeigt. Nebenbei wird anhand der durchgeführten Simulationsexperimente auch die Simulier- und Operationalisierbarkeit von RML unter Beweis gestellt. Hierbei werden im Rahmen der Simulation auch Dienste genutzt, die ebenfalls zur operationalen Ausführung durch ein Geschäftsprozess-Managementsystem (GPMS) nutzbar sind (vergleiche Abschnitt 7.5.2).

Die Nutzung der Ressourcen-Netze zur Spezifikation von Geschäftsprozessen birgt qualitative und quantitative Vorteile gegenüber bisherigen Ansätzen zur Integration von Ressourcen in Geschäftsprozessen. Ressourcen-Netze unterstützen die in Abschnitt 5.2 vorgestellten Muster der Ressourcenzuweisung besser als andere Modellierungssprachen. Es ist allerdings auch anzumerken, dass die Sprachspezifikation bereits dementsprechend erfolgt ist. Darüber hinaus zeichnen sich Ressourcen-Netze auch durch ihre formale Grundlage, die letztendlich die durchgeführten Simulationsexperimente begünstigt, aus (vergleiche die Abschnitte 8.2.3, 8.2.4 und 8.2.6). Die Integration notwendiger Ressourcen kann in Geschäftsprozessen genutzt werden, um die Durchzuführung effizienter zu gestalten; es konnte gezeigt werden, dass durch die präzise Anforderungsspezifikation Durchlaufzeiten und mitunter damit auch resultierende Kosten der Durchführung von Geschäftsprozessen positiv beeinflusst werden (vergleiche Abschnitt 8.4.1 und 8.4.2). Andererseits können die spezifizierten Ressourcenzuweisungen genutzt werden, um die Qualität der durchgeführten Aufgaben zu sichern, indem entsprechende Kompetenzanforderungen formuliert werden. In diesem Zusammenhang ist auch die genutzte Zuweisungsstrategie von Bedeutung. Diese kann entweder eine qualitätsoptimale Durchführung oder die Weiterbildung von Ressourcen begünstigen (siehe Abschnitt 8.3).

Die in der Arbeit vorgestellte implizite Weiterbildung auf Basis der Zuweisungsstrategie kann darüber hinaus durch die Berechnung benötigter Kernkompetenzen ergänzt werden [Ja98, WH97, YZ09]. Hierzu wird es notwendig sein, Verfahren zur Berechnung der Kernkompetenzen zu entwickeln oder diese auf Basis der Auswertung von Simulationsergebnissen abzuleiten. Ein möglicher Ausgangspunkt zur Berechnung geschäftsprozessorientierter Kernkompetenzen kann das in Abschnitt 8.3.1 vorgestellte und weiterentwickelte Verfahren (KORS) darstellen. Ferner kann das in Abschnitt 8.3.2 vorgestellte Verfahren (KARS) mit syntaktischen und semantischen Analysen von Aufgaben und Protokolldaten [BE+06b, EK+07, HD+05, KY+11, RE+09, ST+10] kombiniert und durch erweiterte Simulationsexperimente untersucht werden.

Auf Basis berechneter Kernkompetenzen können gezielte Weiterbildungs- oder Rekrutierungsmaßnahmen eingeleitet werden. Hierzu ist ein Austausch mit den Personalabteilungen der Organisationen erforderlich. Dieser Austausch wird durch RML zusätzlich begünstigt, da die Sprachkonzeption bestehende Standards im Personalbereich berücksichtigt (vergleiche Kapitel 4). Hierdurch können Modelle gezielt zwischen Personalabteilung und Geschäftsprozessmanagement ausgetauscht werden. Auch ist es möglich, bestehende Modelle durch RML-Instanzen zu ersetzen. Derzeit ist diese Abbildung (der Kompetenz- und Organisationsteilmodelle von RML) noch nicht durch vollautomatische Transformationsspezifikationen abgedeckt, allerdings kann dies in Zukunft auf Basis der bereits beschriebenen Abbildungen formuliert werden. Geplant ist eine Transformationsspezifikation zur Abbildung von HR-XML auf RML und umgekehrt (siehe auch Anhang B). Die besondere Herausforderung hierbei wird darin bestehen, dass HR-XML einerseits nur über eine Untermenge der in RML bereitgestellten Sprachkonstrukte verfügt und andererseits darin, dass HR-XML nicht durch eine Metamodellspezifikation im Sinne von [OM03, OM08b], sondern durch XML-Schemata deklariert wird. Eine weitere, bereits prototypisch evaluierte Ergänzung zu der derzeitigen Werkzeugumgebung von RML ist die Anbindung an Verzeichnisdienste von Organisationen. Hierdurch kann der organisatorische Modellteil von RML vollautomatisiert erzeugt werden; insbesondere für größere Organisationen ist dies von Vorteil, da bereits bekannte Informationen nicht erneut erfasst werden müssen und gleichzeitig die Fehlerquote bei der Modellerstellung sinkt. Darüber hinaus können Veränderungen direkt durch erneute Modellerzeugung abgeleitet und Widersprüche vermieden werden. Die Anbindung ist aus Sicht von RML sowohl im Pull- als auch im Push-Verfahren denkbar [Ad09, Mu04]. Im zweiten Fall könnten die RML-Instanzen direkt zur Verwaltung der Ressourcen genutzt und Änderungen in die Verzeichnisdienste propagiert werden. Die weiter oben beschriebenen Ressourcendienste der Simulationskomponente nutzen die RML-Instanzen bereits intern zur Verwaltung von Laufzeitinformationen (wie Allokationszuständen und Aufgabenlisten).

Diese genutzten Ressourcenverwaltungsdienste befinden sich derzeit in der Weiterentwicklung. Insbesondere sollen die Dienste künftig durch weitere Ressourcenzuweisungssprachen ergänzt und auch im Hinblick auf Änderungen der RML-Spezifikation weiterentwickelt werden. Da die Ressourcendienste hierzu auf den Metamodellspezifikationen operieren, sind diese bereits auf Erweiterbarkeit ausgerichtet. Bei künftigen Metamodelländerungen könnten daher auch verschiedene Versionen von RML gleichzeitig unterstützt werden. Ressourcenzuweisungen müssen im Fall der Unterstützung verschiedener Sprachversionen allerdings auch auf die jeweils genutzte Version angepasst sein. Der Erfolg der Modellierungssprachen ist entscheidend daran geknüpft, dass die Anwender diese akzeptieren. Daher besteht eine mögliche künftige Erweiterung in der Spezifikation einer dezidierten und anwenderfreundlichen Zuweisungssprache (vergleiche hierzu auch den Ansatz von [CR+11a, CR+11b, SB+08, SR+08]). Eine verbesserte Akzeptanz (durch vereinfachte Zuweisungsausdrücke) zur Begünstigung des verbreiteten Spracheinsatzes sollte gemäß Benutzerakzeptanztests evaluiert werden [Bl99, Ko07]. Zwar abstrahieren Zuweisungsausdrücke im Allgemeinen von konkreten Ressourcen, aus organisatorischer Sicht kann jedoch zusätzlich die Anonymisierung von personenbezogenen Daten erforderlich sein. Derzeit unterstützt die RML-Werkzeugumgebung keine Anonymisierung, diese könnte jedoch in Zukunft durch weitere Komponenten umgesetzt und durch ein entsprechendes Berechtigungssystem abgesichert werden.

Für künftige Erweiterungen der RML-Spezifikation, insbesondere durch Konkretisierung von Ressourcenklassen, spricht deren Nutzung in weiteren Fachgebieten. Auch wenn im Rahmen dieser Arbeit ausschließlich personelle Ressourcen und organisatorische Strukturen konkretisiert werden, so ist RML doch bereits auf diese Art der Erweiterung ausgerichtet. Zur Detaillierung weiterer Ressourcenklassen kann analog durch zusätzliche Teilmetamodellspezifikationen vorgegangen werden. Über die Ressourcenklassen hinweg kann auch die Integration von Informationen von Interesse sein, die zur Schaffung ausgedehnter Auswertungsmöglichkeiten dienlich sind (beispielsweise Informationen, die Metriken zur Bestimmung der Nachhaltigkeit des Ressourceneinsatzes in Geschäftsprozessen gestatten).

Eine Erweiterung von RML erfordert schließlich auch die Ergänzung der in Abschnitt 6.3.1 formulierten Teilmengen von HR oder entsprechend, die Erweiterung durch andere Mengen (Ressourcenklassen). Hierdurch wird konsequent auch die Zuweisung weiterer Ressourcenklassen (zusätzlicher Objekttypen) in den Ressourcen-Netzen reflektiert. Hinsichtlich der zur Unterstützung der Modellierung und Simulation entwickelten Werkzeugumgebung RAvEN ergeben sich zusätzlich Erweiterungsmöglichkeiten. Neben der Anpassung oder Ergänzung von Diensten können auch die Protokollinformationen erweitert werden, sodass weitere Metriken ausgewertet werden können.

Literaturverzeichnis

[Aa99] W.M.P. van der Aalst, "Formalization and verification of event-driven process chains", *Information and Software Technology*, vol. 41, S. 639-650, 1999.

[AB+00] W.M.P. van der Aalst, A.P. Barros, A.H.M.T. Hofstede und B. Kiepuszewski, "Advanced Workflow Patterns", *Proceedings of the 7th International Conference on Cooperative Information Systems*, Springer-Verlag, S. 18-29, 2000.

[AB+09] F. Alencar, L. Businska, J. Castro, A. Finke, S. Gao und J. Mendling, "The Practice of Enterprise Modeling", *Proceedings of Second IFIP WG 8.1 Working Conference, PoEM 2009*, Stockholm, Sweden, Springer, Berlin, 2009.

[AB01] D. H. Akehurst und B. Bordbar, "On Querying UML Data Models with OCL", *Proceedings of the 4th International Conference on The Unified Modeling Language, Modeling Languages, Concepts, and Tools*, S. 91-103, 2001.

[Ac89] R. L. Ackoff, "From Data to Wisdom", *Journal of Applies Systems Analysis*, Volume 16, 1989.

[Ad09] M. Adams, "The Resource Service", *in Modern Business Process Automation: YAWL and its Support Environment*, Springer, Berlin, 2009.

[AG+08] A. Awad, A. Grosskopf, A. Meyer und M. Weske, "Enabling Resource Assignment Constraints in BPMN", BPT Technical Report, 2009.

[AH+00] W. M. P. van der Aalst, K. M. van Hee und H. A. Reijers, "Analysis of Discrete-time Stochastic Petri Nets", *Statistica Neerlandica*, Bd. 54, Nr. 2, S. 237-255, 2000.

[AH+03] W.M.P. van der Aalst, A.H.M.T. Hofstede, B. Kiepuszewski und A.P. Barros, "Workflow Patterns", *Distributed Parallel Databases*, vol. 14, S. 5-51, 2003.

[AH02] W.M.P. van der Aalst und T. Hofstede, "Workflow Patterns: On the Expressive Power of (Petri-net-based) Workflow Languages", *Proceedings of the Fourth International Workshop on Practical Use of Coloured Petri Nets and the CPN Tools*, Aarhus, Denmark, Technical Report DAIMI PB-560, S. 1-20, 2002.

[AH04] W.M.P. van der Aalst, K. van Hee, "Workflow Management: Models, Methods, and Systems", Mit Press, 2004.

[AK+03] W.M.P. van der Aalst, A. Kumar und H.M.W. Verbeek, "Organizational modeling in UML and XML in the context of workflow systems", *Proceedings of the 2003 ACM symposium on Applied computing*, Melbourne, Florida: ACM, S. 603-608, 2003.

[AK01] W.M.P. van der Aalst und A. Kumar, "A reference model for team-enabled workflow management systems," *Data & Knowledge Engineering*, vol. 38, S. 335-363, 2001.

[AK03]   C. Atkinson und T. Kuhne, „Model-driven development: a metamodeling foundation", *Software, IEEE*, Bd. 20, Nr. 5, S. 36-41, 2003.

[Am67]   G. M. Amdahl, "Validity of the single processor approach to achieving large scale computing capabilities," *In Proceedings of the April 18-20, 1967, spring joint computer conference on - AFIPS '67*, S. 483, 1967.

[AN95]   A. Aamodt und M. Nygard, "Different roles and mutual dependencies of data, information, and knowledge - An AI perspective on their integration", *Data & Knowledge Engineering*, Bd. 16, Nr. 3, S. 191-222, 1995.

[An98]   V. Antti, "The State Explosion Problem", *In W. Reisig, G. Rozenberg: Lecture Notes in Computer Science*, Vol. 1491: *Lectures on Petri Nets I: Basic Models*, S. 429-528. Springer-Verlag, 1998

[AO+00]   W.M.P. van der Aalst, A. Oberweis und J. Desel, "Business Process Management: Models, Techniques, and Empirical Studies", Springer, Berlin, 2000.

[Ar04]   A. Arsanjani, "Service-oriented modeling and architecture", *In IBM DeveloperWorks,* IBM Corporation, http://www.ibm.com/developerworks/webservices/library/ws-soa-design1, 2004.

[AS10]   A. Awad und S. Sakr, "Querying graph-based repositories of business process models", in Proceedings of the 15th *International Conference on Database systems for Advanced Applications*, Tsukuba, Japan, S. 33-44, 2010.

[AT+08]   F. Arcelli, C. Tosi und M. Zanoni, "Can design pattern detection be useful for legacy systemmigration towards SOA?", *Proceedings of the 2nd international workshop on Systems development in SOA environments*, Leipzig, Germany: ACM, S. 63-68, 2008.

[AZ+08]   H. An, A. Zhao und L. Wang, "Research on AAES Spatial-Temporal Data Model Based on Business Process of Resource Management," *International Symposium on Knowledge Acquisition and Modeling, KAM '08*, S. 18-22, 2008.

[BA+00]   B. W. Boehm, C. Abts et al., "Software Cost Estimation with Cocomo II", Prentice Hall, 2000.

[BA+06]   K. Balog, L. Azzopardi und M. de Rijke, "Formal models for expert finding in enterprise corpora", in *Proceedings of the 29th annual international ACM SIGIR conference on Research and development in information retrieval*, Seattle, Washington, USA, S. 43-50, 2006.

[Ba00]   H. Bäumler, "E- Privacy. Datenschutz im Internet", Vieweg+Teubner, 2000.

[Ba01]   G. Balbo, "Introduction to Stochastic Petri Nets", in Lectures on Formal Methods and PerformanceAnalysis, Bd. 2090, E. Brinksma, H. Hermanns und J.-P. Katoen, Hrsg. Berlin, Heidelberg: Springer Berlin Heidelberg, S. 84-155, 2001.

[Ba97]   B. Baumgarten, "Petri-Netze. Grundlagen und Anwendungen", 2nd Auflage Spektrum Akademischer Verlag, 1997.

[Ba98]   J. Banks, "Handbook of simulation: principles, methodology, advances, appli-
                cations, and practice", Wiley & Sons, Inc., 1998.

[BB+01]   B. Berard, M. Bidoit und A. Finkel, "Systems and Software Verification: Model-
                Checking Techniques and Tools", Springer, Berlin, 2001.

[BB+04]   T. Bieger, N. Bickhoff, K. Reding, D.Z. Knyphausen-Aufseß und R. Caspers,
                "Zukünftige Geschäftsmodelle: Konzept und Anwendung in der Netzökono-
                mie", Springer, Berlin, 2004.

[BB+05]   N. Bieberstein, S. Bose, L. Walker und A. Lynch, "Impact of service-oriented
                architecture on enterprise systems, organizational structures, and individuals",
                IBM Systems Journal, vol. 44, S. 691-708, 2005.

[BB+07]   X. Boucher, E. Bonjour und B. Grabot, "Formalisation and use of competencies
                for industrial performance optimisation: A survey", Computers in Industry, Bd.
                58, Nr. 2, S. 98-117, Februar, 2007.

[BB10]   Bundesinstitut für Berufsbildung, "Jahresbericht 2009/2010", Bundesinstitut für
                Berufsbildung, Bonn, ISBN 978-3-88555-885-9, 2010.

[BC98]   L. Bass, P. Clements und K. Bass, "Software Architecture in Practice", Addison
                Wesley, 1998.

[BD+06]   D. Beer, J. Dümmler und G. Rünger, "Transformation ereignisgesteuerter Pro-
                zeßketten in Workflowbeschreibungen im XPDL-Format", 2006.

[BD02]   J. S. Brown und P. Duguid, "Social Life of Information", Mcgraw-Hill Profes-
                sional, ISBN: 1578517087, 2002.

[BE+06a]   K. Blind, J. Edler und M. Friedewald, "Software Patents: Economic Impacts
                And Policy Implications", Edward Elgar Publishing Ltd, 2006.

[BE+06b]   S. Brockmans, M. Ehrig, A. Koschmider, A. Oberweis und R. Studer, "Seman-
                tic Alignment Of Business Processes", *In Proceedings of the eighth Interna-
                tional Conference on Enterprise Information Systems (ICEIS)*, S. 191-196,
                2006.

[Be10]   M. Bell, "SOA Modeling Patterns for Service Oriented Discovery and Analysis",
                John Wiley & Sons, 2010.

[Be96]   G. Beuermann, "Produktionsfaktoren", *In Kern, Schröder, Weber (Hrsg.):
                Handwörterbuch der Produktionswirtschaft*, 2. Auflage Schäffer-Poeschel,
                Stuttgart, S. 1494-1506, 1996.

[Be99]   M. Belaunde, "A pragmatic approach for building a user-friendly and flexible
                UML model repository", *In Proceedings of the 2nd International Conference on
                the Unified Modeling Language: beyond the standard*, Fort Collins, CO, USA,
                S. 188-203, 1999.

[BF+07]   K.R. Braghetto, J.E. Ferreira und C. Pu, "Using control-flow patterns for speci-
                fying business processes in cooperative environments", *Proceedings of the
                2007 ACM symposium on Applied computing*, Seoul, Korea: ACM, S. 1234-
                1241, 2007.

[BH09]   F. X. Bea und J. Haas, "Strategisches Management", 5. Auflage UTB, Stutt-gart, ISBN: 3825214583, 2009.

[Bi97]   M. Binun, "Business process modeling with Simprocess", *Proceedings of the 1997 Winter Simulation Conference ed. S. Andradóttir, K. J. Healy, D. H. With-ers, and B. L. Nelson*, S. 530-534, 1997.

[BK01]   C. Behrens und M. Kirspel, "Grundlagen der Volkswirtschaftslehre", Olden-bourg Wissenschaftsverlag, 2001.

[BK05]   M. Bajec und M. Krisper, "A methodology and tool support for managing busi-ness rules in organisations", *Journal of Information Systems*, Bd. 30, Nr. 6, S. 423–443, September, 2005.

[BK06]   F. Bause und P. Kritzinger, "Stochastic Petri Nets. An Introduction to the Theo-ry", Vieweg Friedr. & Sohn Verlag, 1996.

[BK08]   J. Becker, M. Kugeler und M. Rosemann, "Prozessmanagement: Ein Leitfaden zur prozessorientierten Organisationsgestaltung", Springer, Berlin, 2008.

[BK96]   F. Bause und P. Kritzinger, "Stochastic Petri Nets. An Introduction to the Theo-ry", Vieweg Friedr. + Sohn Verlag, 1996.

[Bl01]   J. Blazejcak, "Umweltökonomie und Umweltpolitik", in R. Neubäumer, Volks-wirtschaftslehre, Grundlagen der Volkswirtschaftstheorie und Volkswirtschafts-politik, 3. Auflage, Gabler Verlag, 2001.

[Bl99]   R. Black, "Managing the Testing Process", Microsoft Press, 1999.

[BM+08]   J.K. Beaton, B.A. Myers, J. Stylos, S.Y. Jeong und Y. Xie, "Usability evaluation for enterprise SOA APIs", *Proceedings of the 2nd international workshop on Systems development in SOA environments*, Leipzig, Germany, ACM, S. 29-34, 2008.

[BM+10]   A. Brucker, M. Krieger und B. Wolff, "Extending OCL with Null-References", in Models in Software Engineering, Bd. 6002, Springer Berlin Heidelberg, S. 261-275, 2010.

[BM98]   W.J. Brown, R.C. Malveau, H.W. McCormick und T.J. Mowbray, "AntiPatterns: Refactoring Software, Architectures, and Projects in Crisis: Refactoring Soft-ware, Architecture and Projects in Crisis", John Wiley & Sons, 1998.

[BN+09]   P. Bernus, L. Nemes und G. Schmidt, "Handbook on Enterprise Architecture", Springer Berlin Heidelberg, 2009.

[BN08]   A. Ben-Naim, "A Farewell to Entropy: Statistical Thermodynamics Based on Information", World Scientific Pub. Co., ISBN: 9812707069, 2008.

[Bo10]   S. Bo, "Construction of the Core Competence of E-commerce Firms: A Per-spective Based on Knowledge Capital", *International Conference on E-Business and E-Government* (ICEE), S. 1791-1794, 2010.

[Bo60]   O. Borůvka, "Grundlagen der Gruppoid- und Gruppentheorie", Hochschulbü-cher für Mathematik, Bd.46, VEB Deutscher Verlag der Wissenschaften, 1960.

[Bo81]   B. W. Boehm, "Software Engineering Economics", Prentice Hall, 1981.

[Bo82]   R. Royatzis, "The Competent Manager: A Model for Effective Performance", John Wiley & Sons, 1982.

[Bo93]   R. B. Brown, "Meta-competence: a recipe for reframing the competence debate", Personnel Review, 22(6): 25-36, 1993.

[Bo94]   R. B. Brown, "Reframing the competency debate: management knowledge and meta-competence in graduate education", Management Learning, Vol. 25, No.2, S. 289-99, 1993.

[BP+07]   B. Berthomieu, F. Peres und F. Vernadat, "Model Checking Bounded Prioritized Time Petri Nets", *Automated Technology for Verification and Analysis*, Springer Berlin / Heidelberg, S. 523-532, 2007.

[BR+05]   G. Booch, J. Rumbaugh und I. Jacobson, "The Unified Modeling Language User Guide", 2nd Edition, Addison-Wesley Object Technology Series, Addison-Wesley Professional, 2005.

[Br07]   D. Brümmerhoff, "Volkswirtschaftliche Gesamtrechnungen", Oldenbourg, 2007.

[Br09]   R. Bröckermann, Personalwirtschaft, "Lehr- und Übungsbuch für Human Resource Management", Stuttgart, Schäffer-Poeschel, 2009.

[BS92]   R. Boam und P. Sparrow, "Designing and achieving competency", McGraw-Hill, London, 1992.

[Bu06]   M. Burghardt, "Projektmanagement: Leitfaden für die Planung, Überwachung und Steuerung von Entwicklungsprojekten", 7. Auflage Publicis Corporate Publishing, 2006.

[Bu10]   M. Bühner, "Einführung in die Test- und Fragebogenkonstruktion", 3. Auflage Pearson Studium, 2010.

[Ca02]   R. Caspers, "Neue Geschäftsmodelle in der Internet-Ökonomie: Ergebnisse planender Vernunft oder spontaner Ordnung?", In T. Bieger, et al. Zukünftige Geschäftsmodelle, Berlin, S. 249-270, 2002.

[CA08]   L.M. Camarinha-Matos und H. Afsarmanesh, "Collaborative Networks: Reference Modeling", Springer, Berlin, 2008.

[CC05]   C. Cook und N. Churcher, "Modelling and measuring Collaborative Software Engineering", *Proceedings of the Twenty-eighth Australasian conference on Computer Science*, Newcastle, Australia: Australian Computer Society, Inc., S. 267-276, 2005.

[CC54]   A. Charnes und W.W. Cooper, "The stepping stone method of explaining linear programming calculations in transportation problems", *Management Science*, vol. 1, 1954, S. 49–69.

[CE06]   CEN Workshop Agreement, "European ICT Skills Meta-Framework - State-of-the-Art review, clarification of the realities, and recommendations for next steps", 2006.

[CE08a]   CEN Workshop Agreement, "European e-Competence Framework – Part 2: User Guidelines", Version 1.0, 2008.

[CE08b]   CEN Workshop Agreement, "European e-Competence Framework – Part 1: The Framework", Version 1.0, 2008.

[CG+89]   A. P. Carnevale, L. J. Gainer und A. S. Meltzer, "Workplace Basics: The Skills Employers Want", American Society for Training and Development, Alexandria, VA., 1989.

[CH+07]   J. L. De Coi, E. Herder, A. Koesling et al., "A model for competence gap analysis", In Proceedings of WEBIST 2007, 2007.

[Ch02]   P. Chen, "Entity-relationship modeling: historical events, future trends, and lessons learned", Springer-Verlag New York, Inc., S. 296-310, 2002.

[Ch76]   P.P. Chen, "The entity-relationship model – toward a unified view of data", ACM Transactions on Database Systems (TODS), vol. 1, S. 9-36, März, 1976.

[CK+09]   Comuzzi, M., Kotsokalis, C., Rathfelder, C., Theilmann, W., Winkler, U., Zacco, G., "A framework for multi-level sla management", Proceedings of the 3rd Workshop on Non-Functional Properties and SLA Management in Service-Oriented Computing (NFPSLAM-SOC), Stockholm, 2009.

[CL+09]   Haiying Che, Yu Li, Andreas Oberweis, Wolffried Stucky: "Web Service Composition Based on XML Nets", Januar, 2009.

[CL91]   W.B.v. Colbe und G. Lassmann, "Betriebswirtschaftstheorie: Grundlagen, Produktions- und Kostentheorie", Springer, 1991.

[CM+93]   G. Chiola, M.A. Marsan, G. Balbo und G. Conte, "Generalized Stochastic Petri Nets: A Definition at the Net Level and its Implications", IEEE Transactions on Software Engineering, vol. 19, S. 89–107, 1993.

[CM99]   A. Cerone und A. Maggiolo-Schettini, "Time-based expressivity of time Petri nets for system specification", Theoretical Computer Science, vol. 216, S. 1-53, März, 1999.

[Co97]   A. Collin, "Learning and Development", In I. Beardwell and L. Holden (Eds) Human Resource Management: A Contemporary Perspective, London, Pitman, S. 282-344, 1997.

[CO99]   K. G. Coffman und A. M. Odlyzko, "The Size and Growth Rate of the Internet", Technical Report, AT&T Labs, 1999.

[CR+11a]   C. Cabanillas, M. Resinas and A. Ruiz-Cortés, "RAL: A High-Level User-Oriented Resource Assignment Language for Business Processes", BPM Workshops (BPD'11), 2011.

[CR+11b] C. Cabanillas, M. Resinas and A. Ruiz-Cortés, "Defining and Analysing Resource Assignments in Business Processes with RAL", to appear in *ICSOC 2011 - The Ninth International Conference on Service Oriented Computing*, 2011.

[Cr07] M.J. Crawley, "The R Book", Wiley & Sons, 2007.

[CR83] J. Coolahan und N. Roussopoulos, "Timing Requirements for Time-Driven Systems Using Augmented Petri Nets", *IEEE Transactions on Software Engineering*, Bd. 9, Nr. 5, S. 603-616, 1983.

[CR85] J.E. Coolhan und N. Roussopoulos, "Timing requirements for time-driven systems using augmented Petri nets", *In Proceedings International Workshop on Timed Petri Nets*, Turin, Italien, IEEE-CS Press, 1985.

[CS+05] A. Caetano, A.R. Silva und J. Tribolet, "Using roles and business objects to model and understand business processes", *Proceedings of the 2005 ACM symposium on Applied computing*, Santa Fe, New Mexico: ACM, S. 1308-1313, 2005.

[CS89] R. A. Carlson, M. A. Sullivan und W. Schneider, "Practice and Working Memory Effects in Building Procedural Skill", *Journal of Experimental Psychology: Learning, Memory, and Cognition*, Bd. 15, Nr. 3, S. 517-526, Mai, 1989.

[CT06] T. M. Cover und J. A. Thomas, *"Elements of Information Theory"*, 2. Auflage John Wiley & Sons, 2006.

[CY90] R. A. Carlson und R. G. Yaure, "Practice schedules and the use of component skills in problem solving", *Journal of Experimental Psychology: Learning, memory and Cognition*, Vol. 16, S. 484-496, 1990.

[DA+05] M. Dumas, W.M.P. van der Aalst und A.H.T. Hofstede, "Process-Aware Information Systems: Bridging People and Software Through Process Technology", John Wiley & Sons, 2005.

[Da10] W. Däubler, Hrsg., "Bundesdatenschutzgesetz : Kompaktkommentar zum BDSG", BDSG-Novellen 2009 eingearbeitet, Frankfurt am Main: Bund-Verlag, 2010.

[Da92] T. H. Davenport, "Process Innovation: Reengineering Work Through Information Technology", Harvard Business Press, 1992.

[DB95] T. H. Davenport und M. C. Beers, "Managing information about processes", Journal of Management Information Systems - Special section: Toward a theory of business process change management, Bd. 12, Nr. 1, S. 57-80, Juni, 1995.

[DD+08] R.M. Dijkman, M. Dumas und C. Ouyang, "Semantics and analysis of business process models in BPMN", *Information and Software Technology*, vol. 50, S. 1281-1294, 2008.

[DD+10] R.M. Dijkman, M. Dumas und C. Ouyang, "Formal Semantics and Analysis of BPMN Process Models using Petri Nets", 2010.

[DD07]   W. Domschke und A. Drexl, "Einführung in Operations Research", Berlin: Springer, 2007.

[DE+97]   W. Du, G. Eddy, M.-C. Shan, "Distributed resource management in workflow environments", *In Proceedings of the 5th Database Systems for Advanced Applications*, Melbourne, Australia, S. 521-530, 1997.

[De00]   N. Degele, Informiertes Wissen, "Eine Wissenssoziologie der computerisierten Gesellschaft", 1. Auflage Campus Verlag, 2000.

[De01]   J. Dehnert, "Four Systematic Steps Towards Sound Business Process Models", *Proc. of 2nd Int. Coll. on Petri Net Technologies for Modelling Communication Based Systems / Weber, Ehrig, Reisig (Eds.)*, DFG Research Group "Petri Net Technology", S. 55-64, 2001.

[DE09]   L. Doganova und M. Eyquem-Renault, "What do business models do?: Innovation devices in technology entrepreneurship", *Research Policy*, vol. 38, S. 1559-1570, 2009.

[DF+97]   J. Desel, T. Freytag, A. Oberweis und T. Zimmer, "A partial-order-based simulation and validation approach for high-level Petri nets", *Proceedings of The 15th Imacs World Congress On Scientific Computation, Modeling And Applied Mathematics*, 1997.

[DG08]   T. Debevoise und R. Geneva, "The Microguide to Process Modeling in BPMN", BookSurge Publishing, 2008.

[DI03]   DIN 31051, "Grundlagen der Instandhaltung", Beuth Verlag GmbH, Juni, 2003.

[DJ+07]   W. Dostal, M. Jeckle, I. Melzer und B. Zengler, "Service-orientierte Architekturen mit Web Services. Konzepte - Standards - Praxis", Spektrum Akademischer Verlag, 2005.

[DJ+08]   A. Dan, R.D. Johnson und T. Carrato, "SOA service reuse by design", *Proceedings of the 2nd international workshop on Systems development in SOA environments*, Leipzig, Germany: ACM, S. 25-28, 2008.

[DM89]   Defense Mapping Agency, "The Universal Grids - Universal Transverse Mercator (UTM) and Universal Polar Stereographic (UPS)", DMA Technical Manual, DMATM 8358.2, September, 1989.

[DO+10]   A. Drescher, A. Oberweis, T. Schuster, "Selektionsalgorithmus zur effizienten, kompetenzorientierten Ressourcenallokation in Geschäftsprozessen", *Entwicklungsmethoden für Informationssysteme und deren Anwendung (EMISA)*, 2010.

[DO+97a] J. Desel, A. Oberweis und T. Zimmer, "A test case generator for the validation of high-level Petri nets", *IEEE 6th International Conference on Emerging Technologies and Factory Automation Proceedings, EFTA '97*, Los Angeles, CA, USA, S. 327-332, 1997.

[DO+97b]   J. Desel, A. Oberweis, T. Zimmer und G. Zimmermann, "Validation of Information System Models: Petri Nets and Test Case Generation", *Proc. Of The 1997
IEEE International Conference On Systems, Man, And Cybernetics*, S. 3401-
3406, 1997.

[Do07]   W. Domschke, Hrsg., "Logistik", München, Oldenbourg, 2007.

[Dr01]   A. Drejer, "How can we define and understand competencies and their development?", *Technovation*, Bd. 21, Nr. 3, S. 135-146, März, 2001.

[DS+09]   M. Decker, P. Stürzel, S. Klink und A. Oberweis, "Location Constraints for Mobile Workflows", *Proceeding of the 2009 conference on Techniques and Applications for Mobile Commerce: Proceedings of TAMoCo 2009*, Amsterdam, IOS
Press, S. 93-102, 2009.

[DS06]   A. Domschke und W. Scholl, "Heuristische Verfahren", *Jenaer Schriften zur
Wirtschaftswissenschaft - Arbeits- und Diskussionspapiere der Wirtschaftswissenschaftlichen Fakultät der Friedrich-Schiller-Universität Jena*, 2006.

[DS10]   H. Dyckhoff und T. Spengler: "Produktionswirtschaft: Eine Einführung", 3.
Auflage Springer, Berlin, 2010.

[DS99]   W. Du und M. Shan, "Enterprise Workflow Resource Management", *Proceedings of the Ninth International Workshop on Research Issues on Data Engineering: Information Technology for Virtual Enterprises*, IEEE Computer Society, S. 108, 1999.

[DV05]   B. F. Van Dongen und H. M. W. Verbeek, "Verification of EPCs: Using Reduction Rules and Petri Nets", Proceedings of the 17th *Conference On Advanced
Information Systems Engineering* (Caise'05), Bd. 3520, S. 372-386, 2005.

[Dy06]   H. Dyckhoff, "Produktionstheorie", Berlin/Heidelberg: Springer-Verlag, 2006.

[EC05]   eCCO, "A European e-Skills Meta-Framework", 2005.

[ED07]   C. Ebert und R. Dumke, "Software Measurement: Establish - Extract - Evaluate
- Execute", Springer, Berlin, 2007.

[EH08]   J. Esparza und K. Heljanko, "Unfoldings - A Partial-Order Approach to Model
Checking", Springer, 2008.

[EH90]   T. Ellinger und R. Haupt, "Produktions- und Kostentheorie", 2. Auflage, Po-
esschel, Stuttgart 1990.

[EH96]   Ellinger, T., Haupt, R., "Produktions- und Kostentheorie", 3. Auflage, Schaef-
fer-Poeschel, Stuttgart, 1996.

[EK+07]   M. Ehrig, A. Koschmider, A. Oberweis, "Measuring Similarity between Semantic Business Process Models", *In Proceedings of the Fourth Asia-Pacific Conference on Conceptual Modelling* (APCCM 2007), S. 71-80, Australian Computer Science Communications, 67, Januar, 2007.

[EM10a]   EMF, "Eclipse Modeling Framework", http://www.eclipse.org/modeling/emf/,
zuletzt abgerufen: November, 2011.

[EM10b]   EMF, "Meta-Metamodel – ecore",
             http://download.eclipse.org/modeling/emf/emf/javadoc/2.6.0/org/eclipse/emf/ec
             ore/package-summary.html#details, zuletzt abgerufen: November, 2011.

[En06]   S. v. Engelhardt: "Die ökonomischen Eigenschaften von Software", *Arbeits-
             und Diskussionspapiere der Wirtschaftswissenschaftlichen Fakultät der Fried-
             rich-Schiller-Universität Jena*, ISSN 1611-1311, 2006.

[EN94]   J. Esparza und M. Nielsen, "Decidability Issues for Petri Nets - a Survey", *Bul-
             letin of the European Association for Theoretical Computer Science*, vol. 52, S.
             245-262, 1994.

[Er08]   T. Erl, "SOA Design Patterns", Prentice Hall International, 2008.

[Es94]   J. Esparza, "Reduction and Synthesis of Live and Bounded Free Choice Petri
             Nets", Information and Computation, Bd. 114, Nr. 1, S. 50-87, 1994.

[Es98]   J. Esparza, "Decidability and complexity of Petri net problems - An introduc-
             tion", *Lectures on Petri Nets I: Basic Models*, Springer Berlin / Heidelberg, S.
             374-428, 1998.

[EU04]   European E-Competence Framework, "e-Skills for Europe: Towards 2010 and
             Beyond", Final Synthesis Report, 2004.

[EU08a]   Europäische Kommission, "Der Europäische Qualifikationsrahmen für lebens-
             langes Lernen (EQR)", European Commission, 2008.

[EU08b]   European e-Competence Framework, "European e-Competence Framework
             1.0 – A commom European Framework for ICT Professionals in all industrie
             sectors", European e-Competence Framework European Commission, 2008.

[EU08c]   European e-Competence Framework, "The European Qualifications Frame-
             work   for   Lifelong   Learning",   Leaflet,   European   Commission,
             http://ec.europa.eu/dgs/education_culture, 2008.

[EU08d]   Europäischer Qualifikationsrahmen, "Der Europäische Qualifikationsrahmen
             für   lebenslanges   Lernen   (EQR)",   ISBN   978-92-79-08472-0,   DOI
             10.2766/13112, 2008.

[EU10a]   European e-Competence Framework, "European e-Competence Framework
             2.0 – A commom European Framework for ICT Professionals in all industrie
             sectors", European Commission, 2010.

[EU10b]   European e-Competence Framework, "User Guidelines 2.0 - for the application
             of the European e-Competence Framework", European Commission, 2010

[Fa02]   J. Farkas, "Theorie der einfachen Ungleichungen", *Journal für die reine und
             angewandte Mathematik (Crelle's Journal)*, S. 1-27, 1902.

[Fa07]   G. Faes, "Einführung in R: Ein Kochbuch zur statistischen Datenanalyse mit
             R", Books on Demand, 2007.

[FB+04]   E. Freeman, B. Bates und K. Sierra, "Head First Design Patterns", O'Reilly
             Media, 2004.

[FD08]   T. Fürmann und C. Dammasch, "Prozessmanagement. Anleitung zur ständigen Prozessverbesserung", Hanser Wirtschaft, 2008.

[FD56]   A.R. Ferguson und G.B. Dantzig, "The allocation of aircraft to routes-an example of linear programming under uncertain demand", *Management Science*, vol. 3, S. 45-73, 1956.

[FD69]   J. Fourastié und K. Düll, "Die grosse Hoffnung des zwanzigsten Jahrhunderts", Bund-Verlag, 1969.

[FE+09] S. Fenz, A. Ekelhart und T. Neubauer, "Business Process-Based Resource Importance Determination", *Business Process Management*, S. 113-127, 2009.

[Fe08]   H. Federrath, "Designing Privacy Enhancing Technologies", *International Workshop on Design Issues in Anonymity and Unobservability*, Berkeley, CA, USA, Springer, 2008.

[FG08]   J. Freund und K. Götzer, "Vom Geschäftsprozess zum Workflow. Ein Leitfaden für die Praxis", Hanser Wirtschaft, 2008.

[FH02]   L. Fortnow und S. Homer, "A Short History of Computational Complexity", in The History of Mathematical Logic, 2002.

[Fi36]   A.G.B. Fisher, "The clash of Progress and Security", Macmillan & Co, London, 1936

[Fi87]   D. H. Fisher, "Knowledge acquisition via incremental conceptual clustering", Machine Learning, Bd. 2, Nr. 2, S. 139-172, 1987.

[FK09]   A. Fronk und B. Kehden, "State space analysis of Petri nets with relation-algebraic methods", J. Symb. Comput., Bd. 44, Nr. 1, S. 15-47, 2009.

[FL03]   U. Frank und B.L. van Laak: "Anforderungen an Sprachen zur Modellierung von Geschäftsprozessen", Arbeitsbereichte des Instituts für Wirtschaftsinformatik, Universität Koblenz Landau, 2003.

[FL04]   B. Farwer und M. Leuschel, "Model checking object petri nets in prolog", *Proceedings of the 6th ACM SIGPLAN international conference on Principles and practice of declarative programming*, Verona, Italy: ACM, S. 20-31, 2004.

[Fl05]   L. Floridi, "Semantic Conceptions of Information", http://plato.stanford.edu/entries/information-semantic, 2005.

[FM+94] M. Felder, D. Mandrioli und A. Morzenti, "Proving properties of real-time systems through logical specifications and Petri net models", *IEEE Transactions on Software Engineering*, vol. 20, S. 127-141, 1994.

[Fo02]   M. Fowler, "Patterns of Enterprise Application Architecture", Addison-Wesley Longman, Amsterdam, 2002.

[FP70]   D. W. Fiske und H. P. Pearson, "Theory and Techniques of Personality Measurement", Annual Review of Psychology, Bd. 21, Nr. 1, S. 49-86, 1970.

[FP97]   Fenton, N.E., Pfleeger, S.L., "Software Metrics. A Rigorous and Practical Approach", 2nd edition, Course Technology, Boston, 1997.

[FS+01]   D.F. Ferraiolo, R. Sandhu, S. Gavrila, D.R. Kuhn und R. Chandramouli, "Proposed NIST standard for role-based access control", *ACM Trans. Inf. Syst. Secur.*, vol. 4, S. 224-274, 2001.

[FS02]   H. Fleischhack und C. Stehno, "Computing a Finite Prefix of a Time Petri Net", in Proceedings of the *23rd International Conference on Applications and Theory of Petri Nets*, London, UK, S. 163-181, 2002.

[FS08]   O.K. Ferstl und E.J. Sinz, "Grundlagen der Wirtschaftsinformatik", Oldenbourg, 2008.

[Fu90]   R.M. Fujimoto, "Parallel discrete event simulation", *Commun. ACM*, vol. 33, S. 30-53, 1990.

[Fu93]   R.M. Fujimoto, "Parallel and distributed discrete event simulation: algorithms and applications", *Proceedings of the 25th conference on Winter simulation*, Los Angeles, California, United States: ACM, S. 106-114, 1993.

[FW07]   R. Fischbach und K. Wollenberg, "Volkswirtschaftslehre", 13. Auflage Oldenbourg, ISBN 3486583077, 2007.

[Ga06]   M. Gaitanides, "Prozessorganisation: Entwicklung, Ansätze und Programme des Managements von Geschäftsprozessen", Vahlen, 2006.

[GB+04]   W. Gaaloul, S. Bhiri und C. Godart, "Discovering Workflow Transactional Behavior from Event-Based Log", in *On the Move to Meaningful Internet Systems 2004: CoopIS, DOA, and ODBASE*, Bd. 3290, Springer Berlin / Heidelberg, S. 3-18, 2004.

[GB05]   E. Gamma und K. Beck, "Eclipse erweitern. Prinzipien, Patterns und Plug-Ins", Addison-Wesley, München, 2005.

[Ge87]   H.J. Genrich, "Predicate/transition nets", *Advances in Petri nets 1986, part I on Petri nets: central models and their properties*, London, UK: Springer-Verlag, S. 207-247, 1987.

[GG+08]   P. Gluchowski, R. Gabriel und C. "Dittmar, Management Support Systeme und Business Intelligence. Computergestützte Informationssysteme für Fach- und Führungskräfte", Springer, Berlin, 2008.

[GG89]   R. Gelman und J.G. Greeno, "On the nature of competence. Principles for understanding in a domain", *In L. B. Resnick (Ed.) Knowing, Learning and Instruction: essays in honor of Robert Glaser*, Routledge, 1989.

[GH+05]   E. Gamma, R. Helm, R. Johnson, J. Vlissides und C. Larman, "Design Patterns: Applying UML and Patterns, an Introduction to Object-Oriented Analysis and Design and Iterative Development: Elements of Reusable Object-oriented Software", Addison Wesley, 2005.

[GH+94] H.J. Genrich, H. Hanisch und K. Woellhaf, "Verification of Recipe-Based control Procedures of Means of Predicate/Transition Nets", *Lecture Notes in Computer Science; Application and Theory of Petri Nets 1994, Proceedings 15th International Conference*, Zaragoza, Spain, R. Valette, Hrsg., Springer-Verlag, S. 278-297, 1994.

[GH10] A. Gonczi und P. Hager, "The Competency Model", *In International Encyclopedia of Education*, Oxford: Elsevier, S. 403-410, 2010.

[Gi07] R. Gimnich, "Komponentisierung in der SOA-Migration", Bad Honnef, 2007.

[GJ08] F. J. Gruber und R. Joeckel, "Formelsammlung für das Vermessungswesen", 14. Auflage Vieweg+Teubner Verlag, 2008.

[GK+08] W.J. Gutjahr, S. Katzensteiner, P. Reiter, C. Stummer, M. Denk, "Competence-driven project portfolio selection, scheduling and staff assignment", *Central European Journal of Operations Research*, 16(3), S. 281-306, 2008.

[GK+95] R. German, C. Kelling, A. Zimmermann und G. Hommel, "TimeNET - A Toolkit for Evaluating Non-Markovian Stochastic Petri Nets", in *Petri Nets and Performance Models, IEEE International Workshop on*, S. 210, 1995.

[GL79] H.J. Genrich und K. Lautenbach, "The Analysis of Distributed Systems by Means of Predicate/ Transition-Nets", *Lecture Notes in Computer Science: Semantics of Concurrent Computation*, vol. 70, S. 123-146, 1979.

[GL81] H.J. Genrich und K. Lautenbach, "System Modelling with High-Level Petri Nets", *Theoretical Computer Science 13*, S. 109-136, 1981.

[GL83] H.J. Genrich und K. Lautenbach, "S-Invariance in Predicate/Transition Nets", *Informatik-Fachberichte: Application and Theory of Petri Nets - Selected Papers from the Third European Workshop on Application and Theory of Petri Nets*, Varenna, Italy, September 27–30, 1982, A. Pagnoni und G. Rozenberg, Hrsg., Springer-Verlag, S. 98-111, 1983.

[Go02] Amos Golan, "Information and Entropy Econometrics - Editor's View", Journal of Econometrics, vol. 107, issue 1-2, S. 1-15, 2002.

[Go67] A.I. Goldman, "A Causal Theory of Knowing", The Journal of Philosophy, Vol. 64, No. 12, S. 357-372, 1967.

[GP+06] V. Gruhn, D. Pieper und C. Röttgers, "MDA: Effektives Softwareengineering mit UML2 und Eclipse", 1. Auflage Springer, Berlin, 2006.

[Gr02] G. Graf, "Grundlagen der Volkswirtschaftslehre", 2. Auflage, Physica, Heidelberg, 2002.

[Gr09] R. C. Gronback, "Eclipse Modeling Project: A Domain-Specific Language (DSL) Toolkit", 1. Auflage Addison-Wesley Longman, Amsterdam, 2009.

[GR10] F. Gottschalk und M.L. Rosa, "Process Configuration", *Modern Business Process Automation*, S. 459-487, 2010.

[Gr99] A. Gröhn, "Netzwerkeffekte und Wettbewerbspolitik", Mohr Siebeck, 1999.

[Gu83]   E. Gutenberg, "Grundlagen der Betriebswirtschaftslehre, Bd. I: Die Produkti-
            on", 24. Auflage Springer, Berlin, Heidelberg, New York, ISBN 3-540-05694-7,
            1983.

[GV03]   C. Girault und R. Valk, "Petri nets for systems engineering: a guide to model-
            ing, verification, and applications", Springer, 2003.

[GY08]   Qinglei Guo und Qing Yao, "Verification of EPCs based on the Finite State
            Automata and state-space", 7th *World Congress on Intelligent Control and
            Automation*, WCICA 2008, S. 8333-8338, 2008.

[HA+09]   A.H.M.T. Hofstede, W.M.P. van der Aalst, M. Adams und N. Russell, "Modern
            Business Process Automation: YAWL and its Support Environment", Springer,
            Berlin, 2009.

[HA+95]   C. Hendry, M.B. Arthur und A.M. Jones: "Strategy through People: Adaptation
            and Learning in the Small-Medium Enterprise", Routledge, London, 1995.

[Ha02]   L. Hans, "Grundlagen der Kostenrechnung", Oldenbourg, 2002.

[Ha05a]   M. Havey, "Essential Business Process Modeling", O'Reilly Media, 2005.

[Ha05b]   K. Harrison-Broninski, "Human Interactions: The Heart And Soul Of Business
            Process Management: How People Reallly Work And How They Can Be
            Helped To Work Better", Meghan Kiffer Pr, 2005.

[HB+06]   M. Harzallah, G. Berio und F. Vernadat, "Analysis and modeling of individual
            competencies: toward better management of human resources", *IEEE Trans-
            actions on Systems, man, and Cybernetics-PART A: Systems and Humans*,
            36(1), 2006.

[HB+08]   O. Hlaoittinun, E. Bonjour und M. Dulmet, "A multidisciplinary team building
            method based on competency modelling in design project management", *In-
            ternational Journal of Management Science and Engineering Management*,
            Vol.   3   (2008)   No.   3,   S.   163-175,   England,   UK,   ISSN:
            1750-9653, 2008.

[HB+10]   O. Hlaoittinun, E. Bonjour und M. Dulmet, "Managing the Competencies of
            Team Members in Design Projects through Multi-period Task Assignment",
            Collaborative Networks for a Sustainable World, Springer Boston, S. 338-345,
            2010.

[HC03]   M. Hammer und J. Champy, "Reengineering the Corporation: A Manifesto for
            Business Revolution", Rev Upd. HarperBusiness, 2003.

[HC93]   M. Hammer und J. Champy, "Business Reengineering: Die Radikalkur für das
            Unternehmen", 7. Auflage Campus Verlag, 1993.

[HC94]   M. Hammer und J. Champy, "Reengineering the Corporation: A Manifesto for
            Business Revolution", Harperbusiness, 1994.

[HD+05]   J. Hidders, M. Dumas, W.M.P. van der Aalst, A.H.M.T. Hofstede und J. Verelst, "When are two workflows the same?", *Proceedings of the 2005 Australasian symposium on Theory of computing - Volume 41*, Newcastle, Australia: Australian Computer Society, Inc., S. 3-11, 2005.

[He04]   J. Hey, "The Data, Information, Knowledge, Wisdom Chain - The Metaphorical link", 2004.

[He91]   E. Heinen, "Betriebswirtschaftliche Kostenlehre. Kostentheorie und Kostenentscheidungen", 6. Auflage Gabler, Betriebswirt.-Vlg, 1991.

[HH+01]   J. Hentze, A. Heinecke, A. Kammel, "Allgemeine Betriebswirtschaftslehre: aus Sicht des Managements", Verlag Paul Haupt, Bern, Stuttgart, Wien 2001.

[HI95]   P. Hodkinson und M. Issitt, "The challenge of competence: professionalism through vocational education and training", Continuum International Publishing Group, ISBN: 9780304329878, 1995.

[HK71]   J. E. Hopcroft und R. M. Karp, "A n5/2 algorithm for maximum matchings in bipartite", *In 12th Annual Symposium on Switching and Automata Theory*, S. 122-125, 1971.

[HI02]   V. Hlupic, "Knowledge and Business Process Management", IGI Publishing, 2002.

[HI09]   O. Hlaoittinun, "Contribution à la constitution d'équipes de conception couplant la structuration du projet et le pilotage des compétences", PhD. Thesis, Université de Franche-Comté, France, 2009.

[HM+10]   S. Haak, M. Menzel, J. Nimis, C. Rathfelder, T. Schuster, "SOA Forschungsperspektiven und Werkzeugunterstützung", Forschungs-zentrum Informatik FZI, White Paper, 2010.

[Ho05]   D. Hollingsworth, "Workflow Management Coalition The Workflow Reference Model: 10 years on", 2005.

[Ho95]   D. Hollingsworth, "Workflow Management Coalition The Workflow Reference Model", WFMC-TC-1003, Januar, 1995.

[Ho99]   M. Hoffmann, "Flexible Arbeitsverteilung mit Workflow-Management-Systemen", *Verbesserung von Geschäftsprozessen mit flexiblen Workflow-Management-Systemen. Band 3*, S. 135-159, 1999.

[HP06]   J. L. Hennessy und D. A. Patterson, "Computer Architecture. A Quantitative Approach", 4. Auflage Academic Press, 2006.

[HR07]   HR-XML-Consortium, "HR-XML Library, 2.4", 2008.

[HR09]   HR-XML-Consortium, "HR-XML Library, 3.0", 2008.

[HR10a]   HR-XML-Consortium, http://www.hr-xml.org, zuletzt abgerufen: November, 2011.

[HR10b]   HR-XML-Consortium, "HR-XML Library, 3.2", 2010.

[HR98]   V. Hlupic und S. Robinson, "Business Process Modelling And Analysis Using Discrete-Event Simulation", *Proceedings of the 1998 Winter Simulation Conference*, 1998.

[HS+08]   H. Happel, T. Schuster und P. Szulman, "Leveraging Source Code Search for Reuse", *High Confidence Software Reuse in Large Systems*, S. 360-371, 2008.

[HS+99]   Y.-N. Huang, M.-C. Shan, "Policies in a resource manager of workflow systems: modeling, enforcement and management", *In Proceedings of the 15th International Conference on Data Engineering*, IEEE Computer Society, Sydney, S. 104, 1999.

[HS66]   F. C. Hennie und R. E. Stearns, "Two-Tape Simulation of Multitape Turing Machines", *Journal of the ACM*, Bd. 13, Nr. 4, S. 533-546, 1966.

[HV85]   M.A. Holliday und M.K. Vernon, "A generalized timed Petri net model for performance analysis", *In Proceedings International Workshop on Timed Petri Nets*, Turin, Italien, IEEE-CS Press, 1985.

[HW+07]   F. Heidenreich, C. Wende, B. Demuth, "A Framework for Generating Query Language Code from OCL Invariants", http://journal.ub.tu-berlin.de/eceasst/article/view/108, ISSN: 1863-2122, 2007.

[IE02]   IEEE, "Draft Standard for Learning Object Metadata", Final Draft Standard, IEEE 1484.12.1-2002, New York, NY, USA, 2002.

[IE05]   IETF, "Uniform Resource Identifier (URI): Generic Syntax", RFC 3986, Category: Standards Track, http://tools.ietf.org/html/rfc3986, 2005.

[IE06]   IEEE, "Draft Standard for Learning Technology - Standard for Reusable Competency Definitions", IEEE 1484.20.1, Draft 4, 2006.

[IE10]   IEEE, "IEEE RCD - Overview, Learning Technology Standards Committee", http://www.cen-ltso.net/Main.aspx?put=264, zuletzt abgerufen: November, 2010.

[IS02]   ISO - International Organization for Standardization, "ISO/TR 16982:2002 Ergonomics of human-system interaction – Usability methods supporting human-centred design", 2002.

[IS04]   ISO, "Software and system engineering - High-level Petri nets - Part 1: Concepts, definitions and graphical notation", ISO/IEC 15909-1, 2004.

[IS08a]   International Organization for Standardization (ISO), "Information technology – Database languages – SQL – Part 1: Framework (SQL/Framework)", 2008.

[IS08b]   ISO - International Organization for Standardization, "ISO 9241-171:2008 Ergonomics of human-system interaction – Part 171: Guidance on software accessibility", 2008.

[Ja08]   K. Jänich, "Topologie", Springer, Berlin, 2008.

[Ja98]   M. Javidan, "Core competence: What does it mean in practice?", Long Range Planning", Bd. 31, Nr. 1, S. 60-71, Februar, 1998.

[Je97a]   K. Jensen, "Coloured Petri nets: Basic concepts, Analysis Methods, and Practical Use", *Volume 1, Basic Concepts, Monographs in Theoretical Computer Science*, Springer-Verlag, 2nd corrected printing, ISBN: 3-540-60943-1, 1997.

[Je97b]   K. Jensen, "Coloured Petri nets: Basic concepts, Analysis Methods, and Practical Use", *Volume 2, Analysis Methods, Monographs in Theoretical Computer Science*, Springer-Verlag, 2nd corrected printing, ISBN: 3-540-58276-2, 1997.

[JK09]   K. Jensen und L.M. Kristensen, "Coloured Petri Nets: Modeling and Validation of Concurrent Systems", Springer, Berlin, 2009.

[JL+77]   N.D. Jones, L.H. Landweber und Y. Edmund Lien, "Complexity of some problems in Petri nets", Theoretical Computer Science, vol. 4, S. 277-299, Juni, 1977.

[JT94]   B. Jahnke und C.T.Y. Tjiok, "Business Process Reengineering and Software Systems Strategy", Arbeitsberichte zur Wirtschaftsinformatik, Band 11, Tübingen, 1994.

[Ju07]   Siegfried Jung, "Entwurf einer Sprache für die Modellierung von Ressourcen im Kontext der Geschäftsprozessmodellierung", Dissertation, 2007.

[Ju08]   H. Jung, "Personalwirtschaft", Oldenbourg, 2008.

[Ju10]   H. Jung: "Allgemeine Betriebswirtschaftslehre", 12. Auflage Oldenbourg, ISBN: 3486592114, 2010.

[KA+06]   M. Keen, G. Ackerman, I. Azaz, M. Haas, R. Johnson, J. Kim und P. Robertson, "Patterns: SOA Foundation - Business Process Management Scenario", IBM Redbooks, November, 2006.

[Ka02]   S.H. Kan, "Metrics and Models in Software Quality Engineering", Addison-Wesley Longman, Amsterdam, 2002.

[Ka05]   H. Kahmen, "Angewandte Geodäsie: Vermessungskunde", Gruyter - de Gruyter Lehrbücher, 20. Auflage, 2005.

[KB+10]   H. Kemper, H. Baars und W. Mehanna, "Business Intelligence - Grundlagen und praktische Anwendungen: Eine Einführung in die IT-basierte Managementunterstützung", Vieweg Teubner, 2010.

[Ke88]   W. Kern, "Der Betrieb als Faktorkombination". *In: Jacob, H. (Hrsg.): Allgemeine Betriebswirtschaftslehre*, 5. Auflage, S. 117-208, 1988.

[KH+09]   M. Kaltschmitt, H. Hartmann und H. Hofbauer, "Energie aus Biomasse: Grundlagen, Techniken und Verfahren", 2. Auflage Springer, Berlin, 2009.

[KK08]   C. Kostka und S. Kostka, "Der kontinuierliche Verbesserungsprozess (Pocket Power): Methoden des KVP", Hanser Wirtschaft, 2008.

[KL+07]   M. Kajko-Mattsson, G.A. Lewis und D.B. Smith, "A Framework for Roles for Development, Evolution and Maintenance of SOA-Based Systems", *Proceedings of the International Workshop on Systems Development in SOA Environments*, IEEE Computer Society, S. 7, 2007.

[Kl67]   M. Klein, "A primal method for minimal cost flows with applications to the assignment and transportation problems", *Management Science*, vol. 14, S. 205-220, 1967.

[Kl93]   J. Kloock, "Produktion", *In M. Bitz, K. Dellmann, et al. (Hrsg.): Vahlens Kompendium der Betriebswirtschaftslehre*, Vahlen, S. 263-320, 1993.

[KM+04]   H. Kemper, W. Mehanna und C. Unger, "Business Intelligence - Grundlagen und praktische Anwendungen", Vieweg Friedr. & Sohn Verlag, 2004.

[KM02]   D. Knyphausen-Aufseß und Y. zu Meinhardt, "Revisiting Strategy: Ein Ansatz zur Systematisierung von Geschäftsmodellen", In T. Bieger, et al. Zukünftige Geschäftsmodelle, Berlin, S. 63-89, 2002.

[KN+92]   G. Keller, M. Nüttgens und A. Scheer, "Semantische Prozeßmodellierung auf der Grundlage Ereignisgesteuerter Prozeßketten (EPK)", 1992.

[KN09]   S. O. Krumke und H. Noltemeier, "Graphentheoretische Konzepte und Algorithmen", 2. aktualisierte Auflage, Vieweg+Teubner, 2009.

[Ko07]   L. Koskela, "Test Driven: TDD and Acceptance TDD for Java Developers", Manning Publications, 2007.

[Ko65]   A. Kolmogorov, "Three approaches to the quantitative definition of information", Problems of Information Transmission, S. 1-7, 1965.

[Kr10]   L. Kristensen, "A Perspective on Explicit State Space Exploration of Coloured Petri Nets: Past, Present, and Future", *Applications and Theory of Petri Nets*, Springer Berlin / Heidelberg, S. 39-42, 2010.

[Kr96]   H. Krcmar, "Informationsproduktion", *In: Kern, W., Schröder, H.-H., Weber, J.: Handwörterbuch der Produktionswirtschaft*, 2. Auflage, Stuttgart, 1996.

[KS07]   J. Karimi, T. Somers und A. Bhattacherjee, "The Role of Information Systems Resources in ERP Capability Building and Business Process Outcomes", *Journal of Management Information Systems*, vol. 24, S. 221-260, 2007.

[KY+11]   A. Koschmider, L. Yingbo, T. Schuster, "Role Assignment in Business Process Models", 7th BPM Workshop on Buesiness Process Design (BPD'11), 2011.

[La06]   M. Y. Lanzerotti (Hrsg.), "The Technical Impact of Moore's Law", *In IEEE solid-state circuits society*, Vol. 20, Nr. 3, IEEE, 2006.

[La62]   J.J. Lavery, "Retention of simple motor skills as a function of type of knowledge of results", *Canadian Journal of Psychology*, 1962.

[La86]   K. Lautenbach, "Linear Algebraic Techniques for Place/Transition Nets", *Petri Nets: Central Models and Their Properties, Advances in Petri Nets 1986, Part I, Proceedings of an Advanced Course*, Bad Honnef, 1986.

[La97]   P. Lawrence, "Workflow Handbook", John Wiley & Sons, Inc., New York, NY, 1997.

[Le05]   E.B. Pierre L'Ecuyer, "Simulation in Java with SSJ", *Proceedings of the 2005 Winter Simulation Conference*, 2005.

[Li02]   N. Lin, "Social Capital: A Theory of Social Structure and Action", 1. Auflage Cambridge University Press, ISBN: 052152167X, 2002.

[Li05]   J. Link, "Softwaretests mit JUnit", 2. Auflage Dpunkt Verlag, 2005.

[Li08]   U. Ligges, "Programmieren mit R", Springer, Berlin, 2008.

[LM+05a]   G. Lewis, E. Morris, D. Smith und L. O'Brien, "Service-Oriented Migration and Reuse Technique (SMART)", *Proceedings of the 13th IEEE International Workshop on Software Technology and Engineering Practice*, IEEE Computer Society, S. 222-229, 2005.

[LM+05b]   K. Lenz, M. Mevius und A. Oberweis, "Process-Oriented Business Performance Management with Petri Nets", *Proceedings of the 2005 IEEE International Conference on e-Technology, e-Commerce and e-Service (EEE'05)*, IEEE Computer Society, S. 89-92, 2005.

[LO01]   K. Lenz und A. Oberweis, "Modeling Interorganizational Workflows with XML Nets", Januar, 2001.

[LO03]   K. Lenz und A. Oberweis, "Petri Net technology for communication-based systems: advances in Petri nets", *H. Ehrig, (Hrsg.)*, Berlin, Springer, 2003.

[Lo08]   I. J. Lloyd, „Information Technology Law", 5. Auflage Oxford University Press, USA, 2008.

[LP07]   U. Lundh Snis und L. Pareto, "An Interactive Visualization Model for Competence Management: an Integrative Approach", *Proceedings of I-KNOW '07*, Graz, Austria, September, 2007.

[LS+08]   S. Link, T. Schuster, P. Hoyer und S. Abeck, "Focusing Graphical User Interfaces in Model-Driven Software Development", *Proceedings of the First International Conference on Advances in Computer-Human Interaction*, IEEE Computer Society, S. 3-8, 2008.

[LS+98]   P. Langner, C. Schneider und J. Wehler, "Petri Net Based Certification of Event-Driven Process Chains", *Application and Theory of Petri Nets 1998*, Springer Berlin / Heidelberg, S. 286-305, 1998.

[Lu06]   J. Lunze, "Ereignisdiskrete Systeme: Modellierung und Analyse dynamischer Systeme mit Automaten, Petrinetzen und Markovketten", Oldenbourg, 2006.

[Ly02]   H. Lyre, "Informationstheorie. Eine philosophisch-naturwissenschaftliche Einführung", UTB, Stuttgart, 2002.

[Ma01]   M. Martin, "Methods to support human-centred design", *International Journal of Human-Computer Studies*, Bd. 55, Nr. 4, S. 587-634, 2001.

[Ma05]   J. Magretta, "Why Business Models Matter", Harvard Business Review, 2005.

[MA07] J. Mendling und W. Van Der Aalst, "Formalization and verification of EPCs with OR-joins based on state and context", *In Proceedings of the 19th International Conference on Advanced Information Systems Engineering*, Berlin, Heidelberg, S. 439-453, 2007.

[Ma08] R. C. Martin, "Clean Code: A Handbook of Agile Software Craftsmanship", 1. Auflage, Prentice Hall, 2008.

[Ma86] I. Mangham, "In search of competence", *Journal of General Management*, Vol. 12, No. 2, S. 5-12, 1986.

[MB+87] M.A. Marsan, G. Balbo, G. Chiola und G. Conte, "Generalized Stochastic Petri Nets Revisitied: Random Switches and Priorities", *The Proceedings of the Second International Workshop on Petri Nets and Performance Models*, Washington, DC, USA: IEEE Computer Society, S. 44–53, 1987.

[MB+95] M.A. Marsan, G. Balbo, G. Conte, S. Donatelli und G. Franceschinis, "Modelling With Generalized Stochastic Petri Nets", John Wiley & Sons Ltd, 1996.

[MB+98] M.A. Marsan, G. Balbo, G. Conte, S. Donatelli und G. Franceschinis, "Modelling with Generalized Stochastic Petri Nets", *ACM SIGMETRICS Performance Evaluation Review*, vol. 26, August, 1998.

[MC+84] M.A. Marsan, G. Conte und G. Balbo, "A class of generalized stochastic Petri nets for the performance evaluation of multiprocessor systems", *ACM Transactions on Computer Systems (TOCS)*, vol. 2, S. 93–122, 1984.

[Mc06] S. McConnell, "Software Estimation: Demystifying the Black Art (Best Practices)", Microsoft Press, 2006.

[Mc10] K. McNeill, "Metamodeling with EMF: Generating concrete, reusable Java snippets – How to extend the Eclipse Ecore metamodel", IBM developerWorks, http://www.ibm.com/developerworks/library/os-eclipse-emfmetamodel/, September, 2010.

[Mc76] T.J. McCabe, "A Complexity Measure", *In IEEE Transactions on Software Engineering*, Band SE-2, S. 308-320, 1976.

[Me06] M. Mevius, "Kennzahlenbasiertes Management von Geschäftsprozessen mit Petri-Netzen",, Verlag Dr. Hut, September, 2006.

[Me08] J. Mendling, "Metrics for Process Models: Empirical Foundations of Verification, Error Prediction, and Guidelines for Correctness", Springer, Berlin, 2008.

[Me68] K. Mellerowicz, "Betriebswirtschaftslehre der Industrie", 6. Auflage, Bd. 1. Freiburg im Breisgau, Haufe, 1968.

[MF76] P. M. Merlin und D. J. Farber, "Recoverability of communication protocols: Implications of a theoretical study", *IEEE Transactions on Communications*, 24(9):1036-1043, September, 1976.

[MI10] M. zur Muehlen und M. Indulska, "Modeling languages for business processes and business rules: A representational analysis", *Journal of Information Systems*, Bd. 35, Nr. 4, S. 379-390, Juni, 2010.

[MM10] Miniwatts Marketing Group, "Internet World Stats", http://www.internetworldstats.com/stats.htm, zuletzt abgerufen November, 2010.

[Mo65] G. Moore, "Cramming More Components onto Integrated Circuits", *Electronics*, S. 114-117, April, 1965.

[Mo80] C. More, "Skill and the English working class, 1870-1914", Taylor & Francis, ISBN: 9780709903277, 1980.

[Mo82] M. K. Molloy, "Performance Analysis Using Stochastic Petri Nets", *IEEE Transactions on Computers*, Bd. 31, S. 913–917, September, 1982.

[MR+02] N. Medvidovic, D. S. Rosenblum, D. F. Redmiles und J. E. Robbins, "Modeling software architectures in the Unified Modeling Language", *Journal ACM Trans. Softw. Eng. Methodol.*, Bd. 11, Nr. 1, S. 2-57, 2002.

[MS+02] M. Morisio, C.B. Seaman, V.R. Basili, A. T. Parra, S.E. Kraft und S.E. Condon, "COTS-based software development: Processes and open issues", *Journal of Systems and Software*, Bd. 61, S. 189-199, 2002.

[Mu04] M.z. Mühlen, "Organizational Management in Workflow Applications - Issues and Perspectives", *Inf. Technol. and Management*, vol. 5, S. 271-291, 2004.

[Mu89] T. Murata, "Petri Nets: Properties, Analysis and Applications", *Proceedings of the IEEE*, Vol. 77, No. 4, S. 541-580, 1989.

[Mu99a] M.z. Mühlen, "Evaluation of Workflow Management Systems Using Meta Models", *R. Sprague (Ed.), Proceedings of the 32nd Hawaii international Conference on System Sciences*, 1999.

[Mu99b] M.z. Mühlen, "Resource Modeling in Workflow Applications", *Proceedings of the 1999 Workflow Management Conference (WFM99)*, S. 137-153, 1999.

[Na93] R.E. Nance, "A history of discrete event simulation programming languages", *The second ACM SIGPLAN conference on History of programming languages*, Cambridge, Massachusetts, United States: ACM, S. 149-175, 1993.

[Ni09] C. Nicolai, "Personalmanagement", UTB, Stuttgart, 2009.

[NN+99] A.G. Nilsson, C. Nellborn und C. Tolis, "Perspectives on Business Modelling: Understanding and Changing Organisations", Springer, Berlin, 1999.

[NN90] T.O. Nelson und L. Narens, "Metamemory: A Theoretical Framework and New Findings", Bd. 26, Academic Press, S. 125-173, 1990.

[NP+06] J. Nytun, A. Prinz und M. Tveit, "Automatic Generation of Modelling Tools", *In Model Driven Architecture – Foundations and Applications*, Bd. 4066, Springer Berlin / Heidelberg, S. 268-283, 2006.

[NR+05] S. Neumann, M. Rosemann und A. Schwegmann, "Simulation von Geschäftsprozessen", *Prozessmanagement*, S. 435-453, 2005.

[NR02] M. Nüttgens und F.J. Rump, "Syntax und Semantik Ereignisgesteuerter Prozessketten (EPK)", *In Prozessorientierte Methoden und Werkzeuge für die Entwicklung von Informationssystemen*, Potsdam, 2002.

[OA07a] OASIS, "Web Services Business Process Execution Language Version 2.0", Standard, http://docs.oasis-open.org/wsbpel/2.0/OS/wsbpel-v2.0-OS.html, April, 2007, zuletzt abgerufen: November, 2011.

[OA07b] OASIS, "WS-BPEL Extension for People (BPEL4People)", Technical Committee, http://www.oasis-open.org/committees/bpel4people/charter.php, 2007, zuletzt abgerufen: November, 2011.

[OA09] OASIS, "Web Services – Human Task (WS-HumanTask) Specification Version", 2009.

[OB+08] L. O'Brien, P. Brebner und J. Gray, "Business transformation to SOA: aspects of the migration and performance and QoS issues", *Proceedings of the 2nd international workshop on Systems development in SOA environments*, Leipzig, Germany: ACM, S. 35-40, 2008.

[Ob00] A. Oberweis, "Petri-Netzbasiertes Geschäftsprozeßmanagement: eine praxisorientierte Sicht", *In Kolloquium Fachbereich Informatik*, Technische Universität Berlin, 2000.

[Ob90] A. Oberweis, "Zeitstrukturen für Informationssysteme", Mannheim, 1990.

[Ob96a] A. Oberweis "Modellierung und Ausführung von Workflows mit Petri- Netzen", Teubner Verlag, Februar, 1996.

[Ob96b] A. Oberweis, "Vom isolierten Petri-Netz-Werkzeug zur integrierten Entwicklungsumgebung für Informationssysteme", *In: J. Desel, E. Kindler, A. Oberweis (Hrsg.): Proc. 3. Workshop*, 1996.

[Ob96c] A. Oberweis, "An integrated approach for the specification of processes and related complex objects in business applications", *Decision Support Systems*, 1996.

[OD+06] C. Ouyang, M. Dumas, A.H.M. ter Hofstede und W.M.P. van der Aalst, "From BPMN Process Models to BPEL Web Services", *Proceedings of the IEEE International Conference on Web Services*, Washington, DC, USA: IEEE Computer Society, S. 285-292, 2006.

[Oe00] H. Österle, "Geschäftsmodell des Informationszeitalters", *In H. Österle, R. Winter (Hrsg.): Business Engineering. Auf dem Weg zum Unternehmen des Informationszeitalters*, S. 21-42, 2000.

[Oe03] H. Österle, "Business Engineering: Prozeß- und Systementwicklung", Springer, Berlin, 2003.

[Oe09] B. Oestereich, "Analyse und Design mit UML 2.3: Objektorientierte Softwareentwicklung", Oldenbourg, 2009.

[OL+09]　　C. Oliveira, R. Lima, T. Andre und H. Reijers, "Modeling and analyzing re-source-constrained business processes", *IEEE International Conference on Systems, Man and Cybernetics (SMC 2009)*, S. 2824-2830, 2009.

[OM03]　　Object Management Group, Joaquin Miller, Jishnu Mukerji et al.: "MDA Guide", Version 1.0.1, OMG, 2003.

[OM05]　　Object Management Group, "A Proposal for an MDA Foundation Model", An ORMSC White Paper, April, 2005.

[OM06a]　　Object Management Group, "UML Diagram Interchange", Version 1.0, http://www.omg.org/spec/UMLDI/1.0/, April, 2006.

[OM06b]　　Object Management Group, "Meta Object Facility (MOF) Core Specification", OMG Available Specification Version 2.0, http://www.omg.org/spec/MOF/2.0/PDF/, Januar, 2006.

[OM06c]　　Object Management Group, "Object Constraint Language", OMG Available Specification Version 2.0, http://www.omg.org/spec/OCL/2.0, Mai, 2006.

[OM07]　　Object Management Group, "MOF 2.0/XMI Mapping", Version 2.1.1, http://www.omg.org/spec/XMI/2.1.1/PDF, Dezember, 2007.

[OM08a]　　Object Management Group, "Business Process Modeling Notation Specifica-tion", Version 1.1, http://www.omg.org/spec/BPMN/1.1/PDF, 2008.

[OM08b]　　Object Management Group "Meta Object Facility (MOF) 2.0 Query/ View/ Transformation (QVT)", Version 1.0, http://www.omg.org/spec/QVT/1.0, April, 2008.

[OM09]　　Object Management Group, "Business Process Modeling Notation Specifica-tion", Version 1.2, http://www.omg.org/spec/BPMN/1.2/PDF, Januar, 2009.

[OM10a]　　Object Management Group, "Business Process Modeling Notation Specifica-tion", Version 2.0 Beta 2, http://www.omg.org/spec/BPMN/2.0/Beta2/PDF, Mai, 2010.

[OM10b]　　Object Management Group, "Object Constraint Language", OMG Available Specification, Version 2.2, http://www.omg.org/spec/OCL/2.2, Februar, 2010

[OM10c]　　Object Management Group, "Unified Modeling Language: Infrastructure", Ver-sion 2.3, http://www.omg.org/spec/UML/2.3/Infrastructure/PDF/, Mai, 2010.

[OM10d]　　Object Management Group, "Unified Modeling Language: Superstructure", Version 2.3, http://www.omg.org/spec/UML/2.3/Superstructure/PDF/, Mai, 2010.

[OM11a]　　Object Management Group, "Unified Modeling Language: Standardisierungs-Webseite", http://www.omg.org/spec/UML/2.3/, zuletzt abgerufen: Januar, 2011.

[OM11b]   Object Management Group, "Business Process Modeling Notation: Standardi-sierungs-Webseite", http://www.omg.org/spec/BPMN/ , zuletzt abgerufen: Ja-nuar, 2011.

[OM11c]   Object Management Group, "Business Process Model and Notation (BPMN)", Version 2.0, http://www.omg.org/spec/BPMN/2.0/PDF, Januar, 2011.

[OS10]   A. Oberweis und T. Schuster, "A meta-model based approach to the descrip-tion of resources and skills", 16th Americas Conference on Informaction Sys-tems, AMCIS 2010 Proceedings, 2010.

[Ou05]   M.A. Ould, "Business Process Management: A Rigorous Approach", Meghan-Kiffer Press, 2005.

[Pa05]   A. Papkov, "Develop a migration strategy from a legacy enterprise IT infra-structure to an SOA-based enterprise architecture", 2005.

[Pa07]   J. Pallant, "SPSS Survival Manual: A Step by Step Guide to Data Analysis Using SPSS for Windows Version 15", 3. Aufl. Milton Keynes, UK, USA: Open University Press, 2007.

[PD+08]   F. Pop, C. Dobre und V. Cristea, "Decentralized Dynamic Resource Allocation for Workflows in Grid Environments", Proceedings 10th International Symposi-um on Symbolic and Numeric Algorithms for Scientific Computing, IEEE Com-puter Society, S. 557-563, 2008.

[PD94]   D.R.W. Proctor und A. Dutta, "Skill Acquisition and Human Performance", Sage Publications, Inc, ISBN: 0803950101, 1994.

[Pe95]   E. T. Penrose, "The theory of the growth of the firm", Oxford University Press, 1995.

[PH+07]   C. Pautasso, T. Heinis und G. Alonso, "Autonomic resource provisioning for software business processes", Information and Software Technology, vol. 49, S. 65-80, 2007.

[PH90]   C. K. Prahalad und G. Hamel, "The Core Competence of the Corporation", Harvard Business Review, 1990.

[PK05]   B. Page und W. Kreutzer, "The Java Simulation Handbook: Simulating Dis-crete Event Systems with UML and Java", Shaker Verlag, 2005.

[PK07]   A. Pols, S. Kahl, D. Meiländer et al., "Daten zur Informationsgesellschaft Sta-tus quo und Perspektiven Deutschlands im internationalen Vergleich", Bitkom, Edition, 2007.

[PM06]   R. Petrasch und O. Meimberg, "Model-Driven Architecture: Eine praxisorien-tierte Einführung in die MDA", Dpunkt Verlag, 2006.

[Pn77]   A. Pnueli, "The Temporal Logic of Program", In Proceedings of the 18th IEEE Annual Symposium on the Foundations of Computer Science, IEEE Computer Society Press, Los Alamitos, S. 46-57, 1977.

[Po01]   M. E. Porter, "Strategy and the Internet", *In Harvard Business Review*, 79 (3), S. 63-78, 2001.

[Po66]   Michael Polanyi, "The tacit dimension", Garden City, Doubleday, ISBN: 0-8446-5999-1, 1966.

[PS03]   J. Pfeffer und G. R. Salancik, "The external control of organizations: a resource dependence perspective", Stanford University Press, 2003.

[PT+07]   G. Pietrek, J. Trompeter, B. Niehues, T.Kamann, B. Holzer, M. Kloss, K. Thoms, J.C.F. Beltran und S. Mork., "Modellgetriebene Software-entwicklung. MDA und MDSD in der Praxis", 1. Auflage Entwickler.Press, 2007.

[PV+99]   B. Pradin-Chezalviel, R. Valette und L. A. Kunzle, "Scenario durations characterization of t-timed Petri nets using linear logic", in The 8th *International Workshop on Petri Nets and Performance Models*, 1999. Proceedings, S. 208-217, 1999.

[PW10a]   Produktwebseite: Software   AG,   "ARIS   Express", http://www.ariscommunity.com/aris-express, zuletzt abgerufen: November, 2011.

[PW10b]   Produktwebseite: "Xtext", http://www.eclipse.org/Xtext/, zuletzt abgerufen: November, 2011.

[PW11a]   Produktwebseite: Software AG, "ARIS Business Architect, http://www.ids-scheer.de/de/ARIS/ARIS_Platform/ARIS_Business_Architect/7772.html, zuletzt abgerufen: November, 2011.

[PW11b]   Produktwebseite: Eclipse Graphical Modeling Framework (GMF). http://www.eclipse.org/gmf/, zuletzt abgerufen: November, 2011.

[PW11c]   Produktwebseite: Eclipse Modeling Framework (EMF). http://www.eclipse.org/emf/, zuletzt abgerufen: November, 2011.

[PW11d]   Produktwebseite: KIT-Horus, http://www.aifb.uni-karlsruhe.de/BIK/KIT-Horus/news.htm, zuletzt abgerufen: November, 2011.

[QD99]   E. J. Quigley und A. Debons, "Interrogative theory of information and knowledge", *In Proceedings of the 1999 ACM SIGCPR conference on Computer personnel research (SIGCPR '99)*, S. 4-10, 1999.

[Qu01]   B.V. Querenburg, "Mengentheoretische Topologie", Springer, Berlin, 2001.

[RA+05]   N. Russell, W.M.P. van der Aalst, A.H.M. ter Hofstede und D. Edmond, "Workflow Resource Patterns: Identification, Representation and Tool Support", *Proceedings of the 17th Conference on Advanced Information Systems Engineering*, Springer Berlin / Heidelberg, (CAiSE'05), S. 216-232, 2005.

[RA+06]   N. Russell, W.M.P. van der Aalst, A.H.M. ter Hofstede und P. Wohed, "On the suitability of UML 2.0 activity diagrams for business process modelling", *Proceedings of the 3rd Asia-Pacific conference on Conceptual modelling* - Volume 53, Hobart, Australia: Australian Computer Society, Inc., S. 95-104, 2006.

[RA08]   N. Russell und W.M.P. van der Aalst, "Work Distribution and Resource Management in BPEL4People: Capabilities and Opportunities", *Proceedings of the 20th international conference on Advanced Information Systems Engineering*, Springer-Verlag, S. 94-108, 2008.

[Ra74]   C. Ramchandani, "Analysis of Asynchronous Concurrent Systems by Timed Petri Nets", PhD thesis, MIT, Cambridge, MA, Ph.D. Thesis, 1974.

[RB+02]   I. Rus, S. Biffl und M. Halling, "Systematically combining process simulation and empirical data in support of decision analysis in software development", *In Proceedings of the 14th International Conference on Software Engineering and Knowledge Engineering*, New York, NY, USA, S. 827-833, 2002.

[RB+07]   M. D. R-Moreno, D. Borrajo, A. Cesta, und A. Oddi, "Integrating planning and scheduling in workflow domains", Expert Systems with Applications: An International Journal, Bd. 33, Nr. 2, S. 389-406, 2007.

[RE+09]   A.J. Rembert und C. Ellis, "An initial approach to mining multiple perspectives of a business process", *The Fifth Richard Tapia Celebration of Diversity in Computing Conference: Intellect, Initiatives, Insight, and Innovations*, Portland, Oregon: ACM, S. 35-40, 2009.

[Re02]   U. Remus, "Prozessorientiertes Wissensmanagement. Konzepte und Modellierung", Juni, 2002.

[Re04]   M. Rezagholi, "Prozess- und Technologiemanagement in der Softwareentwicklung: Ein metrikbasierter Ansatz zur Bewertung von Prozessen und Technologien", Oldenbourg, 2004.

[Re07]   J. Rehmeyer, "Mapping a medusa: the internet spreads its tentacles", http://findarticles.com/p/articles/mi_m1200/is_25_171/ai_n19448170/, 2007, zuletzt abgerufen: November, 2010.

[Re09]   S. Reichert, "Eclipse RCP im Unternehmenseinsatz: Verteilte Anwendungen entwerfen, entwickeln, testen und betreiben", 1. Auflage dpunkt Verlag, 2009.

[Re10]   W. Reisig, "Petrinetze: Modellierungstechnik, Analysemethoden, Fallstudien", Vieweg+Teubner, 2010.

[Re85]   W. Reisig, "Petri Nets: An Introduction", Springer-Verlag, 1985.

[RF+91]   V. Ruiz, D. de Frutos Escrig und F.C. Gomez, "Simulation of timed Petri nets by ordinary Petri nets and applications to decidability of the timed reachability problem and other related problems", *Proceedings of the Fourth International Workshop on Petri Nets and Performance Models PNPM91*, Melbourne, Vic., Australia, S. 154-163, 1991.

[RF+93]   V. Ruiz, D. De Frutos Escrig und F.C. Gomez, "Decidability of the strict reachability problem for TPN's with rational and real durations", *Proceedings of 5th International Workshop on Petri Nets and Performance Models*, Toulouse, France, S. 56-65, 1993.

[RH+04] N. Russell, A.H.M. ter Hofstede, D. Edmond und W.M.P. van der Aalst, "Workflow Resource Patterns", BETA Working Paper Series, WP 127, Eindhoven University of Technology, Eindhoven, 2004.

[RH80] C. V. Ramamoorthy und G. S. Ho, "Performance evaluation of asynchronous concurrent systems using Petri nets", *IEEE Transactions on Software Engineering*, 6(5):440–449, September, 1980.

[Ri00] P. Rittgen, "Quo vadis EPK in ARIS ? - Ansätze zu syntaktischen Erweiterungen und einer formalen Semantik", *In Wirtschaftsinformatik*, S. 27-35, 2000.

[Ri86] G. Richter, "Clocks and their use for time modeling", Amsterdam, The Netherlands, North-Holland Publishing Co., S. 239-256, 1986.

[RK+11] P. Różewski, E. Kusztina, R. Tadeusiewicz, und O. Zaikin, "Methods and Algorithms for Competence Management", *In Intelligent Open Learning Systems*, Bd. 22, Berlin, Heidelberg: Springer Berlin Heidelberg, S. 151-176, 2011.

[Ro07] J. Rowley, "The wisdom hierarchy: representations of the DIKW hierarchy", *Journal of Information Science*, Bd. 33, Nr. 2, S. 163-180, 2007.

[Ro91] G. D. Robson, "Continuous Process Improvement: Simplifying Work Flow Systems", New York, NY, USA: The Free Press, 1991.

[RT06] V. Radevski und F. Trichet, "Ontology-Based Systems Dedicated to Human Resources Management: An Application in e-Recruitment", *On the Move to Meaningful Internet Systems, OTM 2006 Workshops*, S. 1068-1077, 2006.

[Sa86] T.A. Salthouse, "Perceptual, Cognitive, and Motoric Aspects of Transcription Typing", *Psychological Bulletin*, Bd. 99, Nr. 3, S. 303-319, Mai, 1986.

[SB+01] D. A. Stuart, M. Brockmeyer, A. K. Mok und F. Jahanian: "Simulation-Verification: Biting at the State Explosion Problem", *IEEE Transactions On Software Engineering*, Bd. 27, Nr. 7, S. 599, 2001.

[SB+08] D. Steinberg, F. Budinsky, M. Paternostro und E. Merks, "EMF: Eclipse Modeling Framework", 2nd Edition, 2008.

[SB08] C. Stefansen und S. E. Borch, „Using soft constraints to guide users in flexible business process management systems", *International Journal of Business Process Integration and Management*, Bd. 3, Nr. 1, S. 26-35, 2008.

[Sc00] J. Scott, "Social Network Analysis: A Handbook", 2nd edn. Sage, Thousand Oaks, 2000.

[Sc01] A.W. Scheer, "ARIS-Modellierungs-Methoden, Metamodelle, Anwendungen", Springer, Berlin, 2001.

[Sc06] A.W. Scheer, "ARIS. Vom Geschäftsprozeß zum Anwendungssystem", Springer, Berlin, 2006.

[Sc07] T. Schuster, "Modellgetriebene Entwicklung grafischer Benutzerschnittstellen: MDA im Einsatz", Vdm Verlag Dr. Müller, 2007.

[Sc10a] T. Schuster, "Simulation von Geschäftsprozessen", *DOAG 2010 Conference*, Nürnberg, 2010.

[Sc10b] S. Schumann, "Repräsentative Umfrage: Praxisorientierte Einführung in empirische Methoden und statistische Analyseverfahren", Korrigierte Auflage, Oldenbourg Wissenschaftsverlag, 2010.

[Sc92] A.W. Scheer, "Architecture of Integrated Information Systems: Foundations of Enterprise-Modelling", Springer, Berlin, 1992.

[Sc96] A.W. Scheer, "ARIS-House of Business Engineering", Arbeitsberichte des IWi 133, Institut für Wirtschaftsinformatik (IWi) an der Universität des Saarlandes, 1996.

[Sc98] A.W. Scheer et al., "Business Process Engineering: Reference Models for Industrial Enterprises", Springer, Berlin, 1998.

[Sc99a] A.W. Scheer et al., "ARIS: Business Process Frameworks", 3. Auflage, Springer, Berlin, 1999.

[Sc99b] A.W. Scheer et al., "ARIS: Business Process Modeling", 2. Auflage, Springer, Berlin, 1999.

[SD+03] C. Scheer, T. Deelmann und P. Loos, "Geschäftsmodelle und internetbasierte Geschäftsmodelle – Begriffsbestimmung und Teilnehmermodell", 2003.

[Se98] U. Seidenberg, "Ist Information als eigenständiger Produktionsfaktor aufzufassen?", Technischer Bericht, DBW-Depot 99-4-1, Siegen, 1998.

[SF+04] S. Shavor, S. Fairbrother, J. D'Anjou und D. Kehn, "Eclipse. Anwendungen und Plug-Ins mit Java entwickeln", 1. Auflage Addison-Wesley, München, 2004.

[SF06] H. Smith und P. Fingar, "Business Process Management: The Third Wave", Meghan Kiffer Pr, 2006.

[SH06] P. Sparrow und G. Hodgkinson, "What Is Strategic Competence and Does It Matter? Exposition of the Concept and a Research Agenda", *CAHRS Working Paper Series*, Oktober, 2006.

[Sh48] C. E. Shannon, "A mathematical theory of communication", *Bell System Technical Journal*, vol. 27, S. 379-423 und 623-656, Juli und Oktober, 1948.

[Sh75] R.E. Shannon, "Systems Simulation – The Art and Science", Prentice Hall, Englewood Cliffs, 1975.

[Sh78] R.E. Shannon, "Design and analysis of simulation experiments", *Proceedings of the 10th conference on Winter simulation*, Volume 1, Miami Beach, FL, S. 55-61, 1978.

[Si09] B. Silver, "Bpmn Method and Style: A Levels-Based Methodology for Bpm Process Modeling and Improvement Using Bpmn 2.0", Cody-Cassidy Press, 2009.

[Si78]　J. Sifakis, "Petri nets for performance evaluation", In H. Beilner and E. Gelenbe, *Proceedings 3rd International Symposium IFIP*, pages 75–93, 1978.

[SK07]　S. Sayin, S. Karabati, "Assigning cross-trained workers to departments: A two-stage optimization model to maximize utility and skill improvement", *European Journal of Operational Research*, 176(3), S. 1643-1658, 2007.

[SK09]　A.W. Scheer und J. Klueckmann, "BPM 3.0", *Business Process Management*, S. 15-27, 2009.

[SL+06]　J. Schneider, B. Linnert und L.-O. Burchard, "Distributed workflow management for large-scale grid environments", *in International Symposium on Applications and the Internet* (SAINT 2006), 2006.

[SM+05]　F. Simon, T. Mohaupt und O. Seng, "Code Quality Management", Dpunkt Verlag, 2005.

[SM+08]　H. M. Sneed, M. Baumgartner und R. Seidl, "Der Systemtest: Anforderungsbasiertes Testen von Software-Systemen", 1. Auflage Carl Hanser Verlag GmbH & CO. KG, 2006.

[SM08]　A. Sharp und P. McDermott, "Workflow Modeling: Tools for Process Improvement and Application Development", 2nd Edition, Artech House Publishers, 2008.

[SN+97]　A.W. Scheer, M. Nüttgens und V. Zimmermann, "Objektorientierte Ereignisgesteuerte Prozeßkette (oEPK) - Methode und Anwendung", Veröffentlichungen des Instituts für Wirtschaftsinformatik (IWi), Universität des Saarlandes, Saarbrücken, 1997.

[Sn05]　H. M. Sneed, "Software-Projektkalkulation", Hanser Fachbuchverlag, ISBN: 3446400052, 2005.

[SN07]　P.A. Samuelson und W.D. Nordhaus, "Volkswirtschaftslehre. Das internationale Standardwerk der Makro- und Mikroökonomie", 3. Auflage mi-Fachverlag, 2007.

[So10]　I. Sommerville, "Software Engineering", 9. Auflage Addison-Wesley Longman, Amsterdam, 2010.

[So97]　C. Sophian, "Beyond competence: The significance of performance for conceptual development", Cognitive Development, Bd. 12, Nr. 3, S. 281-303, 1997.

[SR+08]　C. Stefansen, S. Rajamani und P. Seshan, "SoftAlloc: A Work Allocation Language with Soft Constraints", *Web Services, 2008. ICWS '08. IEEE International Conference on*, S. 441-448, 2008.

[SR+10]　T. Schuster, C. Rathfelder, N. Schuster, J. Nimis, "Comprehensive tool support for iterative SOA evolution", *International Workshop on SOA Migration and Evolution* (SOAME 2010), 2010.

[SS+07]   J. Skene, A. Skene, J. Crampton und W. Emmerich, "The monitorability of service-level agreements for application-service provision", *In Proceedings of the 6th international workshop on Software and performance - WOSP '07*, S. 3, 2007.

[SS05]   B. Schiemenz und O. Schönert, "Entscheidung und Produktion", Oldenbourg Wissenschaftsverlag, 2005.

[SS09]   V. Stantchev und C. Schropfer, "Service-level enforcement in web-services-based systems", *International Journal of Web and Grid Services*, Bd. 5, Nr. 2, S. 130, 2009.

[SS93]   L. M. Spencer und S. Spencer, "Competence at Work: Models for Superior Performance: A Model for Superior Performance", Us. John Wiley & Sons, 1993.

[ST+10]   P. Sun, S. Tao, X. Yan, N. Anerousis und Y. Chen, "Content-Aware Resolution Sequence Mining for Ticket Routing", in *Business Process Management*, Bd. 6336, Springer Berlin / Heidelberg, S. 243-259, 2010.

[St02]   P. Stähler, "Geschäftsmodelle in der digitalen Ökonomie. Merkmale, Strategien und Auswirkungen", Electronic Commerce Bd. 7, Josef Eul Verlag, 2002.

[St03]   G.A. Straka, "Valuing learning outcomes acquired in non-formal settings", *In W. J. Nijhof, A. Heikkinen und L. F. M. Nieuwenhuis, Hrsg., Shaping Flexibility in Vocational Education and Training*, Dordrecht, Kluwer Academic Publishers, 2003.

[St04]   H. Störrle, "Semantics of Control-Flow in UML 2.0 Activities", *IEEE Symposium on Visual Languages*, Washington, DC, IEEE Computer Society, 2004, ISBN: 0-7803-8696-5, 2004.

[St05a]   C. Stehno, "Interchangeable High-Level Time Petri Nets.", *Petri Net Newsletter*, 69:8-21, Oktober, 2005.

[St05b]   H. Störrle, "UML 2 erfolgreich einsetzen. Einführung und Referenz", Addison-Wesley, München, 2005.

[St96]   B. Stiller, "Quality-of-Service – Dienstgüte in Hochleistungsnetzen", Thomson Verlag, Bonn, 1996.

[St99]   J.E. Stiglitz, "Volkswirtschaftslehre", 2. Auflage Oldenbourg, 1999.

[SV+07]   T. Stahl, M. Völter, S. Efftinge und A. Haase, "Modellgetriebene Softwareentwicklung: Techniken, Engineering, Management", 2. Auflage Dpunkt Verlag, 2007.

[SV+10]   F. Schönthaler, G. Vossen, A. Oberweis und T. Karle, "Geschäftsprozesse für Business Communities: Modellierungssprachen, Methoden, Werkzeuge", Oldenbourg Wissenschaftsverlag, 2010.

[SV05]   T. Stahl und M. Völter, "Modellgetriebene Softwareentwicklung. Techniken, Engineering, Management", 1. Auflage Dpunkt Verlag, 2005.

[SW10]   T. Schuster und P. Weiß, "A New Approach to Competence-Based Business Partner Profiles for Collaborative Business Process Management", *In Collaborative Networks for a Sustainable World*, IFIP Advances in Information and Communication Technology, Volume 336/2010, S. 356-363, 2010.

[SW49]   C.E. Shannon und W. Weaver, "Mathematical Theory of Communication", University of Illinois Press, 1949.

[Ta02]   A.S. Tanenbaum, "Moderne Betriebssysteme", Pearson Studium, 2002.

[Ta03]   A.S. Tanenbaum, "Computernetzwerke", 4. Auflage Pearson Studium, 2003.

[TA08]   T. Tullis und W. Albert, "Measuring the User Experience: Collecting, Analyzing, and Presenting Usability Metrics", Morgan Kaufmann, 2008.

[Ta11]   F.W. Taylor, "The Principles of Scientific Management", 1911.

[Ta95]   W. Tate, "Developing Managerial Competence: A Critical Guide to Methods and Materials", Gower, London, 1995.

[Th00]   G.E. Thaller, "Software-Metriken einsetzen - bewerten - messen", Verlag Technik, 2000.

[Th99]   J.P. Thommen, "Lexikon der Betriebswirtschaft: Management-Kompetenz von A bis Z", Versus, Zürich, 1999.

[Ti98]   P. Timmers, "Business Models for Electronic Markets", *Electronic Markets*, vol. 8, S. 3, 1998.

[Tu37]   A.M. Turing, "On Computable Numbers, with an Application to the Entscheidungsproblem", *Proceedings of the London Mathematical Society*, Bd. 2, Nr. 1, S. 230-265, 1937.

[UB07]   T. Ungerer und U. Brinkschulte, "Mikrocontroller und Mikroprozessoren", 2. Auflage Springer-Verlag Gmbh, ISBN: 3540468013, 2007.

[Um03]   T. Umesao, "An Ecological View of History: Japanese Civilization in the World Context", Trans Pacific Press, 2003.

[Um09]   T. Umbeck, "Musterbrüche in Geschäftsmodellen: Ein Bezugsrahmen für innovative Strategie-Konzepte", Gabler, 2009.

[Un95]   T. Ungerer, "Mikroprozessortechnik. Architektur und Funktionsweise superskalarer Mikroprozessoren", Thomson-Verlag, Bonn, ISBN: 3826601300, 1995.

[VD03]   VDI-Richtlinien 3633, "Blatt 11: Simulation von Logistik-, Materialfluß- und Produktionssystemen - Simulation und Visualisierung", VDI-Handbuch Materialfluß und Fördertechnik, Band 8 Beuth Verlag GmbH, Düsseldorf, AC-Code DE45707568, 2003.

[VD96]   VDI-Richtlinien 3633, "Begriffsdefinitionen: Simulation von Logistik-, Materialfluß- und Produktionssystemen", VDI-Handbuch Materialfluß und Fördertechnik, Band 8 Beuth Verlag GmbH, Düsseldorf, AC-Code DE18991576, 1996.

[VG01]   R. Valk und C. Girault, "Petri Nets for Systems Engineering: A Guide to Model-ing, Verification, and Applications", Springer, Berlin, 2001.

[VG10]   K.I. Voigt, E. Günther, "Ressource", Gabler Wirtschaftslexikon, http://wirtschaftslexikon.gabler.de/Definition/ressource.html, zuletzt abgerufen: November, 2010.

[Vo90]   S. Vollmann, "Aufwandsschätzung im Software Engineering. Neue Verfahren und Arbeitshilfen", IWT-Verlag, 1990.

[WB07]   Rolf Wüstenhagen und Jasper Boehnke, "Business Models for Sustainable Energy", 2007.

[WC04a]   W3C, "Web Services Choreography Description Language Version 1.0", W3C Working Draft 17, http://www.w3.org/TR/2004/WD-ws-cdl-10-20041217/, Dezember, 2004.

[WC04b]   W3C, "Resource Description Framework (RDF): Concepts and Abstract Syn-tax", W3C Recommendation, http://www.w3.org/TR/rdf-concepts/, 2004, zuletzt abgerufen: November, 2010.

[WC04c]   W3C, "OWL Web Ontology Language - Semantics and Abstract Syntax", W3C Recommendation, http://www.w3.org/TR/owl-semantics/, 2004, zuletzt abgeru-fen: November, 2010.

[WC04d]   W3C, "RDF Vocabulary Description Language 1.0: RDF Schema", W3C Rec-ommendation, http://www.w3.org/TR/rdf-schema/, 2004, zuletzt abgerufen: November, 2010.

[WC05]   W3C, "Web Services Choreography Description Language Version 1.0", W3C Candidate Recommendation, http://www.w3.org/TR/ws-cdl-10/, 2005, zuletzt abgerufen: November, 2010.

[WC09]   W3C, "OWL 2 Web Ontology Language - Document Overview", W3C Recom-mendation, http://www.w3.org/TR/owl2-overview/, 2009, zuletzt abgerufen: November, 2010.

[WC94]   W3C, World Wide Web Consortium, gegründet 1994, http://www.w3.org/, zu-letzt abgerufen: November, 2010.

[WD+05]   J. Winterton, F. Delamare - Le Deist, E. Stringfellow, "Typology of knowledge, skills and competences: clarification of the concept and prototype", Centre for European Research on Employment and Human Resources, Groupe ESC Toulouse, 2005.

[WD+08]   M. Weidlich, G. Decker, A. Großkopf und M. Weske, "BPEL to BPMN: The Myth of a Straight-Forward Mapping", *Proceedings of the OTM 2008 Confed-erated International Conferences, Part I on On the Move to Meaningful Internet Systems*, Springer-Verlag, S. 265–282, 2008.

[WD+85]   C.Y.Wong, T.S. Dillon, and K.E. Forward, "Timed places Petri nets with sto-chastic representation of place time", *In Proceedings International Workshop on Timed Petri Nets*, Turin, Italien, IEEE-CS Press, 1985.

[We05]   S. Weber, "The Success of Open Source", Harvard University Press, ISBN: 0674018583, 2005.

[We07]   M. Weske, "Business Process Management: Concepts, Languages, Architectures", Springer, Berlin, 2007.

[We68]   A.T. Welford, "Fundamentals of Skill", Methuen, London, ISBN: 0416030009, 1968.

[WF93]   Workflow Management Coalition (WfMC), Standardisierungsorganisation, www.wfmc.org/, gegründet: 1993.

[WH+08]   G. Wütherich, N. Hartmann, B. Kolb und M. Lübken, "Die OSGI Service Platform – Eine Einführung mit Eclipse Equinox", 1. Auflage, dpunkt Verlag, 2008.

[WH+10]   E.U. von Weizsäcker, K. Hargroves und M. Smith, "Faktor Fünf: Die Formel für nachhaltiges Wachstum", Droemer, 2010.

[Wh04]   S.A. White, "Process Modeling Notations and Workflow Patterns", Januar, 2004.

[WH97]   W. Krüger und C. Homp, "Kernkompetenz-Management. Steigerung von Flexibilität und Schlagkraft im Wettbewerb", 1. Auflage Dr. Th. Gabler Verlag, 1997.

[Wi01]   B.W. Wirtz, "Electronic Business", Gabler Verlag, 2001.

[Wi08]   H. Wimmel, "Entscheidbarkeit bei Petri-Netzen: Überblick und Kompendium", 1. Aufl. Springer Berlin Heidelberg, 2008.

[Wi94]   S.B. Wicker, "Error Control Systems for Digital Communication and Storage", Prentice Hall, 1994.

[WK04]   J. Warmer, A. Kleppe, "Object Constraint Language 2.0", mitp-Verlag, Bonn, ISBN: 3826614453, 2004.

[WM08]   S.A. White und D. Miers, "BPMN Modeling and Reference Guide - Understanding and Using BPMN", Future Strategies Inc., Lighthouse Pt, FL, 2008.

[Wo07]   K. Wolf, "Generating Petri net state spaces", in Proceedings of the 28th International Conference on Applications and theory of Petri nets and other models of concurrency, Berlin, Heidelberg, S. 29-42, 2007.

[Wo91]   C. Woodruffe, "Competent by any other name", Personnel Management, S. 30-33, 1991.

[WP+05]   P. Weiß, R. Povalej und W. Stucky, "Learning across Boundaries: Developments towards a European Framework for ICT Skills", in The 5th IBIMA International Conference on Internet & Information Technology in Modern Organizations, Cairo, Egypt, 2005.

[WP08]   H. Wimmel und L. Priese, "Petri-Netze", Springer, Berlin, 2008.

[WR+10]   M. Wynn, A. Rozinat, W. Aalst, A. Hofstede und C. Fidge, "Process Mining and Simulation", Modern Business Process Automation, S. 437-457, 2010.

[WS+05] P. Weiß, W. Stucky, D. Dolan, P. Bumann, "e-Skills Certification in Europe Towards Harmonisation", *In Innovation and the Knowledge Economy: Issues, Applications, Case Studies, Cunningham, P. and M. (Eds)*, IOS Press, Amsterdam, 2005.

[WV+09a] M. T. Wynn, H. M. W. Verbeek, W. M. P. van der Aalst, A. H. M. ter Hofstede und D. Edmond, "Soundness-preserving reduction rules for reset workflow nets", *Journal of Information Sciences*, Bd. 179, Nr. 6, S. 769-790, März, 2009.

[WV+09b] M. T. Wynn, H. M. W. Verbeek, W. M. P. van der Aalst, A. H. M. ter Hofstede und D. Edmond, "Reduction rules for YAWL workflows with cancellation regions and OR-joins", *Inf. Softw. Technol.*, Bd. 51, Nr. 6, S. 1010-1020, Juni, 2009.

[WW+10] T. Weilkiens, C. Weiss und A. Grass, "Basiswissen Geschäftsprozessmanagement: Aus- und Weiterbildung zum OMG Certified Expert in Business Process Management (OCEB) - Fundamental Level", dpunkt Verlag, 2010.

[WW11a] Literaturliste Petri-Netze, der Universität Hamburg, http://www.informatik.uni-hamburg.de/TGI/PetriNets/bibliographies, zuletzt abgerufen: Januar, 2011.

[WW11b] Webseite des Austauschformates Petri Net Markup Language, PNML, http://www.pnml.org/, zuletzt abgerufen: Januar, 2011.

[WW11c] Webseite: Eclipse Generator Model: http://wiki.eclipse.org/Graphical_Modeling_Framework/GenModel, zuletzt abgerufen: Mai, 2011.

[WW11d] Webseite: What are extensions and extension points?: http://wiki.eclipse.org/FAQ_What_are_extensions_and_extension_points, zuletzt abgerufen: Mai, 2011.

[WW11e] Werkzeugübersicht zu Petri-Netz-Werkzeugen, der Universität Hamburg http://www.informatik.uni-hamburg.de/TGI/PetriNets/tools/quick.html, zuletzt abgerufen: Mai, 2011.

[WW11f] Webseite: PDE Incubator Dependency Visualization http://www.eclipse.org/pde/incubator/dependency-visualization/, zuletzt abgerufen: November, 2011.

[WW11g] Webseite: Teneo Framework, http://wiki.eclipse.org/Teneo zuletzt abgerufen: November, 2011.

[WZ08] Huaiqing Wang und Qingtian Zeng, "Modeling and Analysis for Workflow Constrained by Resources and Nondetermined Time: An Approach Based on Petri Nets", *Systems, Man and Cybernetics, Part A: Systems and Humans, IEEE Transactions on*, vol. 38, S. 802-817, 2008.

[XJ07] Z. Xu und A. Jacobsen, "Adaptive location constraint processing", *Proceedings of the 2007 ACM SIGMOD international conference on Management of data*, New York, NY, USA: ACM, S. 581-592, 2007.

[XL+08] J. Xu, C. Liu und X. Zhao, "Resource Allocation vs. Business Process Improvement: How They Impact on Each Other", *Business Process Management*, S. 228-243, 2008.

[XL+10] J. Xu, C. Liu, X. Zhao und S. Yongchareon, "Business Process Scheduling with Resource Availability Constraints", in *On the Move to Meaningful Internet Systems*, OTM 2010, Bd. 6426, R. Meersman, T. Dillon und P. Herrero, Hrsg. Berlin, Heidelberg: Springer Berlin Heidelberg, S. 419-427, 2010.

[XZ+08a] X. Xu, L. Zhu, Y. Liu und M. Staples, "Resource-oriented business process modeling for ultra-large-scale systems", *Proceedings of the 2nd international workshop on Ultra-large-scale software-intensive systems*, Leipzig, Germany: ACM, S. 65-68, 2008.

[XZ+08b] X. Xu, L. Zhu, Y. Liu und M. Staples, "Resource-Oriented Architecture for Business Processes", *Software Engineering Conference, APSEC, 15th Asia-Pacific*, S. 395-402, 2008.

[YZ09] L. Yao und Y. Zhang, "Research on the Core Competence Evaluation Model of Construction Enterprise Based on Knowledge Capital Theory", In *International Joint Conference on Artificial Intelligence*, S. 163-166, 2009.

[Za87] H. Zangl, "Durchlaufzeiten im Büro : Prozeßorganisation und Aufgabenintegration als effizienter Weg zur Rationalisierung der Büroarbeit mit neuen Büro-kommunikationstechniken", Erich Schmidt, 1987.

[ZD+05] O. Zimmermann, V. Doubrovski, J. Grundler und K. Hogg, "Service-oriented architecture and business process choreography in an order management scenario: rationale, concepts, lessons learned", *Oopsla*, S. 301-312, 2005.

[Zi01] T. Zimmer, "Petri-Netz-Konzepte für die Simulation verteilter betrieblicher Abläufe", Shaker Verlag, 2001.

[Zi08] H.-J. Zimmermann, "Operations Research: Methoden und Modelle. Für Wirtschaftsingenieure, Betriebswirte, Informatiker", 2. aktualisierte Auflage, Vieweg Friedr. + Sohn Verlag, 2008.

[ZK+04] O. Zimmermann, P. Krogdahl und C. Gee, "Elements of Service-Oriented Analysis and Design", Juni, 2004.

[ZS01] W. Zimmermann und U. Stache, "Operations Research: Quantitative Methoden zur Entscheidungsvorbereitung", Überarbeitete Auflage. Oldenbourg Wissenschaftsverlag, 2001.

[ZS96] E. Zahn und U. Schmid, "Produktionswirtschaft, Bd.1, Grundlagen und operatives Produktionsmanagement", UTB, Stuttgart, 1996.

[Zu80] W.M. Zuberek, "Timed Petri nets and preliminary performance evaluation", *In Proc. 7th Annual Symposium on Computer Architecture*, pages 88-96, La Baule, Frankreich, Mai, 1980.

Tabellenverzeichnis

Abbildungsverzeichnis

Definitionsverzeichnis

Stichwortverzeichnis

Anhang A

Die nachfolgende Tabelle zeigt die 36 durch e-CF [EU10a, EU10b] definierten Kompetenzbeschreibungen.

Dimension 1 5 e-CF areas	Dimension 2 36 e-Competences identified	Dimension 3 e-CF proficiency levels				
		e-1	e-2	e-3	e-4	e-5
A. PLAN						
	A.1. IS and Business Strategy Alignment					
	A.2. Service Level Management					
	A.3. Business Plan Development					
	A.4. Product or Project Planning					
	A.5. Architecture Design					
	A.6. Application Design					
	A.7. Technology Watching					
	A.8. Sustainable Development					
B. BUILD						
	B.1. Design and Development					
	B.2. Systems Integration					
	B.3. Testing					
	B.4. Solution Deployment					
	B.5. Documentation Production					
C. RUN						
	C.1. User Support					
	C.2. Change Support					
	C.3. Service Delivery					
	C.4. Problem Management					
D. ENABLE						
	D.1. Information Security Strategy Development					
	D.2. ICT Quality Strategy Development					
	D.3. Education and Training Provision					
	D.4. Purchasing					
	D.5. Sales Proposal Development					
	D.6. Channel Management					
	D.7. Sales Management					
	D.8. Contract Management					
	D.9 Personnel Development					
	D.10 Information and Knowledge Management					
E. MANAGE						
	E.1. Forecast Development					
	E.2. Project and Portfolio Management					
	E.3. Risk Management					
	E.4. Relationship Management					
	E.5. Process Improvement					

Dimension 1 5 e-CF areas	Dimension 2 36 e-Competences identified	Dimension 3 e-CF proficiency levels				
		e-1	e-2	e-3	e-4	e-5
	E.6. ICT Quality Management					
	E.7. Business Change Management					
	E.8. Information Security Management					
	E.9. IT Governance					

Tabelle A.1: Überblick e-CF Kompetenzdefinitionen

Beispielhaft wird nachfolgend die Kompetenzbeschreibung der Kompetenz A.1 [EU10a] detailliert dargestellt. In den weiteren Abbildungen des Abschnitts werden die Kompetenzen der Bereiche A bis C als RML-Instanzen grafisch dargestellt (auf Details der Eigenschaften wird in der Darstellung verzichtet, stattdessen wird auf [EU10a, EU10b] verwiesen). Es ist zu erkennen, dass durch e-CF keine Beziehungen zwischen Kenntnissen und Fähigkeiten deklariert werden, ebenso fehlt es dem Framework derzeit an einer detaillierten Beschreibung dieser Konzepte.

Dimension 2 – e-competence	Dimension 4 – knowledge Knows/ Aware of	Dimension 4 – skills Able to
A.1. IS and Business Strategy Alignment		
Anticipates long term business requirements and determines the IS model in line with organisation policy. Makes strategic IS policy decisions for the enterprise, including sourcing strategies.	1. business strategy concepts 2. trends and implications of ICT internal or external developments for typical organisations 3. the potential and opportunities of relevant business models 4. the business aims and organisational objectives 5. the issues and implications of sourcing models	1. analyse future developments in business process and technology application 2. determine requirements for processes related to ICT services 3. identify and analyses long term user/customer needs 4. contribute to the development of ICT strategy and policy 5. contribute to the development of the business strategy
Dimension 3 – level amendments		
Level 1,2,3 –	not applicable	
Level 4 –	Provides leadership for the construction and implementation of long term innovative IS solutions.	
Level 5 –	Provides IS strategic leadership to reach consensus and commitment from the management team of the enterprise.	

Tabelle A.2: Beispiel für eine e-CF Kompetenzbeschreibung

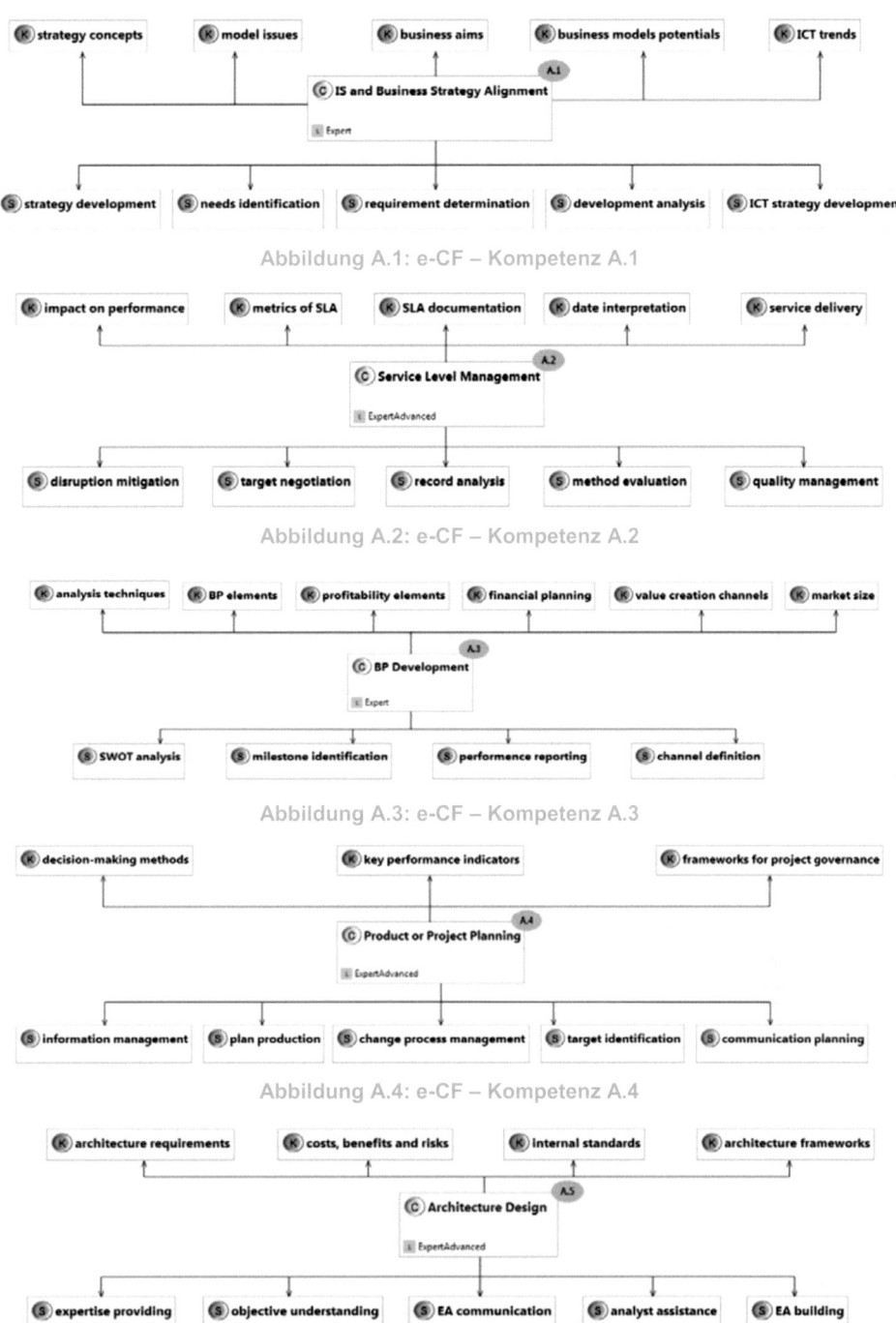

Abbildung A.1: e-CF – Kompetenz A.1

Abbildung A.2: e-CF – Kompetenz A.2

Abbildung A.3: e-CF – Kompetenz A.3

Abbildung A.4: e-CF – Kompetenz A.4

Abbildung A.5: e-CF – Kompetenz A.5

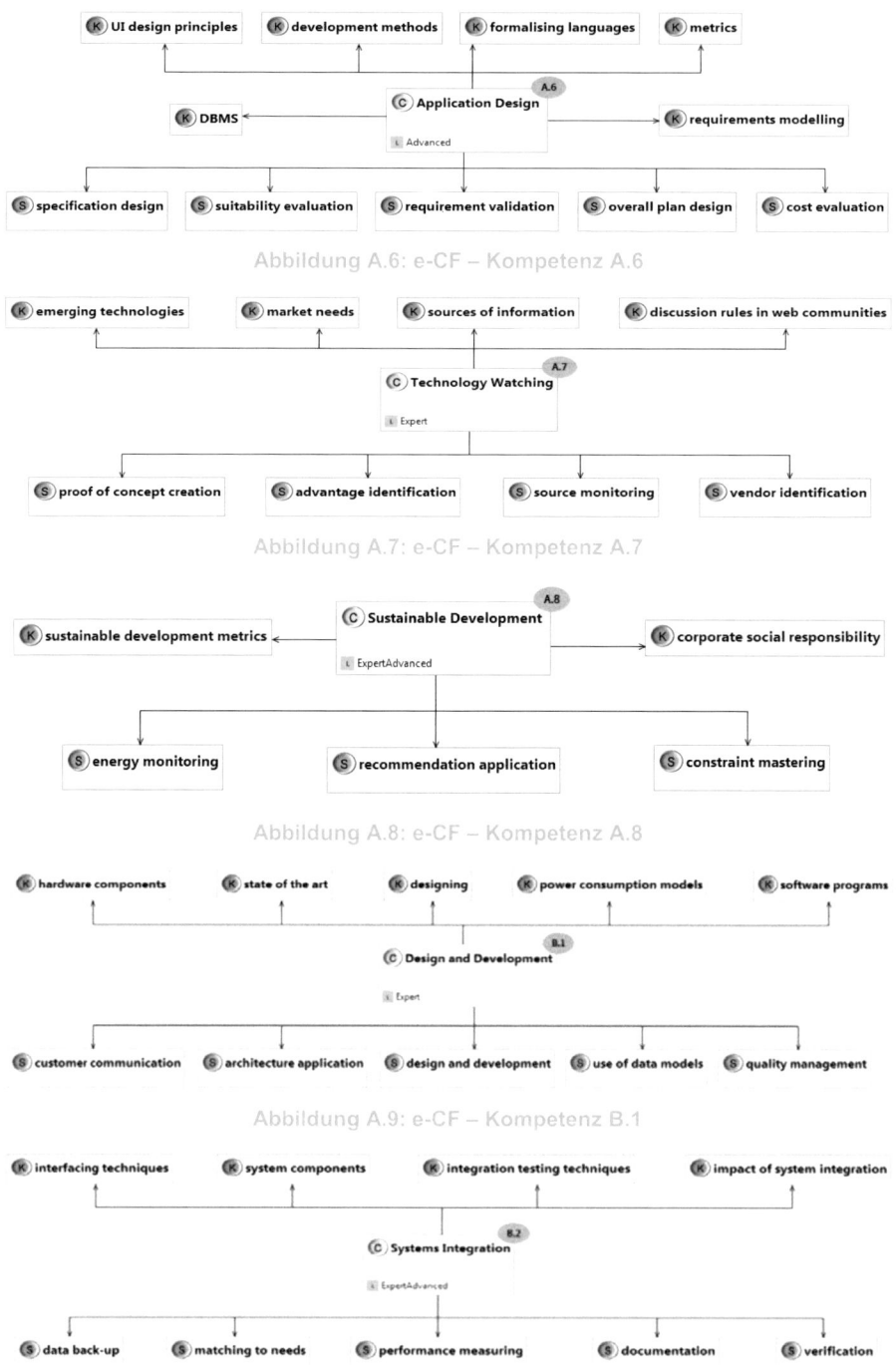

Abbildung A.6: e-CF – Kompetenz A.6

Abbildung A.7: e-CF – Kompetenz A.7

Abbildung A.8: e-CF – Kompetenz A.8

Abbildung A.9: e-CF – Kompetenz B.1

Abbildung A.10: e-CF – Kompetenz B.2

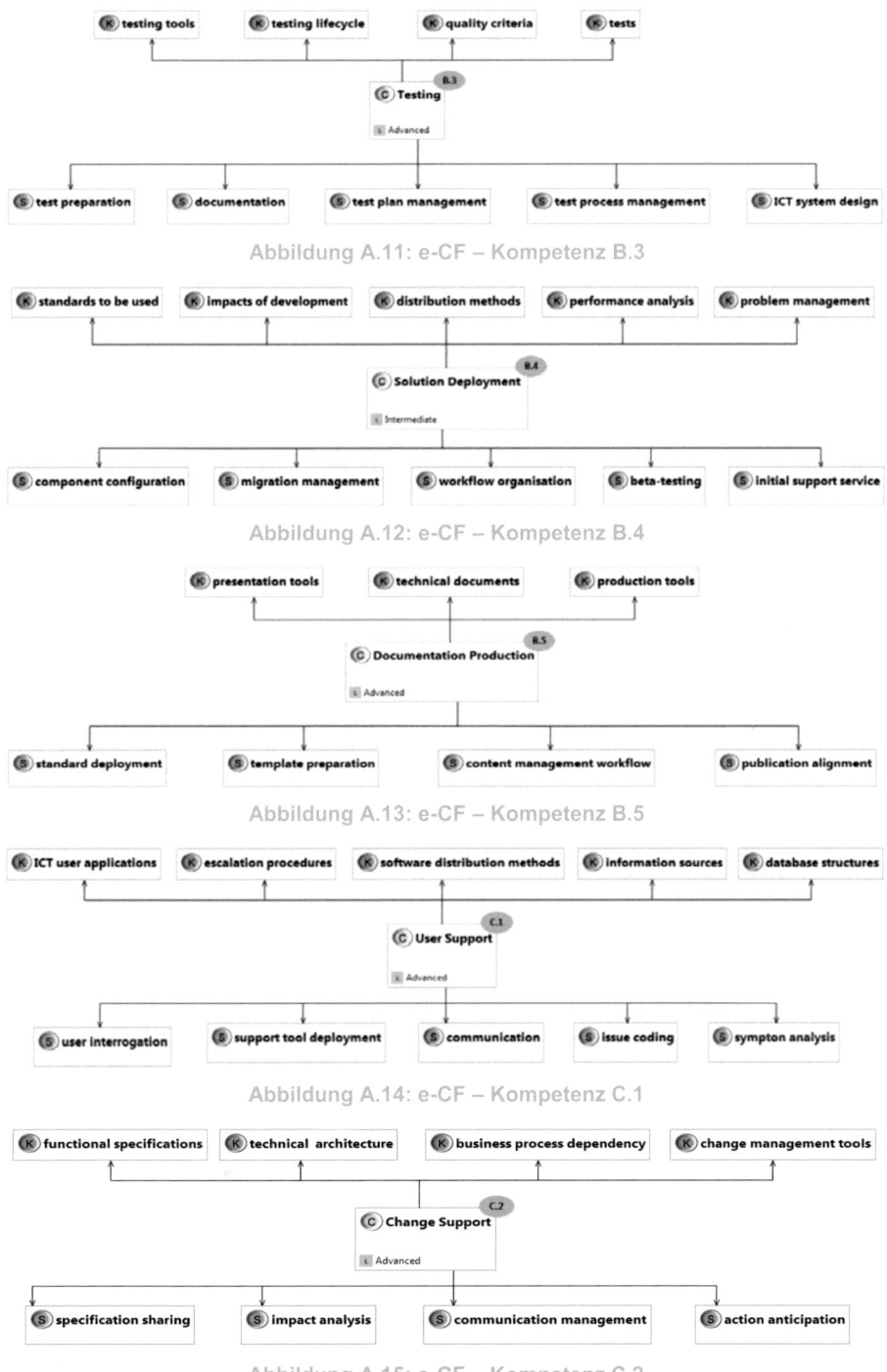

Abbildung A.11: e-CF – Kompetenz B.3

Abbildung A.12: e-CF – Kompetenz B.4

Abbildung A.13: e-CF – Kompetenz B.5

Abbildung A.14: e-CF – Kompetenz C.1

Abbildung A.15: e-CF – Kompetenz C.2

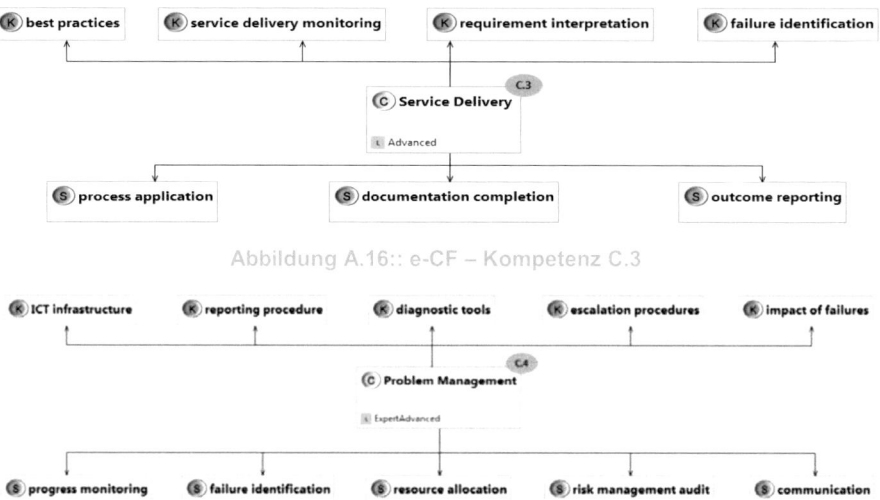

Abbildung A.16:: e-CF – Kompetenz C.3

Abbildung A.17: e-CF – Kompetenz C.4

Anhang B

Nachfolgend wir eine mögliche Abbildung wichtiger Elemente des Teilmetamodells COMM der beschriebenen Sprache RML (vergleiche Kapitel 4) auf einen bestehenden Standard HR-XML (Version 2.4, Spezifikationsbestandteil: Competencies.xsd) beschrieben. Diese Beschreibung kann als Grundlage für eine technische Transformation [OM03, OM08b] genutzt werden. Einige Elemente können nicht direkt abgebildet werden, da nicht alle RML-Konzepte in HR-XML bekannt sind (beispielsweise fehlt dort eine Unterscheidung zwischen Kompetenz, Fähigkeit und Kenntnis). Eine Abbildung von COMM auf HR-XML (Version 3.2) wird derzeit in einer nachfolgenden Forschungsarbeit vorgenommen. Um die tabellarische Darstellung nicht zu verkomplizieren, wird hierbei nur die Richtung von RML nach HR-XML dargestellt, außerdem werden auf Seite von HR-XML die Elementnamen anstelle der Typ-Namen genannt. Ferner wurde auf technische Id-Elemente auf Seite von RML (wie bereits in der Metamodelldarstellung) und damit auch auf die Deklaration einer Abbildung verzichtet.

Quellelement	Zielelement	Information
CompetenceEvidence	**CompetencyEvidence**	Innerhalb Competency deklariert
dateOfIncident	dateOfIncident	
description	typeDescription	
evidenceId	EvidenceId	
expirationDate	expirationDate	
name	name	
required	required	
Competence	**Competency**	
description	description	
hasCompetenceEvidence	CompetencyEvidence	
hasCompetenceLevel	–	
hasCompetenceWeight	CompetencyWeight	
hasUserArea	–	Durch ExtendedWeight-Type integrierbar
includesCompetence	Competency	Element-Referenz im HR-XML Schema
name	name	
required	required	
requiresKnowledge	–	
requiresSkill	–	
Weight	**CompetencyWeight**	
description	NumericValue	
value	SupportingInformation	
valueType	–	
Skill	–	HR-XML unterscheidet die Konzepte Kompetenz,
description	–	
hasSkillLevel	–	

Quellelement	Zielelement	Information
hasSkillWeight	–	Fähigkeit und Kenntnis nicht. Zur Abbildung sind Erweiterungen notwendig (durch UserArea möglich).
includesSkill	–	
name	–	
requiresKnowledge	–	
NumericValueType	**NumericValue**	
description	Description	
interval	Interval	
maxValue	maxValue	
minValue	minValue	
name	–	
value	–	Wert des Elements (kein Attribut)
ProficienyLevel	–	Keine direkte Entsprechung durch CompetencyWeight lösbar
description	–	
proficiencyLevel	–	
WorkArea	–	Keine direkte Entsprechung durch spezifische Erweiterung (UserArea) lösbar
description	–	
name	–	
Knowledge	–	HR-XML unterscheidet die Konzepte Kompetenz, Fähigkeit und Kenntnis nicht. Zur Abbildung sind Erweiterungen notwendig (durch UserArea möglich).
description	–	
hasKnowledgeLevel	–	
name	–	

Tabelle B.1: Abbildungsbeschreibung – RML-HR-XML

Anhang C

In Kapitel 7 wurden die entwickelten Plug-Ins der Analyseumgebung RAvEN vorgestellt. Nachfolgend sollen technische Abhängigkeiten der Komponenten veranschaulicht werden. Zur Erzeugung der Abbildungen wurde das *PDE Incubator Dependency Visualization* Plug-In genutzt [WW11f]. In Abbildung C.1 wird dargestellt welche Plug-Ins von `de.raven.rml.competences` (grün markiert) abhängen. Ebenfalls markiert, da von zentraler Bedeutung, ist das Plug-In `de.raven.rml.humanresources`. In Abbildung C.2 wird das Visualisierungs-Plug-In genutzt um darzustellen von welchen Plug-Ins das Plug-In `de.raven.rml.humanresources.extensions` abhängig ist; wie leicht zu erkennen ist, von sehr vielen Plug-Ins. Dies resultiert insbesondere aus der Tatsache, dass das Plug-In einige Basisfunktionalitäten von eclipse sowie GMF [Gr09, PW11b] nutzt.

Abbildung C.1: Aufrufhierarchie – Ziel Kompetenzbasis

Abbildung C.2: Aufrufhierarchie – Start Kompetenzerweiterungen

Anhang D

Nachfolgend werden die durchgeführten Tests zur Entwicklung von Modelleditoren, Simulationsumgebung und einigen Dienstkomponenten dargestellt. Es werden nur Integrations- und Unit-Test gelistet. Darüber hinaus wurde (insbesondere für die Modelleditoren) auch Anwendertests (Fokus: Prüfung der Funktionalität, nicht der Benutzerfreundlichkeit) durchgeführt, diese werden nachfolgend allerdings nicht beschrieben.

Spaltenbeschreibungen:

- Name – Benennung des Testfall-Bündels
- Beschreibung – Erklärung der durchgeführten Tests
- Anzahl – Anzahl der Testklassen im Testfall-Bündel (jede Klasse enthält einen oder mehrere Tests)
- Kategorie – Beschreibt ob Unit- oder Integrationstests im Testfall-Bündel enthalten sind. Alle Tests sind JUnit-Tests, unter Integration in diesem Fall solche Tests zu verstehen, deren Durchführung mehrere Komponenten betrifft.

Name	Beschreibung	Anzahl	Kategorie
COMMElementTest	Einzeltestfälle zur Modellelementerzeugung, mit je nur einem Element und dessen Attributen.	12	Unit
COMMLSTest	Testfälle zur Prüfung der Lade- und Speicher-Funktionalität (inklusive Prüfung der Serialisierung und Deserialisierung).	3	Integration
COMMModelTest	Testfälle zur Modellerzeugung und Modellbearbeitung mit mehreren Elementen.	4	Integration
HRMMElementTest	Mehrere Einzeltestfälle zur Modellerzeugung mit je nur einem Element und dessen Attributen	4	Unit
HRMMLSTest	Testfälle zur Prüfung der Lade- und Speicher-Funktionalität (inklusive Prüfung der Serialisierung und Deserialisierung).	3	Integration
HRMMModellTest	Testfälle zur Modellerzeugung und Modellbearbeitung mit mehreren Elementen.	10	Integration
RMAllocationTest	Testfälle zur Prüfung der Zuweisungsausdrücke	10	Integration
RMLSTest	Testfälle zur Prüfung der Lade- und Speicher-Funktionalität (RML-Instanzen müssen geladen werden).	2	Unit
RMMElementTest*	Mehrere Einzeltestfälle zur Modellerzeugung mit je nur einem Element und dessen Attributen.	32	Unit
RMMLSTest	Testfälle zur Prüfung der Lade- und Speicher-Funktionalität (inklusive Prüfung der Serialisierung und Deserialisierung).	3	Integration
RMMModellTest	Testfälle zur Modellerzeugung und Modellbearbeitung mit mehreren Elementen.	3	Integration

Name	Beschreibung	Anzahl	Kategorie
RNLSTest	Testfälle zur Prüfung der Lade- und Speicher-Funktionalität (inklusive Prüfung der Serialisierung und Deserialisierung).	3	Integration
RNModellTest	Testfälle zur Modellerzeugung und Modellbearbeitung, mit mehreren Elementen.	3	Integration
SimConfigTest	Testfälle zur Prüfung von Simulationsparametrisierungen.	4	Unit
SimLSTest	Testfälle zur Prüfung der Lade- und Speicher-Funktionalität (Simulationsexperimente und Simulationsergebnisse).	11	Unit
SimRunnerTest	Testfälle zur Durchführung der Simulation (ein oder mehrere Netz- und Ressourcenmodelle geladen). Hierbei können durch eine Testklasse beliebig viele serialisierte Modelle genutzt und getestet werden.	5	Integration

Tabelle D.1: RAvEN Testfälle

Anhang E

Nachfolgend werden die Ergebnisse der Umfrage zur Bewertung der RML-Sprachkonzeption, die bereits in Abschnitt 8.1.5 diskutiert wurde, detailliert dargestellt. Insgesamt haben 75 Teilnehmer an der Online-Umfrage teilgenommen. Die Umfrage konnte in englischer oder deutscher Sprache durchgeführt werden. Sie wurde anonymisiert durchgeführt und ist in verschiedene Fragengruppen untergliedert, die nachfolgend dargestellt werden.

E.1. Allgemeine Modellierungskenntnisse

Frage 1.1: Welchem Geschlecht gehören Sie an?

Weiblich	15 %
Männlich	74 %
Keine Angabe	11 %

Frage 1.2: Wie würden Sie Ihre gegenwärtige berufliche Situation beschreiben?

In Ausbildung /Studium	35 %
Tätigkeit in der freien Wirtschaft	35 %
Tätigkeit in der Wissenschaft	36 %
Keine Angabe	4 %

Frage 1.3: Über wie viele Jahre Erfahrung verfügen Sie im Bereich der Modellierung?

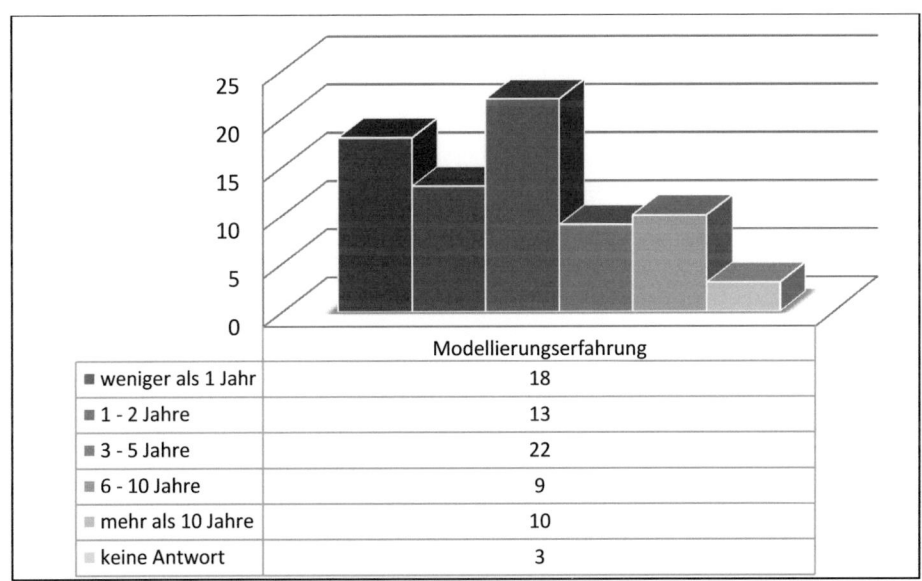

Modellierungserfahrung	
weniger als 1 Jahr	18
1 - 2 Jahre	13
3 - 5 Jahre	22
6 - 10 Jahre	9
mehr als 10 Jahre	10
keine Antwort	3

Abbildung E.1: Modellierungserfahrung

Frage 1.4: In welchem Umfeld haben Sie sich mit Modellierung befasst?

Betriebliche Praxis: 41 %
Wissenschaftlich: 47 %
Eigeninteresse: 12 %

Frage 1.5: In welcher Branche haben Sie Ihre Modellierungserfahrung hauptsächlich gesammelt?

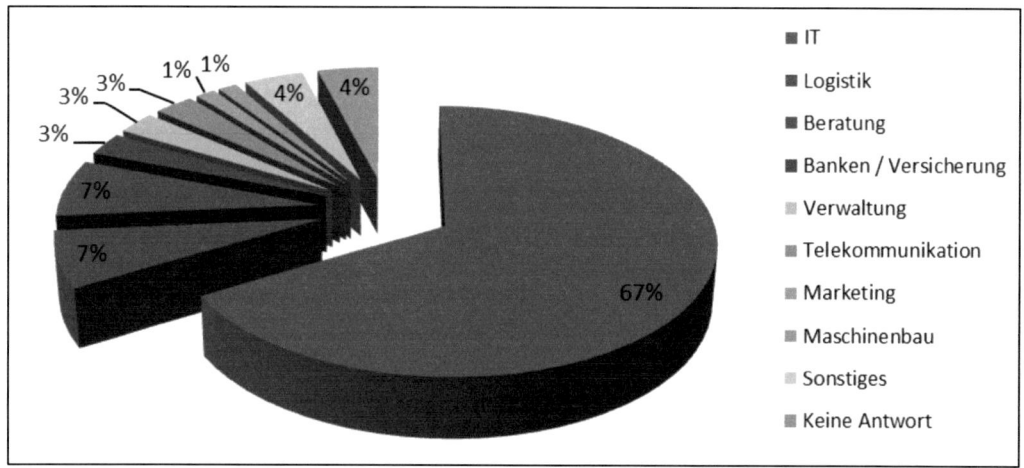

Abbildung E.2: Branchenzugehörigkeit

Frage 1.6: Wie viele Modelle haben Sie bisher erstellt?

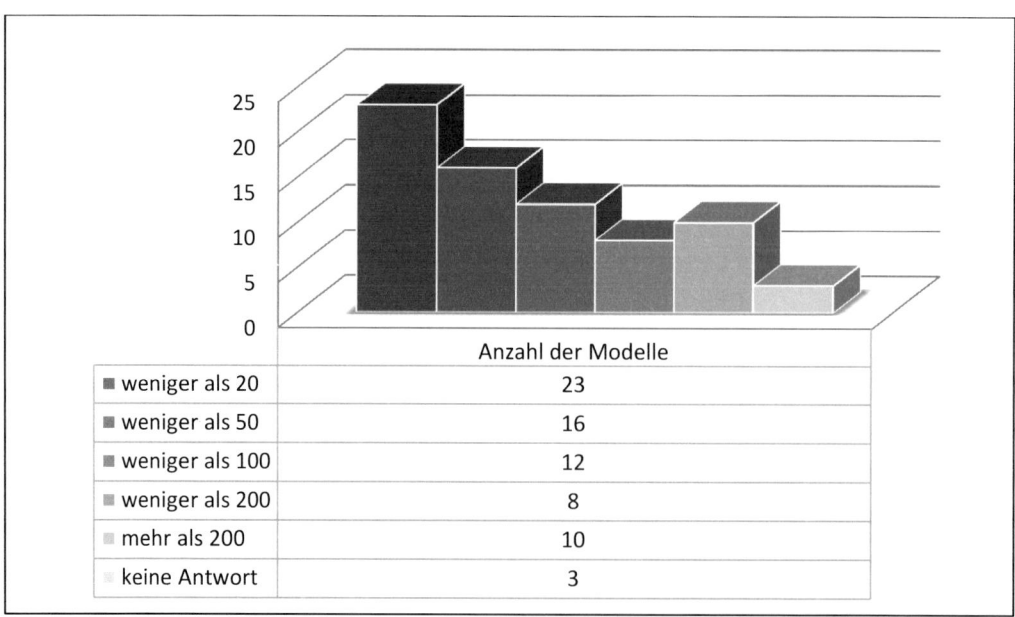

	Anzahl der Modelle
weniger als 20	23
weniger als 50	16
weniger als 100	12
weniger als 200	8
mehr als 200	10
keine Antwort	3

Abbildung E.3: Anzahl erstellter Modelle

Frage 1.7: Wie viele Modelle haben Sie in den letzten 12 Monaten erstellt?

Nur wenige der Teilnehmer haben in den letzten 12 Monaten kein Modell erstellt. Durchschnittlich wurden 19,11 Modelle erstellt (die hohe Standardabweichung von 23,53 ergibt sich durch einige extreme Abweichungen).

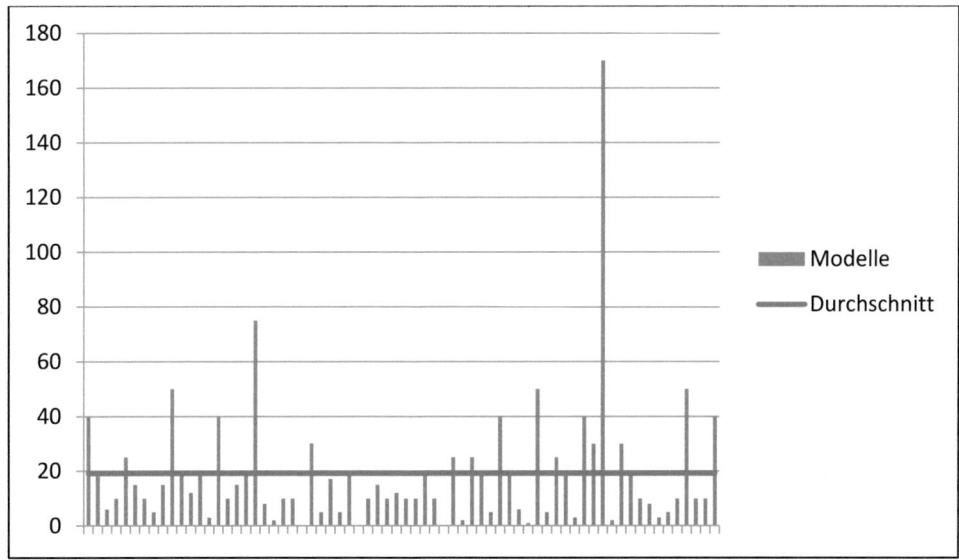

Abbildung E.4: In den letzten 12 Monaten erstellte Modelle

Frage 1.8: Wie viele Personen waren durchschnittlich am Entwurf der Modelle beteiligt (inklusive Ihnen selbst)?

Nur ich selbst: 35 %
2-3 Personen: 51 %
Mehr als 3 Personen: 8 %
Keine Angabe: 6 %

Frage 1.9: Wie viele Tage haben Sie in den letzten 12 Monaten für Trainingsmaßnahmen in Modellierungstechniken/-sprachen absolviert (inklusive Vorlesungen und Weiterbildungen)?

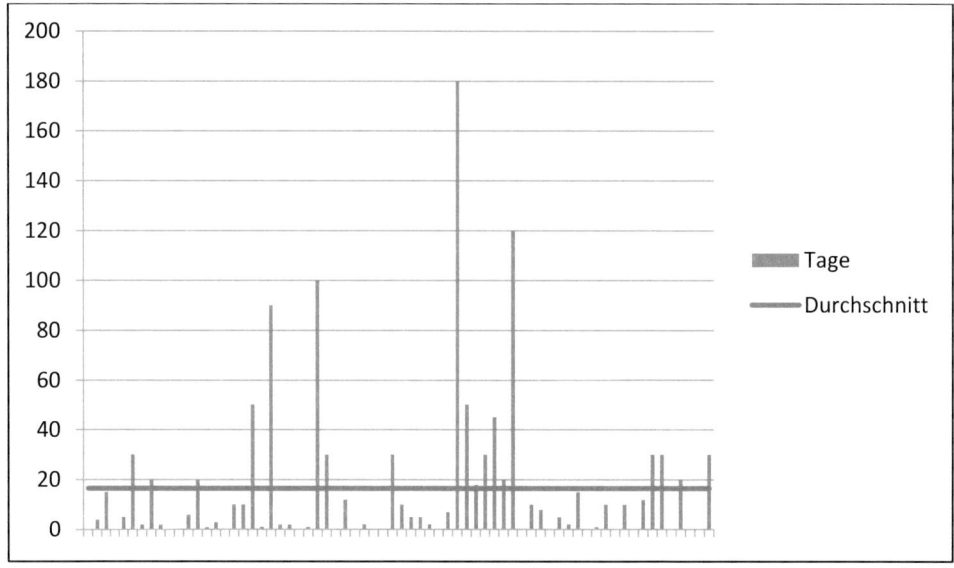

Abbildung E.5: Trainingsmaßnahmen in den letzten 12 Monaten

Die Durchführung von Weiterbildungen ist tendenziell gering ausgeprägt. Durchschnittlich wurden zwar 20 Tage insgesamt aufgewendet, allerdings ist hier eine sehr hohe Standardabweichung von 30,5 zu beobachten. Dies dürfte durch das Tätigkeitsumfeld (in Ausbildung oder nicht) begründet sein.

Frage 1.10: Über wie viele Zertifikate im Bereich Modellierung verfügen Sie?

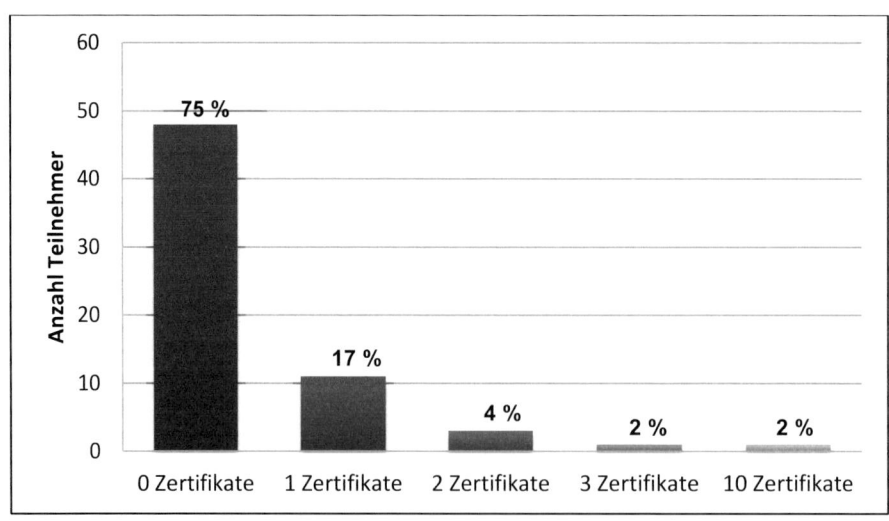

Abbildung E.6: Erhaltene Zertifizierungen im Bereich Modellierung

Viele Teilnehmer besitzen keine Zertifikate im Bereich Modellierung, dies kann aus mangelnder Akzeptanz oder durch geringe Anzahl angebotener Zertifizierungen resultieren.

E.2. Kenntnisse in der Prozessmodellierung

Frage 2.1: Wie beurteilen Sie Ihre eigenen Kenntnisse in den folgenden Modellierungssprachen?

Modellierungssprache	1	2	3	4	5	k.A.
Petri Netze	11%	17%	23%	24%	15%	10%
BPMN	15%	21%	29%	18%	7%	10%
EPK	19%	19%	15%	24%	13%	10%
YAWL	65%	11%	4%	3%	7%	10%
UML	10%	15%	26%	29%	10%	10%
BPEL	32%	21%	28%	5%	4%	10%
XML basierte Sprachen	25%	26%	28%	7%	4%	10%

Tabelle E.1: Modellierungskenntnisse der Teilnehmer

Hierbei wurden als Niveaustufen für Kenntnisse vorgegeben: 1 = keine Kenntnisse; 5 = Experte

Frage 2.2: Kennen / nutzen Sie weitere Modellierungssprachen?

Folgende Antworten ergaben sich zu dieser Frage:

- ORM
- ERM
- System Dynamics
- ARIS derivates
- e3value models
- XML Nets
- Swimlane
- IDEF-0

- Logik
- Object-Z
- Estelle
- LOTOS
- domino workflow
- Powerpoint
- Flußdiagramme

- TOGAF
- PICTURE
- ERWin
- Horus
- KSA (Semtalk, Bonapart)
- BPWin

Außerdem wurde „ja" und „domänenspezifische Sprachen, u.a. zur Unternehmensmodellierung" geantwortet.

Frage 2.3: Welche Methode zur Beschreibung benötigter Ressourcen (Deklaration der Ressourcenzuweisung) nutzen Sie bevorzugt in Ihren Geschäftsprozessmodellen?

Mehrfachnennungen bei der Beantwortung dieser Frage waren Organigramme, BPMN, EPK, Horus, Kommentare (Annotationen) und Petri Netze. Darüber hinaus ergaben sich auf diese Frage die nachfolgend gelisteten Antworten:

- XML
- Ablaufmodell
- Object Relation Model
- Custom Code

- Verweis auf Dissertation: Klein (2007) „Service Systems Modelling"

- KSA

- Organization model
- Rolle
- Swimlane
- Workflow-zentrische Rollen
- UML / Enterprise Architect Resource Handling

- PICTURE
- Data models
- Rolleno
- Logische Ausdrücke

- Allokation Ressource zu Prozessschritt, ggf. mit Parameter, welcher Akteur ausführt /verantwortlich ist

Frage 2.4: Sollte es Ihrer Ansicht nach möglich sein die Ressourcenzuweisung grafisch zu beschreiben?

Ja	66 %
Nein	2 %
Keine Präferenz	29 %
Keine Angabe	3 %

E.3. Ressourcenorientierte Modellierung

Frage 3.1: Nutzen Sie (Ihre Firma/Organisation) IT-Systeme zur Verwaltung von Ressourcen?

Ja	58 %
Nein	20 %
Keine Angabe	22 %

Frage 3.2: Welche Modellierungssprache /-methode nutzen Sie zur Abbildung von geschäftsprozessrelevanten Ressourcen?

Modellierungssprache	Nie	Selten	Oft	k.A.
Organigramme	15%	36%	27%	22%
Object Role Modeling (ORM)	63%	14%	1%	22%
Organization an Role Model (OMM)	72%	4%	2%	22%
Unified Modeling Language (UML)	21%	44%	13%	22%
Petri Netze	29%	21%	28%	22%
eEPK	43%	21%	14%	22%
Tabellen	17%	28%	33%	22%
XML basierte Sprachen	60%	10%	7%	23%
Sonstige	50%	18%	8%	24%

Tabelle E.2: Genutzte Geschäftsprozessmodellierungssprachen

Die Tatsache, dass nur wenige Sprachen in diesem Kontext häufig genutzt werden, lässt den Schluss zu, dass Bedarf an spezialisierten Sprachen zur Abbildung von Ressourcen besteht. Diese Vermutung wird durch die häufige Nutzung tabellarischer Beschreibungen unterstützt.

Frage 3.3: Wie wichtig stufen Sie die folgenden Konzepte bei der Modellierung von Ressourcen ein?

Modellierungssprache	1	2	3	4	5
Ist-Teil-Von-Beziehung	4.05%	8.11%	24.32%	24.32%	16.22%
Organisationseinheiten	2.70%	6.76%	10.81%	31.08%	25.68%
Ressourcenklassen	0.00%	6.76%	28.38%	17.57%	24.32%
Verfügbarkeit (Zeitlich)	0.00%	13.51%	13.51%	31.08%	18.92%
Verfügbarkeit (Lokation)	1.35%	20.27%	21.62%	22.97%	10.81%
Zustand (Allokation)	0.00%	17.57%	18.92%	24.32%	16.22%

Tabelle E.3: Wichtigkeit von Modellierungskonzepten

Frage 3.4: Wie wichtig stufen Sie die folgenden Konzepte bei der Modellierung von personellen Ressourcen ein?

Konzepte	1	2	3	4	5
Aktuelle / vergangene Projekte	2.70%	12.16%	32.43%	22.97%	6.76%
Eskalationspfade	2.70%	12.16%	36.49%	13.51%	12.16%
Kenntnisse	0.00%	6.76%	17.57%	28.38%	24.32%
Fertigkeit	0.00%	6.76%	14.86%	29.73%	25.68%
Kommunikationspfade	1.35%	6.76%	32.43%	25.68%	10.81%
Kompetenzen	0.00%	4.05%	16.22%	27.03%	29.73%
Positionen (organisatorisch)	2.70%	9.46%	29.73%	22.97%	12.16%
Rollen	0.00%	5.41%	17.57%	20.27%	33.78%
Stellvertreterregelung	2.70%	13.51%	24.32%	22.97%	13.51%
Vorgesetzen-/ Untergebenen-beziehungen	2.70%	13.51%	22.97%	27.03%	10.81%

Tabelle E.4: Wichtigkeit von Modellierungskonzepten (personelle Ressourcen)

(Für die Fragen 3.3 und 3.4 wurden als Stufen für Wichtigkeit vorgegeben: 1 = nicht wichtig; 5 = sehr wichtig.)

Herauskristallisiert hat sich bei diesem Ergebnis, dass Kompetenzen, Fähigkeiten, Kenntnisse und Rollen von keinem Teilnehmer als „nicht wichtig" eingestuft und gleichzeitig mehrheitlich mit der Wichtigkeit der Stufe 4-5 bewertet wurde.

Frage 3.5: Welche außer den bereits genannten Konzepten erachten Sie in Bezug auf die Modellierung von personellen Ressourcen als besonders relevant?

Nur 18% der Teilnehmer haben diese Frage überhaupt beantwortet, stellenweise kam es hierbei sogar zu Wiederholungen der vorigen Fragen (Rollen, Kenntnisse, Skills). Weitere Antworten hierzu waren:

- Security Constraints
- Verfügbarkeit
- Auslastung
- Bisherige Aufgaben
- Resources controlled; Value of results; job evaluation score
- Kontaktinformationen
- Alter
- Konkrete Personen („Herr Müller aus Büro 3") modellierbar machen und in der Anwendung kompatibel (ohne Bruch aus Nutzersicht) zu anderen Ressourcentypen (Rollen, Gruppen) halten.

Frage 3.6:Welche der folgenden Konzepte haben Sie bereits zur Deklaration der Ressourcenzuweisung in Geschäftsprozessmodellen genutzt?

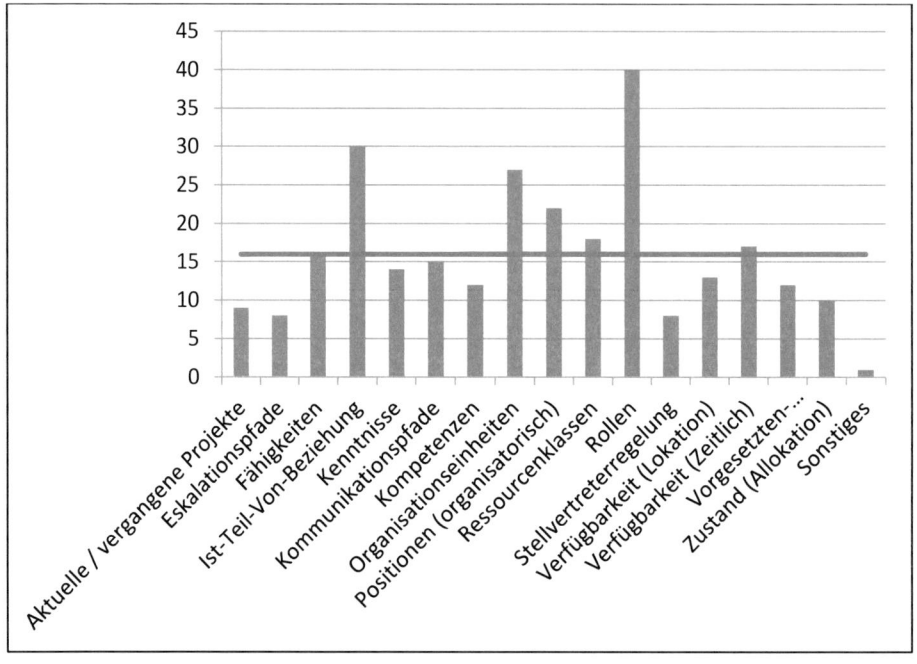

Abbildung E.7: Genutzte Konzepte zur Deklaration der Ressourcenzuweisung

Das Diagramm verdeutlicht, dass bislang insbesondere die Konzepte Organisationseinheiten, Positionen, Rollen und Ist-Teil-Von-Beziehungen von den Teilnehmern der Umfrage genutzt werden.

Antwort	Anzahl	Prozent
Aktuelle / vergangene Projekte	10	13.33%
Eskalationspfade	8	10.67%
Fähigkeiten	18	24.00%
Ist-Teil-Von-Beziehung (4)	30	40.00%
Kenntnisse (5)	16	21.33%
Kommunikationspfade (6)	15	20.00%
Kompetenzen (7)	13	17.33%
Organisationseinheiten (8)	29	38.67%
Positionen (organisatorisch) (9)	24	32.00%
Ressourcenklassen (10)	18	24.00%
Rollen (11)	42	56.00%
Stellvertreterregelung (12)	8	10.67%
Verfügbarkeit (Lokation) (13)	13	17.33%
Verfügbarkeit (Zeitlich) (14)	18	24.00%
Vorgesetzten-/Untergebenenbeziehung (15)	12	16.00%
Zustand (Allokation) (16)	11	14.67%
Sonstiges	1	1.33%

Tabelle E.5: Überblick genutzte Konzepte

Frage 3.7: Halten Sie die grafische Darstellung von Ressourcenmodellen für sinnvoll?

Ja	72 %
Nein	0 %
Keine Präferenz	4 %
Keine Angabe	24 %

Vergleich Wissenschaft und Praxis: Im Vergleich der Antworten zwischen Teilnehmern aus Wissenschaft (W) und Industrie (I) ist auffallend, dass die Ansichten vielfach ähnlich sind; die Teilnehmer aus der Wissenschaft allerdings einige Konzepte etwas bedeutender einschätzen (z.B. Ist-Teil-von-Beziehung, Organisationseinheiten und Verfügbarkeit).

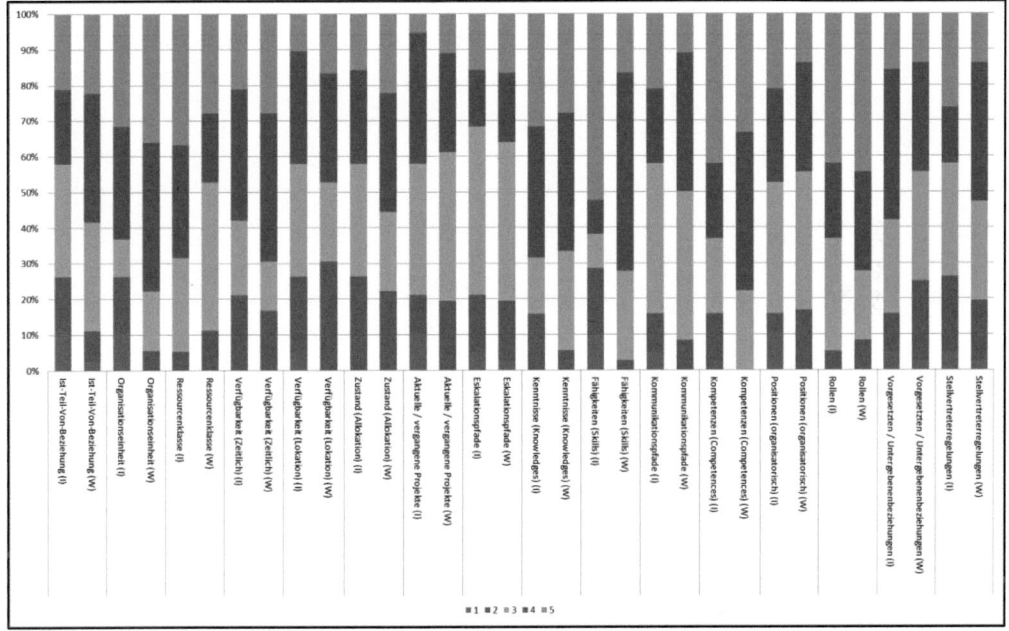

Abbildung E.8: Konzeptbewertung nach beruflichem Hintergrund der Befragten

Erfahrungsbasierter Vergleich: Im Vergleich von Erfahrenen (mehr als sechs Jahre Modellierungserfahrung) und weniger Erfahrenen (fünf oder weniger Jahre Modellierungserfahrung) fällt auf, dass erfahrene Modellierer insbesondere das Konzept der Ressourcenklasse als wichtig bewerten. Auffallend ist auch, dass Kompetenzen, Kenntnisse und Fähigkeiten von erfahrenen Modellierern eher als „sehr wichtig" eingestuft werden, als von unerfahrenen.

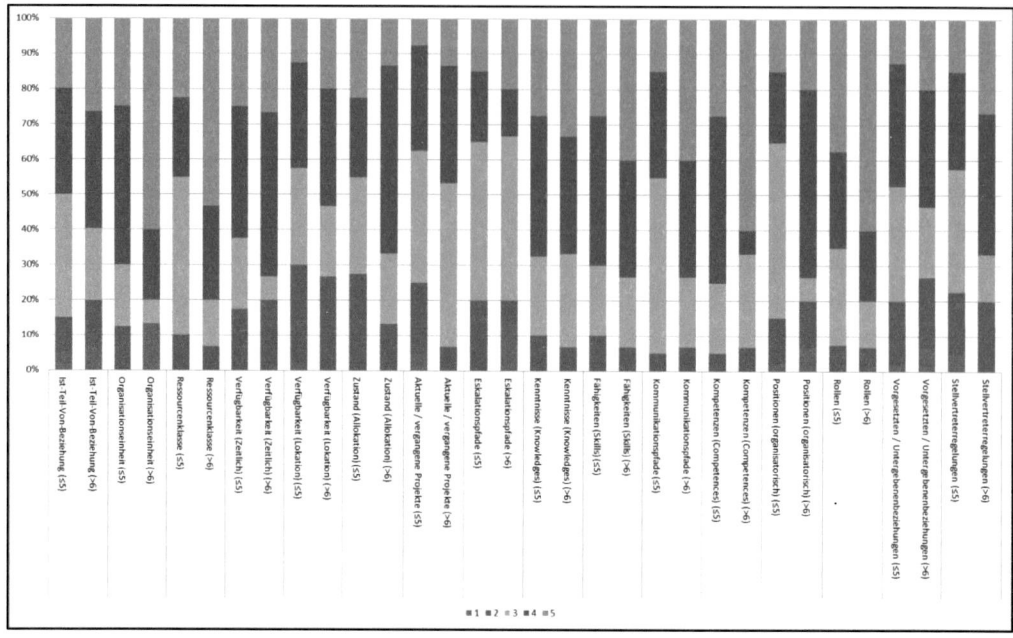

Abbildung E.9: Konzeptbewertung nach Erfahrung der Befragten